53,00

ACCESO GRATIS *a la Lectura en la Nube*

Para visualizar el libro electrónico en la nube de lectura envíe junto a su nombre y apellidos una fotografía del código de barras situado en la contraportada del libro y otra del ticket de compra a la dirección:

ebooktirant@tirant.com

En un máximo de 72 horas laborables le enviaremos el código de acceso con sus instrucciones.

La visualización del libro en **NUBE DE LECTURA** excluye los usos bibliotecarios y públicos que puedan poner el archivo electrónico a disposición de una comunidad de lectores. Se permite tan solo un uso individual y privado.

LA PARTICIPACIÓN DE LA VÍCTIMA EN EL PROCESO PENAL Y LA VICTIMIZACIÓN SECUNDARIA

Procedimiento de selección de originales, ver página web:
www.tirant.net/index.php/editorial/procedimiento-de-seleccion-de-originales

LA PARTICIPACIÓN DE LA VÍCTIMA EN EL PROCESO PENAL Y LA VICTIMIZACIÓN SECUNDARIA

SILVIA SEMPERE FAUS
Autor

MYRIAM HERRERA MORENO
Prólogo

tirant lo blanch
Valencia, 2025

En caso de erratas y actualizaciones, la Editorial Tirant lo Blanch publicará la pertinente corrección en la página web www.tirant.com.

La presente obra ha sido sometida a la revisión de pares ciegos según el protocolo de publicación de la editorial a efectos de ofrecer el rigor y calidad correspondiente tanto en su contenido como en su forma, aplicándose los criterios específicos aprobados por la Comisión Nacional E 016 (BOE num. 286, de 26 de noviembre de 2016).

EDITA: TIRANT LO BLANCH
C/ Artes Gráficas, 14 - 46010 - Valencia
TELFS.: 96/361 00 48 - 50
FAX: 96/369 41 51
Email: tlb@tirant.com
www.tirant.com
Librería virtual: www.tirant.es
DEPÓSITO LEGAL: V-1608-2025
ISBN: 978-84-1056-682-8

Si tiene alguna queja o sugerencia, envíenos un mail a: *atencioncliente@tirant.com*. En caso de no ser atendida su sugerencia, por favor, lea en *www.tirant.net/index.php/empresa/politicas-de-empresa* nuestro procedimiento de quejas.

Responsabilidad Social Corporativa: http://www.tirant.net/Docs/RSCTirant.pdf

A mis hijos, Alejandro y Pablo. A mi marido,
José y a mis padres. A mis hermanos.

Índice

Prólogo

UNA REIVINDICACIÓN JURÍDICA Y HUMANISTA DE LA VICTIMOLOGÍA: PRÓLOGO A LA OBRA *LA PARTICIPACIÓN DE LA VÍCTIMA EN EL PROCESO PENAL Y LA VICTIMIZACIÓN SECUNDARIA* DE SILVIA SEMPERE FAUS

Tengo el privilegio de introducir una obra victimológica no solo admirable por su calidad y rigor científico, sino, en especial, por ser fiel reflejo del perfil victimológico de la autora. No seré yo quien menosprecie la buena metodología, la solvente estructuración, el pulso del estilo o el rigor con el que se acopian y distribuyen aquí las referencias académicas: entiendo, sin embargo, que voy al núcleo de la originalidad y el aporte más valiente del trabajo cuando afirmo que cabe leerlo, en su conjunto, como un manifiesto apasionado a favor de los derechos de las víctimas en su difícil proceso de reconocimiento. El repertorio de instituciones normativas que se consagran en sentido amplio a la protección de las víctimas en la etapa de post-victimización y resolución del conflicto fue calificado como Derecho Victimal por la activista mexicana Lima Malvido (1992): es en este ámbito donde debemos incardinar la presente monografía, como el posicionamiento científico y humanístico de su autora, la Doctora Silvia Sempere Faus.

Un enfoque rigurosamente positivista conducirá a abordar la misma materia y quizá a discurrir por los mismos pasajes jurídicos, esgrimiendo expresiones tales como *justicia, pena, sistema, proceso, principios*.... No se equivocaría en puridad el investigador que así obrara, bien a pesar del riesgo de poner el acento sobre el estricto valor institucional y público de la justicia, mientras las carencias, miedos y soledades victimales se pueden volver inaprehensibles, invisibles o desleírse entre el espesor de discursos jurídicos abstractos. Muy al contrario, la Profesora Sempere tiene la osadía de pretender iluminar, precisamente, la cara más oculta y solitaria de la luna.

De ningún modo esta inflexión victimológica supone entremeter una mirada privatista a costa de la condición pública de la Justicia. Lejos de ello implica reconocer, con la victimóloga Wemmers que *los derechos de las víctimas son Derechos Humanos.* Antes que ella, Richard Rorty en su día advirtió la relevancia fundamentadora de la victimidad cuando observó cómo en el substrato de cada uno de los Derechos Humanos no hallamos ampulosas retóricas o engrandecidos principios, sino, humanamente, *historias tristes y sentimentales.* El conjunto estatutario que la investigadora Sempere estudia configura en España puntales básicos de Política victimal, nacida para preservar la *poiesis* de la víctima, su capacidad regenerativa. Esa creatividad protegible no atañe solo a la aptitud victimal de reconstruirse tras el delito, sino asimismo al poder que retiene la víctima para mover a la solidaridad, transformar la visión social de los conflictos, oxigenar al Sistema Judicial y alertar sobre insufribles carencias de cobertura o amparo penal.

En el Sistema penal se decide ritualmente el sentido de la condena o absolución, se activan las solemnes funciones y fines institucionales vigentes en un Estado de Derecho. Más allá de la relevancia transpersonal de la acción penal, no olvidemos que en un proceso se dirime el reconocimiento de que una pérdida o dolor victimal fue injusto, que nunca debió producirse: una admisión que en sí misma -mucho más que la punición- supone una reparación simbólica de la víctima ante la comunidad. A un nivel narrativo, más personal e íntimo, un proceso contribuye a recuperación de la voz resiliente con que la víctima podrá reactivar su relato existencial. No olvidaremos que las narrativas de la víctima son en ocasiones *narrativas rotas,* y que recuperar la capacidad de relato propio es tanto como recuperar la identidad cívica, dotar de rumbo y sentido a la experiencia de la injusticia. El bloqueo de la participación, afectiva o formal, de la víctima en el proceso ha sido, en efecto, calificado como *lesión de lenguaje* (*lingual injury*). Perder la voz es una forma de perder vitalidad. Y en efecto, el victimólogo Pemberton insiste en que las formas de victimización más graves constituyen, esencialmente, un *asalto ontológico,* una agresión vital y espiritual que hace retemblar los pilares que donde la víctima apoyaba su estilo existencial, la visión de sentido de los aconteceres, el bastión personal de su confianza en el orden y seguridad en el mundo. En el momento en que algunas víctimas denuncian, o prestan testimonio, muy probablemente se encuentren afrontando esa crítica reconstrucción.

Por todo ello, una reivindicación victimológica a conciencia, como la que esta obra incorpora, no es una privatización, ni una necesaria abjuración del garantismo de normas y los principios procesales. Los avances victimológicos revisados en estas páginas no desnaturalizan sino precisamente humanizan, el Sistema de Justicia. ¿Qué implica, entonces, el victimo-centrismo científico abrazado en esta investigación?

La convicción transversal que se deja sentir reiteradamente a lo largo de esta monografía se resume en la idea de que un Sistema penal democrático habrá de perseguir sus fines de modo compatible, solidario y colaborativo con las víctimas, en especial cuando se enfrentan desventajadamente a estos esfuerzos de reconstrucción existencial. Solo desde esta idea puede evitarse la intolerable amplificación de daños en que consiste la victimización secundaria.

La victimización secundaria desborda el ámbito procesal, si bien conecta irremisiblemente con él, como campo formal de manifestación pública. Desde una visión exclusivamente procesalista, se ha llegado a identificar la noción como violencia institucional, básicamente ligada al afrontamiento victimal del proceso. Más ampliamente, desde la victimología, la re-victimización o victimización secundaria se entiende como una negativa interacción entre procesos formales y comunitarios que acarrean para la víctima la sobrecarga del estigma, descrédito o devaluación personal. Los prejuicios, racionalizaciones y distorsiones, en especial los culpabilizadores de víctimas, vigentes en la comunidad o los medios (hoy, con especial protagonismo de las redes sociales) pueden muy bien reflejarse y ser compartidos por los operadores del control formal: la conducta y actitud de la víctima en el proceso, valoradas a la sombra de una eventual distorsión social dominante, puede redundar en interpretaciones sesgadas que conllevan costes substanciales de orden moral, psíquico y socio-económico.

Así, el Estatuto de la Víctima, configurado por la Ley 4/2015, y protagonista de esta investigación, ha de concebirse como un cuerpo de disposiciones tutelares que operan a caballo entre las esferas jurídicas y sociocultural. Es por ello imprescindible que el abordaje de la victimización secundaria se haga desde premisas multi-disciplinares.

Como disciplina social, la Victimología aporta las claves de factorialidad extra-jurídica para aclarar las situaciones complejas por las que atraviesa la víctima en la fase de afrontamiento post-victimización, tanto en las fases de denuncia y proceso, como, correlativamente en el entorno comunitario. Esa competencia trasciende, así, de la exigencia de un manejo escrupuloso de las disposiciones estatutarias y reclama conocimientos psico-bio-sociales avanzados. Esa necesaria confluencia se da en el caso de Silvia Sempere.

La investigadora es, en efecto, la afortunada directora de uno de los pocos Másteres universitarios de línea paladinamente victimológica. A tenor de sus investigaciones y vocación académica, entró a formar parte activa del Grupo de Victimología de la Sociedad Española de Investigación Criminológica, SEIC: muy recientemente, representó a dicho Grupo en el Simposio celebrado en Valencia 2023, revisando el espectro de intereses victimológicos que modernamente aborda la investigación española. Baste esta somera ilustración para hacer valer cómo la formación victimológica de la autora le confiere una posición investigadora singular y aventajada.

El trabajo evidencia una sobrada compenetración con las más regulares situaciones de problematicidad victimal -así, los síndromes post-victimización más frecuentes, el modo en que la propia víctima se culpa de su victimización, la claves que determinan el abandono de la denuncia, el coste económico y moral del proceso, la amplia variabilidad de las fuentes de riesgo y vulnerabilidad, la fenomenología de la victimización primaria y secundaria y el modo en que la resiliencia personal y comunitaria median determinantemente en las decisiones formales que la víctima adopta. Semejante bagaje, manifiesto capítulo a capítulo como valioso contra-punto de la revisión positiva, abre a esta monografía un lugar eminente entre las obras victimológicas de consulta mejor informadas.

Estamos ante una obra que se ubica destacadamente en un continuo de avance disciplinar. En torno a los derechos de tutela, asistencia y participación procesal, uno de los primeros y más celebrados reconocimientos victimológicos se localiza en el artículo, hoy estimado fundacional, de Nils Christie, *Conflicts as property* (1977). En esta obra Christie postulaba críticamente que los conflictos son, en puridad, una propiedad que el sistema normativo arrebató históricamente a la víctima para establecer soluciones heterónomas por vías en las que ella misma no participa. Con suerte, ella podrá asistir -y a veces solo como *convidada de piedra*- a los debates jurídicos que otros sostienen públicamente sobre un pasaje personal y relevante de su experiencia; con peor suerte, el despojamiento del control de su conflicto acarreará para ella una erosión moral, afectando a su dignidad por no se estimada narradora confiable a los efectos testimoniales. Desde su ya veterana publicación, este enfático planteamiento -hiperbólico, como activista- obtuvo mucho más que resonancia académica para convertirse en bandera del nuevo Derecho victimal. Las reflexiones de Christie, en efecto, fueron, de un lado, punto de partida para la promoción de la Justicia restaurativa hoy consolidada; de otro, la toma de conciencia jurídica sobre la realidad de la re-victimización abonó eficazmente el campo de las reformas procesales internacionales y comparadas en materia de tutela de la víctima en el proceso, a favor de una impostergable *justicia terapéutica.*

La prevención de victimización secundaria requiere un despliegue tutelar que conecta con nociones de escucha, compañía y atención. Hay que advertir cómo en la escala de prioridades victimales, cuenta más el trato respetuoso, la ayuda para navegar problemas del día a día y una interacción digna desde el primer contacto -policial. con el sistema; cuenta, para ella, en especial, la consciencia de no verse instrumentada, transferida como cuerpo extraño a una sede que, sin pertenecerle, no ha de ser necesariamente una casa hostil, una -en los famosos términos con que Dickens descalificara al Sistema de Justicia- *casa desolada.* Solo mediante la adecuada acción tutelar, no habrá de atravesar por corredores inhóspitos una víctima desinformada, jurídicamente desasistida, vulnerable o empequeñecida por la multiplicación de trámites formales, extrañada ante la necesidad implícita de "performar victimidad" y evidenciar "emociones procesales adecuadas"; el Derecho Victimal procurará igualmente que la víctima no se vea cercada por los medios, ignorante de las dinámicas que mueven la comunicación de masas y no ahorrará esfuerzos para controlar denodadamente las ciber-filtraciones de evidencias que afectan a la propia imagen e identidad. Por último, importa el respeto institucional a la diversidad y singularidad de las víctimas, de modo que la consideración, en su caso, a una especial vulnerabilidad se adapte a la índole de la persona y no dependa de estándares, diagnósticos o porcentajes administrativos sino de una evaluación individualizada.

Si queremos calibrar bien los pasos de progreso que el Derecho Victimal ha dado en España, debemos considerar una ya añeja sentencia que ganó triste notoriedad al cierre del pasado siglo: la que entonces se conociera como *Sentencia del Biombo,* STTS 20 de julio de 1998. Esta resolución anulaba la sentencia dictada por la Audiencia Provincial de Barcelona que condenaba a un padre por el abuso sexual de sus dos hijas menores. Las niñas habían dado su testimonio protegidas por un biombo, prescindiendo del careo solicitado por la defensa, hecho que el Tribunal Supremo estimó vulnerador del derecho de defensa. No es tan sorprendente esta consideración formal como la presunción terriblemente inexacta, a contrasentido de la información victimológica, con la se venía a reforzar la decisión: la asunción de que *no se producía más daño* por el hecho de que las niñas se enfrentaran con el victimario, pues, a fin de cuentas, el daño ya estaba hecho. Esta decisión mucho más que desinformada, formulaba una rotunda negación a la realidad de la victimización secundaria, precisamente en un caso de menores. Cuánto hemos cambiado, exclamamos hoy, parafraseando cierta canción popular.

Abandonando los tonos fatalistas (nunca los críticos) podemos alabarnos del positivo y firma viraje del Sistema Judicial y sus operadores hacia una mejor comprensión y sensibilidad victimológica. Muy en especial somos conscientes de lo recorrido y lo que aún habrá de avanzarse en términos sociales y normativos cuando se revisa en esta monografía, el relevante repertorio de medidas pro-victimales disponibles. El presente trabajo, que aporta a la comunidad científica una sólida interpretación y una eficaz proyección aplicada, constituye una genuina contribución en la misma línea de progreso.

Abreviaturas, siglas y acrónimos

AAP/AAPP	Auto de la Audiencia Provincial
AAPP	Autos de las Audiencias Provinciales
Apdo.	Apartado
AN	Audiencia Nacional
Art(s)	Artículo (s)
ATC	Auto Tribunal Constitucional
ATS	Auto Tribunal Supremo
BOE	Boletín Oficial del Estado
CCAA	Comunidades Autónomas
CE	Constitución Española, de 27 de diciembre de 1978
CED	Convenio Europeo de Derechos Humanos
CENDOJ	Centro de Documentación Judicial
Coord.	Coordinador
CP	Ley Orgánica 10/1995, de 23 de noviembre, por la que se aprueba el Código Penal
DA	Disposición Adicional
DF	Disposición Final
Dir.	Director
DM	Decisión Marco
DOC	Diario Oficial de la Unión Europea (Serie C)
DOCE	Diario Oficial de las Comunidades Europeas

DOUE	Diario Oficial de la Unión Europea
DPFJ	Declaración de las Naciones Unidas sobre los Principios Fundamentales de Justicia para las Víctimas de Delitos y del Abuso de Poder, adoptada por la Asamblea General de la ONU en la Resolución 40/34 del 29 de noviembre de 1985
Ed.	Edición
EM	Exposición de Motivos
FD/FJ	Fundamento de derecho/jurídico
FGE	Fiscal General del Estado
LAJ	Letrado de la Administración de Justicia
LAAVD	Ley 35/1995, de 11 de diciembre, de Ayudas y asistencia a las víctimas de delitos violentos y contra la libertad sexual
LAJG	Ley 1/1996, de 10 de enero, de Asistencia Jurídica Gratuita
LECrim	Ley de Enjuiciamiento Criminal
LEVD	Ley 4/2015, de 27 de abril, del Estatuto de la víctima del delito
LOGP	Ley Orgánica 1/1979, de 26 de septiembre, General Penitenciaria
LOMPIVG	Ley Orgánica 1/2004, de 28 de diciembre, de Medidas de Protección Integral contra la Violencia de Género
LOPJ	Ley Orgánica 6/1985, de 1 de julio, del Poder Judicial
LOPTP	LO 19/1994, de 23 de diciembre, de Protección a Testigos y Peritos en Causas Criminales

LORPM	Ley Orgánica 5/2000, de 12 de enero, reguladora de la responsabilidad penal de los menores
LOTJ	Ley Orgánica 5/1995, de 22 de mayo, del Tribunal del Jurado
MF	Ministerio Fiscal
núm.	Número
OAVD	Oficina de Asistencia a las Víctimas de Delitos
ONU	Organización de las Naciones Unidas
Op. cit.	Obra citada
p./pp.	Página/Páginas
p.ej.	Por ejemplo
Párr.	Párrafo
RD	Real Decreto
RDL	Real Decreto Ley
RJ	Razonamiento jurídico
ROJ	Repertorio Oficial del Jurisprudencia (buscador de Jurisprudencia del Consejo General del Poder Judicial, CENDOJ)
RDEVD	Real Decreto 1109/2015, de 11 de diciembre, por el que se desarrolla la Ley 4/2015, de 27 de abril, del Estatuto de la víctima del delito, y se regulan las Oficinas de Asistencia a las Víctimas del Delito
S/SS	Sentencia/Sentencias
SAN	Sentencia Audiencia Nacional
SAP	Sentencia Audiencia Provincial

SAP/SSAP	Sentencia/s Audiencia Provincial
ss.	siguientes
STC/SSTC	Sentencia/s del Tribunal Constitucional
STJUE	Sentencia del Tribunal de Justicia de la Unión Europea
STS/SSTS	Sentencia/s del Tribunal Supremo
STSJ	Sentencia del Tribunal Superior de Justicia
TC	Tribunal Constitucional
TS	Tribunal Supremo
TSJ	Tribunal Superior de Justicia
Vid.	Ver./ Véase
Vol.	Volumen

Introducción

El rol de la víctima en el sistema procesal penal español, que se ha presentado históricamente como algo marginal debido que su eje central era el victimario, ha mejorado durante los últimos años gracias a las reformas legislativas que abogan por una mayor presencia de la víctima en el proceso penal. El denominado "redescubrimiento de la víctima", en el que ha tenido mucho que ver la influencia de la Ciencia de la Victimología, ha sido fundamental en el desarrollo de iniciativas legislativas de carácter internacional, europeo y nacional sobre el reconocimiento de derechos a la víctima del delito.

El reconocimiento de estos derechos a las víctimas de todo tipo de delitos se produce por primera vez en España con la promulgación de la Ley 4/2015, de 25 de abril, del Estatuto de la víctima del delito (en adelante, LEVD)[1], cuyo antecedente legislativo principal es la Directiva 2012/29/UE del Parlamento Europeo y del Consejo, de 25 de octubre de 2012 (sucesivamente, Directiva 2012/29/UE), por la que se establecen normas mínimas sobre los derechos, el apoyo y la protección de las víctimas de delitos, y por la que se sustituye la Decisión Marco 2001/220/JAI del Consejo[2]. Responde así a la toma de conciencia de la Unión Europea en los últimos años sobre la necesidad de protección y protagonismo de las víctimas en el sistema de justicia penal.

El Estatuto de la víctima español es fruto de la trasposición de la Directiva europea, aunque creemos conveniente señalar que en nuestro ordenamiento la dispersión normativa existente con anterioridad reflejaba la regulación de algunos derechos

---

1 BOE de 28 de abril de 2015, núm. 101, pp. 1-31.

2 DOCE de 14 de noviembre de 2012, L 315, pp. 57-73.

de las víctimas de específicos colectivos, tales como las víctimas de delitos violentos y contra la libertad sexual, violencia de género, o terrorismo. Además, las posibilidades de participación de la víctima en el proceso penal eran más amplias en nuestra legislación procesal que en la de otros Estados miembros de la Unión europea, mediante la posibilidad del ejercicio de la acción civil y penal. De hecho, muchos de los preceptos ahora compilados en un único Estatuto de la Víctima ya se habían recogido por dicha normativa específica.

Como se enfatiza en el Preámbulo de la Ley del Estatuto de la víctima del delito, esta norma nace con la vocación de convertirse en un catálogo de derechos, procesales y extraprocesales, y para ello reconoce unos derechos ejercitables desde el inicio del proceso, incluso antes en la propia etapa de investigación, hasta después de su terminación.

En esta obra se pretende establecer una aproximación al objeto de estudio de la Victimología y su relación con el Derecho procesal penal, al concepto de víctima y al concepto de victimización secundaria, desde la perspectiva doctrinal y normativa. Podemos señalar que la tutela de la víctima en el proceso penal se vertebra alrededor de cinco derechos principales de los que es titular toda víctima de delito: a saber, el derecho a la información, el derecho a la participación en el proceso, el derecho a la protección, el derecho a la asistencia y el derecho a la reparación.

Nuestro principal análisis se circunscribe al derecho de la víctima del delito a la participación en el proceso penal y a su derecho a la información por ser necesario para garantizar su adecuada participación. A partir de un análisis integrador con nuestro ordenamiento jurídico, fundamentalmente con la vigente Ley de Enjuiciamiento Criminal y el Estatuto de la víctima del delito, tratamos estos derechos desde una perspectiva no solamente procesal sino victimológica en la que la reducción de la victimización secundaria se muestra como hilo conductor de esta obra. Tratamos también, aunque brevemente, aquellos otros derechos relacionados con los aspectos pecuniarios de la participación de la víctima en el proceso penal que han sido sistematizados en el Estatuto, como son el derecho de la víctima al reembolso de los gastos necesarios y las costas procesales, el derecho a la devolución de bienes de su propiedad o el derecho a la solicitud de reconocimiento del derecho a la justicia gratuita y la obligación de reembolso.

Nuestra intención es analizar cada uno de los anteriores derechos desde el punto de vista de la victimización secundaria, y bajo el prisma de una jurisprudencia terapéutica en la que el bienestar personal y la capacidad de recuperación del impacto victimizador dependen de un modo esencial de la calidad de la atención y de la participación de la víctima en el proceso[3], proponiendo buenas prácticas a raíz de éstos que beneficien a la víctima pero que, en ningún caso, supongan una merma de las garantías del investigado.

Desde el principio de esta obra mantenemos la necesidad del reconocimiento de la víctima en el proceso penal siempre a través de un equilibrio que permita respetar sus derechos y evitar la victimización secundaria sin el menoscabo de los derechos del victimario[4].

Todas las actuaciones que se han de llevar a cabo durante el proceso penal por parte de los operadores jurídicos deben orientarse a la víctima como persona que ha sufrido como consecuencia del delito, pero que también soporta las conse-

---

3 HERRERA MORENO, M., Recensión "Reflexiones a propósito de «Las víctimas en el sistema penal y su derecho a los derechos», de José Luis Eloy Morales Brand", en *Revista Electrónica de Estudios Penales y de la Seguridad*, REEPS, núm. 3, 2018, p. 2.

4 La Directiva 2012/29/UE en su Considerando 12 advierte que la armonización de los derechos de la víctima ha de hacerse con respeto de los derechos del acusado.

cuencias dolorosas de su devenir por el proceso. Amén de la reparación meramente económica, resulta imprescindible la introducción de la dimensión moral para conseguir la restitución integral de la víctima y para ello es necesario que se exija un trato individualizado a toda víctima. Un trato que implica no solo la formación especializada de los profesionales y operadores jurídicos que tratan diariamente con las víctimas, sino que se hace necesaria la colaboración institucional para la efectividad de los derechos reconocidos en la LEVD. Así lo subraya su propio Preámbulo (apdo. III) cuando interesa "(...) *la máxima colaboración institucional e implica no sólo a las distintas Administraciones Públicas, al Poder Judicial y a colectivos de profesionales y víctimas, sino también a las personas concretas que, desde su puesto de trabajo, tienen contacto y se relacionan con las víctimas y, en último término, al conjunto de la sociedad*".

Porque escuchar a las víctimas y reconocer su participación en el proceso penal contribuye al reconocimiento de su sufrimiento, ocasionado además de por el delito, por su periplo durante el proceso judicial. Con el reconocimiento de un vasto catálogo de derechos se hace partícipe a las víctimas de la vivencia del proceso desde una perspectiva más proclive a la prevención de la victimización secundaria, propiciando la transformación de meros testigos a sujetos de derechos. La finalidad de la Ley del Estatuto jurídico de la víctima del delito es salvaguardar a la víctima desde una perspectiva integral y evitar la victimización secundaria -los costes personales de su periplo por el proceso penal-.

Conviene, por ello, proponer soluciones que reduzcan en la práctica la denominada victimización secundaria, optimizando y mejorando el funcionamiento de los operadores jurídicos que en algún momento del proceso penal tienen contacto con las víctimas, a fin de atribuir el conocimiento especializado de la atención y protección a las víctimas que han de tener, apoyando de esta manera los derechos de la víctima del delito.

Capítulo Primero.

La víctima y el nacimiento de la Victimología: su influencia en el sistema jurídico penal

I. EL INTERÉS POR LA VÍCTIMA DEL DELITO

El interés por la víctima del delito ha ido cambiando durante la historia, desde la venganza privada en la que la víctima era la protagonista en el castigo del victimario, a través de las leyes taliónicas o la compensación en bienes o dinero, hasta una justicia pública en la que el Estado tipifica los delitos, crea el procedimiento para su sanción y dirige todo su aparato represivo contra el delincuente, relegando en consecuencia a la víctima a una situación de olvido.

Sin embargo, recientemente hemos asistido a una fase de resurgimiento de la víctima que le ha permitido recuperar cierto protagonismo en el castigo del delincuente en el marco de los principios de un Estado de Derecho garantista con el agresor.

Efectivamente, el redescubrimiento de la víctima se relaciona con un movimiento que nace en los países anglosajones y se extiende al resto de países, denominado Victimología, cuyo principal objetivo fue la reivindicación de la presencia de las víctimas. Así, con el nacimiento de la Victimología como disciplina, se inicia el estudio científico no sólo del causante del delito sino también de quien lo sufre, esto es, la víctima.

Así las cosas, con este movimiento de resurgimiento de la víctima se produce además de un cambio de paradigma criminológico[5], un replanteamiento de la posición de la víctima desde el punto de vista penal material así como desde el ámbito del proceso penal[6], ya que como sostiene BARONA VILAR "el discurso dogmático que nos ha presidido de forma omnicomprensiva a lo largo del Siglo XX se ha caracterizado por una preocupación obsesiva y diríamos que unilateral -probablemente motivado por un arrastrado estigma de complejo derivado de las consecuencias reaccionarias de los estados totalitarios de esa época- por defender las garantías del imputado en el marco de la tutela penal; olvidándose, en todo caso, de que es perfectamente asumible el equilibrio que lleve a la defensa de los derechos del imputado y a la garantía de ofrecimiento de posibles respuestas -plurales y que entrarían en un amplio abanico que iría desde la opción por la pasividad hasta la asunción

---

5 Según RODRÍGUEZ MANZANERA, L., los paradigmas son el conjunto de conocimientos que resuelven -o lo intentan-, determinados problemas, bajo un problema aceptado por una parte de la comunidad científica. En el caso de la Victimología son tres las corrientes actuales y que se consideran como verdaderos paradigmas, la positivista, la interaccionista y la crítica. Cada una tiene una ideología y su modelo para resolver los problemas que plantea el paradigma (*vid. Victimología. Estudio de la víctima,* México, Porrúa, 12ª ed., 2010, p. 27). Como exponen BUSTOS RAMÍREZ, J., y LARRAURI PIJOAN, E., en el siglo XIX el positivismo criminológico puso el acento en el delincuente, mientras que el positivismo del siglo XX tenía también el mérito de poner el acento en la víctima (*vid. Victimología: presente y futuro. Hacia un sistema penal de alternativas,* Barcelona, Promociones y Publicaciones Universitarias-PPU, 1993, p. 12).

6 Para GARCÍA COSTA, F. M., son cuatro los niveles en los que se concreta el redescubrimiento de la víctima en el plano doctrinal y en el plano normativo, en este último señala el Derecho Internacional de la víctima, la legislación ordinaria de cada Estado y la legalidad constitucional a la que progresivamente se va incorporando la protección de la víctima (*vid. La víctima en las constituciones,* Valencia, Tirant lo Blanch, 2014, pp. 66-67).

de una posición totalmente participativa- a las víctimas, como implicadas inevitablemente en el «hecho» criminal"[7].

Uno de los objetos que estudia la Victimología actual y que se ha desarrollado durante los últimos años ha sido el papel de la víctima en el sistema procesal penal y la victimización secundaria que produce a la víctima su participación en el proceso judicial, un maltrato institucional que no nos debe dejar indiferentes por las consecuencias negativas de carácter psicológico, económico o social que causa a las víctimas de los delitos.

Para evitar dicha victimización es fundamental un cambio dirigido a humanizar el proceso penal que implique ver la justicia desde el punto de vista de las víctimas. Se trata de ver el mundo con los ojos de las víctimas que desvelan sufrimiento humano y nos advierten que hay derechos que el sistema penal y en concreto el proceso tienen pendientes[8].

Y esta humanización del proceso penal ha pretendido alcanzarse durante los últimos años en los distintos sistemas de justicia penal a través de una producción normativa dirigida a mejorar la posición de la víctima en el proceso, tal y como trataremos a lo largo de la presente obra.

En consecuencia, como indica GARCÍA-PABLOS DE MOLINA, "protagonismo, neutralización y redescubrimiento son, pues, tres lemas que podrían reflejar el estatus de la víctima

---

7 BARONA VILAR, S., "Influencia de la Unión Europea e instancias supranacionales en la tutela penal de la víctima, en la Justicia Restaurativa y la Mediación Penal", en MARTÍN OSTOS, J. (Coord.), *El Derecho Procesal en el Espacio Judicial Europeo*, Barcelona, Atelier, 2013, nota a pie núm. 8, p. 86.

8 SAMPEDRO-ARRUBLA, J. A., "Apuntes para una rehumanización de la justicia penal: en busca de un modelo re-creativo del sistema penal desde las víctimas", en *Universitas*, 2008, núm. 116, pp. 162-163.

del delito a lo largo de la historia"[9]. Tres fases o etapas del sistema penal que reflejan el papel de la víctima en la consolidación del Derecho penal y su posición en el sistema judicial penal[10], así como su posterior influencia en la Criminología y en el proceso penal, cuyo análisis histórico es necesario para la comprensión del tratamiento actual de la víctima en el sistema judicial penal.

Sentado lo anterior, y centrándonos en la Victimología, a mediados del siglo XX las aportaciones sobre las víctimas de autores como VON HENTIG y MENDELSOHN propiciaron sin duda el nacimiento de la Victimología. La víctima que durante los siglos anteriores había sido abandonada por el sistema judicial penal, se convierte en objeto de interés en el ámbito de la Criminología, el Derecho penal, la Política criminal, el Derecho procesal, la Psicología social etc., sin que suponga

---

9 GARCÍA-PABLOS DE MOLINA, A., *Criminología. Una introducción a sus fundamentos teóricos*, Valencia, Tirant lo Blanch, 8ª Ed., 2016, p. 117.

10 Sin embargo, para HERRERA MORENO, M., el clásico esquema Edad de Oro de la víctima, marginación oficial y resurgimiento victimológico implica una simplificación de las etapas histórico-victimológicas. La base de esta concepción afirma, es la del desplome histórico de los derechos individuales de las víctimas en favor de los intereses comunitarios formalmente detentados por el poder estatal. Pero esta autora, va más allá, cuestionándose la mencionada etiquetación de las etapas victimológicas y en especial la Edad de Oro, en la que el poder y los privilegios del ofendido lo detentaban sólo aquellos que ostentaban el poder. Argumenta que no fue el Estado el verdadero instaurador del proceso de sujeción de los poderes victimales individuales pues "cuando el Estado se arroga el monopolio oficial de la justicia, ya las víctimas habían perdido el control personal de sus conflictos, habiendo de someterse a los dictados de las asambleas de parientes, las cuales no coincidían indefectiblemente en sus intereses y objetivos con los intereses particulares de las víctimas" (*vid.* "Sobre los orígenes científicos de la Victimología", en *Cuadernos de Política Criminal*, núm. 56, 1995, pp. 505-506).

el retorno a la venganza privada de antaño. Se produce, por tanto, un paulatino interés por la víctima desde la comunidad científica y el ámbito legislativo comienza a considerar la perspectiva de la víctima[11].

La Victimología: origen y redescubrimiento de la víctima

La moderna Criminología influye sin duda alguna en el renacimiento de la víctima, el estudio de la causas del delito no se centra únicamente en la satisfacción punitiva del Estado con un sistema de castigo basado en la eficacia represiva del sistema penal, sino que entra en juego la consideración de que la delincuencia deja de ser un problema individual para convertirse en un problema social, abogando por la prevención del delito y comienza a recuperarse a la persona de la víctima[12],

---

11 Véanse las razones del renacimiento de la víctima que aduce FERREIRO BAAMONDE, X., que resume en factores ideológicos, factores científicos y factores político-criminales, La víctima en el proceso..., op. cit., pp. 32-40.

12 Para PERIS RIERA, J. M., hoy en día interesa la figura de la víctima porque se constata que se ha producido un fracaso en el estudio del delincuente y por ello se insiste en el estudio de la víctima (*vid.* "Aproximación a la Victimología. Su justificación frente a la Criminología", en *Cuadernos de política criminal*, núm. 34, 1998, pp. 95-98). Al fracaso alude también GARCÍA-PABLOS DE MOLINA, A., cuando se refiere a que a la Criminología como ciencia interdisciplinaria le corresponde coordinar los saberes biológicos, psicológicos y sociológicos integrando en modelos complejos la experiencia científica acumulada en las distintas parcelas de especialización, cometido que tiene poco que ver con el descubrimiento de las causas del crimen, pues dicha pretensión solo puede generar expectativas frustradas y desencantos (*vid.* "La aportación de la Criminología", en *Cuaderno del Instituto Vasco de Criminología,* núm. 3, diciembre 1989, p. 90).

concediéndole un cierto protagonismo por su relevancia etiológica en la génesis del delito.

En 1920 WERFEL con la frase “no el asesino, sino su víctima es culpable” predecía de alguna manera el cambio paradigmático que iba a experimentar la Criminología como ciencia a partir de la segunda mitad del siglo XX. Este autor encontró en la interacción con la víctima la explicación de la criminogénesis[13], pues frente a la preocupación por el estudio del criminal, la Criminología comenzó a interesarse progresivamente por la víctima hasta el surgimiento de la Victimología.

La Victimología, por tanto, es una ciencia que tiene sus orígenes en la Criminología, es hija de la Criminología mucho más que del Derecho penal[14] y nace para preocuparse de las víctimas tras muchos siglos en los que la víctima es la gran ignorada por los sistemas penales.

La preocupación por las víctimas en la sociedad internacional nace como reacción a la macrovictimización[15] de la II Guerra Mundial y como respuesta de los judíos al holocausto alemán hitleriano[16], dotándose a esta nueva disciplina de un reconocimiento internacional.

---

13 ESBEC RODRÍGUEZ, E., “Víctimas de delitos violentos...”, *op. cit.*, p. 1305.

14 Como señala BERISTAIN IPIÑA, A., “de esta afirmación de deducen consecuencias muy clarificadoras, ya que la ciencia y la praxis jurídico-penal difiere notablemente de la ciencia y praxis criminológica” (*vid.* “¿La sociedad/judicatura atiende a...”, *op. cit.*, p. 240).

15 Para BERISTAIN IPIÑA, A., el origen de la Victimología tiene lugar como reacción a la macrovictimización de la segunda Guerra Mundial (*vid.* “¿La sociedad/judicatura atiende a...”, *op. cit.*, p. 235).

16 BERISTAIN IPIÑA, A., “¿La sociedad/judicatura atiende a...”, *op. cit.*, pp. 235-236.

La palabra Victimología deriva etimológicamente de la palabra latina *victima* y de la raíz griega *logos*[17] que en su acepción secular significa "palabra", "discurso", "estudio", por lo que desde esta perspectiva la Victimología se define como el estudio de la víctima.

El término Victimología se acuñó por primera vez por MENDELSOHN en 1947[18], quien "en sus investigaciones sobre las relaciones entre víctima y su criminal, ya se había planteado el eventual rol jugado por la víctima contribuyendo a su propia victimización"[19].

---

17 DRAPKIN, I., "El Derecho de las víctimas", *op. cit.*, p. 367.

18 MENDELSOHN fue un abogado penalista que en 1946 utilizó por primera vez el término Victimología (*Victimology*) en una comunicación no publicada titulada Nuevos Horizontes Bio-psico-sociales : Victimología (*New bio-psycho-social horizons: victimology*), en la que defendió la necesidad de estudiar a la víctima en un nuevo campo de conocimiento (*vid.* PEREDA BELTRÁN, N., "La Victimología en el contexto de las Ciencias Sociales", en PEREDA BELTRÁN, N. y TAMARIT SUMALLA J. M, *Victimología teórica y...*, *op. cit.*, p. 24). Sin embargo, el penalista de la época JIMÉNEZ DE ASÚA, L., critica a MENDELSOHN y considera que no fue el padre de la Victimología, en estos términos: "Cree Mendelsohn que ha descubierto la Victimología, como ciencia diferente de la Criminología. Por tanto, en vez de encuadrarla dentro de esta, nos dice que no se trata de una parte de ella, sino de una ciencia autónoma y distinta que en vez de analizar al delincuente -Criminología -va a tratar a la víctima- *Victimiología* (la cursiva es nuestra). Y se ocupa del sujeto pasivo, de tal forma que nadie antes que él se había preocupado de estudiarle. Es lamentable que Mendelsohn desconociera el libro del Prof. Hans von Hentig publicado en 1948, y en lengua inglesa, que Mendelsohn conoce perfectamente bien" (*vid.* "La llamada victimiología" [sic], en *Estudios de Derecho Penal y Criminología*, JIMÉNEZ DE ASÚA, L. (Dir.), Tomo I, Buenos Aires, Bibliográfica Omeba, 1961, p. 23).

19 SANGRADOR, J. L., "La Victimología y el sistema jurídico penal", en *Psicología social y sistema penal*, CLEMENTE DÍAZ, M. y JIMÉNEZ BURILLO, F. (Comp.), Madrid, Alianza Universidad, 1986, p. 62.

En un artículo publicado en 1956 en la *Revue international de criminologic et de police technique*, denominado "Victimología", MENDELSOHN señalaba la necesidad de incluir y estudiar a la víctima como nuevo campo del conocimiento[20]. Para este abogado israelí la Victimología debía interesarse por las víctimas de delito, así como por las víctimas de las catástrofes naturales[21] y los factores de victimización, llegando así a ir más allá de la Criminología y del Derecho penal.

En 1958 publicó su obra *La Victimologie*, en la que estudió la participación de la víctima en su propia victimidad[22] y planteó la necesidad de ayuda a la víctima en los ámbitos de inter-

---

MENDELSOHN fue el primero en descubrir la relación inversamente proporcional entre la culpabilidad del victimario y la de la víctima en la precipitación del hecho delictivo, es decir, que a mayor culpabilidad de la víctima menor del agresor y a la inversa, en un plano de la realidad, pero no desde el punto de vista jurídico de la responsabilidad penal. Para una visión más clarificadora sobre el tema véase el esquema de la tipología victimal de MENDELSOHN y su aplicación penológica en MORILLAS FERNÁNDEZ, D. L.; PATRÓ HERNÁNDEZ, R. M. y AGUILAR CÁRCELES, M. M., *Victimología: un estudio sobre la víctima*..., *op. cit.*, pp. 152-155.

20 DÍAZ, F., "Una mirada desde las víctimas: el surgimiento de la Victimología. Ensayo", en *Umbral Científico*, núm. 9, 2006, p. 142.

21 Uno de los argumentos todavía vigentes en la actualidad para considerar que la Victimología es una ciencia autónoma e independiente de la Criminología y no una rama de ésta, estriba en que intenta conocer la victimización más allá de los reducidos campos del delito y la criminalidad. En este sentido se pronuncia DÍAZ COLORADO, F., "Una mirada desde las víctimas ...*op.cit.*, p. 142.

22 Como apunta MENDELSOHN, B., "el término «victimidad» es un concepto general, un fenómeno específico común que caracteriza todas las categorías de víctimas cualquiera que sea la causa de su situación. De esta manera la Victimología satisface por completo las necesidades de la sociedad y su definición como ciencia de las víctimas y de la victimidad resulta ser la más adecuada (...)" (*vid.* "La Victimología y las tendencias de la sociedad contemporánea",

vención, asistencia y prevención victimal, así como de carácter procesal[23].

Para otros autores, sin embargo, el precursor y padre de la Victimología fue el célebre criminólogo alemán VON HENTIG [24] quien en 1948 destacó la importancia en el hecho de-

---

en *Revista Ilanud al día,* San José, Costa Rica, Vol. 4, núm. 10, 1981, p. 55).

23 HERRERA MORENO, M., "Historia de la Victimología", *op. cit.*, p. 66.

24 Sobre la discusión en torno a quien fue el padre de la Victimología MÁRQUEZ CÁRDENAS, A. E., señala que "se atribuye a Mendelshon, el acuñar la expresión Victimología, en este sentido también se expresa Neuman (NEUMAN: 1984: 28) de quien sostiene, venía trabajando en estas temáticas desde la década de los 40. Es Neuman, en rescate del buen nombre del abogado israelí, quien califica de injustas las expresiones de censura de Jiménez Azúa, en cuanto haberse atribuido tal paternidad. Así, Neuman sostiene que «Desde que conocí a Mendelshon en 1973 y, mucho más, tras leer sus trabajos, me persuadí de lo inmerecido de la imputación. Es un precursor que, incluso un año antes de que apareciera el libro de Von Hentig, habló públicamente por vez primera en una conferencia sobre «Victimología". Ello ocurrió el 29 de marzo de 1947, invitado por la Sociedad de Psiquiatría de Bucarest (Rumania). En 1940 había publicado sus estudios sobre violación *(Giustizia Penale)* y en 1946, «*New Biopsychosocial Horizons: Victimology*»". Continúa respecto de la paternidad que algunos autores sostienen de VON HENTING en el siguiente sentido "En 1948 Von Hentig había empleado la palabra «victimogénesis» en «El criminal y su víctima» pero formalmente se ha impuesto la voz «Victimología» y así se la ha aceptado sin objeción alguna. Lo anterior, a pesar de la censura que hiciera, en cuanto a la acuñación del término, el profesor Jiménez de Azúa, (JIMÉNEZ DE ASUA: 1961: 19) quien le censuraba el haberse atribuido la condición de creador de la disciplina, desconociendo los aportes que en este sentido ya había hecho Von Heting, en épocas precedentes al israelí" (*vid.* "La Victimología como estudio. Redescubrimiento de la víctima para el proceso penal", en *Revista Prolegómenos. Derechos y Valores,* Vol. 14, núm. 27, 2011, pp. 27-42).

lictivo de las víctimas como "pareja criminal". Fue en su obra *The criminal and his victim*[25], de ahí que los orígenes de esta ciencia se han atribuido al desarrollo de tipologías victimales[26]

---

25 En su obra "El criminal y su víctima", VON HENTIG trae al primer plano la interacción con la víctima, configura la "pareja criminal " o "pareja penal" para "(...) referirse al delincuente y a la víctima del delito, que tanta repercusión tendrá en los años sucesivos, particularizándola sobre las circunstancias delictivas y la personalidad de ambos", así lo expresan MORILLAS FERNÁNDEZ, D. L.; PATRÓ HERNÁNDEZ, R. M. y AGUILAR CÁRCELES, M. M., *Victimología: un estudio sobre la víctima..., op. cit.*, p. 6. Para PEREDA BELTRÁN, N., su pionera clasificación de las víctimas y sus tipos psicológicos fueron considerados el punto de partida de los estudios científicos sobre la víctima del delito (*vid.* "La Victimología en el contexto de las Ciencias Sociales", en PEREDA BELTRÁN, N. y TAMARIT SUMALLA J. M, *Victimología teórica..., op. cit.*, p. 25).

26 MORILLAS FERNÁNDEZ, D. L.; PATRÓ HERNÁNDEZ, R. M. y AGUILAR CÁRCELES, M. M., desarrollan profusamente distintas tipologías victimales de diversos autores, entre otros, MENDELSOHN Y VON HENTIG, y elaboran unos esquemas que resultan ilustrativos y clarificadores. A modo de síntesis, por un lado, MENDELSOHN configuró su tipología victimal sobre la base de la contribución de la víctima en el hecho delictivo, así estableció una escala en la que graduaba a las víctimas según su mayor o menor contribución en el hecho y su culpabilidad, a lo que llamó criterio de culpabilidad correlativa, sobre el que la culpabilidad de la víctima crecía mientras disminuía la del criminal. De esta manera, la tipología establece una escala que contempla desde la víctima completamente inocente o víctima ideal hasta la víctima más culpable que el infractor (provocadora o por imprudencia) y la únicamente culpable (víctima infractora, víctima simuladora y víctima imaginaria), entre las que se encuentran las víctimas por ignorancia o de menor culpabilidad y la víctima voluntaria tan culpable como el infractor. Esta tipología victimal responde, por tanto, a la valoración gradual de la implicación de la víctima en el hecho criminal, es decir, la existencia de relación inversa entre la culpabilidad del ofensor y la del ofendido, a mayor responsabilidad de uno menor del otro. Además, proponía la atenuación o exención de la pena al infractor en función de su

y al análisis de los factores de la víctima que precipitaban el hecho criminal. En esta obra estudió la etiología del delito y la interacción entre el autor y la influencia de la víctima como sujeto activo en la contribución del proceso delictivo, denominándola "pareja criminal"[27].

Así pues, el legado de los pioneros de la nueva ciencia de la Victimología, MENDELSOHN y VON HENTIG, con sus estudios sobre la interacción entre la "pareja criminal", demostraron la interrelación de carácter recíproco que existía entre el autor del delito y la víctima, capaz ésta de influir en el hecho delictivo con su actitud.

La tesis de la victimo-precipitación del delito[28] fue un avance en los estudios criminológicos y victimológicos, base de la

---

culpabilidad. Sin embargo, en 1948, VON HENTIG configuró su tipología de víctimas sobre la base de la propensión de las personas a ser víctimas según su vulnerabilidad y así distinguió entre víctimas generales (joven, mujer, anciano, débiles y enfermos mentales, inmigrantes, minorías y tontos) y tipos psicológicos (deprimido, ambicioso, lascivo, solitario, atormentador, bloqueado, excluido y agresivo). Elaboró otra clasificación posterior en su obra *El delito* en 1975 que establece con base en cuatro criterios, a saber, las características de la situación, las actitudes propias del sujeto, la capacidad de resistencia y la propensión a ser víctima, refiriéndose entre otras a la víctima propensa. Sobre la clasificación de las víctimas de MENDELSOHN y VON HENTIG (*vid. Victimología: un estudio sobre la víctima..., op. cit.*, pp. 151-164).

27 VON HENTIG, analizó el papel de la víctima en delito, a modo de sujeto activo con capacidad para influir en el desarrollo del delito, desde un concepto victimal participativo en el que "el delito es consecuencia de una compleja combinación de dos recíprocos procesos de interacción, el proceso de criminalización o *iter criminis* y el proceso de victimización o *iter victimae*" (*vid.* HERRERA MORENO, M., "Historia de la Victimología", *op. cit.*, p. 63).

28 Según HERRERA MORENO, M., esta tesis fue formulada por FRAN WERFEL en "El asesinado es el culpable" ("*Der ermoderte ist schuld*"),

futura victimodogmática[29] en la que se considera que la víctima contribuye a su propia victimización lo que puede influir en la responsabilidad criminal del delincuente[30]. A la victimodogmática le interesa si el comportamiento de la víctima atenúa o en ocasiones puede eximir la responsabilidad penal, esto es, la repercusión que pueda tener en la pena finalmente impuesta.

Implica pues, el estudio de la contribución de las víctimas, dolosa o culposamente, en el delito, lo que puede influir tanto en la responsabilidad del delincuente como en la propia victimización de la víctima que parte de una teoría del delito abierta a las ciencias empíricas y sociales[31]. Por ello el com-

---

a partir de un supuesto, en el que un padre, incrementa en su hijo su caudal agresivo, implicándole en juegos que desafían su autocontrol y que finaliza con un parricidio. A partir de este concepto victimal participativo, VON HENTIG reformula el criterio científico en el que la víctima es creadora o configuradora en algún sentido de su ofensor, pues la víctima moldea al criminal (*vid.* "Historia de la Victimología", *op. cit.*, p. 63).

29 Sobre la victimodogmática, véanse los siguientes autores: BONET ESTEVA, M., *La víctima del delito...*, *op. cit.*, pp. 61-75; BUSTOS RAMÍREZ, J., y LARRAURI PIJOAN, E., *Victimología: presente y futuro...*, *op. cit.*, pp. 25-41 y 91-102; HASSEMER, W. y MUÑOZ CONDE, F., *Introducción a la Criminología...*, *op. cit.*, p. 157; LANDROVE DÍAZ, G., *La moderna Victimología...*, *op. cit.*, pp. 38-41; ROPERO CARRASCO, J., "¿Hay que "merecer" la protección del Derecho penal?: Derechos y deberes de las víctimas", en *La respuesta del Derecho penal ante los nuevos retos,* Madrid, Dykinson, 2006, pp. 115-138 y SILVA SÁNCHEZ, J. M., "Innovaciones teórico-prácticas de la Victimología en el Derecho penal", en BERISTAIN IPIÑA, A. y DE LA CUESTA ARZAMENDI, J. L. (Eds.), *Victimología: VIII Cursos de Verano en San Sebastián,* 1990, pp. 75-82.

30 PEREDA BELTRÁN, N., "La Victimología en el contexto de las Ciencias Sociales", en PEREDA BELTRÁN, N. y TAMARIT SUMALLA J. M, *Victimología teórica...*, *op. cit.*, p. 25.

31 Para GINER ALEGRÍA, C. A., constituye un punto de encuentro entre el movimiento victimológico y la dogmática penal derivada de la

portamiento de la víctima implica una categoría de carácter dogmático como principio para tener en cuenta en toda la sistemática del delito[32]. En suma, supone la influencia sobre la dogmática jurídico-penal, incorporando alguno de los principios y planteamientos victimológicos a la estructura general del Derecho penal[33].

No obstante, desde una perspectiva estrictamente terminológica fue el criminólogo y psiquiatra americano WERTHAM en su obra *The show of violence* (1949) sobre la mitificación de los personajes malvados en los cómics y su influencia en los jóvenes, quien utilizó en el lenguaje científico el término *Victimology*[34].

Como se ha visto, VON HENTIG y MENDELSOHN elaboraron unas tipologías de víctimas[35] atendiendo a las relaciones entre victimario y víctima, así como a los factores que influían

---

interacción delincuente-víctima (*vid.* "Aproximación psicológica de la Victimología", en *Revista De Derecho y Criminología,* Valencia, Tirant lo Blanch, 2011, p. 31).

32 LANDROVE DÍAZ, G., *La moderna Victimología..., op. cit.*, p. 39.

33 LANDROVE DÍAZ, G., "Las víctimas ante el derecho...", *op. cit.*, p. 174.

34 HERRERA MORENO, M., "Historia de la Victimología", *op. cit.*, p. 62.

35 Sobre las diferentes clasificaciones de víctimas de estos autores y de otros tratadistas, pueden verse, entre otros, HERRERA MORENO, M., *La hora de la víctima..., op. cit.*, pp. 62-68; LANDROVE DÍAZ, G., realiza su propia clasificación victimal a la vista de la literatura especializada (*vid. Victimología,* Valencia, Tirant lo Blanch, 1990, pp. 43-49); MORILLAS FERNÁNDEZ, D. L.; PATRÓ HERNÁNDEZ, R. M. y AGUILAR CÁRCELES, M. M., también diseñan su propia tipología (*vid. Victimología: un estudio sobre la víctima..., op. cit.*, pp. 192-202); RODRÍGUEZ MANZANERA, L., realiza un estudio exhaustivo de tipologías victimológicas de autores como Jiménez de Asúa, Fattah, Sellin y Wolfgang, Aníyar, Gulotta, Neuman, Stanciu, Schafer y otros (*vid. Victimología..., op. cit.*, pp. 94-112).

desde su papel de víctima y agresor ante el drama criminal y ambos son considerados como innovadores en la primera fase de la Victimología basada en el modelo victimo-contribuyente denominada Escuela Victimológica clásica, tradicional, convencional o positivista[36], en la que se concibe a la víctima como un instrumento para la comprensión del fenómeno criminal y de la personalidad del delincuente.

Esta etapa se enmarca en una Victimología de carácter conservador, en la que se tiende a culpabilizar a las víctimas de su victimización y con un enfoque causalista de la Victimología que estudia las relaciones víctima-criminal y en la que ésta se concibe como una rama de la Criminología[37], puesto que en aquellos momentos la Criminología se centra únicamente en el delito y en el delincuente[38]. Los estudios y publicaciones de la época se ocuparon, por tanto, de la contribución de la víctima en la causa del delito, los factores predisponentes[39] y el papel de la víctima en la victimización, como un elemento más dentro de la dinámica del delito[40].

---

36 Para MORILLAS FERNÁNDEZ, D. L.; PATRÓ HERNÁNDEZ, R. M. y AGUILAR CÁRCELES, M. M., se trata de una etapa de la Victimología tradicional o clásica, con una visión positivista que se mantiene hasta la década de los sesenta-setenta y que tiene un interés casi exclusivo en el análisis del causalismo y responsabilidad victimal (*vid. Victimología: un estudio sobre la víctima...*, *op. cit.*, p. 56).

37 RODRÍGUEZ MANZANERA, L., *Victimología...*, *op. cit.*, p. 27.

38 PEREDA BELTRÁN, N., "La Victimología en el contexto de las Ciencias Sociales", en PEREDA BELTRÁN, N. y TAMARIT SUMALLA J. M, *Victimología teórica...*, *op. cit.*, p. 28.

39 Según HERRERA MORENO, M., autores como AMIR, SCHAFFER y GULOTTA también trataron de aunar esfuerzos en la identificación de factores de contribución victimal (*vid.* "Historia de la Victimología", *op. cit.*, p. 69).

40 MORILLAS FERNÁNDEZ, D. L.; PATRÓ HERNÁNDEZ, R. M. y AGUILAR CÁRCELES, M. M., *Victimología: un estudio sobre la víctima...*, *op. cit.*, p. 56.

En esta misma línea WOLFGANG y ELLENBERG también fueron considerados precursores de la Victimología clásica. El primero se centró en la predisposición psicológica de la víctima y en su vulnerabilidad a convertirse en víctima en contextos violentos, y acuñó el concepto de precipitación victimal[41], mientras que ELLENBERG desarrolló la teoría de la victimogénesis victimal centrada en la posibilidad de ser víctima con base en las características personales[42].

Sin embargo, la mayoría de los criminólogos hicieron Victimología sin saberlo[43], si bien no como conocemos actualmente esta ciencia, sino desde una perspectiva en la que resultaba imposible disociar a la víctima de toda conexión con el crimen, como tendremos ocasión de explicar más adelante.

Con el comienzo del estudio de las víctimas, y las aportaciones de estos pioneros se asentó una incipiente Victimología, en la que el interés por la víctima iría aumentando de forma progresiva, influenciada por otras circunstancias como los movimientos asociativos de víctimas que surgieron en Estados Unidos en los años 60 y que ayudaron a crear este fenómeno victimal, cuyo objetivo era lograr una mejor convivencia en la sociedad norteamericana, en la que no sólo víctimas de delitos,

---

41 Como señala SANGRADOR, J. L., "El estudio de Ellenberger (1954) sobre las relaciones psicológicas entre el delincuente y su víctima insistió, en esta idea, proponiendo el término «Victimogénesis» para referirse a los factores que predisponen a ciertos individuos a devenir víctimas. Pocos años después, una investigación de Wolfgang (1958) encontraba que en un 20 por 100 de los homicidios cometidos en Filadelfia la víctima podía haber desempeñado un papel fundamental precipitando la conducta homicida de su agresor" (*vid.* "La Victimología y el sistema...", *op. cit.*, p. 62).

42 MORILLAS FERNÁNDEZ, D. L.; PATRÓ HERNÁNDEZ, R. M. y AGUILAR CÁRCELES, M. M., *Victimología: un estudio sobre la víctima...*, *op. cit.*, p. 56.

43 RODRÍGUEZ MANZANERA, L., *Victimología...*, *op. cit.*, p. 6.

sino grupos de consumidores, personas afectadas por enfermedades contagiosas, grupos pacifistas, minorías étnicas, en definitiva, colectivos muy diversos reivindicaron un reconocimiento social.

Así pues, estos movimientos asociativos de víctimas y la estela del feminismo impulsaron programas de asistencia a las víctimas mujeres que sirvieron de modelo a otros colectivos de víctimas[44], como iniciativa del surgimiento de determinados programas de ayuda a las víctimas en diversos Estados[45], rebelándose contra una visión de la víctima amparada en los patrones del Estado liberal-burgués, cuyo Derecho penal respondía a los intereses de la clase dominante, para solicitar un Derecho penal que protegiese al indefenso frente al poderoso[46]. El Estado reacciona así ante las peticiones de las asociaciones de víctimas que solicitan se compense económicamente el daño causado por el delito sufrido, se mejore el trato en el sistema penal y se ayude psicológicamente a las víctimas, establecién-

---

44 GARCÍA-PABLOS DE MOLINA, A., "Hacia una «redefinición»...", *op. cit.*, p. 311.

45 GALLO, C., y ELIAS, R., destacan la importancia en Estados Unidos durante la década de los años 70 del siglo XX, de los programas de restitución y reparación, puesto que más que acudir al castigo de los delitos, la restitución supuso que los infractores evaluaran los daños cometidos y compensaran a las víctimas económicamente. Posteriormente los programas de compensación posibilitaron que, con recursos del Estado, se pagaran las pérdidas sufridas por las víctimas. Véase al respecto el estudio de este movimiento y las políticas sobre víctimas en Estados Unidos y Suecia que realizan estos autores (*vid.* "Más allá del castigo. El surgimiento del movimiento de víctimas en los Estados Unidos y Suecia", en *Revista de Victimología,* núm. 8, 2018, p. 10).

46 FERREIRO BAAMONDE, X., *La víctima en el proceso..., op. cit.*, p. 35.

dose, por tanto, los primeros programas de ayuda y asistencia a las víctimas de delitos[47].

Las víctimas de delitos aumentaron en los años 80 por lo que las asociaciones de víctimas[48] cubrieron muchas situaciones de desamparo social ante la escalada de violencia que no cubría el Estado.

Comienza, por tanto, la etapa de la Victimología constructivista[49] que se vincula sobre todo a los movimientos feministas en el ámbito de la violencia ejercida contra la mujer y a la aparición de las encuestas de victimización[50] que posibilitaron la recogida de datos empíricos sobre la población victimizada, la cifra negra u oculta, es decir la de aquellas personas victimizadas que no habían denunciado el delito.

Fue una época de consolidación de la Victimología en la que comenzaron a elaborarse programas de reparación, compensación y tratamiento a las víctimas del delito[51], fruto de es-

---

47 CEREZO DOMÍNGUEZ, A., *El protagonismo de las víctimas..., op. cit.*, p. 19.

48 Sobre el origen y desarrollo de los movimientos y asociaciones de víctimas véase CEREZO DOMÍNGUEZ, A. I, *El protagonismo de las víctimas..., op. cit.*, pp. 17-22.

49 MORILLAS FERNÁNDEZ, D. L.; PATRÓ HERNÁNDEZ, R. M. y AGUILAR CÁRCELES, M. M., *Victimología: un estudio sobre la víctima..., op. cit.*, p. 59.

50 Manifiestan GARRIDO GENOVÉS, V., y REDONDO ILLESCAS, S., que la primera encuesta realizada sobre las víctimas de delito se llevó a cabo en Aarhus, Dinamarca, en el año 1730 (*vid. Principios de Criminología..., op. cit.*, p. 865). Por su parte, SANGRADOR, J. L., apunta que la primera encuesta de victimización que se realizó en Estados Unidos fue en 1967 (*vid.* "La Victimología y el sistema...", *op. cit.*, p. 63).

51 GARCÍA-PABLOS DE MOLINA, A., resume los programas desarrollados en el ámbito victimal. Por un lado, los programas de asistencia inmediata ofrecen servicios para satisfacer las necesidades más

tos movimientos que atrajeron la atención hacia las víctimas mujeres[52].

Este resurgimiento de la víctima y la paralela consolidación de la Victimología se atribuye a una pluralidad de circunstancias[53], a saber:

Por una parte el legado de los pioneros de la nueva ciencia como VON HENTIG o MENDELSOHN, quienes demostraron la recíproca interacción entre los miembros de la "pareja criminal"; el desarrollo en la Psicología Social de distintos modelos teóricos para explicar los datos aportados por las investigaciones victimológicas como la Teoría de la indefensión aprendida de SELIGMAN, la Teoría de la atribución de KELLEY o la Teoría del mundo justo de LERNER[54] , entre otras;

---

inmediatas de las víctimas de delitos, de carácter material, físico y psicológico. Por otro, los programas de reparación o sustitución a cargo del infractor son aquellos que persiguen reparar el daño o perjuicio causado mediante el abono de una cantidad de dinero, de la realización de una actividad o de la prestación de un servicio realizado por el infractor en beneficio de la víctima. Otro programa es el de compensación a la víctima en el que los fondos de financiación son públicos, y se materializan a través de seguros o indemnizaciones que se ofrecen a las víctimas de delitos. Por último, los programas sobre asistencia a la víctima-testigo, están dirigidos a la protección de la víctima que ha de intervenir como testigo en el proceso judicial (*vid. Tratado de Criminología, op. cit.*, pp. 156-162).

52 Sobre el papel decisivo de los movimientos feministas como una de las causas que dio origen a la Victimología, véase FERREIRO BAAMONDE, X., *La víctima en el proceso..., op. cit.*, p. 35.

53 Circunstancias que resume GARCÍA-PABLOS DE MOLINA, A. (*vid.* "Hacia una «redefinición»...", *op. cit.*, p. 311).

54 La Teoría de la indefensión aprendida de SELIGMAN explica aplicada al terreno victimológico que la víctima reiteradamente impotente frente a una situación social adversa o una previa agresión criminal estaría especialmente infradotada para oponer resistencia a la victimización. De la Teoría de la atribución de KELLEY la Victi-

las aportaciones de LATANÉ y DARLEY, en la década de los setenta, sobre la dinámica de intervención de los espectadores en situaciones de emergencia, o estudios de psicólogos sociales en torno a comportamientos de asistencia o de abandono hacia la víctima del delito[55] ; y por último las encuestas de victimización[56] que se originan en Estados Unidos en los años 60, que

---

mología aprende que la atribución de responsabilidad a las víctimas por la victimización sufrida es un juicio cognitivo mediatizado por factores sociales. Por su parte, la Teoría del mundo justo de LERNER aporta las razones que explican la resignación o aceptación social de determinadas victimizaciones como la victimización secundaria. Véase un resumen de estas teorías en HERRERA MORENO, M., *La hora de la víctima...*, *op. cit.*, pp. 112-114.

55 Se destaca la importancia del interés por la víctima a raíz de un celebérrimo asesinato de una mujer en Estados Unidos llamada *Kitty Genovese* que fue atacada en la propia puerta de su casa por un individuo que tardó 30 minutos en consumar su acción, sin que ningún vecino interviniera ni siquiera llamara a la policía, planteándose por los psicólogos sociales interrogantes sobre estas conductas dando con ello un fuerte impulso a investigaciones sobre conductas de ayuda, SANGRADOR, J. L., "La Victimología y el sistema...", *op. cit.*, p. 63.

56 Según LUQUE REINA, M. E., las encuestas de victimización indagan, a partir de los propios sujetos susceptibles de ser víctimas de su propia percepción y vivencia, cuánta y cómo es la criminalidad en una sociedad o colectivo determinado, con independencia o no de que ésta sea conocida o no por los organismos oficiales como las fuerzas policiales o Administración judicial o penitenciaria (*vid.* LUQUE REINA, M. E., "Las encuestas de victimación", en BACA BALDOMERO, E; ECHEBURÚA ODRIOZOLA, E. y TAMARIT SUMALLA, J. M. (Coords.), en *Manual de Victimología*, Valencia, Tirant lo Blanch, 2006, p. 207). Para más información sobre las encuestas de victimización *vid.* ALVIRA MARTÍN, F. y RUBIO RODRÍGUEZ, M. A., "Victimización e inseguridad: la perspectiva de las encuestas de victimización en España", en *Reis*, núm. 18, 1982, pp. 29-50. Sobre un ejemplo de encuesta de victimización véase GARCÍA ESPAÑA, E.; PÉREZ JIMÉNEZ, F., BENÍTEZ JIMÉNEZ M. J., y CEREZO DOMÍNGUEZ, A., *La delincuencia según las víctimas. Un enfoque integrado*

permiten el acceso a datos no oficiales de criminalidad a partir de encuestas a las víctimas que ponen en evidencia la llamada "cifra negra" de la criminalidad, esto es, aquellos delitos que no se denuncian. Así las encuestas de victimización muestran un índice de victimización mayor que las estadísticas oficiales que no tienen en cuenta dicha cifra y la información que proporcionan supone una revisión empírica de las premisas sobre las que se asienta la dogmática penal y procesal[57].

---

a partir de una encuesta de victimización, Málaga, Pinello, 2006. España no cuenta con ningún organismo encargado de la elaboración de encuestas de victimización, véase el resultado de la investigación que muestra un análisis de la realidad delictiva en España a partir de encuestas de victimización a nivel nacional, realizado por GARCÍA ESPAÑA, E.; DÍEZ RIPOLLÉS, J. L.; PÉREZ JIMÉNEZ, F.; BENÍTEZ JIMÉNEZ, M. J., y CEREZO DOMÍNGUEZ, A., "Evolución de la delincuencia en España: Análisis longitudinal con encuestas de victimización", en *Revista Española de Investigación Criminológica* núm.8, 2010, pp. 1-27. Véase también sobre las encuestas de victimización, el estudio de los factores responsables de las elevadas tasas de no denuncia. Al respecto SANGRADOR J. L., considera los siguientes factores: la reacción psicológica de la víctima tras su victimización; el sentimiento de impotencia personal y policial; el temor a una victimización posterior por el propio sistema jurídico penal; el miedo a represalias por el causante del delito o sus allegados; el síndrome de "manos sucias", esto es, las víctimas que son a la vez infractores de normas legales o morales; la pertenencia de la víctima a colectivos minoritarios y marginados o la relación personal directa de la víctima con su victimizador (*vid.* "La Victimología y el sistema...", *op. cit.*, pp. 70-73). Sobre las encuestas de victimización llevadas a cabo en Europa hasta el 2009, véase AEBI, M. F., y LINDE A., "Las encuestas de victimización en Europa: evolución histórica y situación actual", en *Revista de Derecho Penal y Criminología*, 3ª Época, núm. 3, 2010, pp. 211-298.

57 SUBIJANA ZUNZUNEGUI, I. J., "Los derechos de las víctimas: su plasmación en el proceso penal ", en *Revista del Poder Judicial*, núm. 54, 1999, p. 167.

Por tanto, la Victimología clásica o positivista, que se trata de una Victimología del acto preocupada por la contribución de la víctima en el hecho delictivo, cambia de perspectiva y la tendencia evoluciona hacia una Victimología de la acción o asistencial que se preocupa de la reivindicación de los derechos de las víctimas[58], que surge para ampliar el objeto de estudio de esta ciencia a la victimización desde un punto de vista amplio[59], y cuyos postulados se centran en el reconocimiento y promoción de los derechos de las víctimas[60], ante la escasa asistencia penal, terapéutica y social que asiste a la víctima durante los años anteriores a esta etapa, el surgimiento de las estadísti-

---

58 MORILLAS FERNÁNDEZ, D. L.; PATRÓ HERNÁNDEZ, R. M. y AGUILAR CÁRCELES, M. M., *Victimología: un estudio sobre la víctima..., op. cit.*, p. 59. En el mismo sentido, SUBIJANA ZUNZUNEGUI, I. J., *El principio de protección de las víctimas, del olvido al reconocimiento*, Granada, Comares, 2006, p. 13.

59 Para HERRERA MORENO, M., se critica la victimización social, la instrumentalización de la víctima, partiendo de una perspectiva pacificadora del conflicto en la justicia restauradora, la obsesión por la seguridad, desconfiando de la tutela del Estado. Surge la emotivización victimológica, es decir, la disminución de las redes sociales de apoyo, la vulnerabilidad a sufrir determinados ataques, o la dependencia del sistema de asistencia a las víctimas que se sustenta en el proceso de intervención (*vid.* "Historia de la Victimología", *op. cit.*, pp. 74-77).

60 GALLO, C., y ELIAS R., relatan que, en Estados Unidos, concretamente en el Estado de California se aprobó una "Declaración de Derechos de las Víctimas", en el año 1982, que incrementó sus derechos con respecto a los de los acusados para "reparar lo que se describió como un «desequilibrio» en el Derecho penal en favor de los detenidos y acusados. Como resultado, a las víctimas se les reconoció el derecho a la información y participación en el proceso, lo cual incluyó dar su testimonio en juicio y proporcionar devolución de información en las declaraciones de impacto victimal en relación con el castigo adecuado para el condenado" (*vid.* "Más allá del castigo...", *op. cit.*, p. 14).

cas victimales y encuestas de victimización, así como la contemplación de la Victimología como disciplina omnicomprensiva de contenidos de la esfera psicológica, social, penal, procesal, forense etc.[61], señalando un nuevo horizonte social tendente al enaltecimiento de las víctimas[62], que forme parte del objeto de protección garantista que se opone como límite constitucional a la intervención penal de un Estado Social y Democrático de Derecho[63].

Las nuevas tendencias de la Victimología se preocupan de los derechos de las víctimas[64] y los especialistas en este ámbito se preguntan cómo favorecer dichos derechos sin que mermen los derechos de los acusados, cuestión que trataremos posteriormente. Así la denominada Victimología crítica, aborda las deficiencias del sistema de justicia para acometer propuestas de solución ante la victimización social, la instrumentalización de la víctima, parte de la importancia de la resolución de con-

---

61 MORILLAS FERNÁNDEZ, D. L.; PATRÓ HERNÁNDEZ, R. M. y AGUILAR CÁRCELES, M. M., *Victimología: un estudio sobre la víctima..., op. cit.*, pp. 59-61.

62 HERRERA MORENO, M., "Historia de la Victimología", *op. cit.*, p. 71.

63 ALONSO RIMO, A., "Medidas de protección de los intereses de las víctimas", en *Estudios de Victimología, Actas del I Congreso Español de Victimología,* TAMARIT SUMALLA, J. M (Coord.), Valencia, Tirant lo Blanch, 2005, p. 48.

64 No estamos de acuerdo con algunos autores como FATTAH quienes critican lo que para nosotros es un gran progreso en el estudio de la víctima que supone también la defensa de las víctimas. Este autor considera, que el objetivo científico de la Victimología podía quedar en un segundo plano frente al activismo (*vid.* FATTAH, E. A., "Victimología: pasado, presente y futuro" (traducción y notas de María del Mar Daza Bonachela), en *Revista Electrónica de Ciencia Penal y Criminología,* 2014, núm. 16, p. 7. Publicación original: "*Victimology: Past, Present and Future*", *Criminologie,* Vol. 33, núm. 1, 2000, pp. 17-46).

flictos pacificadora, la justicia restauradora, preocupándose de la obsesión por la seguridad poniéndose en entredicho la prevención victimal secundaria y terciaria. Asimismo, se postulan técnicas para la eficacia asistencial de las víctimas y se denuncia la emotivación victimológica en la que prevalece una cultura de victimidad[65].

En este orden de cosas, la Victimología fue configurándose como una disciplina científica, y se considera que su origen como Ciencia tiene lugar en 1973[66], cuando en el I Simposio Internacional de Victimología se define de forma estricta como "*el estudio científico de las víctimas*"[67], no sólo de las víctimas de delitos sino de todo tipo de víctimas incluyendo a las que sufren por causa fortuita[68].

Le siguieron en 1976 el Simposio de Boston, y en 1979 en *Münster*, en el que se creó la Sociedad Mundial de Victimología[69], como referente organizativo de los Simposios interna-

---

65 HERRERA MORENO, M., "Historia de la Victimología", *op. cit.*, pp. 74-77.

66 Como señala GARCÍA COSTA, F. M., es a partir de la década de los años setenta cuando la Victimología se consolida gracias a contribuciones como las de DRAPKIN o las encuestas de victimización que en Estados Unidos elaboran BIERDERMAN, JONSON o WEISS (*vid. La víctima en las constituciones..., op. cit.*, p. 69).

67 En este I Simposio se trató el estudio de la Victimología -concepto, definición de víctima, metodología, aspectos interdisciplinarios, etc.-, la víctima -tipología, la víctima en el proceso penal etc.-, la relación victimario-víctima -delitos contra la propiedad, contra las personas, sexuales, etc.-, así como la sociedad y víctima, actitudes y políticas -prevención, tratamiento, resarcimiento etc.- (*vid.* RODRÍGUEZ MANZANERA, L., *Victimología..., op. cit.*, p. 439).

68 RODRÍGUEZ MANZANERA, L., *Victimología..., op. cit.*, p. 18.

69 Para más información sobre la Sociedad Mundial de Victimología (*World Society of Victimology*), *vid.* su página web. Recurso electrónico, disponible en: https://bit.ly/2U4iTni.

cionales que desde entonces se celebran cada tres años[70], centrándose en temas innovadores de interés para las víctimas[71]. También surgieron organizaciones e instituciones enfocadas al

---

70 Podemos encontrar de forma gráfica el listado de los Simposios de Victimología hasta 2009, en GARRIDO GENOVÉS, V., y REDONDO ILLESCAS, S., *Principios de Criminología...*, *op. cit.*, p. 861. Por otra parte, MORILLAS FERNÁNDEZ, D. L.; PATRÓ HERNÁNDEZ, R. M. y AGUILAR CÁRCELES, M. M., realizan un estudio exhaustivo de todos los Simposios que se han celebrado desde 1975 hasta el año 2015 y exponen los contenidos tratados en cada uno de ellos (*vid. Victimología: un estudio sobre la víctima...*, *op. cit.*, pp. 8-9). Por su parte, RODRÍGUEZ MANZANERA, L., dedica un capítulo completo de su obra al relato detallado de los *Symposia* internacionales de Victimología hasta el año 2009 (*vid. Victimología. Estudio de la víctima,* México, Porrúa, 12ª Ed., 2010, pp. 438-480). Conviene destacar que el último de los Simposios celebrados tuvo lugar en junio de 2018 en la ciudad de Hong Kong bajo el título "Víctimas y victimización: Hacia una Victimología internacional", en el que se puso de manifiesto que "*a pesar de los avances evidentes en la investigación empírica victimológica, se necesitaba un conocimiento más profundo sobre la incidencia, prevalencia y experiencias de victimización para poder atender los derechos, necesidades e intereses de las víctimas de forma adecuada en cada contexto y persona*" (*vid. Revista de Victimología,* núm. 7, 2018, pp. 157-162. Recurso electrónico, disponible en: https://bit.ly/2qt7e6r).

71 VARONA MARTÍNEZ, G., resalta que también en Simposios sobre Criminología se han tratado cuestiones victimales. Por ejemplo, el Simposio de Criminología celebrado en Estocolmo en el año 2012 sobre cuestiones victimológicas en el que se elaboraron ocho propuestas sobre las necesidades de las víctimas en relación con la justicia penal, tales como el trato particular a las víctimas, y no de forma estandarizada; la formación a los trabajadores de la justicia penal; la elaboración de leyes sobre derechos de las víctimas; la necesidad de un proceso legal que atienda a las víctimas; la posibilidad de justicia restaurativa; la reparación y recuperación de las víctimas; así como el seguimiento de su caso por parte de las víctimas y medidas para mitigar su victimización secundaria (*vid.* "El papel de las víctimas respecto de los mecanismos utilizados en la justicia transicional", en MACULAN, E., y GIL GIL, A. (Dir.), *La influencia de las víctimas en el*

estudio de la víctima y sobre todo a su asistencia, como el Instituto Internacional de Estudios sobre Victimología que en 1976 se creó en *Bellagio* (Italia), o la *National Organization of victim assistance* (NOVA), fundada en 1975 con la finalidad de defender los intereses de las víctimas[72].

En 1976 salió a la luz una revista de carácter periódico con el nombre de *Victimology* que duró pocos años, pero cuyas publicaciones se pueden consultar en la actualidad[73].

En 1980 se creó la Sociedad Española de Victimología con la finalidad de transmitir y cultivar los valores victimológicos a los penalistas, a los juristas en general, a los políticos, a los docentes etc.[74], considerada organización científica, punto de

---

tratamiento jurídico de la violencia colectiva, Madrid, Dykinson, 2017, p. 159).

72 Véase la página web de la Organización Nacional para la asistencia a víctimas, recurso electrónico, disponible en: https://bit.ly/2UykYHm.

73 Esta publicación fue realizada por el *National Institute of Victimology*, de Estados Unidos, *vid.* su página web, recurso electrónico, disponible en: https://bit.ly/2Fd7HhP. Han nacido revistas victimológicas a nivel nacional como la *Revista de Victimología*, recurso electrónico, disponible en: https://bit.ly/2Pc8dUJ. Asimismo revistas en otros países, a modo de ejemplo, en la India, *Journal of Victimology and Victim Justice* es una revista publicada en colaboración con la Sociedad de Victimología de la India y con la Universidad de Derecho de Delhi, *vid.* su página web, recurso electrónico, disponible en: https://bit.ly/2U3zojt. También cabe destacar la Revista de la Sociedad de Victimología en Australia, *vid.* la página web de *Journal of the Australasian Society of Victimology*, recurso electrónico, disponible en: https://bit.ly/2ZlbMI0.

74 BERISTAIN IPIÑA, A., "Hoy creamos una nueva ciencia cosmopolita e integradora: la Victimología de máximos, después de Auschwitz", en TAMARIT SUMALLA, J. M (Coord.), *Estudios de Victimología. Actas del I Congreso español de Victimología*, Valencia, Tirant lo Blanch, 2005, p. 270.

divulgación e intercambio científico y centro conformador de la nueva conciencia social hacia las víctimas.

Para finalizar este apartado, en palabras de BERISTAIN IPIÑA: "Las transformaciones que la Victimología y la justicia restaurativa han introducido en la dogmática y política jurídico-penal están logrando liberar a la nave de la justicia penal del varamiento en que se encuentra por su neutralización de las víctimas"[75], superándose los tradicionales planteamientos jurídico-penales y criminológicos centrados únicamente en la figura del delincuente, aunque también abandonando los iniciales planteamientos de los pioneros de la Victimología enfocados en la intervención de la víctima en la etiología del delito.

Concepto y objeto de la Victimología

Las conceptualizaciones de la Victimología han sido muchas y variadas, aunque en todas ellas encontramos un denominador común, el estudio de la víctima, sea desde una perspectiva asistencial, desde el punto de vista de la contribución de la víctima al hecho delictivo, de la adopción de estrategias de prevención de la victimización, del tratamiento psicológico posterior a una victimización, o desde el ámbito judicial.

También el concepto de Victimología ha ido evolucionando con el paso de los años, produciéndose una transformación desde las definiciones ancladas a nuestro entender en una Victimología ya superada en la que esta ciencia se ocupaba en sus orígenes del estudio de la víctima como precipitadora o en su faceta culpabilizadora en el hecho delictivo hasta las concepciones más actuales que abogan por una aproximación inte-

---

[75] BERISTAIN IPIÑA, A., *Protagonismo de las víctimas de hoy y mañana (Evolución en el campo jurídico penal, prisional y ético)*, Valencia, Tirant lo Blanch, 2004, p. 40.

gral a la esfera victimológica, por un estudio profundo de los derechos de las víctimas, la reparación del daño, los aspectos asistenciales, psicológicos, jurídicos y sociales así como la resolución de conflictos.

La conceptualización de la Victimología

Como se ha expuesto anteriormente, la Victimología se definió en el I Simposio Internacional celebrado en Jerusalén en 1973 como "el estudio científico de las víctimas"[76]. En los inicios de la Victimología, se hace hincapié en la influencia de la víctima en el hecho delictivo y en la relación entre el delincuente y la víctima[77].

Son muchos los autores que a lo largo de los últimos años han definido a la Victimología[78]. Una de las definiciones que consideramos más completas y que ofrece una perspectiva amplia de esta ciencia es la propuesta por TAMARIT SUMALLA, para quien la Victimología puede definirse como "la ciencia multidisciplinar que se ocupa del conocimiento relativo a los procesos de victimización y desvictimización", es decir se ocu-

---

76 En este concepto puede incluirse como objeto de esta disciplina, el estudio de la personalidad de la víctima, análisis de las relaciones entre reo y víctima, medios de prevención para evitar futuras victimizaciones y adopción de unos criterios de carácter terapéutico, PERIS RIERA, J. M., "Aproximación a la Victimología...", *op. cit.*, p. 109.

77 GÖPPINGER, H., considera en 1975 que la Victimología es un campo parcial de la Criminología, dedicando un apartado de su obra a la relación entre el delincuente y la víctima. Así analiza cuestiones como la contribución de la víctima al hecho o la confrontación durante el hecho, entre otras (*vid. Criminología*, Madrid, Reus, 1975, pp. 362-375).

78 Véase el estudio de definiciones de varios autores que realiza RODRÍGUEZ MANZANERA, L., *Victimología...*, *op. cit.*, pp. 18-22.

pa del "(...) estudio del modo en que una persona deviene víctima, de las diversas dimensiones de la victimización (primaria, secundaria y terciaria) y de las estrategias de prevención y reducción de la misma, así como del conjunto de respuestas sociales, jurídicas y asistenciales tendientes a la reparación y reintegración social de la víctima"[79].

Persigue, como señala GARCÍA-PABLOS DE MOLINA, una "redefinición global del estatus de la víctima y de las relaciones de ésta con el delincuente, el sistema legal, la sociedad, y los poderes públicos, la acción política (económica, social, asistencial, etc.)"[80]. Otro de los grandes autores especialistas en esta materia BERISTAIN IPIÑA define la Victimología como "(...) la ciencia y el arte pluri, inter y transdisciplinar que –en íntima relación con la investigación y la praxis del Derecho penal, la Criminología, la Sociología, la Filosofía y la Teología– investiga la victimación primaria, secundaria y terciaria, así como sus factores etiológicos, sus controles, sus consecuencias y sus respuestas superadoras de los conflictos y la delincuencia. Presta atención al análisis bio-psico-social de las diversas clases de víctimas, no sólo las directas e inmediatas"[81], proclamándose como "(...) una ciencia para la libertad y la liberación moral y material de todo tipo de victimizados (delincuentes marginados y sumergidos sociales) que abarca también a damnificados por los accidentes de trabajo, sin olvidar a la sociedad, o gran parte de ella, cuando se trata del abusivo poder

---

79 TAMARIT SUMALLA, J. M., "La Victimología: cuestiones conceptuales y metodológicas", en BACA BALDOMERO, E.; ECHEBURÚA ODRIOZOLA, E y TAMARIT SUMALLA, J. M. (Coords.), *Manual de Victimología*, Valencia, Tirant lo Blanch, 2006, p. 17.

80 GARCÍA-PABLOS DE MOLINA, A., *Criminología. Una introducción a ...*, *op. cit.*, p. 120.

81 BERISTAIN IPIÑA, A., "Hoy creamos una nueva ciencia...", *op. cit.*, p. 265.

gubernamental"[82]. RODRÍGUEZ MANZANERA interpreta la Victimología como una ciencia fáctica y autónoma[83], como un movimiento a favor de las víctimas, como conjunto de normas

---

82 BERISTAIN IPIÑA, A., "¿La sociedad/judicatura atiende a ...", *op. cit.*, p. 241.

83 No es pacífica en la doctrina la autonomía de la Victimología respecto de la Criminología. A modo de resumen es clarificadora la exposición que realiza RODRÍGUEZ MANZANERA, L., sobre los autores y los argumentos que esgrimen a favor o en contra de la autonomía de la Victimología respecto de la Criminología (*vid. Victimología..., op. cit.*, pp. 22-26). Fue MENDELSOHN el primero que consideró que es una ciencia autónoma con objeto, método y fines propios, definiéndola como la ciencia que estudia las víctimas y la victimicidad, para PERIS RIERA, J. M., "MENDELSOHN constituye en sí mismo la máxima aspiración de todos aquellos autores que han pretendido otorgar categoría de ciencia autónoma a la Victimología" (*vid.* "Aproximación a la Victimología...", *op. cit.*, p. 110), y sobre la autonomía este mismo autor pp. 109-112. JIMÉNEZ DE ASÚA, L., señala que MENDELSHON solicitó a las Naciones Unidas que debería crearse una sección de *Victimiología* que adoctrinase a las personas para impedir esa tendencia a ser pacientes de delitos (*vid.* "La llamada Victimiología", *op. cit.*, p. 24). No estamos de acuerdo con JIMÉNEZ DE ASÚA, L., para quien la Victimología no es autónoma. Este autor va más allá y en contra de la doctrina mayoritaria postula que tampoco existe como ciencia y que son las ciencias existentes las que han de tratar a las víctimas de los delitos, *vid.* misma obra en sus páginas 19-21. En la misma línea, para ALASTUEY DOBON, M. C., no debe elevarse al rango de ciencia independiente de la Criminología, puesto que los cambios de orientación en la Criminología se han dirigido precisamente a introducir a la víctima en las investigaciones, cuya perspectiva "debe examinarse en estrecha conexión con la del delincuente y, a nuestro juicio, representaría un paso atrás en el proceso de integración de ambas perspectivas pretender llevar a cabo una investigación que no considere esa interacción. Por otra parte, el concepto de víctima no está suficientemente definido como para constituir el objeto de una ciencia autónoma" (*vid. La reparación a la víctima en el marco de las sanciones penales*, Valencia, Tirant lo Blanch, 2000, p. 39).

de protección de las víctimas, el Derecho victimal o como rama de la Criminología[84].

Así las cosas, la Victimología es aquella que evoluciona y abarca tres áreas de conocimiento, como es la obtención de una información contrastada del perfil y caracterología individualizadora de las víctimas, la potenciación de la atención integral de las víctimas y, por último, el aspecto que nos interesa para el desarrollo de la presente obra, el reforzamiento de la posición jurídica de las víctimas en el proceso[85].

Creemos, por tanto, que la Victimología debe considerarse una ciencia interdisciplinar que apoyándose en otras disciplinas como la Criminología, el Derecho, la Psicología o la Sociología consiga el respeto y fomente el desarrollo de los derechos de la víctima del delito, puesto que conforme sostie-

---

Más recientemente GARRIDO GENOVÉS, V. y REDONDO ILLESCAS, S., consideran la no autonomía de esta disciplina y argumentan en el siguiente sentido: "(...) precisamente por su interés en la interacción entre el delincuente y la víctima, así como en la prevención del delito, es imposible separar el estudio de la victimización del estudio del delito, ¿Cómo se puede, por ejemplo, asesorar a vecinos preocupados por el robo, sin saber qué técnicas utilizan los ladrones para entrar en las casas? Parece más fructífero considerar la Victimología como un conjunto de perspectivas importantes para la Criminología como ciencia, e igualmente importantes para el proceso y el derecho penal (...)" (*vid. Principios de Criminología..., op. cit.*, p. 864). Sin embargo, ya NEUMAN, E., decía que "me uno a quienes entienden actualmente la victimología forma parte de la criminología, pero adelanto que se trata de una certidumbre provisional y que el decurso y auge de la criminología, por un lado, y la victimología, por el otro, podrán favorecer un cambio de criterio" (*vid. Victimología, El rol de la víctima..., op. cit.*, p. 40).

84 RODRÍGUEZ MANZANERA, L., "Derecho victimal y victimodogmática", en *Eguzkilore*, núm. 26, San Sebastián, 2012, p. 132.

85 LARRAURI PIJOAN, E., *Victimología, De los delitos y de las víctimas*, Buenos Aires, Ad-Hoc SRL, 1ª Ed., 1992, p. 292.

ne TAMARIT SUMALLA nos encontramos ante "la hora de la Victimología"[86].

El objeto de estudio de la Victimología

Si se analiza el objeto de estudio de la Victimología desde el ámbito biopsicosocial, en el que se estudian todos los factores que influyen en que una persona se convierta en víctima; desde una perspectiva criminológica, en el que se trata los supuestos en los que la víctima surge por su relación con un delincuente, centrándose en el plano de prevención e intervención terapéutica de las víctimas; desde el ámbito asistencial con la implementación de programas de asistencia a las víctimas; o desde el punto de vista jurídico, en el que se estudia la relación de la víctima con la legislación penal o civil, incluyendo los supuestos de la indemnización por daños y perjuicios, y por tanto, los programas de restitución y compensación cabría referirse a una Victimología general definida en sentido amplio, que se interesa no sólo por las víctimas de los delitos, sino por todas las víctimas, incluidas las de catástrofes naturales, las víctimas de genocidios, así como los procesos de victimización y desvictimización.

Como se ha expuesto, los pioneros de la Victimología VON HENTIG y MENDELSOHN comenzaron el desarrollo de una nueva disciplina interesada en el estudio de la víctima y en su participación en el hecho delictivo. Desde sus iniciales tipologías victimales y la "pareja criminal", la Victimología fue ampliando su objeto de estudio a los procesos de victimización, al estudio de la personalidad de la víctima y a la asistencia psicoló-

---

86 TAMARIT SUMALLA, J. M., "¿Hasta qué punto cabe pensar victimológicamente al sistema penal?, en *Estudios de Victimología. Actas del I Congreso español de Victimología*, TAMARIT SUMALLA, J. M. (Coord.), Valencia, Tirant lo Blanch, 2005, p. 27.

gica y social. Durante los últimos años gracias a la influencia de esta disciplina se han creado programas de asistencia a las víctimas, programas de tratamiento y prevención, así como programas de indemnización[87], incluyéndose en el área de estudio de esta ciencia la prevención de la victimización, la reparación de la víctima, desde el sistema indemnizatorio hasta la tendencia más actual de la necesidad de la reparación mediante la resolución de conflictos.

Se trata, por tanto, de una ciencia innovadora que contempla el delito con nombre y un contenido nuevo, la victimización, que es el proceso en virtud del cual una persona o grupo llega a convertirse en víctima[88], puesto que se ve el delito como una violación de los derechos objetivos y subjetivos de personas concretas más allá del interés jurídico protegido por la norma. A su vez, se observa la pena no en el sentido de castigo sino como reparación victimológica, y otorga un nombre propio al sujeto pasivo del delito, víctima con derechos y deberes[89].

Las tendencias de los últimos años reflejan la consolidación de la Victimología y las aportaciones doctrinales en torno a esta nueva ciencia, habiéndose construido en el plano legislativo que es el que nos interesa, una Victimología dirigida a la protección de las víctimas y a la reivindicación de sus derechos, sobre todo en el ámbito del sistema de justicia penal que ha tenido gran repercusión internacional. De manera que algu-

---

87 Sobre los programas de asistencia, compensación y auxilio a las víctimas del delito, véase LANDROVE DÍAZ, G., *La moderna Victimología...*, *op. cit.*, pp. 77-97.

88 MORILLAS FERNÁNDEZ, D. L.; PATRÓ HERNÁNDEZ, R. M. y AGUILAR CÁRCELES, M. M., *Victimología: un estudio sobre la víctima...*, *op. cit.*, p. 83.

89 BERISTAIN IPIÑA, A., "Hoy creamos una nueva ciencia...", *op. cit.*, p. 266.

nos autores se refieren a un Derecho victimal[90] formado por un conjunto de normas de protección a las víctimas. La Victimología estudia además de lo indicado *ut supra*, los principios y derechos de las víctimas, así como las normas de protección y asistencia, todo ello fundamentado en la vasta doctrina victimológica que ha contribuido a una prolífica legislación a nivel internacional en favor de los derechos de las víctimas.

Y es esta la parte de la Victimología, que en nuestra opinión podría denominarse Victimología jurídica, la que es objeto de

[90] Véase sobre el Derecho Victimal, RODRÍGUEZ MANZANERA, L., "Derecho victimal ...", *op. cit.*, p. 132. Es de interés traer a colación cómo en el sistema penal mexicano los autores hablan incluso del nacimiento de un Derecho victimal, que definen como un conjunto de normas jurídicas relativas a la víctima del delito y a sus derechos. Así RODRÍGUEZ CAMPOS, C., define este Derecho victimal desde el aspecto objetivo como un conjunto de normas relativo a las víctimas y ofendidos de las conductas delictivas que establecen sus derechos, así como los mecanismos procesales para acceder a ellos y hacerlos efectivos. Y desde un aspecto subjetivo como el derecho público que le asiste a la víctima y ofendido del delito, para el ejercicio de las prerrogativas otorgadas por las normas (*vid.* "El Derecho victimal: Una nueva rama del Derecho en el sistema jurídico mexicano", en *Anales de Derecho*, núm. 29, 2011, p. 7). También se ha llegado a postular por autores como RODRÍGUEZ MANZANERA, L., la creación de un Derecho Victimal como una rama del Derecho distinta al Derecho penal, ya que la protección, la asistencia, la justicia para las víctimas, pasa a un segundo término en el Derecho penal pues éste tiene como fin el mantenimiento de la paz y seguridad jurídica, la coexistencia, la seguridad pública, el orden social, etc., a través de la amenaza de la pena (punibilidad), que tiene funciones de prevención general y de prevención especial (*vid.* "Derecho victimal...", *op. cit.*, p. 135). RODRÍGUEZ CAMPOS, C., sostiene que para este mismo autor el nacimiento del Derecho victimal nace del árbol de la Victimología (*vid.* "El Derecho victimal en México como instrumento para lograr la justicia frente al fenómeno de la victimización", en *Archivos de Criminología, Criminalística y Seguridad Privada*, 2013, Vol. 11, p. 6).

esta obra, puesto que incluye la posición de la víctima del delito en el ámbito jurídico, esto es, el tratamiento de la víctima en la normativa con carácter general, si bien la posición concreta de la víctima en el sistema judicial penal y su tratamiento en el proceso penal que sostenemos ha sido influenciada por la Victimología, consideramos que es materia competencia del Derecho procesal penal y no de lo que otros autores han llamado Derecho victimal. Aun así, consideramos que la Victimología ha acercado el Derecho procesal a la víctima, permitiendo que desde el proceso se tutele no sólo al victimario.

Se trata, por tanto, de una disciplina que se ha redefinido en los últimos tiempos y que ha conseguido influir en la tradición del Derecho penal y procesal para revertir su posición de *convidada de piedra*, reivindicando el reconocimiento de las víctimas[91].

A modo de conclusión, resumir las funciones de la Victimología es tarea compleja dada la multifuncionalidad que tiene asignada. Estas son algunas de ellas, el estudio del proceso de victimización, la medición del fenómeno victimal, la creación de programas de prevención victimal, la asistencia a las víctimas del delito o la crítica a los medios de control social[92].

El objeto de esta ciencia es la víctima y su victimización, y el estudio de la víctima abarca distintos aspectos, entre los cuales destacamos, el estudio del papel de la víctima en el *iter criminis*, es decir, su rol en la génesis del delito; el análisis de todos aquellos aspectos que llevan a una persona a convertirse en víctima

---

91 Ya KAISER señalaba que las investigaciones victimológicas contribuyen a la legitimación del sistema penal y a su maduración (*vid.* BERISTAIN IPIÑA, A., "¿La sociedad/judicatura atiende a...", *op. cit.*, p. 242).

92 MORILLAS FERNÁNDEZ, D. L.; PATRÓ HERNÁNDEZ, R. M. y AGUILAR CÁRCELES, M. M., *Victimología: un estudio sobre la víctima...*, *op. cit.*, pp. 30-37.

(biológicos, psicológicos y sociales); proporcionar a la víctima una asistencia de carácter jurídico, moral y terapéutico, así como la relación entre víctima y ordenamiento jurídico desde el punto de vista penal pero también desde el ámbito civil. El estudio de la victimización delimita el campo de actuación en la detección de los temores a la victimización, examinar y contribuir en la elaboración de nuevas disposiciones legales sobre indemnizaciones a las víctimas de delitos, e incluso además de la reparación, la preocupación por los mecanismos externos para prevenir la victimización. La todavía corta evolución de la Victimología como ciencia se ha ocupado de cuestiones como la indemnización y la reparación de las víctimas de delitos, la elaboración de programas de asistencia para las víctimas, el ámbito de la prevención victimal, así como la importancia de su influencia en la legislación nacional e internacional.

Asimismo, el objeto de la Victimología puede referirse a la víctima del delito o también a otro tipo de víctimas desde un punto de vista más amplio, como víctimas de catástrofes naturales, caso fortuito etc.

En esta investigación nos interesa el objeto de la Victimología referido a la interrelación entre la víctima del delito y el ordenamiento jurídico penal, pretendemos mostrar la importancia de la Victimología en nuestro sistema judicial y analizar el rol de la víctima en el proceso penal, no siendo objeto de nuestra consideración los otros aspectos y funciones de dicha ciencia.

Concretamente nuestra exposición versará sobre el rol de la víctima en el proceso penal, con la finalidad de presentar cómo la Victimología ha influido en la percepción de un sistema de justicia penal desde la perspectiva de la víctima[93], ya

---

93 Explica BERISTAIN IPIÑA, A., a raíz de una cita del catedrático de filosofía ELÍAS DIAZ en la que expresa "¡No hay derecho! ¿a qué?

que ésta desvela sufrimientos y derechos que se han dejado de lado en favor de un sistema que ha garantizado los derechos de los acusados, pero cuya tendencia es el reconocimiento de la importancia de la víctima del delito en el proceso penal[94].

Aunque referido al sistema penal y a la pena, pero trasladable al sistema judicial penal y al Derecho Procesal penal es posible concluir que del mismo modo que no es posible una evolución del derecho penal olvidando a las víctimas, tampoco es posible una evolución positiva de la Victimología despreciando al sistema punitivo[95].

A que el débil sea despreciado, explotado y aplastado por el fuerte. Para corregir eso y evitarlo se justifica que exista el Derecho" que, a su juicio, estas líneas no pretenden definir el Derecho penal sino a la Victimología, pues es esta ciencia la que evita que los débiles sean aplastados por los fuertes ya que se ocupa y preocupa con eficacia de todas las víctimas (*vid.* "Hoy creamos una nueva ciencia...", *op. cit.*, p. 264).

94 Apunta CHOCRÓN GIRÁLDEZ, A. M., que "el proceso penal no puede ser contemplado exclusivamente desde la perspectiva de la tutela de los intereses de la sociedad y de las garantías del imputado sino que por el contrario se tiende a un nuevo tiempo que combata lo que en términos victimológicos se conoce como «neutralización de la víctima» para aludir a su exclusión de la contienda judicial en un intento de separar a la víctima del delincuente, lo que se traduce en su suplantación por el Ministerio Fiscal amparado en el principio de legalidad" (*vid.* "Fundamento constitucional de la protección a las víctimas en el proceso penal español ", en *Boletín Mexicano de Derecho Comparado*, nueva serie, año XLVI, Vol. 41, núm. 122, mayo-agosto, 2008, pp. 692).

95 QUINTERO OLIVARES, G., "La víctima y el Derecho Penal", en TAMARIT SUMALLA, J. M. (Coord.), *Estudios de Victimología. Actas del I Congreso español de Victimología*, Valencia, Tirant lo Blanch, 2005, pp. 22-23.

Equilibrio de derechos de la víctima y del victimario en el proceso penal

La interrelación entre la víctima del delito y el proceso penal creemos que es uno de los campos de estudio en los que más ha intervenido la Victimología y en el que se ha producido una evolución ciertamente positiva, sobre todo en el reconocimiento de mayores derechos a la víctima del delito y el esfuerzo legislativo por erradicar la victimización secundaria, tal y como se verá a lo largo de la presente obra.

Pues bien, el proceso penal español actual es consecuencia de la evolución histórica en la que paulatinamente se abandona la venganza personal del hombre y se transmite al Estado la institucionalización de un sistema de represión penal para el enjuiciamiento de los delitos. Consecuencia de ello son los principios de legalidad penal y de legalidad procesal que limitan el funcionamiento del sistema penal, por lo que las conductas han de ser declaradas previamente constitutivas de delito por una norma y, por otro lado, se ha de actuar conforme a unas normas de procedimiento establecidas legalmente[96]. El sistema incorporado por nuestra LECrim es considerado por la doctrina española un *sistema acusatorio mixto*[97], producto de la

---

96 Sobre el principio de legalidad, véase ampliamente GIMENO SENDRA, V., *Derecho Procesal Penal*, Civitas, Thomson Reuters, 2ª Ed., 2015, pp. 101-107.

97 Sostiene GIMENO SENDRA, V., *Derecho Procesal Penal, op. cit.*, pp. 125-126, la vigencia del sistema acusatorio formal o mixto, que exige una determinada correlación, subjetiva y objetiva, entre la acusación y parte penal dispositiva de la sentencia, cuya finalidad esencial consiste en posibilitar el ejercicio del derecho de defensa. Desde la subjetiva, el proceso penal acusatorio, se diferencia del inquisitivo, en que se trata de un proceso de partes en el que el acusado es un sujeto, mientras que desde la objetiva se reconoce el derecho del acusado a conocer la acusación formulada contra él. Difiere sin embargo MONTERO AROCA, J., para quien “no existen dos sistemas

evolución desde el sistema acusatorio puro y el sistema inquisitivo que ha habido durante siglos[98], en el que se produce una distinción entre acusar y juzgar, sobre la base de la presunción de inocencia que permite participar a la víctima en el proceso.

Efectivamente, a diferencia de los regímenes autocráticos, en un Estado de Derecho la función del proceso penal no puede identificarse exclusivamente con la aplicación del *ius puniendi*, pues su finalidad es además declarar a través del *habeas corpus* el derecho a la libertad como derecho fundamental y valor superior del ordenamiento jurídico (art. 1.1 CE), así como la rehabilitación del investigado[99]. Pero no se agotan en las anteriores las finalidades del proceso penal, pues ha de convertirse en un instrumento útil para la reparación de la víctima[100].

Así, la etapa del redescubrimiento de la víctima influye en el proceso penal y este evoluciona e incorpora la perspectiva victimológica, buscando también la necesidad de pacificación de las relaciones y conflictos sociales[101]. La tradicional consi-

---

por los que pueda configurarse el proceso, uno inquisitivo y otro acusatorio, sino dos sistemas de actuación del derecho penal por los tribunales, de los cuales uno es extrajurisdiccional, es decir, en el que no se utiliza el medio que es el proceso, y otro jurisdiccional, esto es, procesal" (*vid.* "La garantía procesal penal...", *op. cit.*, p. 4).

98 GÓMER COLOMER, J. L., "Introducción al proceso penal...", *op. cit.*, p. 184.

99 GIMENO SENDRA, V., *Derecho Procesal Penal*, *op. cit.*, p. 66.

100 Con razón GIMENO SENDRA, V., afirma que desde un punto de vista constitucional no se alcanza a comprender por qué la función de reparación de la víctima ha de estar subordinada a la pretensión civil, que lo está, pues atendiendo al art. 24 CE, tan derechos fundamentales son los del investigado a la libertad y de defensa, como el del perjudicado a la obtención de una rápida tutela de su pretensión resarcitoria (*vid. Derecho Procesal Penal*, *op. cit.*, p. 67).

101 SANZ-DÍEZ DE ULZURRÚN LLUCH, M., "La víctima ante el Derecho...", *op. cit.*, p. 227.

deración del proceso penal centrado en la disputa entre el delincuente y la sociedad se ha superado progresivamente[102], a nuestro entender no sólo por la propia evolución del sistema penal sino por la influencia de la Criminología[103] y de la Victimología. Por tanto, de la reducción de su papel en el proceso a mera denunciante o testigo, recupera protagonismo, aunque sin llegar al extremo de la venganza privada propia de los sistemas antiguos y medievales, ni tampoco a que los mayores derechos de las víctimas vayan en perjuicio del delincuente[104].

Nos encontramos ante un proceso penal garantista con el acusado pero que en nuestra opinión debe permitir que la víctima deje de ser un mero instrumento del proceso para te-

---

102 En 1990 LANDROVE DÍAZ, G., señalaba que "(...) el Estado social y democrático invocado en el art. 1 de la Constitución española deja en el más absoluto abandono a la víctima inocente del delito. En efecto, nadie atiende sus necesidades en tanto recae sentencia firme y ésta es ejecutada; en los casos -demasiado frecuentes- de insolvencia del penado, el Estado también se desentiende de la suerte de la víctima" (*vid.* "La desprotección de las víctimas en el Derecho español", en *Victimología: VIII Cursos de Verano en San Sebastián*, Universidad del País Vasco, 1990, p. 13).

103 Uno de los primeros en advertir el escaso rol atribuido a la víctima en el proceso penal fue el criminólogo noruego Nils Christie que en 1977 popularizó la expresión de que a la víctima de le "roba el conflicto" (*vid.* BUSTOS RAMÍREZ, J., y LARRAURI PIJOAN, E., *Victimología: presente y futuro...*, *op. cit.*, p. 102).

104 Creemos que en la actualidad se está superando la concepción de que el aumento de los derechos de las víctimas implica una reducción de los derechos de los acusados, ya lo expresaba en los años noventa GIMÉNEZ-SALINAS I COLOMER., E., en estos términos: "es un debate equivocado el pensar que mayores derechos a las víctimas van en perjuicio del delincuente, o que supone de alguna forma alimentar la venganza privada" (*vid.* "La mediación y la reparación. Aproximación a un modelo", en RÖSSNER D., *La mediación penal, Centre d' Estudis Jurídics i Formació Especialitzada*, Barcelona, Instituto Vasco de Criminología, 1999, pp. 15-30).

ner una participación activa en el mismo, y además tutelar a la víctima a partir del reconocimiento de derechos, como los que se han incorporado en la Ley de Enjuiciamiento Criminal aprobada por Real Decreto de 14 de septiembre de 1882 (en adelante, LECrim)[105] tras la reforma operada por la LEVD de determinados artículos que tendremos ocasión de analizar en esta obra.

Para nosotros la creciente importancia de la Victimología ha producido efectos positivos en algunos aspectos del proceso penal sobre todo en la superación de la visión de la víctima como mero sujeto pasivo y como objeto de indemnización, para abordar y proponer el diseño de instrumentos procesales a través de los que se reconozcan derechos a las víctimas, el respeto a su dignidad, derechos de tipo asistencial que permitan que reciban asistencia jurídica, psicológica, médica o económica, así como la instauración de medidas de protección. La participación de la víctima en el desarrollo del proceso penal, en la ejecución de la pena, o las medidas para evitar su victimización secundaria son otras de las bondades que la Victimología ha incorporado al proceso penal.

En definitiva, se propugna un proceso penal que se configure como un instrumento de tutela de los valores superiores de nuestra Constitución vertebrado en las garantías de ambas partes, víctima y victimario[106].

---

105 BOE de 17 de septiembre de 1882, núm. 260, pp. 803-806.

106 Así lo expresa la STS núm. 710/2000, de 6 de julio (ROJ: STS 5581/2000) en su FD 3º : "*Desde otra perspectiva ha de recordarse que el derecho fundamental a la tutela judicial efectiva, que el art. 24.1º de la Constitución Española garantiza a todas las personas en el ejercicio de sus derechos e intereses legítimos, impone un modelo de proceso penal respetuoso con los legítimos intereses de las víctimas del delito y que concilie o equilibre el respeto a las garantías de los imputados con el reconocimiento del protagonismo de la víctima en el proceso y de su derecho a la reparación del daño, moral y material, ocasionado por el ilícito penal. El proceso penal, en un Estado*

En ese sentido, la protección a la víctima debe transcurrir paralela a las garantías procesales del investigado, sin menoscabar ni limitar las garantías constitucionales de defensa de éste, sino otorgando a cada uno el tratamiento procesal que les corresponde, esto es, que los derechos y garantías que integran la tutela judicial efectiva deben afectar a todas las partes del proceso penal por igual atendidas las particularidades de cada una de ellas y su posición procesal[107].

Sin embargo, desde algunos sectores se considera que las corrientes victimológicas son corrientes abolicionistas[108], es decir, que favorecen la devolución de los conflictos sociales a las víctimas y, por tanto, un retorno a la venganza privada.

Nada más lejos de la realidad, en nuestra opinión, puesto que dicha venganza quedaba en los primeros tiempos al albur de los dictados emocionales de la víctima, mientras que en la actualidad la respuesta al delito se realiza desde el Estado, pero con la intervención de la víctima. Así, es necesario tener en consideración a las dos partes en conflicto, puesto que volver a la venganza privada supondría olvidar al victimario y abordar el delito desde una sola perspectiva[109].

Social y Democrático de Derecho como el que consagra nuestra Constitución, debe configurarse como un instrumento de tutela de los valores constitucionales superiores que articule un sistema de garantías vertebrado en torno al art. 24 de la Constitución Española, conciliador del respeto a los derechos fundamentales del imputado con la efectiva tutela de los legítimos intereses de las víctimas del hecho delictivo enjuiciado (...)".

107 SOLÉ RIERA, J., *La tutela de la víctima en el proceso penal*, Barcelona, Bosch, 1997, p. 17.

108 Sobre estas corrientes abolicionistas *vid.* GARCÍA-PABLOS DE MOLINA, A., *Tratado de Criminología, op. cit.*, pp. 1110-1112 y DÍEZ RIPOLLÉS, J. L., "La víctima del delito en la política criminal y el Derecho Penal" en *Jueces para la Democracia*, núm. 57, 2006, p. 34.

109 Entre otros autores, CHOCRÓN GIRÁLDEZ, A. M. "Fundamento constitucional de la protección...", *op. cit.*, p. 693, advierte que la

Discrepamos de HASSEMER cuando expone los riesgos de la irrupción de la víctima en el proceso penal argumentando que el proceso no se basa en la armonía sino en el debate y no puede haber comunicación, exponiendo que la presunción de inocencia no ha de sacrificarse por intereses terapéuticos. Para este autor el que dirige el proceso tiene que proteger los derechos de las partes, procurar el equilibrio de posiciones asimétricas, y cuidarse de no colocar a ninguna de las partes en un nivel de opresión comparativa, considerando que el lesionado en su derecho ha de tener la posibilidad de un recurso y que los modelos de procedimiento basados en la mediación no cumplen estos requisitos[110].

Pues bien, la idea del papel que ocupa la víctima en el proceso penal pivota así alrededor de la pregunta sobre cuál ha de ser la prioridad del derecho procesal, el delincuente o la víctima. En efecto, para BERISTAIN IPIÑA en el proceso penal conviene superar el dogma tradicional *in dubio pro reo* por el de *in dubio pro victima* e inclinar la balanza de la justicia en favor de las víctimas cuando exista duda, que el juez en caso de duda, prefiera los intereses de las víctimas[111]. Sostiene que es la Vic-

---

protección de la víctima debe transcurrir paralela a las garantías procesales de las que el imputado se hace acreedor. Así, el proceso penal sirve no solo como instrumento para la garantía de los derechos del infractor, sino como cauce para el reconocimiento de los derechos de la víctima.

110 HASSEMER, W., "Consideraciones sobre la víctima del delito", en *Anuario de derecho penal y ciencias penales*, núm. 1, Vol. 43, 1990, pp. 256-257.

111 BERISTAIN IPIÑA, A., *Protagonismo de las víctimas..., op. cit.*, pp. 96-97. Sin embargo, otros autores como DOLZ LAGO, M., sostienen que el movimiento *pro* víctima no se puede contraponer a principios básicos del Derecho penal como el *in dubio pro reo*. Justifica esta afirmación en que no se puede pretender la protección de las víctimas con una disminución de las garantías penales hacia el infractor, puesto que no sólo quiebra la esencia del Derecho Penal desde la

timología y no el Derecho penal la ciencia que corrige y evita que los débiles sean aplastados por el fuerte preocupándose con eficacia de todas las víctimas[112]. No creemos que sea esta la solución, defendemos no la sustitución de un principio por el otro sino la coexistencia de ambos, pero sin llegar a la inclinación de la balanza en favor de las víctimas como propone este autor. Creemos, por tanto, que los jueces y Tribunales deberían de interpretar las normas con tendencia victimológica, esto es, bajo una perspectiva acorde con la realidad de las víctimas en la actualidad.

Coincidimos con estas palabras de ESER para quien, "una adecuada participación de la víctima en el proceso no debe entenderse como una mera concesión sino como un derecho originario"[113], ya que reflejan la importancia que las víctimas deberían tener para el Derecho procesal y los procesalistas. Quizás la afirmación que realiza BERISTAIN IPIÑA sobre la necesidad de "ubicar, recolocar a las víctimas (...) como las protagonistas centrales del proceso penal (...)"[114] es en cierto modo algo extrema. En nuestra opinión es más acertada la postura de LANDROVE DÍAZ quien, sin embargo, manifiesta que "no puede sustituirse el culto al delincuente por el culto

---

perspectiva del infractor sino también de la propia víctima porque es en el campo de la protección de los derechos fundamentales y libertades públicas, tanto de los infractores como de las víctimas, donde encuentra su fundamento el Derecho Penal de un Estado Social y Democrático de Derecho, como el nuestro *ex* art. 1.1 CE (*vid.* "Las actuaciones del Ministerio Fiscal...", *op. cit.*, p. 2).

112 BERISTAIN IPIÑA, A., "Hoy creamos una nueva ciencia...", *op. cit.*, p. 264.

113 ESER, A., *Sobre la exaltación del bien jurídico a costa de la víctima* (traducción de Manuel Cancio Meliá), Bogotá, Universidad Externado de Colombia, 1998, p. 42.

114 BERISTAIN IPIÑA, A., "Hoy creamos una nueva ciencia...", *op. cit.*, p. 279.

a la víctima; la persona ofendida por el delito no puede ser ignorada pero, tampoco, ser convertida –porque no lo es- en el protagonista del hecho delictivo"[115], ya que no estamos en un proceso de sustitución y de ver a cuál de las dos partes implicadas le concedemos más protagonismo, sino que es necesario arbitrar las medidas oportunas para que ni la víctima ni el infractor resulten perjudicados en la garantía de sus derechos.

No obstante, consideramos que se debe garantizar un equilibrio entre los derechos de los acusados y los de las víctimas[116], y aunque progresivamente se abandone la perspectiva de protagonismo exclusivo o casi exclusivo en el que el sistema judicial penal ha estado anclado durante muchos siglos. Es necesario seguir reivindicando la incorporación de la perspectiva de la víctima en nuestro sistema y su rol en el proceso penal con la finalidad de humanizarlo[117].

---

115 LANDROVE DÍAZ, G., *La moderna Victimología...*, *op. cit.*, p. 22.

116 Probablemente esta afirmación de MAIER, J. B., refleja dicho equilibrio: "La víctima es, como consecuencia, una protagonista principal del conflicto social, junto al autor, y el conflicto nunca podrá pretender haber hallado solución integral, si su interés no es atendido, al menos si no se abre la puerta para que él ingrese al procedimiento, dado que, en este punto, gobierna la autonomía de la voluntad privada. Sólo con la participación de los protagonistas -el imputado y el ofendido como hipotéticos protagonistas principales-resulta racional buscar la solución del conflicto, óptimamente, esto es, de la mejor manera posible" (*vid.* "La víctima y el sistema penal", en *Jueces para la democracia,* núm. 12, 1991, pp. 42-43).

117 Sobre el principio de humanidad penal y las víctimas, DE LA CUESTA ARZAMENDI, J. L., considera que "(...) el respeto del principio de humanidad en Derecho penal exige, en este sentido, hacer pasar a las víctimas «del olvido al reconocimiento», garantizando todos sus derechos, otorgándoles pleno protagonismo en el sistema penal y colocando al principio de protección de las víctimas al mismo nivel que la proscripción de las penas y tratamientos inhumanos y degradantes y la orientación resocializadora de la pena (...) Las

Nuestra LECrim ya en su Exposición de Motivos hacía referencia a una lucha en igualdad de condiciones entre el agresor y la víctima durante el proceso[118] y abordaba el proceso desde una perspectiva en la que la reparación se da por producida automáticamente, de tal manera que parece que el delito afecta más al Derecho como idea que a la convivencia humana como realidad[119]. Pero tras haber transcurrido más de cien años de dicha idea, el Estado ya no puede desconocer la diversidad de intereses de las víctimas y ello se ha traducido en las últimas reformas procesales, así como en la legislación española reciente gracias a la influencia de la Victimología.

A partir de aquí cabe plantearse la configuración del papel de la víctima en un sistema que garantice sus derechos pero que no implique una disminución de los derechos del victimario[120], puesto que los derechos fundamentales de las personas

---

víctimas han de ser tratadas con humanidad y con pleno reconocimiento y respeto de lo que jurídicamente conlleva su condición de víctimas: en particular, su derecho a la información y a la verdad, al acceso a la justicia y a la reparación" (*vid.* "El principio de humanidad en Derecho Penal", en *Cuaderno del Instituto Vasco de Criminología*, Eguzkilore, núm. 23, 2009, pp. 224-225).

118 En su Exposición de Motivos la LECrim ya buscaba compaginar armónicamente los derechos de la víctima y del delincuente, aunque sin hacer referencia a la víctima, al establecer que: "(…) *en materia penal hay siempre dos intereses rivales y contrapuestos: el de la sociedad, que tiene el derecho a castigar, y el del acusado, que tiene derecho de defenderse* (…) *Por lo tanto, el problema de la organización de la justicia criminal no se resuelve bien sino definiendo claramente los derechos de la acusación y de la defensa, sin sacrificar ninguno de los dos ni subordinar el uno al otro, antes bien armonizándolos en una síntesis superior*".

119 TAMARIT SUMALLA, J. M., "¿Hasta qué punto...?", *op. cit.*, p. 34.

120 MARTÍNEZ ARRIETA, A., rechaza "la teoría de los vasos comunicantes, en virtud de la que un mayor protagonismo y efectividad de los derechos de la víctima suponga, necesariamente, un menoscabo de los derechos de los imputados en el proceso penal, sino que

se reconocen a través de las garantías y éstas han de respetarse en el proceso penal en su integridad para ambos sujetos procesales.

Podemos concluir, por tanto, que en pleno siglo XXI la tutela y protección de las víctimas es una de las funciones del proceso penal.

II. LA VÍCTIMA Y SU VICTIMIZACIÓN

Conviene previamente establecer el concepto uniforme de víctima que utilizaremos a lo largo de la presente obra. Para ello, resulta de importancia distinguir el concepto de víctima desde el punto de vista penal y procesal con otros términos utilizados en nuestra legislación como la figura del ofendido, perjudicado o sujeto pasivo, para concluir si la víctima es un concepto distinto de todos estos términos o los acoge a modo de paraguas con todas y cada una de sus particularidades.

Partiremos también de una conceptualización previa de la victimización secundaria que sufren las víctimas durante su paso por el proceso penal, eje de esta obra.

---

sin renunciar al desarrollo efectivo de los derechos del imputado, nacidos de su condición de inocente, hasta el juicio oral, se hace necesario que la víctima del delito, o el perjudicado, actúen en el proceso similares derechos que los imputados, en la forma que respectivamente les corresponde" (*vid.* "La entrada en el proceso de la víctima", en *Cuadernos de Derecho Judicial XV* (especial dedicado a: "La Victimología"), Consejo General del Poder Judicial, 1994, p. 59).

Delimitación conceptual de la víctima y su distinción de figuras afines: ofendido, perjudicado o sujeto pasivo

El término víctima no ha sido utilizado tradicionalmente en nuestros textos legales, habiéndose empleado otras categorías tales como ofendido, perjudicado, o sujeto pasivo[121]. Y es que desde el punto de vista del Derecho penal o desde el Derecho procesal el concepto de víctima no siempre coincide con la perspectiva victimológica, si bien con la consolidación de la ciencia de la Victimología, auspiciada por el Derecho internacional, parece que en las últimas reformas legales y, sobre todo con la promulgación del Estatuto de la Víctima del delito se ha incorporado el término víctima en varios preceptos de la LECrim[122].

---

121 Véase a modo de ejemplo en el Código Penal el término ofendido en los artículos: 22, 80.6, 130.5, 139.1. 3ª, 155, 171.7, 172.3, 172 *ter* 2, 173.4, 191.2, 201.3, 214, 215.3, 235.6, 267, 456.2, 468.2, 620 y 639. Y en la LECrim el término ofendido en los artículos: 13, 25, 104, 108, 109, 270, 281.1, 304, 506.3, 742, 759.1ª, 761, 770.1ª, 771.1ª, 773.2, 776.1, 782.2, 785 *bis*1, 789.4, 792.5, 796.1.1ª, 800.5, 962, 963, 964, 967, 969.2, 973.2, 974.1, 976.3 y 990. También el Código Penal emplea el término perjudicado en pocos artículos, en concreto, 74.2, 109.2, 125, 249, 263.2. 5º, 264.2. 3ª, 264 *bis* 1, 288, 357 y Disposición Adicional 3ª. El término víctima se contempla en los siguientes artículos de la LECrim: 14.5, 15 *bis,* 109, 109 *bis,* 281, 282, 284, 301 *bis,* 324, 334, 433, 503, 544 *bis,* 544 *ter,* 544 *quinquies,* 588 *ter* b, 636, 659, 681, 682, 707, 709, 730, 765, 771, 773, 776, 777, 779, 785, 797 y 906. Son numerosos los artículos del Código Penal que emplean el término víctima lo que refleja una preferencia por este término del legislador penal: 114, 116.2, 127 *octies* 3, 132.1, 140.1.1ª, 140.1.2ª, 143.4, 148, 149, 153, 156 *bis* 4, 156 *ter,* 165, 166, 171, 172, 172 *bis,* 173, 177, 177 *bis,* 180.1, 181, 182, 183, 184, 187, 188, 189, 191, 195.3, 197, 235, 237, 242, 250.16º, 263, 268, 362 *quinquies,* 457, 577.2, 578 y 607 *bis.*

122 La LEVD ha incorporado el término víctima en los siguientes preceptos de la LECrim: 109, 109 *bis,* 110, 284, 301 *bis,* 433, 544 *ter,* 544

Pues bien, etimológicamente la palabra víctima proviene del latín *víctîma* que significa "*persona o animal destinado a un sacrificio religioso*"[123], por lo que inicialmente el vocablo víctima tuvo un sentido claramente religioso[124], referido a un sacrificio animal como expiación de las faltas, una ofrenda.

En relación con las víctimas sacrificiales humanas, en la Antigüedad se consideraba al hombre o a la mujer ofrecidos a la divinidad como objetos intermediarios de un bien que pretenden alcanzar, sin embargo, no se pensaba en el sacrificio como un castigo a sus acciones sino más bien lo contrario, era un honor.

Asimismo, las castas sacerdotales que generalmente sacrificaban a la víctima tampoco esperaban ventajas específicas para el sacrificador: el sacrificio y la víctima se elegían y realizaban en función de valores superiores y con la pretensión de alcanzar generalmente beneficios para la comunidad[125].

---

quinquies, 636, 681, 682, 707, 709, 730, 773.2, 779.1.1ª.

123 COROMINAS, J., *Breve diccionario etimológico de la lengua castellana*, Madrid, Gredos Editorial, 1994.

124 LA BIBLIA. Sociedad, Bíblicas Unidas. Levíticos. Cap. I, vers. 2-5: "*Cuando alguno de vosotros quiera presentar al Señor una ofrenda de los ganados, esto es, una víctima de bueyes o de ovejas...pondrá la cabeza de la hostia y será acepta y servirá a su expiación". más adelante agrega: "Por tanto los hijos de Israel deberán presentar al sacerdote las víctimas, en vez de matarlas en el campo; para que sean sacrificadas al Señor como víctimas pacíficas*". El texto sagrado referido, está dedicado a señalar los ritos que deben concurrir la presentación de las honras o víctimas al Señor. En otros diversos pasajes, de libros distintos, la Biblia hace referencia a la misma expresión, en el sentido ya indicado, por ejemplo *vid.* Levítico 1.14; 1.2; 2.1.

125 Este concepto antiguo de víctima difiere con el que actualmente utilizamos (*vid.* ECHEBURÚA ODRIOZOLA, E. y GUERRICA ECHEVARRÍA, C., "Especial consideración de algunos ámbitos de victimación" en *Manual de Victimología,* Valencia, Tirant lo Blanch, 2006, p. 194).

La Real Academia de la Lengua Española define víctima como: "*1. Persona o animal sacrificado o destinado al sacrificio. 2. Persona que se expone u ofrece a un grave riesgo en obsequio de otra. 3. Persona que padece daño por culpa ajena o por causa fortuita. 4. Persona que muere por culpa ajena o por accidente fortuito. 5. Der. Persona que padece las consecuencias dañosas de un delito*"[126]. El concepto de sacrificio está, por tanto, inevitablemente ligado a la palabra víctima desde sus orígenes[127], así como la vinculación de la palabra víctima al delito.

Elaborar una definición de víctima no es fácil[128], el concepto de víctima no es único y su delimitación dependerá del contexto en el que se utilice[129]. Una persona puede ser consi-

---

126 *Vid.* recurso electrónico, disponible en: https://bit.ly/30kbsdD.

127 Para ARIAS MARÍN, A., "en ese sentido, quedaría meridianamente establecido que la noción etimológica de víctima se encuentra estrechamente vinculada a la idea de un animal o ser humano destinado al acto de sacrificio, el que sufre o padece daño o dolor, debido a los intereses o pasiones de otro. Hay pues en los significados persistentes de la noción de víctima la referencia múltiple y versátil, producto de su evolución secularizante, respecto de quien es sacrificable o residuo del sacrificio. Lo sacrificial es significado predominante en el entendimiento más extendido de la noción de víctima; conforma uno de los rasgos definitorios de la noción dominante de víctima" (*vid.* "Teoría Crítica y Derechos Humanos: Hacia un concepto crítico de víctima", en *Nómadas. Critical Journal of Social and Juridical Sciences,* Norteamérica, Vol. 36, núm. 4, mayo 2013, pp. 31-60).

128 Al respecto, señala GARCÍA-PABLOS DE MOLINA, A., la dificultad de conceptualización de "quién puede ser víctima: si esta condición es privativa de la persona física o no (...) si se es víctima de los delitos y actos criminales o, en su caso, de otros males, accidentes o sucesos de la más amplia naturaleza" (*vid. Tratado de Criminología..., op. cit.*, p. 122).

129 Sobre la víctima desde un punto de vista filosófico y las distintas nociones de víctima en el siglo XXI, *vid.* el análisis que realiza CÁRDENAS VIRRAURI, J. H, "Las víctimas en el siglo XXI: perspectivas filosóficas", en *Revista de Victimología,* núm. 5, 2017, pp. 129-150.

derada víctima de un delito, de una catástrofe natural o de una enfermedad mental, por lo que no tendrá el mismo contenido dicho término desde una perspectiva victimológica, psicológica[130], asistencial o sanitaria, que, desde un contenido legal, jurídico-penal o procesal. Por tanto, el concepto puede delimitarse considerando a la víctima que sufre un delito, sea directa o indirectamente, o bien, como expresión genérica de daño o sufrimiento de individuos o colectividades producidos no sólo por actos delictivos, sino por otro tipo de eventos como los cataclismos atmosféricos[131].

Desde el punto de vista jurídico-victimológico y partiendo de la imposibilidad de delimitar de forma omnicomprensiva el concepto de víctima[132], se han generado desde la Victimología actual dos corrientes en relación con dicho término, una

---

130 Desde el punto de vista psicológico, la víctima de un delito es una persona que sufre un malestar emocional a causa del daño intencionado provocado por otro ser humano (*vid.* ECHEBURÚA, E., "Criterios de actuación en el tratamiento psicológico de las víctimas de terrorismo", en *Revista de Psicología-Infocoponline,* p. 1, recurso electrónico, disponible en: https://bit.ly/2Zh5YTJ). La víctima ha sufrido un suceso traumático y puede afrontarlo a través de diversas estrategias, como la venganza, el perdón o el olvido activo. Para profundizar sobre las estrategias de afrontamiento de las víctimas ante los sucesos traumáticos (*vid.* ECHEBURÚA, E., y CRUZ-SÁEZ, M.S, "De ser víctimas a dejar de serlo: un largo proceso", en *Revista de Victimología/Journal of Victimology,* pp. 83-96). *Vid.* también ECHEBURÚA, E., y DEL CORRAL, P., "Intervención en crisis en víctimas de sucesos traumáticos: ¿cuándo, cómo y para qué?, en *Psicología Conductual,* Vol. 15, núm. 3, 2007, pp. 373-387.

131 ALLER, G., *El derecho penal y la víctima,* Buenos Aires, B de F, 2015, p. 39. Sobre definiciones doctrinales de varios autores del término víctima, véase MORILLAS FERNÁNDEZ, D. L.; PATRÓ HERNÁNDEZ, R. M. y AGUILAR CÁRCELES, M. M., *Victimología: un estudio sobre la víctima..., op. cit.,* pp. 97-102.

132 Sobre el concepto de víctima, MARTÍNEZ ARRIETA, A., "La víctima en el proceso...", *op. cit.,* p. 45; SOLÉ RIERA, J., *La tutela de la vícti-*

definición de víctima en sentido amplio, en la que se incluyen las víctimas de cualquier acción sea humana o natural[133] y una concepción más estricta en la que la acción por la que una persona deviene víctima ha de ser delictiva[134].

Desde la concepción amplia las víctimas podrían definirse como aquellas personas que han sufrido un perjuicio y que pueden ser reparadas, desde la propia Administración, sin ser necesariamente sujeto pasivo de un hecho delictivo. Piénsese en la responsabilidad patrimonial, o en aquellas víctimas que solicitan una indemnización en el ámbito de la responsabilidad civil porque han sufrido un daño, como por ejemplo una persona que sufre un accidente de tráfico.

En la línea de una concepción amplia, la Sociedad Española de Victimología fundada en el año 2004 recoge en sus Estatu-

---

ma..., *op. cit.*, p. 43 y LANDROVE DÍAZ, G., *La moderna Victimología...*, *op. cit.*, p. 43.

133 En relación con el concepto de víctima GARCÍA-PABLOS DE MOLINA, A., precisa que "se discute quién puede ser víctima: si esta condición es privativa de la persona física o no, discrepan los autores también en el momento de delimitar los *agentes* de la victimización o *causas* de ésta: si se es víctima sólo de los delitos y actos criminales o, en su caso, de otros males, accidentes o sucesos de la más variada naturaleza" (*vid. Tratado de Criminología, op. cit.*, p. 122).

134 En el marco de la concepción en sentido amplio, destacamos autores como RODRÍGUEZ MANZANERA, J. L., quien define a la víctima como "todo aquel que sufre un daño por acción u omisión propia o ajena, o por causa fortuita" (*vid. Victimología...*, *op. cit.*, p. 4). Este autor distingue la anterior definición desde un punto de vista victimológico general, pero añade una definición desde el punto de vista victimológico criminal, en la que la víctima es "aquella persona física o moral que sufre un daño producido por una conducta antisocial, propia o ajena, aunque no sea el detentador del derecho vulnerado" (*vid.* también MORILLAS FERNÁNDEZ, D. L.; PATRÓ HERNÁNDEZ, R. M. y AGUILAR CÁRCELES, M. M., *Victimología: un estudio sobre la víctima...*, *op. cit.*, p. 98).

tos un concepto amplio de víctima al definirla como "*toda persona que haya sufrido personalmente, de modo directo o indirecto, las consecuencias de un hecho delictivo, haya sido declarada formalmente o no como tal la existencia del mismo por parte de un órgano jurisdiccional. En un sentido más extenso también son consideradas víctimas las personas que hayan sufrido los efectos de la guerra, enfrentamiento armado, catástrofe natural o accidente*"[135].

Esta definición no se refiere únicamente a la víctima de un delito, sino que amplía el término a las víctimas de la guerra, enfrentamientos armados, catástrofes naturales o accidentes, es decir, incluye a otras víctimas que no sufren un hecho delictivo. Si bien, estas "víctimas sin victimario"[136] formarían parte de la Victimología general pero no de la Victimología criminológica, ni del concepto jurídico-victimológico.

Ahora bien, estas víctimas no deberían tomarse en consideración en un estatuto jurídico de la víctima, salvo que se pretendiera un estatuto integral que contemplara todos los supuestos que merezcan la tutela del Estado[137]. En este sentido,

---

135 PEREDA BELTRÁN, N. y TAMARIT SUMALLA, J. M., *Victimología teórica y..., op. cit.*, p. 23.

136 En los casos de víctimas sin agresores por tratarse generalmente de un hecho traumático de carácter natural, puede provocar en la víctima un vacío que la lleve a emprender una búsqueda del responsable, que con relativa frecuencia acaba concretándose en la exigencia de responsabilidad al Estado por no haber previsto, prevenido o evitado el hecho. Asimismo, en el plano normativo, la inexistencia de un responsable humano en la desgracia puede determinar la falta de respuesta y, en concreto, el no reconocimiento de un derecho a indemnización (*vid.* TAMARIT SUMALLA, J. M., "La Victimología: cuestiones conceptuales...", *op. cit.*, p. 38).

137 GÓMEZ COLOMER, J. L., *Estatuto Jurídico de la víctima del delito (La posición jurídica de la víctima ante la Justicia Penal. Un análisis basado en el Derecho comparado y en la Ley 4/2015, de 27 de abril, del Estatuto*

veremos cómo la LEVD sólo tutela a las víctimas de delito y no aplica el Estatuto a las víctimas de accidentes.

Cosa distinta es lo que ocurre con la concepción más estricta que considera víctima solamente a aquella persona que sufre el delito desde el punto de vista del ámbito del Derecho penal y del Derecho procesal penal[138], si bien dentro de este término más estricto se acuden a concepciones que superen la visión individualista de la víctima, y en las que se incluyan también personas naturales o jurídicas que hayan podido sufrir daños como consecuencia de una infracción penal. Por lo tanto, este concepto estricto de víctima, no obstante, partiendo de un hecho delictivo que dé origen a la condición de víctima, puede contemplar también a toda persona, grupo, entidad o comunidad afectada por la comisión de un delito, aunque no sea específicamente la tenida en cuenta por el sujeto activo del delito. La víctima puede ser individual o colectiva, e incluso la condición de víctima puede o no ser conocida por el propio sujeto pasivo del delito quien puede incluso no llegar a tomar conciencia de su condición de víctima, como en el supuesto de los delitos económicos[139]. Lo anterior refuerza la idea de que

---

de la Víctima del delito en España), Cizur Menor (Navarra), Aranzadi Thomson Reuters, 2ª Ed., 2015, p. 210.

138 En este sentido configura su definición HERRERA MORENO, M., para quien la víctima es el sujeto paciente del injusto típico, es decir, las personas que sufren merma de sus derechos, en el más amplio sentido de la palabra, como resultado de una acción típicamente antijurídica, sin que sea necesario que el victimario haya actuado culpablemente (*vid. La hora de la víctima…*, *op. cit.*, p. 332). En sentido similar, sostiene ARIAS MARIN, A., que "el estudio y la complejidad de la víctima parece no tener relevancia en las definiciones de corte jurídico, con lo cual la distinción entre la víctima y la no-víctima se reduce tan sólo a la tipificación de una conducta agresora signada en la ley penal" (*vid.* "Teoría Crítica...", *op. cit.*, pp. 31-60).

139 MARTÍNEZ ARRIETA, A., "La víctima en el proceso...", *op. cit.*, p. 45.

tanto las víctimas que sufren la agresión como aquellas que no la sufren, pero resultan perjudicadas por la comisión del delito tienen los mismos derechos.

De conformidad con todo lo expuesto, en esta investigación el punto de partida es el concepto estricto desde una perspectiva de corte jurídico-victimológico, es decir, es la persona que deviene víctima por haber sufrido un delito. Y se verá que no sólo adoptamos una posición individualista, sino que también abogamos por la consideración de víctimas directas e indirectas del hecho delictivo.

Coincidimos plenamente con BARONA VILAR cuando sostiene que existe una figura jurídica que engloba los conceptos de sujeto pasivo, ofendido y perjudicado y es la de la víctima "(...) cuya posible o no consideración jurídica dependerá, en suma, de su voluntad y de las posibilidades jurídicas de intervención (...)". Así, define a la figura de las víctimas como "(...) aquellos que sufren las consecuencias derivadas de la comisión de hecho y que otorgan título para reclamar por las meritadas consecuencias"[140]. Estamos ante una definición que se acerca más a la dimensión jurídica del mismo como sujeto pasivo, perjudicado, ofendido por el delito, cuya distinción se abordará a continuación.

Para ello, conviene precisar en primer lugar que la diferenciación entre el término víctima y las categorías que se han venido utilizando en el Derecho penal y el Derecho procesal penal no es en absoluto baladí, puesto que no existe un uso uniforme de la terminología. Nuestra legislación utiliza los términos de ofendido, perjudicado y víctima de delito para referirse a la misma persona, aunque a veces los conceptos no sean

---

140 BARONA VILAR, S., *Mediación penal. Fundamento, fines y régimen jurídico*, Valencia, Tirant lo Blanch, 2011, p. 101.

idénticos; de hecho, como ya se ha apuntado, nuestra LECrim se refiere a la víctima en pocos preceptos[141].

Es importante no confundir las tres categorías, sujeto pasivo u ofendido, perjudicado y víctima, aunque en algunos supuestos puedan reunirse en la misma persona y equipararse los conceptos.

En este orden de consideraciones, sujeto pasivo es la persona titular del bien jurídico protegido por la norma. De la misma manera se define al ofendido o agraviado como el titular del bien jurídico protegido por la norma penal bajo la cual la acción u omisión objeto del proceso se subsume, esto es, el titular del bien jurídico lesionado o puesto en peligro por el delito[142]. Así las cosas, desde la perspectiva del Derecho penal la víctima es el sujeto pasivo del delito, a saber, aquella persona titular del bien jurídico protegido lesionado o puesto en peligro, en contraposición con el sujeto activo de la víctima que es el autor.

Normalmente las dos cualidades, de ofendido o agraviado, y sujeto pasivo[143] coincidirán con la de perjudicado, aunque se define a éste como quien sufre económica y moralmente

---

141 *Vid. supra* nota a pie núm. 122.

142 MONTERO AROCA, J., "Las partes acusadoras", en MONTERO AROCA, J.; GÓMEZ COLOMER J. L.; BARONA VILAR, S.; ESPARZA LEIBAR, I. y ETXEBERRÍA GURIDI, J. F., *Derecho Jurisdiccional III. Proceso Penal*, Valencia, Tirant lo Blanch, 26ª Ed., 2018, p. 85.

143 En la doctrina penal sujeto pasivo del delito es el titular del bien jurídico protegido, y como advierten COBO DEL ROSAL, M., y VIVES ANTÓN, T. S., no es lo mismo que sujeto pasivo de la acción, aunque puedan coincidir, ya que "sólo la titularidad del bien jurídico protegido determina la condición de sujeto pasivo" (*vid. Derecho penal español: parte especial*, Dykinson, 2005, p. 331).

las consecuencias del delito[144], tanto de forma directa como de forma indirecta, ya que padece las consecuencias civiles o patrimoniales del hecho constitutivo del delito.

Veamos la distinción con un ejemplo: sujeto pasivo en el homicidio es una persona física, el ofendido es la persona muerta, pero en el caso de un robo, puede serlo una persona jurídica, o un grupo de personas etc. Sin embargo, la figura del perjudicado, es decir, aquella persona que recibe el perjuicio como consecuencia del hecho delictivo, en el caso del homicidio no coincide con el sujeto pasivo, ya que los perjudicados serían los familiares, en el robo sí que pueden coincidir o no, dependiendo de si es dueño o no de lo robado.

Basta recordar la diferencia entre ofendido y perjudicado que ha sostenido nuestra Jurisprudencia. Sobre el concepto de ofendido, la STS (Sala Segunda, de lo Penal) núm. 797/2015 de 24 de noviembre[145] dice que: "*El ofendido por el delito, agraviado o sujeto pasivo del mismo, es el titular del bien jurídico protegido por la norma penal, que ha sido lesionado o puesto en peligro por el hecho delictivo. El perjudicado es quien ha sufrido un perjuicio o daño, patrimonial o moral por la comisión del hecho delictivo, e incluye tanto a la víctima directa como a los terceros (art. 113 CP)*" (FD 9º).

Así, se identifica sujeto pasivo con ofendido y agraviado en nuestro Código Penal[146] aprobado por Ley Orgánica 10/1995, de 23 de noviembre (en adelante, CP)[147] si bien el término

---

144 QUINTERO OLIVARES, G.; MORALES PRATS, F., y PRATS CANUT, J. M., *Manual de derecho penal. Parte general*, Navarra, Aranzadi, 1999, p. 648.

145 ROJ: STS 5212/2015.

146 Así lo hace nuestro Código Penal en sus artículos 22.1.2ª, 80.6, 130.5º, 139.1.3ª, 155, 171.7, 172.3, 172 *ter* 2, 173.4, 191.2, 201.3, 214, 215, 235.1.6º, 267, 456, 468.2. para ofendido y 23, 113, y 130.5º para agraviado.

147 BOE de 24 de noviembre de 1995, núm. 281, pp. 33987-34058.

víctima es también muy utilizado en dicho texto legislativo[148]. Sin embargo, el término perjudicado se emplea con connotaciones económicas y se encuentra vinculado a los efectos de la responsabilidad civil, ya que no sólo abarca al sujeto que resulta lesionado sino también a quienes soportan consecuencias perjudiciales derivadas del delito[149]. En este sentido el concepto de perjudicado es más amplio que el del sujeto pasivo ya que no solo contempla bajo esta denominación al titular del interés lesionado de forma directa por el delito, sino también a aquellos que soportan las consecuencias perjudiciales del mismo. Además, el término perjudicado es el que más se asemeja al término víctima desde la perspectiva victimológica puesto que víctima se separa del concepto jurídico penal de sujeto pasivo, puesto que para el Derecho penal víctima y sujeto pasivo son sinónimos y se convierte en un concepto más amplio que abarca a los perjudicados por el delito como aquellas personas en las que recaen los efectos perjudiciales del delito, que pueden ser de carácter económico o no[150].

De esta manera, el concepto de víctima desde el punto de vista jurídico-victimológico supera al de sujeto pasivo. Piénsese

---

148 *Vid. supra* nota a pie núm. 121.

149 Así lo expresa la STS (Sala Segunda, de lo Penal) núm. 109/2020, de 11 de marzo (ROJ: STS 1934/2020), en su FD 9º: "(...) *Resulta necesario distinguir entre la figura del ofendido por el delito y la del perjudicado por el mismo. Si un sujeto agrede a otro, lesionándole y éste es asistido en un Centro Sanitario como consecuencia de la agresión, sufriendo gastos dicho Centro, éste únicamente podrá ser considerado perjudicado por el delito y actuar como actor civil en la causa penal, siendo el agredido (auténtico ofendido por el hecho ilícito) el que estará legitimado para ejercer la Acusación Particular* (...)".

150 Sostienen PEREDA BELTRÁN, N. y TAMARIT SUMALLA J. M., que el lenguaje jurídico se acerca así a las emociones ya que "el concepto de víctima denota significados y suscita expectativas relacionadas con las ideas de sacrificio, compasión o solidaridad" (*vid. Victimología teórica y ..., op. cit.*, p. 59).

por ejemplo en las víctimas del terrorismo, los sujetos pasivos de este tipo de delitos pueden ser los que han sufrido directa o indirectamente un atentado[151], pero además también se consideran víctimas aquellas personas que acuden al lugar de los hechos como los sanitarios o las Fuerzas y Cuerpos de seguridad[152].

La condición de sujeto pasivo comporta, sin embargo, en el ámbito procesal, el derecho al ejercicio de la acción penal y a la reparación. Pero no sólo la reparación es lo que necesita la víctima, la posición de ésta en el proceso penal es mucho más que la mera reparación. Aunque el Ministerio Fiscal actúe en el proceso ejercitando de oficio la acción punitiva, garantizando así la presencia de la sociedad en el proceso judicial, el particular tiene un interés en el proceso que debe ser garantizado por el Estado permitiéndole un fácil acceso al proceso penal (arts. 109 y ss. LECrim).

Desde un enfoque victimológico, el concepto de víctima es más amplio que el de sujeto pasivo, pues además de la víctima directa, que se identifica con ese sujeto pasivo propio del Derecho penal y que es titular del bien jurídico protegido por la norma, ha de incluirse a las víctimas indirectas que son aquellas personas a las que el delito les afecta indirectamente pero

---

151 Un atentado terrorista puede tener víctimas indirectas que son aquellas que aun no habiendo sufrido directamente el atentado, sufren consecuencias derivadas de la ocurrencia del mismo. Distinguen entre los familiares de las víctimas directas y las personas que sin relación familiar o de parentesco con las víctimas directas como los testigos directos del atentado, así como las personas que participan en los servicios de ayuda inmediata tras un ataque terrorista (*vid.* MORILLAS FERNÁNDEZ, D. L., PATRÓ HERNÁNDEZ; R. M., AGUILAR CÁRCELES, M. M., *Victimología: un estudio sobre la víctima..., op. cit.*, p. 755).

152 ECHEBURÚA ODRIOZOLA, E. y GUERRICA ECHEVARRÍA, C., "Especial consideración de algunos ámbitos...", *op. cit.*, p. 196.

que no son consideradas como sujeto pasivo en un sentido jurídico-penal[153].

Desde el punto de vista penal, tanto el CP como la LECrim introducen el vocablo víctima en numerosos preceptos, aunque no configuran una noción normativa de víctima y no ha sido hasta la LEVD cuando se introduce en nuestra legislación un concepto general de víctima de delito, como se analizará en el presente Capítulo.

Así, el CP se ha visto influenciado también por la Victimología siendo reflejo de ello diversos preceptos que utilizan el término víctima[154]. En el mismo sentido, la LECrim lo acoge en varios de sus artículos[155]. Sin embargo, todavía algunos preceptos como el artículo 13 relativo a las medidas de protección de las víctimas (todavía se refiere a perjudicados y ofendidos)[156],

---

153 Ya en el Primer Simposio Internacional de Victimología en Jerusalén (1973) se trató al sujeto pasivo del delito desde las ciencias victimológicas, por lo que se concluyó que el fenómeno del crimen causa varias víctimas, no una sola, una o varias víctimas inmediatas y muchas mediatas (*vid.* BERISTAIN IPIÑA, A., *Protagonismo de las víctimas..., op. cit.*, p. 41).

154 Sin ánimo de ser exhaustivos, y a modo de ejemplo, el término víctima se emplea en el Código Penal en el art. 39 al señalar la prohibición de aproximación a la víctima como pena privativa de derechos, el art. 195.3 relativo al delito de omisión de socorro, el art. 242.2 sobre el robo con violencia e intimidación, el art. 250.6 sobre la agravante en el delito de estafa, o el art. 457 sobre el delito de simulación de ser responsable o víctima de una infracción penal. Los términos ofendido, agraviado o perjudicado también son utilizados en el Código penal, por ejemplo, en el art. 113 sobre la responsabilidad civil derivada del delito, o el art. 109.2 sobre la opción del perjudicado de exigir la responsabilidad civil ante la Jurisdicción Civil.

155 *Vid. supra* nota a pie núm. 122.

156 Tal y como dispone el AAP Madrid (Sección 29ª) núm. 882/2017, de 23 de noviembre (Id. vLex: VLEX-726666105): "*El artículo 13 de*

el artículo 109 que todavía emplea en el ofrecimiento de acciones el término ofendido[157], los artículos 615 al 621 o el artículo 650 sobre el escrito de calificación, no hacen referencia, como deberían, a las víctimas.

En este orden de consideraciones, la LECrim se refiere indistintamente al ofendido en su artículo 109[158], al perjudicado en el artículo 110 y a la víctima en el artículo 109 *bis*[159], así como en el artículo 771.1a. relativo al deber de la policía judicial de información a las víctimas.

Observamos cómo el legislador procesal adolece de un criterio único, al utilizar indistintamente la diversa terminología, causando confusión, lo que precisa de una clarificación en la utilización de los términos. De hecho, la LEVD ha reformado algunos preceptos en los que ha introducido el término víctima (ej. art. 109 *bis*), pero no ha definido en la LECrim el concepto de víctima sino que ha sido la LEVD la que ha establecido un concepto general de víctima al que le es de aplicación el estatuto jurídico que ha configurado, pero no se trata de un

---

la Ley de Enjuiciamiento Criminal prescribe que «se consideran como primeras diligencias...la de proteger a los ofendidos o perjudicados por el mismo», teniendo tales medidas una doble dimensión, alternativa o cumulativa, en el sentido de que pueden desempeñar una función tutelar reparadora del daño ya causado o preventiva del que pueda sufrir la víctima aparente en el futuro. Su legitimación está condicionada, al igual que las medidas cautelares estrictamente procesales, por la comprobación de indicios atendibles de perpetración de una infracción penal" (FD 2°).

157 Se ha producido en nuestra opinión un avance en la materia, pues el art. 109 *bis* introducido por la LEVD ha incorporado el término víctima, sin embargo, no lo ha hecho en el art. 110 que también ha sido modificado por la LEVD y posteriormente por la LOPIVI.

158 En su nueva redacción introducida por la Disposición Final Primera de la LEVD, la LECrim sigue utilizando el término ofendido y víctima en el mismo precepto.

159 Artículo introducido por la Disposición Final Primera de la LEVD.

concepto exclusivamente a los efectos procesales, por lo que entendemos que la propia LECrim debería definir procesalmente a la víctima, además de unificar por fin la terminología.

Hemos dejado, pues, sentado que el término víctima es más amplio que el concepto de sujeto pasivo[160] y que el concepto de perjudicado, dado que puede abarcar ambos, ya que con el concepto de sujeto pasivo del delito no se integra la persona o grupo de personas que se han visto perjudicados por el delito, esto es los perjudicados. Además, desde el enfoque jurídico-

---

160 Para BERISTAIN IPIÑA, A., el concepto de víctima supera el del sujeto pasivo. Ejemplo de ello son las víctimas del terrorismo, pueden ser sujetos pasivos cinco, diez, o cincuenta, pero las víctimas pueden ser cientos o miles (*vid.* "¿La sociedad/judicatura atiende a...", *op. cit.*, p. 256). Sobre un concepto amplio y pluralista de víctima SAMPEDRO ARRUBLA, J.A., aporta los siguientes criterios: la necesidad de superar la identificación de las víctimas del delito con el sujeto pasivo del mismo; las víctimas del delito pueden ser personas naturales como jurídicas, grupos, o comunidades afectadas por la comisión del ilícito; la condición de víctima se adquiere por el hecho mismo del daño ocasionado con la comisión del delito; para ser víctima no es necesario que la persona se sienta como tal y quien sufre el daño, directa o indirectamente, como consecuencia del delito debe ser considerado víctima con independencia de si es o no identificado, acusado o declarado judicialmente culpable, el o los victimarios. A partir de estos criterios concluye que víctimas del delito son "los titulares del bien jurídico protegido con la norma, pero no exclusivamente ellos, pues hay otras personas o grupos que se ven perjudicadas directa o indirectamente con la conducta criminal y que tienen los mismos derechos de quienes han sufrido la agresión directa para ser atendidos en sus necesidades y expectativas con independencia de la relación que tenga con su (sus) victimario (s) y del enjuiciamiento, acusación o condena que se produzca en su contra" (*vid.* "Las víctimas del delito en los tiempos del olvido. Una reflexión desde la victimología en torno a la reforma al sistema penal en Colombia", en *Revista Vniversitas,* núm. 109, 2005, pp. 108-109).

victimológico que seguimos, dentro del concepto de víctima se incluye la víctima directa del hecho delictivo que es el sujeto pasivo, pero también se integran las víctimas indirectas que son afectadas indirectamente por el hecho delictivo, que no son consideradas sujeto pasivo en el sentido jurídico-penal.

Así las cosas, partimos en el presente trabajo de un concepto de víctima que tiene en consideración un daño o perjuicio sufrido de forma directa o indirecta que haya sido causado por un tercero como consecuencia de una conducta delictiva, sea ésta dolosa o imprudente. Una concepción estricta que se acerca más a la concepción procesal-victimológica que postulamos y que no tiene en consideración a las personas afectadas por hechos no delictivos que provocan sufrimiento, como pueden ser las víctimas de accidentes o catástrofes naturales.

A modo de conclusión, podemos afirmar que la Victimología ha ayudado en cierta manera a la superación de un concepto estricto de víctima para considerarla desde una perspectiva más amplia, que comprende no sólo al sujeto pasivo del delito sino a otras personas que hayan sufrido las consecuencias negativas de la infracción. Ello refuerza la idea de que tanto las víctimas que sufren la agresión como aquellas que no la sufren, pero resultan perjudicadas por la comisión del delito, tienen los mismos derechos[161]. No obstante, y conforme se ha expues-

---

161 Sin embargo, encontramos posiciones contrarias con las que no estamos de acuerdo por todos los argumentos que hemos esgrimido, que defienden que el concepto de víctima es más restringido que el de ofendido o perjudicado aunque todos ellos tengan legitimación para constituirse en acusación particular, argumentando que la diferencia con la víctima es que ésta tiene un status de protección especial que se concreta en una serie de derechos y atenciones contenidos en la LEVD que se le van a prestar con independencia de que decida personarse en la causa (*vid.* ECHARRI CASI, F. J.; CASTAÑÓN ÁLVAREZ, M. J. y ETXEBARRIA ZARRABEITIA, X., *Práctica procesal penal*, Madrid, Dykison S.L., 2020, p. 153).

to consideramos la necesidad de unificar la nomenclatura utilizada en los distintos textos legales -CP, LECrim y LEVD- para evitar confusiones terminológicas mediante la utilización del término víctima.

El concepto legal de víctima en la Ley 4/2015, de 27 de abril, del Estatuto de la víctima del delito

Sin duda el reforzamiento de la posición de la víctima en el sistema de justicia penal internacional es un hecho, y la Unión Europea con todas las resoluciones dictadas en los últimos años sobre víctimas, ha favorecido dicho consenso internacional y obligado a los Estados Miembros a adoptar medidas en sus respectivas legislaciones para que las víctimas se tornen en protagonistas del delito y por ende del proceso, y así lo ha hecho la LEVD que ha acogido el concepto de víctima de la Directiva 2012/29/UE que considera a la víctima como algo más que un mero sujeto pasivo del delito, al contemplar una condición subjetiva de víctima, que únicamente concurre en aquellos sujetos que reúnen las características de su artículo 2, e incluso, lo ha ampliado, como tendremos ocasión de analizar.

La LEVD parte, en consecuencia, del concepto de víctima de delito que prevé el artículo 2 de la Directiva, que analizaremos a continuación por ser la antecesora de nuestro Estatuto. Así, la Directiva define a la víctima como "(...) *la persona física que haya sufrido daño o perjuicio, en especial, lesiones físicas o mentales, daños emocionales o un perjuicio económico, directamente causado por una infracción penal*".

La primera cuestión que destacamos de la anterior definición es la limitación a persona física de las víctimas que han de beneficiarse de las previsiones contenidas a lo largo de la Directiva, en este punto sigue lo ya establecido en la DM 2001/220/JAI, olvidándose nuevamente como ya lo hizo su antecesora de la existencia de personas jurídicas y grupos de afectados[162]. Quizás el hecho de no contemplar como víctimas a las personas jurídicas se pueda justificar en que todas las normas contenidas en la Directiva tienen un objetivo muy claro y es evitar la victimización secundaria de las víctimas, problema éste que no se da en el caso de las personas jurídicas obviamente, si bien no debemos olvidar que las cuestiones relativas al derecho a la información, la reparación económica y la participación en el proceso sí que se pueden aplicar a las personas jurídicas[163].

Obsérvese por otro lado que la Directiva amplía el término respecto a la DM 2001/220/JAI introduciendo a las víctimas indirectas. Para esta Decisión marco la víctima solo era la persona física que sufre un perjuicio físico, mental o económico a causa del delito, sin embargo, para la Directiva se extiende el concepto a "*los familiares de una persona cuya muerte haya sido directamente causada por un delito y que haya sufrido un daño o perjuicio como consecuencia de la muerte de dicha persona*". Así pues, vincula el concepto de víctima al sufrimiento directo de una acción delictiva, aunque ello implique que se excluya a aquellas víctimas indirectas que no han sufrido directamente el hecho delictivo, pero sí han sufrido un perjuicio económico derivado del mismo, y además considera a los familiares de ésta víctimas indirectas, aunque se circunscribe exclusivamente a los casos de fallecimiento de la víctima directa. Al menos de esta manera, se da cumplimiento a todas aquellas opiniones doctrinales

---

162 Esta cuestión ha sido destacada por la doctrina, entre otros, OROMÍ I VALL-LLOVERA, S. y LUPÀRIA, L., "Concepto de víctima y de víctima especialmente vulnerable", en ARMENTA DEU, T. (Coord.), *Código de Buenas Prácticas para la protección de víctimas especialmente vulnerables. Menores y víctimas de violencia de género,* Madrid, Colex, 2011, p. 20.

163 De esta opinión es DE HOYOS SANCHO, M., "Reflexiones sobre la Directiva 2012/29/UE...", *op. cit.*, p. 14.

que consideraban la importancia de establecer un concepto de víctima más amplio que en la DM 2001/220/JAI[164].

Por lo tanto, establece además un concepto más amplio de víctima que su antecesora, ya que abarca a la víctima directa de cualquier delito y por cualquier tipo de daño sufrido, puesto que añade a los familiares de la persona fallecida. Así, es la DM 2001/220/JAI enunciaba una definición de víctima en su artículo 1 como "a) (...) *la persona física que haya sufrido un perjuicio, en especial lesiones físicas o mentales, daños emocionales o un perjuicio económico, directamente causado por un acto u omisión que infrinja la legislación penal de un Estado miembro*"[165]. Se trata de una concepción estricta de víctima pues, aunque comprenda cualquier delito y englobe cualquier tipo de daño incorporando los daños emocionales y los perjuicios económicos[166], no contempla a los familiares, como sí lo hace la Directiva 2012/29/UE, ni tampoco considera víctimas a determinados allegados de la víctima directa, como sí reconoce por ejemplo la LEVD. Tampoco la DM reconocía la distinción entre víctima directa e indirecta[167] como sí lo había hecho

---

164 OROMÍ I VALL-LLOVERA, S. y LUPÀRIA, L., recomendaron antes de la Directiva 2012/29/UE con ocasión del análisis del concepto de víctima de la DM 2001/220/JAI, la necesidad de establecer un concepto uniforme de víctima, que incluyera los familiares y amigos de la víctima directa, así como a los grupos de afectados, las personas colectivas e, incluso, las personas jurídicas (*vid.* "Concepto de víctima...", *op. cit.*, p. 25).

165 En su art.1 aptdo. a.

166 Se contemplan los perjuicios económicos, mientras que, en el Convenio europeo sobre indemnización a las víctimas de delitos violentos, de 24 de noviembre de 1983, únicamente se consideraban, conforme se ha visto anteriormente, las lesiones graves o daños en la salud de las víctimas.

167 La restricción a víctimas directas es para SANZ-DÍEZ DE ULZURRÚN LLUCH, M., en un principio lógica "(...)si se tiene en cuenta que la finalidad de la Decisión Marco es perfilar el estatuto jurídico

anteriormente la ONU a nivel internacional en la DPFJ como se verá a continuación, lo que muestra la poca influencia en Europa de las recomendaciones de carácter internacional. Si se compara con el concepto de víctima de las Reglas de procedimiento y prueba[168] que sí que incorpora a las personas jurídicas puesto que no delimita la categorización de víctima solamente a las personas físicas -se refiere a personas naturales en contraposición a personas jurídicas-, sino que además incluye a las organizaciones o instituciones, es decir a las personas jurídicas, se observa cómo ambos textos limitan el concepto de víctima a las personas físicas, olvidando que en algunos sistemas jurídicos también pueden tener la condición de víctima los grupos de afectados, personas colectivas e incluso personas jurídicas[169].

---

de la víctima durante el proceso penal, pero puede presentar insuficiencias de cara a derechos, también reconocidos en la norma, como son el derecho a la indemnización por los daños causados por el delito que, en caso de fallecimiento, corresponde a los familiares; o, el derecho a la asistencia social, sobre todo de carácter psicológico, que puede resultar conveniente extender a personas distintas de la víctima directa que también sufren el impacto psicológico consecuencia del delito (*vid.* "La posición de la víctima en el Derecho...", *op. cit.*, p. 14).

168 El término víctima no obstante, se encuentra definido en las Reglas de procedimiento y prueba que recogen una definición amplia de víctima en su regla 85, en el siguiente sentido: "*Para los fines del Estatuto y de las Reglas de Procedimiento y Pruebas: a) Por «víctimas» se entenderá las personas naturales que hayan sufrido un daño como consecuencia de la comisión de algún crimen de la competencia de la Corte; b) Por víctimas se podrá entender también las organizaciones o instituciones que hayan sufrido daños directos a alguno de sus bienes que esté dedicado a la religión, la instrucción, las artes, las ciencias o la beneficencia y a sus monumentos históricos, hospitales y otros lugares y objetos que tengan fines humanitarios*".

169 Ya se ponía de manifiesto entonces por la doctrina este olvido de la DM 2001/220/JAI, al respecto OROMÍ VALL-LLOVERA, S. y LU-

Por otra parte, si comparamos el concepto europeo de la Directiva con la definición de víctima que muchos años antes había perfilado las Naciones Unidas, se constata que el término de víctima contenido en la Directiva difiere del recogido en la DPFJ y es por tanto más estricto[170]. Respecto a las víctimas directas por cuanto la DPFJ engloba cualquier menoscabo sustancial de derechos fundamentales y los causados por abuso de poder y la Directiva contempla exclusivamente a la víctima de delito[171]. Sobre las víctimas indirectas, el término

---

PÀRIA, L., "Concepto de víctima y de víctima especialmente vulnerable", en ARMENTA DEU, T. (Coord.), *Código de Buenas Prácticas para la protección de víctimas especialmente vulnerables. Menores y víctimas de violencia de género*, Madrid, Colex, 2011, p. 20.

170 Así se ha pronunciado LLORENTE SÁNCHEZ-ARJONA, M., al afirmar el carácter estricto de la definición en comparación con la DPFJ pues no contiene a las víctimas indirectas (*vid.* "Las víctimas en el espacio judicial europeo: estudio de la directiva 2012/29/UE, de 25 de octubre de 2012", en *REJ- Revista de Estudios de la Justicia*, núm. 22, 2015, p. 130.

También para GÓMEZ COLOMER, J. L. pues sólo es víctima quien ha sufrido el daño o sus familiares si ha fallecido con ocasión de la comisión del hecho punible (*vid.* "Víctima del delito y Europa", *op. cit.*, p. 109).

171 La DPFJ distingue entre víctimas directas e indirectas. Define las primeras en su apartado A, punto 1 como aquellas "(...) p*ersonas que individual o colectivamente, hayan sufrido daños, inclusive lesiones físicas o mentales, sufrimiento emocional, pérdida financiera o menoscabo sustancial de los derechos fundamentales, como consecuencia de acciones y omisiones que violen la legislación penal vigente en los Estados Miembros, incluida la que proscribe el abuso de pod*er". La Declaración define el concepto de "víctima" en plural, se refiere a "víctimas". Para BERISTAIN IPIÑA, A. "(...) se ajusta más a la realidad estudiar y comentar las cuestiones victimológicas alrededor de las víctimas en plural que hacerlo en torno a la víctima en singular (...)", lo que puede inducir a errores, puesto que por ejemplo las víctimas de ETA no son sólo las personas asesinadas sino también las víctimas indirectas (*vid. Protagonismo de las víctimas...*, *op. cit.*, p. 42). En el

de la Directiva es más estricto puesto que para ser consideradas como tales han de haber fallecido las víctimas directas, por lo que sorprende que no incluya a las personas que sean familiares de víctimas directas de delitos que no hayan tenido resultado de muerte[172]. De ahí que podamos afirmar que la Directiva no opta por un concepto amplio de víctima, sino estricto, pues sólo es víctima quien ha sufrido el daño o sus familiares si ha fallecido con ocasión de la comisión del hecho punible[173].

Igualmente se excluye de la condición de víctima de delito a aquellos familiares de los fallecidos que no constaten la existencia de un daño o perjuicio como consecuencia del delito. En principio parece, pues, que habrá de acreditarse ese daño o perjuicio. Al referirse a familiares quedan también al margen las personas que no son familiares pero que sufren de alguna manera las consecuencias del delito. Piénsese por ejemplo en los hijos menores de la pareja de la víctima fallecida. En este sentido la DPFJ sí que considera víctima tanto a los familiares como a las personas que se encuentren a cargo de la víctima directa.

Por una parte, es loable que la Unión Europea vele por los intereses de los familiares de la víctima fallecida, pero a nuestro juicio debería también haber incluido a los familiares de la víctima no fallecida, por ejemplo a los familiares de las

---

mismo sentido se muestra partidario TAMARIT SUMALLA, J. M., para quien hubiera sido preferible introducir en plural el término víctima en el propio *nomen iuris* de la LEVD (*vid.* "Los derechos de las...", *op. cit.*, p. 40).

172 Para la DPFJ las víctimas indirectas son "(...) *los familiares o personas a cargo que tengan relación inmediata con la víctima directa y a las personas que hayan sufrido daños al intervenir para asistir a la víctima en peligro o para prevenir la victimización*".

173 GÓMEZ COLOMER, J. L., *Estatuto Jurídico de la víctima del delito...*, *op. cit.*, p. 185.

personas que hayan sufrido lesiones, o incluso sufran graves desequilibrios emocionales como consecuencia del hecho delictivo que las incapacite[174], así como a las personas que hayan sufrido daños al intervenir para asistir a la víctima en peligro o para prevenir la victimización como ya en su momento sostuvo la DPFJ[175], puesto que a la postre son personas que sufren daños como consecuencia del hecho delictivo.

No obstante, puesto que la Directiva es una norma de mínimos corresponde a los distintos Estados miembros la ampliación de dicho concepto, y así lo ha hecho la LEVD, que opta por un concepto algo más amplio de víctima que la Directiva al referirse a las víctimas indirectas más allá de los familiares y no sólo en caso de fallecimiento, contemplando, por tanto, a los parientes de la víctima no fallecida, aunque no incluye tampoco a las personas que han sufrido daños al auxiliar a la víctima o al prevenir su victimización. Criticamos que tampoco todas las víctimas de delito tienen la protección de la Directiva: así, las víctimas de la delincuencia empresarial son absolutamente

---

174 Sobre este extremo y, por tanto, en contra de que se haya limitado únicamente a los familiares de la víctima fallecida, se muestran entre otros, DE HOYOS SANCHO, M., "Reflexiones sobre la Directiva 2012/29/UE...", *op. cit.*, p. 13; LLORENTE SÁNCHEZ-ARJONA, M., "La protección de...", *op. cit.*, p. 321 y PEREIRA PUIGVERT, S., "Normas mínimas...", *op. cit.*, p. 8.

175 La DPFJ introdujo la distinción entre víctimas directas, la víctima individual y la colectiva (por ejemplo, en su artículo 10, incluye el resarcimiento de los daños causados al medioambiente) y víctimas indirectas, pues estas últimas también han de ser tenidas en consideración porque también sufren las consecuencias del delito. Incluye así a las personas que han sufrido daños, los familiares o personas a cargo que tengan una relación inmediata con la víctima directa y las personas que hayan sufrido daños al intervenir para asistir a la víctima en peligro o para prevenir la victimización.

invisibles, aunque se trata de víctimas vulnerables pues son víctimas de delitos cometidos por grandes corporaciones[176].

Este concepto de víctima que postula la Directiva 2012 para todas las categorías de víctimas, ha sido posteriormente incorporado a la Directiva 2017/541/UE, de 15 de marzo de 2017, relativa a la lucha contra el terrorismo y por la que se sustituye la Decisión marco 2002/475/JAI del Consejo y se modifica la Decisión 2005/671/JAI del Consejo. De este modo, se considera víctima del terrorismo según su Considerando 27 a la ya definida en el artículo 2 de la Directiva 20112/29/UE, por lo que no define nuevamente a la víctima de delito: "*toda persona física que haya sufrido un daño o perjuicio, en particular lesiones físicas o mentales, daños emocionales o un perjuicio económico, directamente causados por un delito de terrorismo, o el familiar de una persona cuya muerte haya sido directamente causada por un delito de terrorismo y que haya sufrido un daño o perjuicio como consecuencia de la muerte de dicha persona. Los familiares de las víctimas supervivientes del terrorismo, según se definen en el citado artículo, tienen acceso a servicios de apoyo a las víctimas y medidas de protección de conformidad con lo dispuesto en dicha Directiva*"[177].

Y, repárese que es de evidente interés la adopción de un concepto de víctima porque la delimitación de quienes pueden ser víctimas tanto a la luz de la Directiva como en lo que nos atañe en la propia LEVD, implica que sólo a ellas les son aplicables los derechos y garantías previstos en su articulado.

---

[176] Para más información sobre esta cuestión, *vid.* NIETO MARTÍN, A., "Empresas, víctimas y sanciones restaurativas: ¿Cómo configurar un sistema de sanciones para personas jurídicas pensando en sus víctimas?", en *La Víctima del Delito y las Últimas reformas procesales Penales*, Cizur Menor (Navarra), DE HOYOS SANCHO, M. (Dir.), Aranzadi Thomson Reuters, 2017, p. 315.

[177] DOUE de 31 de marzo de 2017, L 88, pp. 6-21.

Se constata la necesidad de una definición de víctima integrada en la LEVD por cuanto ha de configurarse quién tiene condición de víctima de delito y, por tanto, merecedora de la protección del estatuto jurídico. Sin embargo, estamos de acuerdo con algunos autores que consideran la deficiente técnica legislativa empleada al establecer un estatuto jurídico de la víctima del delito al margen de nuestra LECrim y la necesidad de que el estatuto de la víctima se hubiera integrado en la Ley procesal penal[178]. De esta manera si se hubiese definido el término víctima en la Ley de procedimiento, se habría finalizado con la dispersión terminológica existente de sujeto pasivo, ofendido o perjudicado[179], tal y como se ha expuesto en el Capítulo Primero.

Es necesario concretar el concepto de víctima que establece la LEVD y que se ha visto ampliado a un concepto omnicomprensivo que no se limita a mero sujeto pasivo del delito, pues como decía BERISTAIN IPIÑA, "todo sujeto pasivo de un delito es víctima, pero no toda víctima es sujeto pasivo de un delito"[180].

---

178 Entre ellos, JAEN VALLEJO, M., y PERRINO PÉREZ, A. L.., *La Reforma procesal penal de 2015*, Madrid, Dykinson, 2015, p. 55.

179 No existe consenso legislativo ni doctrinal sobre el término a emplear. En las distintas leyes se habla de conceptos jurídicos distintos ofendido, perjudicado, sujeto pasivo, víctima etc. En la doctrina cada autor emplea un término cuando se refiere a la víctima en el proceso penal. Puede verse un análisis de esta cuestión en MANZANARES SAMANIEGO, J. L., "Estatuto de la víctima. Comentario a su regulación procesal penal", en *Diario La Ley*, núm. 8351, 10 de julio de 2014, pp. 2-9.

180 BERISTAIN IPIÑA, A., "El nuevo Código Penal de 1995 desde la Victimología" en *Eguzkilore, Cuaderno del Instituto Vasco de Criminología*, núm.10 extraordinario dedicado a: "Estudios sobre el nuevo Código penal español, 1995", 1997, p. 61.

La concepción tradicional jurídica, tal y como se ha visto anteriormente, vincula el concepto de víctima al crimen o hecho delictivo, la persona que sufre la acción criminal, independientemente de que se considere víctima a quien la sufre directa o indirectamente.

Pero no sólo el titular del bien jurídico protegido es víctima y es a partir de la LEVD cuando el concepto legal de víctima se amplía y comprende no sólo a la víctima directa sino también a las víctimas indirectas, si bien ambas categorías de víctimas no tendrán la misma posibilidad de participación en el proceso penal como se verá en el Capítulo Tercero.

En tal sentido, la LEVD establece en su artículo 1 su ámbito de aplicación subjetivo, y dispone que se aplicará a las víctimas de delitos cometidos en España o que puedan ser perseguidos en España, con independencia de su nacionalidad, de si son mayores o menores de edad o de si disfrutan o no de residencia legal, sin perjuicio de lo dispuesto en el artículo 17, que establece la posibilidad de que las víctimas de delitos cometidos en otros Estados miembros de la Unión Europea sean perseguidos en España si, aun cometiéndose en el extranjero, la víctima no española tiene residencia legal en España y denuncia en España el delito.

Así las cosas, el estatuto jurídico se circunscribe exclusivamente a la víctima de delito y excluye a las víctimas que sufren un daño físico o psíquico, o un perjuicio civil como consecuencia de un hecho ilícito, pero no delictivo causado por la voluntad humana, pero tampoco las víctimas que lo son fruto de las casualidades, de la fuerza mayor o de la naturaleza. En este sentido, a modo de ejemplo no sería de aplicación el Estatuto a las víctimas de centrales nucleares, o de accidentes masivos de tren, avión, autobús o barco, o incluso víctimas de operaciones ilegales en el mundo financiero o bursátil como especulación en mercados de valores o los engaños de preferentes[181].

Pues bien, la LEVD introduce las previsiones de la Directiva 2012/29/UE en el artículo 2 y establece el concepto general de víctima. Distingue, sin embargo, como se ha adelantado, y en este punto no sigue a la Directiva, entre víctima directa y víctima indirecta.

Pues bien, esta distinción fue objeto de críticas como la del Consejo Fiscal, que en su Informe al Anteproyecto de Ley valoró negativamente que se apartara del concepto unitario de la DM 2001/220/JAI y de la Directiva 2012/29/UE al distinguir entre dos tipos de víctimas, sobre la base del argumento de que con dicha distinción existían víctimas de primer grado y víctimas subsidiarias, señalando al respecto que "*la división entre víctimas directas y víctimas indirectas es contraproducente y perturbadora, pues puede hacer pensar que hay víctimas de primer grado y víctimas subsidiarias, y ha de tenerse en cuenta que el lenguaje tiene, en estas definiciones programáticas, una carga emocional para quien se ve incluido en esas categorías. Además, la distinción no tiene luego repercusión en el texto de la Ley. Parece pesar la distinción tradicional entre ofendido y perjudicado por el delito, terminología que se sigue manteniendo en la reforma que el mismo Anteproyecto realiza de algunos artículos de la Ley de Enjuiciamiento Criminal en las disposiciones finales del Anteproyecto* (...)"[182].

---

181 GÓMEZ COLOMER, J. L., *Estatuto Jurídico de la víctima del delito..., op. cit.*, pp. 210-211.

182 Véase el *Informe al Anteproyecto de Ley Orgánica del Estatuto de la víctima del delito, elaborado por el Consejo Fiscal de la Fiscalía General del Estado*, de 14 de noviembre de 2013, p. 5. Recurso electrónico, disponible en: https://bit.ly/2IX75S4.

Sin embargo, parece más razonable defender dicha dualidad, tal y como lo hace el Consejo General del Poder Judicial[183], que alaba esta distinción y considera adecuada la ampliación a víctima indirecta, en cuanto va a permitir beneficiarse no solo a toda persona que sufra un perjuicio físico, moral o económico como consecuencia de un delito, sino también a las víctimas indirectas en los casos de muerte o desaparición de una persona, de los derechos reconocidos en la norma, como el derecho a la asistencia social -sobre todo de carácter psicológico- y otros derechos de los que la LEVD denomina básicos, aun cuando suscita ciertos problemas en el régimen jurídico durante el proceso, en particular en el tema de la revisión del sobreseimiento de la instrucción, que no quedan bien resueltos en la norma.

Estamos de acuerdo con CHOZAS ALONSO[184] en que la distinción no tiene repercusión práctica pues ambos tipos de víctimas tienen los mismos derechos. Sin embargo, mantenerla no contradice la Directiva, siendo dos las razones que la justifican.

En primer lugar, porque la LAAVD ya realiza dicha distinción y, en segundo lugar, porque ayuda a delimitar dos situaciones distintas, por un lado, la víctima directa que actúa en el proceso o fuera de él frente a una agresión a un derecho

---

183 Véase el apartado V. 1ª del *Informe del Consejo General del Poder Judicial al Anteproyecto de Ley Orgánica del Estatuto de las Víctimas del delito*, de 31 de enero de 2014, cuyo ponente fue Juan Manuel Fernández Martínez. Recurso electrónico, disponible en: https://bit.ly/2PNEeBo.

184 CHOZAS ALONSO, J. M., "El nuevo estatuto de la víctima de los delitos en el proceso penal. Los sujetos protagonistas del proceso penal", en *Los sujetos protagonistas del proceso penal. Conforme a las recientes reformas legislativas: Ley Orgánica 1/2015, de 30 de marzo, por la que se modifica la Ley Orgánica 10/1195, de 23 de noviembre, del Código Penal Ley 4/2015, de 27 de abril, del Estatuto de la víctima del delito LO 5/2015, de 27 de abril, por la que se modifican la LECRIM y LOPJ*, CHOZAS ALONSO, J. M. (Coord.), Madrid, Dykinson, 2015, p. 220.

propio, y por otro la víctima indirecta que reacciona ante el padecimiento de un perjuicio causado por la violación de un derecho de la víctima directa.

Hechas las anteriores consideraciones, la LEVD define en su artículo 2,a víctima directa como "(…) *toda persona física que haya sufrido un daño o perjuicio sobre su propia persona o patrimonio, en especial lesiones físicas o psíquicas, daños emocionales o perjuicios económicos directamente causados por la comisión de un delito*". La víctima lo es, por tanto, por cualquier tipo de delito, y cualquiera que sea la naturaleza del daño o perjuicio sufrido, no solamente en su propia persona sino en su patrimonio. Los daños o perjuicios se concretan de forma amplia y comprenden tanto los físicos, psíquicos, emocionales y económicos, abarcando de esta manera el reconocimiento de cualquier clase de daño o perjuicio sufrido como consecuencia de la comisión de un delito.

Claramente se observa en la anterior definición que la LEVD excluye a las personas jurídicas como víctimas directas cuestión que no ha estado exenta de críticas[185], en la línea señalada por

[185] Para TAMARIT SUMALLA, J. M., la exclusión de las personas jurídicas impide cualquier intento de considerar como víctima a la comunidad, al *nasciturus* o a animales, siendo excepcional la posibilidad que prevé la LEVD de la participación en el proceso penal de las asociaciones de víctimas (*vid.* Los derechos de las...", *op. cit.*, p. 43). DE HOYOS SANCHO, M., "Reflexiones sobre la Directiva 2012/29/UE...", *op. cit.*, p. 14, sobre la exclusión de las personas jurídicas en la Directiva europea, destaca que la propia Dirección General de Justicia de la Comisión Europea, en el *Documento Guía relativo a la trasposición e implementación de la Directiva 2012/29/UE*, que si bien el concepto de víctima no incluye personas jurídicas que hayan sufrido directamente hechos delictivos en un Estado miembro, los legisladores nacionales pueden optar por aplicarles también a éstas los estándares que se recogen en la Directiva.

la Directiva 2012/29/UE[186] y anteriormente seguida también por la DM 2001/220/JAI[187]. Por tanto, con respecto a las personas jurídicas la noción de víctima es más estricta ya que las excluye, por lo que se aparta del concepto jurídico penal de sujeto pasivo ya que para el Derecho penal sujeto pasivo sí que pueden serlo las personas jurídicas o el Estado. Obsérvese que el legislador español tampoco tiene en consideración su inclusión como sí hacía el Anteproyecto de 2011 en el que las personas jurídicas también son consideradas víctimas, apartándose por tanto de lo dispuesto en este punto por la DM 2001/220/JAI y la propia Directiva 2012/29/UE. Así, considera a la víctima como "(…) *la persona física o jurídica ofendida por la infracción* (...)" así como "(…) *la persona que haya sufrido un perjuicio direc-*

---

186 En su art. 2.1 a, i, se refiere exclusivamente a la persona física.

187 Si bien la DM 2001/220/JAI no lo dice específicamente, la STJUE (Sala 3ª), de 28 de junio de 2007 (asunto C-467 *Giovanni Dell´Orto*) interpretó dicha Decisión Marco en el sentido de limitar su ámbito de protección a las personas físicas en sus apartados 52 al 55 declara que: "*52 El artículo 1, letra a), de la Decisión marco define a la víctima, a los efectos de dicha Decisión, como la persona «física» que haya sufrido un perjuicio, en especial lesiones físicas o mentales, daños emocionales o un perjuicio económico, directamente causado por un acto u omisión que infrinja la legislación penal de un Estado miembro.53 Del tenor de la citada disposición se desprende que la Decisión marco se refiere únicamente a las personas físicas que han sufrido un perjuicio directamente causado por conductas contrarias a la legislación penal de un Estado miembro.54 Interpretar la Decisión marco en el sentido de que también contempla a las personas «jurídicas» que, al igual que la parte civil en el litigio principal, alegan haber sufrido un perjuicio directamente causado por una infracción penal sería contrario al propio tenor del artículo 1, letra a), de dicha Decisión marco.55 A ello se añade que ninguna otra disposición de la Decisión marco indica que el legislador de la Unión Europea tuviera intención de ampliar el concepto de víctima a las personas jurídicas a efectos de la aplicación de dicha Decisión marco. Todo lo contrario, varias de sus disposiciones confirman que el objetivo del legislador era referirse exclusivamente a las personas físicas víctimas de un perjuicio derivado de una infracción penal*".

tamente derivado de los hechos punibles" (art. 65). Lo mismo sucede en el ALECrim 2020 que establece un concepto muy amplio de víctima: "1. *Tendrá la consideración de víctima a los efectos de esta ley: a) la persona física o jurídica ofendida por la infracción; b) la persona que haya sufrido un perjuicio directamente derivado de los hechos punibles. 2. Las personas físicas o jurídicas que hubieran sufrido perjuicios indirectos derivados del delito no tendrán, a los efectos de esta ley, la condición de víctimas. A estos efectos, se entenderá por perjuicio indirecto todo aquel que resulte de la obligación de asumir el coste del daño causado por el delito en virtud de una obligación legal o contractual. Lo dispuesto en este apartado se entiende sin perjuicio del derecho de repetición que pueda existir contra la persona que sea considerada responsable*". Por su parte, el artículo 59 del Borrador define a la víctima, y a los efectos previstos en el propio Código, como "*todo ofendido o perjudicado por el hecho punible objeto de la causa, incluida la persona que haya sufrido daño personal o patrimonial por tratar de prevenir el delito o auxiliar a la víctima en el momento de la comisión del hecho punible o inmediatamente después*".

En nuestra opinión, estas conceptualizaciones de víctima en una legislación procesal son bastante acertadas por cuanto incluyen al ofendido y al perjudicado, poniendo fin a la confusión generada con la utilización indistinta de la LECrim actual de ofendido, perjudicado y víctima. Es loable en la definición del Borrador, que se inspira claramente en la definición de víctima de delito de la DPFJ, la consideración de víctimas de aquellas personas que previenen la victimización o que auxilian a la víctima y como consecuencia de ello sufren algún tipo de daño personal o patrimonial, sin embargo, observamos que en el ALECrim 2020 se olvida el legislador nuevamente de ellas, de hecho, las excluye directamente al considerarlas como personas físicas o jurídicas que sufren perjuicios indirectos. Piénsese en los daños morales o físicos que pueda causar una intervención en un acto delictivo a un policía o a una persona de los servicios de emergencias que tengan la obligación legal o contractual de auxiliar a las víctimas.

Continuando con la definición de víctima de la LEVD, parece que el legislador ha considerado que no son de aplicación a las personas jurídicas los derechos de información, protección, participación y apoyo de aquellas personas que, o bien de modo directo o bien de modo indirecto -por muerte o desaparición de la víctima-, hubieran sufrido daños o perjuicios sobre su propia persona o sobre su patrimonio siendo ellas las destinatarias de los derechos que les reconoce el Estatuto[188], aunque ello no empece a los derechos procesales reconocidos en la LECrim como el ejercicio de la acción penal por parte de la persona jurídica de conformidad con el artículo 109 *bis* LECrim, reformado por la LEVD, que le faculta para dicho ejercicio.

Tampoco se ha incluido como víctima directa a los hijos menores de víctimas de violencia doméstica y de género como se recomendó por el Consejo General del Poder Judicial en su *Informe al Anteproyecto* de la LEVD[189] con fundamento en la Recomendación 1905/2010 del Consejo de Europa. Sin embargo, a diferencia de la Ley el RDEVD incluye a los menores sujetos a tutela, guarda y custodia de las mujeres víctimas de violencia de género o de personas víctimas de violencia doméstica (art. 8.2) al reconocerles el derecho de acceso a los servicios de asistencia y apoyo. Parece que el legislador no los ha incluido en la Ley para no establecer un listado de víctimas directas cerrado y poder así definir a la víctima directa de una manera amplia[190].

---

188 ARANGÜENA FANEGO, C., "Participación de la víctima en el proceso", en *Cuadernos Digitales de Formación*, núm. 47, Consejo General del Poder Judicial, 2016, pp. 5-6.

189 *Vid. Informe del Consejo General del Poder Judicial al Anteproyecto de Ley Orgánica del Estatuto de las Víctimas del delito, op. cit.*, pp. 20-22.

190 En los debates parlamentarios se cuestionó por diversos grupos la no inclusión en el Estatuto de determinadas víctimas. A saber, por el grupo parlamentario Mixto se instó la inclusión de las víctimas del franquismo y de la guerra civil; por el grupo Entesa *pel Progrés del*

Por su parte la LEVD en su artículo 2 aptdo. b) contempla a la víctima indirecta[191] que conceptúa a modo de victimización refleja[192], a saber, la sufrida por las personas allegadas a la víctima directa, ampliando de esta manera lo dispuesto en la Directiva 2012/29/UE, que sabemos no se refiere al concepto de víctima indirecta en el precepto traspuesto aunque sí alude

Catalunya, deberían figurar las víctimas de accidentes de tráfico; por el grupo parlamentario Catalán, a las víctimas menores de edad; por el grupo Parlamentario socialista se considera la restricción excesiva del concepto de víctima que no incluye a las víctimas derivadas del delito de tráfico, delitos contra la seguridad vial y delitos de víctimas de franquismo; por el grupo parlamentario Mixto el reconocimiento de condición de víctima al inmigrante; el grupo parlamentario Vasco, las víctimas del franquismo y postfranquismo (*vid.* Cortes Generales. Diario de Sesiones, Senado, 25 de marzo de 2015, núm. 149, pp. 14321-1347).

191 Se consideran víctimas indirectas según el artículo 2,b LEVD "*b… en los casos de muerte o desaparición de una persona que haya sido causada directamente por un delito, salvo que se tratare de los responsables de los hechos:*
1.º A su cónyuge no separado legalmente o de hecho y a los hijos de la víctima o del cónyuge no separado legalmente o de hecho que en el momento de la muerte o desaparición de la víctima convivieran con ellos; a la persona que hasta el momento de la muerte o desaparición hubiera estado unida a ella por una análoga relación de afectividad y a los hijos de ésta que en el momento de la muerte o desaparición de la víctima convivieran con ella; a sus progenitores y parientes en línea recta o colateral dentro del tercer grado que se encontraren bajo su guarda y a las personas sujetas a su tutela o curatela o que se encontraren bajo su acogimiento familiar.
2 º En caso de no existir los anteriores, a los demás parientes en línea recta y a sus hermanos, con preferencia, entre ellos, del que ostentara la representación legal de la víctima.
Las disposiciones de esta Ley no serán aplicables a terceros que hubieran sufrido perjuicios derivados del delito.

192 Para TAMARIT SUMALLA, J. M., la víctima indirecta hace referencia al fenómeno de la victimización refleja, consistente en los daños sufridos como consecuencia de la victimización de una persona allegada (*vid.* Los derechos de las...", *op. cit.*, p. 41).

en el aptdo. 19) de su Preámbulo a los familiares de las víctimas que pueden resultar perjudicados por el delito y que deben disfrutar de la protección en el marco de la Directiva.

El citado artículo, a diferencia de la Directiva que no contempla el supuesto de desaparición de la persona, recoge un listado de personas que considera víctimas indirectas en los casos de muerte o desaparición de una persona "*que haya sido causada directamente por un delito, salvo que se tratare de los responsables de los hechos*".

Las víctimas indirectas, pues, son aquellas personas que tienen un vínculo o una relación estrecha con la víctima directa del delito, esto es, el cónyuge no separado legalmente o de hecho y los hijos de la víctima o del cónyuge no separado legalmente o de hecho que en el momento de la muerte o desaparición de la víctima convivieran con ellos[193]. También se asimila al cónyuge "*la persona que hasta el momento de la muerte o desaparición hubiera estado unida a ella por una análoga relación de afectividad y a los hijos de ésta que en el momento de la muerte o desaparición de la víctima convivieran con ella*"[194].

---

193 Al respecto, la SAP Valencia (Tribunal Jurado) núm. 748/2015, de 28 de octubre (Id. vLex VLEX-642271377) señala la que: "(...) *la inexistencia de una separación legal o de un divorcio no es suficiente por sí misma para atribuir al viudo la condición de víctima por la muerte violenta de su cónyuge, y ese es el criterio acogido en el artículo 2 b) 1º de la Ley 4/2015, de 27 de abril, del Estatuto de la víctima del delito, que atribuye la condición de víctima indirecta del delito en caso de muerte o desaparición, entre otros, a su cónyuge no separado legalmente o de hecho*".

194 En la Recomendación CM/Rec (2023)2, de 15 de marzo de 2023 del Comité de Ministros a los Estados miembros sobre derechos, servicios y apoyo a las víctimas de delitos, se entiende por familiares: "(…) *el cónyuge, la persona que conviva con la víctima en relación íntima comprometida, en régimen de convivencia y de forma estable y continuada, los parientes en línea directa, los hermanos y las personas a cargo de la víctima. víctima. Se alienta a los Estados miembros a utilizar una definición*

Obsérvese cómo la LEVD amplía y concreta lo establecido como mínimo por la Directiva 2012/29/UE[195], "*a sus progenitores y parientes en línea recta o colateral dentro del tercer grado que se encontraren bajo su guarda y a las personas sujetas a su tutela o curatela o que se encontraren bajo su acogimiento familiar*".

Por otro lado, dentro de las víctimas indirectas se establece la subsidiariedad entre ambas categorías de familiares (cónyuges, asimilados e hijos) y en su defecto, resto de parientes en línea recta y hermanos[196]; subsidiariedad reseñada por el AAN núm. 35/2017 (Sala de lo Penal), de 27 de julio[197], que en su FD 4° establece: "(...) *Es cierto que el Estatuto de la Víctima recogido en la Ley 4/2015 de 27 de Abril contempla la categoría de víctima indirecta, en los casos de muerte o desaparición de una persona que haya sido causada directamente por un delito, la cual conforme al artículo 11 a) podrá ejercer la acción penal y la civil conforme a lo dispuesto en la L.E.Criminal. Pero no lo es menos que, aún en la hipótesis de que se estimara como elemento de atribución de la Jurisdicción la nacionalidad española de la víctima indirecta (siendo la directa extranjera), de cualquier modo, no cabe olvidar, como también señala el MF, que el mencionado artículo 2 establece un orden de*

---

inclusiva de "miembros de la familia" que incluya a las parejas civiles y a las parejas de hecho en una relación duradera" (art.1.2).

195 La Directiva solo se refiere como familiares según su artículo 2.1,b al "(...) *cónyuge, la persona que convive con la víctima y mantiene con ella una relación personal íntima y comprometida, en un hogar común y de manera estable y continua, los familiares en línea directa, los hermanos y hermanas, y las personas a cargo de la víctima*".

196 Entre otras, véase la STS núm. 508/2023, de 28 de Junio (Id. vLex: VLEX-937314888) en la que a falta de los parientes relacionados en el art. 2 b) 1°, la Ley 4/2015, de 27 de abril, del estatuto de la víctima del delito, reconoce a los hermanos como víctimas indirectas del delito y como tales pueden ejercitar las acciones penales y civiles que puedan corresponderles (FD. 8°).

197 ROJ: AAN 799/2017.

prelación excluyente. De forma que las víctimas indirectas serían el cónyuge y los hijos y solo si estos no existieren podría reputarse tales a los demás parientes en línea recta y los hermanos".

En este punto y con relación a los hijos que la LEVD considera víctimas indirectas de forma general en todo tipo de delitos, hemos de realizar una matización referente a que los hijos menores de las mujeres que sufren violencia de género son víctimas directas, pues así lo dispone el artículo 1 aptdo. 2 de la LOMPIVG confiere a los hijos menores de la mujer que sufre violencia de género o a los menores sujetos a su tutela o guarda y custodia la condición de víctimas directas de esta violencia[198].

Asimismo la LEVD establece un concepto más amplio que la norma europea puesto que no sólo contempla el fallecimiento de una persona como causa de la adquisición de condición de víctima indirecta, sino que en nuestra legislación se equipara el concepto de muerte y el de desaparición de una persona, aunque no contempla otros supuestos en los que la víctima no muera ni desaparezca como podría ser el caso de víctimas que queden incapacitadas para el resto de su vida que les cause dependencia de una tercera persona, que no son consideradas víctimas.

También va un paso más que la Directiva al considerar víctimas indirectas cuando la víctima ha fallecido, pero también en el supuesto de desaparición de la víctima directa, aunque hubiera resultado de interés la ampliación del concepto de víctima a las personas que pudieran haber sufrido algún tipo de daño al auxiliar a las víctimas o al tratar de evitar el delito como sí hace la DPFJ. En esta norma, se trata de sujetos que

---

198 Se introdujo esta previsión mediante la Disposición Final Tercera de la LO 8/2015, de 22 de julio, de modificación del sistema de protección a la infancia y a la adolescencia.

no han sido lesionados directamente a consecuencia del delito pero que se han visto afectados por el mismo como consecuencia de la relación inmediata con la víctima o que han sufrido daños en su intervención al auxiliar a la víctima o al intentar prevenir el hecho delictivo[199]. De hecho, como se ha visto anteriormente el Borrador en su artículo 59 sí se hace eco de esta distinción, no lo hace así como hemos visto, el ALECrim 2020, y considera también víctimas a las personas que hayan sufrido "(...) *daño personal o patrimonial por tratar de prevenir el delito o auxiliar a la víctima en el momento de la comisión del hecho punible o inmediatamente después*".

Advertimos que en el artículo 2 *in fine* se excluye directamente el concepto de perjudicado al disponer que la LEVD no es aplicable "*a terceros que hubieran sufrido perjuicios derivados del delito*". En este punto los Tribunales se comienzan a pronunciarse, por ejemplo, en el AAP Santa Cruz de Tenerife (Sección 5ª) núm. 692/2019, de 17 de septiembre[200], se recurre en apelación por una Asociación protectora de animales el Auto dictado por el Juzgado instructor en el seno del procedimiento del Tribunal del Jurado seguido, por el que se acordó no tenerla por personada como acusación popular en una causa seguida por delitos de asesinato, de maltrato animal y de daños. El Auto que resuelve el recurso de apelación desestimándolo y no teniendo por personada como acusación popular a la asociación recurrente, sostiene que la citada asociación carece del más mínimo interés con relación a la muerte de la víctima, y solo le lleva a pretender su personación la existencia de un animal de compañía, propiedad

---

199 En este último caso no son víctimas indirectas como las entendemos en la LEVD sino de víctimas de un daño que han sufrido de manera directa al asistir o prevenir la victimización de la víctima directa titular del bien jurídico protegido y lesionado por el hecho delictivo.

200 Id. vLex VLEX-846923727.

del investigado, que resultó calcinado como consecuencia de prenderse fuego en el vehículo en el que viajaba el mismo y la víctima. Considera el Auto también como determinante la previa conformación del objeto del Procedimiento del Tribunal de Jurado y tras exponer los argumentos jurídicos oportunos concluye que deberían excluirse los presuntos delitos, que aun conexos, carezcan de funcionalidad en los términos señalados en el Acuerdo del Pleno No Jurisdiccional de la Sala Segunda del Tribunal Supremo de 9 de marzo de 2017, sobre la incidencia en el procedimiento de la Ley del Jurado de las nuevas reglas de conexión del artículo 17 LECrim. Argumenta también la evidente perturbación que, incluso con una misma representación procesal y dirección letrada, se ocasiona por la personación de una asociación que tan solo esgrime el interés de la defensa de los animales en un Procedimiento del Tribunal del Jurado, con la complejidad técnica y procesal que supone, seguido principalmente por un presunto delito de asesinato cometido en el ámbito de la violencia de género, en el cual naturalmente suelen encontrarse personados como acusaciones particulares los familiares de la víctima, por su evidente interés directo e indirecto, así como en muchas ocasiones entidades específicamente dotadas de tal objeto de defensa entre sus cláusulas constitutivas, como es el caso, por ejemplo, del Instituto Canario de Igualdad que se persona en dicho procedimiento. Como tercer argumento, esgrime dicho Auto que tampoco cabe acoger la alegación referida a que la asociación recurrente habría visto directamente afectados su intereses como consecuencia de la muerte de la víctima, pues ésta era una colaboradora habitual y activa de la misma, además de que dicha asociación se estaría haciendo cargo de los gastos derivados del cuidado de la perra que en su momento aquélla adoptó; de forma que se pretende sostener que también podría ostentar una suerte de condición de perjudicada indirecta, resultando evidente que, pese a la posible genérica afectación que haya podido sufrir la asociación, e incluso sus propios integrantes, como consecuencia de la muerte violenta de la víctima -afectación por lo demás común y extensiva a todo el entorno de ésta-, no tiene por ello la consideración de víctima, directa o indirecta, ni a los efectos de lo dispuesto en LEVD ni en los artículos 109 a 110 LECrim.

Sostiene GÓMEZ COLOMER con gran acierto, que el concepto de perjudicado de larga tradición jurídica en nuestro Derecho podría resultar incompatible con la previsión anterior de la LEVD, puesto que tanto ofendido como perjudicado, deberían ser proclamados formalmente como víctimas, aunque es claro cuando ofendido y perjudicado son la misma persona, es más claro cuando no coinciden porque su régimen jurídico es distinto[201]. Por ello aboga por la utilización de un concepto sistemático superior que es el de víctima, entendiendo como así lo expresó el Consejo de Estado[202], que el perjudicado también es víctima. Sin embargo, en el supuesto de no coincidencia con el ofendido por el delito, por ejemplo, una persona jurídica, la Ley limita entonces sus derechos al mero ejercicio de la acción civil.

Diversos autores consideran en este sentido[203], que el artículo 2 debería haber incluido al perjudicado del delito como

---

201 GÓMEZ COLOMER, J. L., *Estatuto Jurídico de la víctima del delito..., op. cit.*, p. 321.

202 Véase el *Dictamen del Consejo de Estado sobre el Anteproyecto de la Ley Orgánica del Estatuto de la víctima del delito,* de 29 de mayo de 2014, número de expediente 360/2014. Recurso electrónico, disponible en: https://bit.ly/33cy9Bf.

203 Estamos de acuerdo con TAMARIT SUMALLA, J. M., "Los derechos de las...", *op. cit.*, p. 44, para quien el concepto de víctima de la LEVD es más restrictivo que el de perjudicado al no contemplar a las personas jurídicas que pueden ser acreedoras de responsabilidad civil derivada del delito y más todavía del concepto de sujeto pasivo reservado al ámbito puramente jurídico-penal, pues la condi-

víctima indirecta pues al no haberlo hecho las disposiciones de la LEVD no se aplican a las personas jurídicas, quedando excluidas de la condición de víctimas, que sí pueden ser sujetos pasivos de un delito y pueden solicitar la responsabilidad civil derivada del delito o a terceros personas físicas avalistas[204]. El artículo 110 LECrim, referido a los perjudicados[205], contempla así de manera insuficiente[206] la situación procesal de los perjudicados[207].

---

ción de víctima a la que alude la LEVD va unida a la persona física concreta titular del bien jurídico afectado por el delito, tal como se desprende de la referencia legal a que los daños o perjuicios sobre la persona o patrimonio hayan sido causados directamente por la comisión de un delito. También MANZANARES SAMANIEGO, J. L., que califica de poco afortunado el párrafo que excluye de la aplicación del Estatuto- en su comentario al Anteproyecto- a los terceros que hubieran sufrido perjuicios derivados del delito (*vid.* "Estatuto de la víctima. Comentario a...", *op. cit.*, p. 8).

204 GÓMEZ COLOMER, J. L., *Estatuto Jurídico de la víctima del delito..., op. cit.*, p. 322.

205 El vigente art. 110 LECrim señala: "*Por un delito o falta que no hubieren renunciado a su derecho podrán mostrarse parte en la causa si lo hicieran antes del trámite de calificación del delito y ejercitar las acciones civiles que procedan, según les conviniere, sin que por ello se retroceda en el curso de las actuaciones.* .

206 GÓMEZ COLOMER, J. L., *Estatuto Jurídico de la víctima del delito..., op. cit.*, p. 322.

207 Así lo aplican, por tanto, los Tribunales, pues por ejemplo, las entidades de derecho público que tienen personalidad jurídica propia y diferenciada no tienen el régimen especial que tienen los perjudicados o víctimas del delito y el que se deriva de la LEVD por cuanto no son víctimas en su consideración legal en cuanto que no son persona física, por lo que no le es aplicable la Ley especial (art. 2 LEVD) y en su caso deben tener la consideración de acción popular y sólo se debe permitir su personación mediante la formulación de la correspondiente querella (*ex* artículo 761.2 LECrim). Véase el AAP Badajoz núm. 27/2020, (Sección 3ª), de 23 de enero (Id. vLex VLEX-846524416).

Se observa también cómo la LEVD hace referencia a las víctimas de delito (tanto delitos leves como delitos graves, y menos graves, claro está), mientras que la Directiva 2012 se refiere a infracción penal, aunque carece de trascendencia.

Por otro lado, y en relación con las víctimas vulnerables, hubiera sido preferible que la LEVD recogiera una definición de víctima especialmente vulnerable, lo que tampoco hace la Directiva comunitaria.

Así es, la Directiva se preocupa de las víctimas especialmente vulnerables, es decir, de aquellas personas que poseen unas circunstancias específicas que las hacen ser más vulnerables como la edad (los menores de edad), determinadas minusvalías (personas con discapacidad) o determinadas situaciones personales (víctimas del terrorismo o víctimas de violencia de género), aunque no establece una definición de víctima especialmente vulnerable[208]. Hubiera sido deseable que la Directiva definiera víctima especialmente vulnerable o al menos estableciera un conjunto de presupuestos que ayudase a su determinación. La justificación de este vacío legal puede deberse a las discrepancias que sobre el concepto de vulnerabilidad existen entre los distintos sistemas procesales penales de los Estados miembros de la Unión Europea[209], aunque como veremos tam-

---

208 PEREIRA PUIGVERT, S., "Normas mínimas...", *op. cit.*, p. 7.
Sin embargo, GÓMEZ COLOMER, J. L., justifica que no se haya adoptado una definición ni enumeración de las víctimas vulnerables debido a que "(...) cada país o región geográfica tiene sus peculiaridades. Por ejemplo, los países que tienen entre sus nacionales a indígenas los suelen considerar víctimas vulnerables o incluso especialmente vulnerables, los que no los tienen, no" (*vid.* "Víctima del delito y Europa", *op. cit.*, p. 110).

209 Algunos países como Francia, Reino Unido o Italia protegen especialmente a algunas personas consideradas vulnerables por su fragilidad física o mental, como los menores y personas con discapacidad física, mientras que en otros como España, Países Bajos o Finlan-

poco nuestra LEVD ha definido ni establecido los presupuestos de quien es víctima vulnerable, refiriéndose a víctimas con especial vulnerabilidad, pero sin concretar un listado. Ambos textos únicamente establecen la necesidad de una evaluación individual para determinar las medidas de protección que han de ser aplicables a las víctimas con necesidades especiales de protección como son los menores, discapacitados, víctimas de terrorismo, trata de blancas, mujeres, así como las víctimas de delitos de odio y/o discriminación racial[210].

Es loable que el ALECrim 2020 sí que establezca por fin una definición al disponer que: "*1. Son víctimas especialmente vulnerables a los efectos de esta ley aquellas que, por las especiales características del delito y por sus singulares circunstancias personales, precisan adaptar su intervención en el procedimiento a su particular situación. 2. Tienen en todo caso esta condición las víctimas que por razón de su edad, enfermedad o discapacidad no puedan someterse directamente al examen contradictorio de las partes*" (art. 102)[211].

---

dia tienen en cuenta situaciones que pueden crear esa fragilidad, como las víctimas de violencia de género o terrorismo, y otros como Alemania optan por una protección más amplia que comprende todo tipo de personas o situaciones. Es muy significativo en nuestra opinión, de esta extensa protección el hecho de que se grabe la declaración de la víctima si se prueba que no está en condiciones de soportar una audiencia pública (*vid.* OROMÍ I VALL-LLOVERA, S., "Víctimas de delitos en la Unión Europea. Análisis de la Directiva 2012/29/UE", en *Revista General de Derecho Procesal*, núm. 30, Madrid, 2013, p. 12).

210 *Vid.* art. 23 LEVD y art 22.3 Directiva 2012/29/UE.

211 En el Anteproyecto de 2011, tras la tutela de las víctimas menores o con discapacidad a través de su representante legal o el Ministerio Fiscal, se define a las víctimas en situación de especial vulnerabilidad, que a tenor del artículo 68 son "(...) *aquellas que, por las especiales características del delito y por sus singulares circunstancias personales, precisan adaptar su intervención en el procedimiento a su particular situación. 2. Tienen en todo caso esta condición las víctimas que por razón*

En nuestra opinión no queda delimitada la condición de víctima especialmente vulnerable puesto que determinar la vulnerabilidad de la víctima atendiendo a su situación particular implica el peligro de arbitrariedad en su interpretación a falta de criterios concretos sobre dicha peculiaridad. No obstante, consideramos un gran avance que se consideren en todo caso víctimas especialmente vulnerables por razón de la edad, enfermedad o discapacidad que no puedan someterse al examen contradictorio de las partes. No se contempla, sin embargo, otras situaciones que pueden dar lugar a una especial vulnerabilidad como sí lo hace la Directiva 2012/29/UE en su Considerando 58 al disponer que "s*e deben ofrecer medidas adecuadas a las víctimas que hayan sido consideradas vulnerables a la victimización secundaria o reiterada, la intimidación o las represalias, con el fin de protegerlas durante el proceso penal. La naturaleza exacta de tales medidas debe determinarse mediante la evaluación individual, teniendo en cuenta los deseos de la víctima. La magnitud de cualquier medida de este tipo deberá determinarse sin perjuicio de los derechos de la defensa y de conformidad con las normas de discrecionalidad judicial. Las inquietudes y miedos de la víctima en relación con las actuaciones deben ser un factor esencial a la hora de determinar si necesitan alguna medida específica*".

Consideramos a modo de síntesis que el concepto de víctima de delito debería haberse integrado en la legislación procesal, dado que es un término que en la LECrim engloba tanto a ofendido como al perjudicado, y puesto que con la previsión

---

de su edad, enfermedad o discapacidad no puedan someterse directamente al examen contradictorio de las partes". Sin embargo, el Borrador de 2013 añade a la edad, enfermedad y discapacidad un concepto de difícil interpretación en la práctica como la situación peculiar de una persona ya que define a las víctimas especialmente vulnerables, como "l*as personas que por su edad, enfermedad, discapacidad o situación peculiar puedan sufrir efectos perjudiciales de relevancia por su intervención en cualquier actuación procesal* (...)".

terminológica en la Ley procesal se hubiera finalizado con la imprecisión y dispersión de los términos en nuestra Ley de procedimiento y se hubiera unificado.

Como no ha sido así, y el concepto de víctima de delito está integrado en la LEVD, se podría haber adoptado un concepto todavía más amplio, conforme a la Resolución de las Naciones Unidas anteriormente examinada, la DPFJ, en el sentido de considerar víctimas a las personas físicas con independencia de la identificación o enjuiciamiento del agresor, tal y como también en la legislación española establecía la propia LAAVD en su artículo 10 al determinar la concesión de ayudas provisionales con anterioridad a que recaiga resolución judicial firme que ponga fin al proceso penal, siempre que quede acreditada la precaria situación económica en que hubiese quedado la víctima o sus beneficiarios.

En el mismo sentido la Directiva 2012/29/UE establece dicha previsión en el Considerando 19 del Preámbulo, al disponer que "*se debe considerar que una persona es una víctima independientemente de si se ha identificado, detenido, acusado o condenado al infractor y con independencia de la relación familiar que exista entre ellos*".

Nos parece un acierto que la LEVD haya concretado el concepto de víctimas familiares y personas a cargo de ésta que la Directiva 2012/29/UE establece de forma más general, debido a que se trata de normas mínimas comunitarias a desarrollar por los Estados miembros. Se mantiene, pues, la distinción entre víctima directa y víctima indirecta si bien la LEVD concreta quienes son esos familiares y determinados allegados.

Es loable que el término acuñado por la LEVD exprese que la víctima es, por tanto, víctima del delito, sin necesidad de concretar el tipo de delito, lo que implica una universalización del concepto, alrededor del cual se reconocen los derechos por el mero hecho de tener la condición de víctima independientemente de la causa de su victimización, configurándose, por tanto, y concluyendo como un concepto amplio y omnicomprensivo de víctima más amplio que el de la propia directiva europea. Sin embargo, al igual que sucede en la DPFJ, se podría haber incorporado que la condición de víctima es independiente del hecho de que el autor del hecho delictivo "(...) *haya sido identificado, aprehendido, juzgado o condenado y de la relación familiar se identifique, aprehenda, enjuicie o condene al perpetrador e independientemente de la relación familiar entre el perpetrador y la víctima* (...)"[212].

Por todo lo expuesto, en la presente obra partiremos del concepto de víctima de delito establecido en la LEVD[213] y no será objeto de nuestro estudio las víctimas que no son víctimas de un hecho delictivo, como pueden ser víctimas de la natu-

---

212 *Vid.* Los Principios y directrices básicos sobre el derecho de las víctimas de violaciones manifiestas de las normas internacionales de derechos humanos y de violaciones graves del derecho internacional humanitario a interponer recursos y obtener reparaciones: Resolución A/RES/60/147, de 16 de diciembre de 2005.

213 Cabe reseñar que el Tribunal Supremo no ha establecido una definición de víctima, pero sí la necesidad de proteger a las víctimas y de considerar a las víctimas más que un mero testigo. Ya en la STS (Sala de lo Penal) de 2 de julio de 2003 (ROJ: STS 4637/2003), en su FD 2º establece que "(...) *vamos a partir de un principio que afortunadamente cada vez va adquiriendo mayor relieve en el ámbito del proceso penal: la necesidad de proteger a las víctimas, máxime cuando éstas son menores de edad y ofendidas en unos delitos que, por su contenido sexual, pueden tener una incidencia negativa en el desarrollo posterior de su personalidad. Si es difícil que estos menores puedan olvidar lo ocurrido, al menos habrá que procurar no colaborar en que vuelvan a recordarlo; y volverían a recordarlo con la práctica de la prueba inadmitida, aunque el examen psicológico propuesto y rechazado no verse sobre los hechos delictivos en sí mismos considerados, ya que ciertamente habrían de saber que el motivo de tal examen no podía ser otro que el haber padecido los abusos sexuales objeto del presente procedimiento. Hay que molestar lo menos posible a las víctimas, que ya sufrieron por los hechos delictivos, de modo que sólo en casos verdaderamente necesarios puedan verse sometidas a pruebas que requieran su colaboración personal*".

raleza o de fuerza mayor, como las catástrofes naturales, los accidentes de tráfico, de aviones, nucleares, entre otros.

Concluimos, por tanto, que el término víctima[214] ha sido, por tanto, definido en la LEVD, fruto de la sensibilidad victimológica que ha influido en la legislación de los últimos años[215], sin embargo, todavía el legislador procesal sigue sin concretar un concepto de víctima del hecho delictivo. Hemos visto cómo los textos legales que no vieron la luz como los dos Anteproyectos y el Borrador establecían un concepto procesal de víctima del delito, pero sigue sin conceptualizarse el término víctima en un texto procesal que acabe con la confusión terminológica.

---

214 La LEVD utiliza el término víctima en singular en el nombre de la propia Ley, La Ley del Estatuto Jurídico de la Víctima del delito, aunque utiliza indistintamente víctima en singular o víctimas en plural a lo largo de su articulado. En contraposición con la Directiva 2012/29/UE que utiliza el término víctimas en plural, siendo para TAMARIT SUMALLA, J. M., un dato para especular, puesto que el hecho de que la LEVD utilice en su *nomen iuris* el término víctima en singular puede deberse a una diferencia terminológica intrascendente o a una opción semántica del legislador que tiene su raíz en una determinada concepción política de la victimidad (*vid.* "Los derechos de las...", *op. cit.*, p. 40).

215 Como dice BERISTAIN IPIÑA, A., "la Victimología da vuelta de campana, sobre todo, al concepto de crimen (heredado del Derecho penal tradicional) y al de sujeto pasivo del delito (tal como lo recibe de la Criminología)", pues se supera el concepto de sujeto pasivo de la Política criminal de sesgo jurídico-penal mientras que en la Política criminal victimológica se afirma que hay cinco o diez víctimas directas del crimen, como los familiares y muchas más víctimas indirectas del delito, como los amigos del agredido, que no entran en el concepto de sujeto pasivo del delito pero sí en el de la Victimología y su política criminal (*vid.* "Evolución desde el crimen al delincuente y a la víctima (Aproximaciones diacrónicas y sincrónicas a la Política Criminal)", en *Anuario de derecho penal y ciencias penales,* 1999, Vol. 52, núm. 1, p. 79).

Concepto y clases de victimización: especial referencia al concepto de victimización secundaria en el proceso penal

En el proceso penal se producen daños a los intervinientes en el mismo, consecuencias negativas que derivan exclusivamente de la relación con el sistema de justicia penal. Algunos de los perjuicios, como las dilaciones del procedimiento o el coste económico del proceso son comunes a la víctima y al agresor, pero existen otros problemas que afectan a las víctimas y que son intrínsecos a su condición de víctima[216].

Especial importancia merece, por tanto, en el marco de la presente investigación el análisis del concepto de victimización secundaria[217], que como se expondrá de forma exhaustiva, implica para la víctima un nuevo daño al ya sufrido por el efecto directo del delito, que es el perjuicio que le causa la experiencia negativa de su paso por el proceso penal.

ALLER lo expresa claramente al afirmar que "(…) se constata otra verdad insoslayable, porque estas personas [refiriéndose a las víctimas y testigos] padecen el delito y sus posteriores consecuencias directas, ya sea con esperas interminables, careos innecesarios, interrogatorios exhaustivos e inquisitivos, cosificación, masificación, despersonalización, indiferencia y, generalmente, vuelven a su vida cotidiana desengañados, defraudados, consternados por el vacío que sienten al ver que no son contemplados ni reciben nada tangible luego de tal conmoción"[218].

---

216 MARTÍN RÍOS, M. P., *Víctima y justicia penal: Reparación, intervención y protección de la víctima en el proceso penal,* Barcelona, Atelier Libros Jurídicos, 2012, p. 440.

217 ALONSO RIMO, A., la denomina victimización secundaria o formal (*vid. Víctima y sistema penal…, op. cit.*, p. 423).

218 ALLER, G., *El derecho penal y la víctima, op. cit.*, p. 341.

En el proceso penal se delimitan tres campos de estudio sobre cómo debe ser este tipo de proceso, a saber, la resolución consensual del conflicto, la articulación de sistemas indemnizatorios y reparadores a las víctimas de delitos, así como la propuesta de instrumentos que eviten la victimización secundaria de los participantes en el proceso[219].Y será este último punto el que va a servir de eje central en nuestra investigación, si bien no trataremos este tipo de victimización desde una perspectiva psicológica ni sobre cuáles son los efectos psicológicos[220] que causa en las víctimas; sino, una vez realizada una revisión exhaustiva del concepto, nos centraremos en determinados mecanismos de participación de la víctima en el proceso penal que la legislación prevé para la reducción de la victimización secundaria.

---

219 BONET ESTEVA, M., *La víctima del delito...*, *op. cit.*, p. 27.

220 Sobre los efectos de la victimización, MORILLAS FERNÁNDEZ, D. L.; PATRÓ HERNÁNDEZ, R. M. y AGUILAR CÁRCELES, M. M., señalan que la victimización tiene dos tipos de consecuencias, "(...) *a) Las secuelas psicológicas, propias del hecho de victimización o el impacto traumático que la propia acción delictiva produce sobre la figura de la víctima (trastorno de estrés postraumático, depresión ansiedad, etc.); y b) las relativas al sistema socio político; es decir, elementos que sin ser intrínsecos en la persona, repercutirían en su bienestar posterior. Se distinguen dentro de este segundo grupo de elementos aquellos referentes a la estabilidad económica-laboral, la existencia de vínculos y apoyo social y los concernientes a la propia Administración de justicia*" (*vid. Victimología: un estudio sobre la víctima...*, *op. cit.*, p. 108). Sobre los distintos efectos, *vid.* también BERISTAIN IPIÑA, A., *Victimología: nueve palabras clave*, Valencia, Tirant lo Blanch, 2000; LANDROVE DÍAZ, G., *La moderna Victimología...*, *op. cit.*

Tipos de victimización

La victimización es el proceso por el que una persona deviene víctima[221]. Debido a que la víctima puede pasar por distintas fases de victimización se le denomina proceso de victimización[222].

Aunque por la doctrina se distinguen varias clasificaciones de victimización[223], la más aceptada es la que distingue entre victimización primaria, secundaria y terciaria.

En primer lugar, interesa brevemente apuntar que la victimización primaria es "el proceso por el que una persona sufre,

---

221 MORILLAS FERNÁNDEZ, D. L.; PATRÓ HERNÁNDEZ, R. M. y AGUILAR CÁRCELES, M. M., *Victimología: un estudio sobre la víctima..., op. cit.*, p. 83. Hay autores que lo definen como un proceso complejo. Así para FATTAH E. A., "la victimización es una experiencia individual, subjetiva y relativa culturalmente" (*vid.* "Victimología: pasado, presente...", *op. cit.*, pp. 17 y ss.).

222 *Vid.* para el estudio de la victimización, entre otros, BERISTAIN IPIÑA, A., *Victimología: nueve palabras..., op .cit.*; LANDROVE DÍAZ, G., *La moderna Victimología..., op. cit.*; SUBIJANA ZUNZUNEGUI, I. J., *El principio de protección..., op. cit.*

223 En razón del número de victimizaciones se distingue entre victimización ocasional, múltiple (reiterada/revicitimización o polivictimización) o crónica (prolongada). (*vid.* VARONA MARTÍNEZ, G. *Policía y víctimas: pautas para evitar la victimización secundaria,* Thomson Reuters Aranzadi, 2020, p. 61.). En razón de la vinculación con la persona afectada, RODRÍGUEZ MANZANERA, L., distingue entre victimización directa e indirecta, siendo la primera la que va en contra de la víctima en sí, es decir, la agresión directa sobre el sufriente, y la segunda es aquella que se da como consecuencia de la primera y recae sobre las personas que tienen una relación estrecha con el agredido. También sostiene que puede hablarse de una victimización conocida y de una oculta. La primera, llega al conocimiento de las autoridades y es captada por la comunidad, mientras que la segunda, es la que queda tan sólo en la conciencia de la víctima (*vid. Victimología..., op. cit.*, p. 83).

de modo directo o indirecto, daños físicos o psíquicos derivados de un hecho delictivo o acontecimiento traumático"[224]. Es, por lo tanto, aquella generada por el delito y cuya responsabilidad compete fundamentalmente al autor del mismo[225]. Este tipo de victimización deriva directamente del padecimiento de un delito, y puede ocasionar en la víctima distintos efectos, que pueden ser físicos, psicológicos, sociológicos, pero también económicos. En este sentido, por ejemplo, los daños psicológicos que pueden derivar de un delito de agresión sexual, que producen ansiedad, miedo, angustia, incluso culpabilidad, que influyen en el ámbito de la víctima y sus relaciones personales y profesionales[226], o los daños patrimoniales que derivan directamente de un hecho traumático como puede ser un robo con violencia e intimidación. Ciertamente, los daños experimentados por la víctima van más allá de la lesión o puesta en peligro del bien jurídico del que es titular, sino que generalmente sufre un impacto psicológico que incrementa el daño material o físico, y sufre impotencia ante la agresión, así como miedo a que se repita siendo sus consecuencias la aparición de ansiedad, angustia, abatimiento, culpabilidad por los hechos

---

224 TAMARIT SUMALLA, J. M., "La Victimología: cuestiones conceptuales...", *op. cit.*, p. 32.

225 VARONA MARTÍNEZ, G., *Guía general de buenas prácticas en el trato con víctimas del terrorismo que evite la victimización secundaria*, DE LA CUESTA ARZAMENDI. J. L. (Dir.), recurso electrónico, disponible en: https://bit.ly/2zoKSEG.

226 Sobre los efectos de la victimización primaria SORIA VERDE, M. A. expone 3 etapas que diversos autores señalan como pauta general de reacción psicológica ante el hecho delictivo, y que consisten en la desorganización, la reevaluación cognitivo-conductual y el establecimiento del trauma (*vid.* SORIA VERDE, M. A. (Comp.), "Delincuencia y victimización", en *La víctima: entre la justicia y la delincuencia. Aspectos psicológicos, sociales y jurídicos de la victimización*, Barcelona, Promociones y Publicaciones Universitarias S. A. (PPU), 1993, pp. 56-59).

acaecidos, repercutiendo en los hábitos del sujeto y alterando su capacidad de relación[227].

Pues bien, la víctima del delito sufre las consecuencias directas de éste y después todo el interés de la sociedad y del aparato judicial recae en el agresor, en la necesidad de que como causante de ese daño y tras el proceso judicial oportuno se le imponga el castigo en forma de pena. Sin embargo, la víctima ha de recibir atención y no ser ignorada para evitar que los daños físicos, económicos, sociales y psicológicos derivados de la primera victimización, se incrementen y se perpetúen.

La victimización secundaria, sin embargo, va más allá, y constituye el conjunto de costes personales derivados de la intervención del sistema legal que, paradójicamente, incrementa los padecimientos de la víctima[228], y que se amplía no solo a los efectos causados por la necesaria intersección entre un sujeto y el complejo aparato jurídico-penal del Estado, sino también por el mal funcionamiento de otros servicios sociales[229].

Como tendremos ocasión de analizar pormenorizadamente a continuación, este concepto de segunda victimización comprende todos aquellos efectos que continúan traumatizando a la víctima de un delito, y que se derivan de su relación con el sistema de justicia penal y las instituciones que lo integran, y que con ocasión de las múltiples declaraciones penales a las que se tienen que enfrentar las víctimas durante la fase de instrucción en las distintas dependencias policiales y judiciales, y en las vistas orales ante el Tribunal sentenciador, así como por

---

227 LANDROVE DÍAZ, G., "La víctima y el Juez", en *Victimología: VIII Cursos de Verano en San Sebastián,* Universidad del País Vasco, 1990, p. 187.

228 GARCÍA-PABLOS DE MOLINA, A., *Tratado de Criminología, op. cit.*, p. 128.

229 ESBEC RODRÍGUEZ, E., "Víctimas de delitos violentos...", *op. cit.*, p. 1320.

el hecho de revivir constantemente el delito que han sufrido. Esta victimización ni siquiera finaliza con la sentencia, puesto que, aunque ésta sea condenatoria, la víctima sufre también con la ejecución de la pena, alargando ese sufrimiento para finalizar con un sentimiento de frustración, puesto que después de todo lo sufrido no consigue la reparación que pretendía o creía que obtendría al inicio del procedimiento.

Sin embargo, la victimización terciaria, se ha definido de varias maneras. Así, cabe definirla como "el conjunto de costes de la penalización sobre quien la soporta personalmente o sobre terceros"[230], refiriéndose tanto a los costes de la penalización del infractor para él mismo, terceros o la propia sociedad.

Para algunos autores, la victimización terciaria es la victimización del delincuente desde una perspectiva institucional, es decir, el victimario es víctima de unas estructuras sociales que le llevan a delinquir, y una vez es encarcelado sufre una victimización carcelaria que tiene más consecuencias que la mera privación de libertad[231]. El vocablo victimización terciaria no debería pues referirse al delincuente, ya que es un victimario y no una víctima.

Pero también se define la victimización terciaria como aquella que "(...) se produce después del juicio, cuando la víctima contempla el retorno triunfante del condenado (...). Contrasta, pues, de manera irritante la libertad y altanería con que actúan éstos -los victimarios-, sus actitudes cínicas y provocadoras,

---

230 TAMARIT SUMALLA, J. M., "La Victimología: cuestiones conceptuales...", *op. cit.*, p. 33.

231 LANDROVE DÍAZ, G., "La victimización del delincuente", en *Victimología: VIII Cursos de Verano en San Sebastián,* Universidad del País Vasco, 1990, p. 152.

con el silencio vergonzante que sella la vida de las víctimas y sus familias"[232].

En nuestra opinión, si seguimos una secuencia lógica y cronológica no deberíamos de cambiar de sujeto cuando estamos refiriéndonos al proceso de victimización, si la victimización primaria es la que sufre la víctima del delito de forma directa por causa de este, y la victimización secundaria es la que sufre por su paso por el sistema legal y judicial, la victimización terciaria, tiene más sentido si es un estadio más, es decir, la causada por la sociedad a la víctima.

La victimización secundaria: especial referencia a su tratamiento doctrinal y normativo

Como se ha adelantado anteriormente, a los efectos o consecuencias directas del delito que se denomina victimización primaria[233], hay que añadir el aumento del sufrimiento inicial que se produce a lo largo del *iter* del proceso penal, puesto que cuando la víctima entra en contacto con el sistema penal, policial y/o judicial, experimenta la excesiva burocracia y dilación de los procedimientos, sufre la incomprensión de los operado-

---

232 GARCÍA-PABLOS DE MOLINA, A., *Tratado de Criminología, op. cit.*, p. 210.

233 Para LANDROVE DÍAZ, G., "La victimización primaria refleja la experiencia individual de la víctima y las diversas consecuencias perjudiciales primarias producidas por el delito, de índole física, económica, psicológica o social" (*vid. La moderna Victimología..., op. cit.*, p. 49). Sobre las consecuencias de la victimización primaria véase el *Manual de Justicia para las Víctimas: sobre el uso y aplicación de la Declaración de las Naciones Unidas de Principios Básicos de Justicia para las Víctimas de Delitos y de Abuso del Poder*, apdos. A y B Capítulo I, pp. 9 -14.

res jurídicos y del propio sistema que incluso las ignora[234]. En ocasiones son tratadas como acusados en los interrogatorios, sufren la falta de tacto o la incredulidad ante su relato de determinados profesionales, se enfrentan a su agresor cara a cara en las declaraciones en el juicio oral, o no se sienten reparadas por la sentencia.

A diferencia de la victimización primaria, consecuencia directa del hecho delictivo, la victimización secundaria, se deriva, pues, de las relaciones de la víctima con el sistema jurídico-penal[235], bien la policía o el sistema judicial, que incrementa el daño causado a la víctima de forma exponencial tras su paso por el proceso penal. Es decir, el maltrato que la víctima recibe por parte de las instituciones puede agravar el daño psicológico a la víctima, siendo con cierta frecuencia más grave a veces que la victimización primaria[236].

---

234 La LECrim prevé en sus artículos 655, 688 y siguientes para el procedimiento ordinario, y en sus artículos 784.3 y 787 LECrim para el procedimiento abreviado, la conformidad del acusado con la pena pedida, dictándose sentencia de conformidad. En muchas ocasiones ante la conformidad del acusado con la pena la víctima se queda en el pasillo a la espera de entrar al juicio al que ha sido citada y, es su propio abogado o personal de auxilio judicial quien le dice que no es necesario que entre en la Sala debido a la conformidad del acusado con la pena. La víctima recibe pocas explicaciones lo que le provoca un sentimiento de abandono y necesita que un operador jurídico le informe de lo acontecido y de las consecuencias que tiene para ella y para el acusado.

235 LANDROVE DÍAZ, G., *La moderna Victimología...*, *op. cit.*, p. 50.

236 Distingue HERRERA MORENO, M., entre una victimización secundaria directa, "(...) que emana de la intervención lesiva de los operadores institucionales, policía, jueces, abogados, asesores y asistentes de la víctima, que pueden discriminar, confundir, ofender, o desatender a la víctima en cada etapa de contacto con el Sistema penal", pero "(...) existe también una victimización secundaria indirecta o difusa, cuyo efecto erosivo tiene que ver menos con una

KHÜNE definió por primera vez el término de victimización secundaria para referirse a todas las agresiones psíquicas que la víctima recibe en su relación con los profesionales de los servicios sanitarios, policiales o judiciales (interrogatorios, reconstrucción de los hechos, asistencia a juicios, identificaciones de acusados, lentitud y demora en los procesos[237], etc.), así como los efectos del tratamiento informativo del suceso por parte de los medios de comunicación[238].

La relación de la víctima con el sistema jurídico penal implica una experiencia que le hace daño, por ello es doctrina consolidada definir la victimización secundaria como aquellas consecuencias negativas que sufren las víctimas en su relación con el sistema penal, y que pueden ser de carácter psicológico, social, jurídico y económico[239].

---

acción determinable que con la lógica procesal genérica, abocada al esclarecimiento y condena de los hechos, que anima tendencialmente a las instancias de reacción y control a postergar la atención al daño y la reparación en sí mismos considerados" (*vid.* Recensión "Reflexiones a propósito de «Las víctimas...", *op. cit.*, p. 3).

237 Sobre las dilaciones indebidas como factor que propicia la victimización secundaria, véase MARTÍN RÍOS, M. P., *Víctima y justicia penal..., op. cit.*, pp. 452-454.

238 La obra de KUHNE, H.H., *Kriminologie: Victimologie der Notzucht. Juristische Schulung, Deutschland*, 1986, pp. 88-94, es citada por NICOLÁS GUARDIOLA, J. J., "Factores de vulnerabilidad y de protección ante la victimización", en *Ciencias Jurídicas y Victimológicas, Derechos Humanos en el contexto de la Victimología y la marginación*, NICOLÁS GUARDIOLA, J. J. (Dir.); GARCIA MERCADER, E. J. (Coord.) y GINER ALEGRÍA, C. A., Pamplona, Aranzadi, 2013, p. 28.

239 En esta línea, varios autores han definido la victimización secundaria como aquella que deriva de la relación que se produce entre las víctimas y el sistema jurídico-penal. De esta manera la define BERISTAIN IPIÑA, A., para quien "por victimización secundaria se entiende los sufrimientos que a las víctimas, a los testigos y mayormente a los sujetos pasivos de un delito les infieren las instituciones más

Para algunos autores la victimización secundaria no deriva solamente de las relaciones de la víctima con el sistema policial o judicial penal, sino que se amplía a su relación con las instituciones sociales tales como los servicios sociales, sanitarios o

o menos encargadas de hacer justicia: policías, jueces, peritos, criminólogos, funcionarios de Instituciones Penitenciarias, etc." (*vid.* "¿La sociedad/judicatura atiende a...", *op. cit.*, p. 264). Para LANDROVE DÍAZ, G., "en contacto con la administración de justicia o la policía, las víctimas experimentan muchas veces el sentimiento de estar perdiendo el tiempo o malgastando su dinero; otras, sufren incomprensiones derivadas de la excesiva burocratización del sistema o, simplemente, son ignoradas. Incluso, en algunos casos y con relación a determinados delitos, las víctimas pueden llegar a ser tratadas de alguna manera como acusados sufrir la falta de tacto o la incredulidad de determinados profesionales" (*vid. La moderna Victimología...*, *op. cit.*, p. 50). También RODRÍGUEZ MANZANERA, L., incide en el aumento de los efectos dañosos para la víctima cuando afirma que "la exposición de las víctimas al proceso de justicia penal a menudo aumenta el trauma que sufren y acrecienta el sentimiento de desamparo y frustración, así como de resentimiento, porque no se les ha ofrecido protección o recursos adecuados contra la explotación" (*vid. Victimología...*, *op. cit.*, p. 386).

medios de comunicación[240], aspecto extensivo de la victimización secundaria que no se tratará en esta obra[241].

En este sentido, la DPFJ que recomienda a los Estados la adopción de distintas medidas que faciliten el acceso a la justicia y un trato adecuado a las víctimas para la efectividad de sus derechos, recogiendo aquellos más fundamentales, crea un *estatus* jurídico de la víctima, hace referencia al reconocimiento de los derechos de las víctimas con carácter general en

---

240 La definición propuesta por TAMARIT SUMALLA, J. M., incluye también la victimización producida por los medios de comunicación, en el siguiente sentido, "la victimación secundaria constituye el conjunto de costes personales que tiene para la víctima de un hecho delictivo su intervención en el proceso penal en el que éste es objeto de enjuiciamiento. El concepto comprende los efectos traumatizantes derivados de los interrogatorios policiales o judiciales, la exploración médico-forense o el contacto con el ofensor en el juicio oral. En un sentido más extenso cabe también considerar los efectos del tratamiento informativo del suceso por parte de los medios de comunicación (*vid.* "La Victimología: cuestiones conceptuales...", *op. cit.*, pp. 32-33).
También los medios de comunicación pueden producir victimización secundaria puesto que ahondan en el dolor de la víctima cuando no se respetan sus derechos, tales como la dignidad, la intimidad de la vida privada, así como la manera en la que en muchas ocasiones cuentan las historias personales con la finalidad de crear noticia y aumentar el morbo. Sobre esta cuestión y los protocolos en este campo para evitar la victimización secundaria *vid.* DE LA CUESTA ARZAMENDI, J. L.; MAYORDOMO RODRIGO, V.; PÉREZ MACHÍO A. I. y VARONA MARTÍNEZ, G., *Victimología: Un acercamiento a través de sus conceptos fundamentales como herramientas de comprensión e intervención*, Universidad del País Vasco, OCW, 2015, pp. 55-59.

241 Sobre los derechos de la víctima en el proceso y los medios de comunicación, véase ampliamente SERRA CRISTOBAL, R., "Los derechos de la víctima en el proceso vs. medios de comunicación. Un ejemplo en la información sobre delitos de violencia contra la mujer", en *Revista Española de Derecho Constitucional*, núm. 103, enero-abril, 2015, pp. 199-23.

el ámbito procesal, y de esta forma, establece unos derechos básicos como son el derecho de las víctimas a ser tratadas con compasión y respeto por su dignidad[242], así como el derecho de acceso a los mecanismos de la justicia y a una pronta reparación del daño que hayan sufrido[243] según lo dispuesto en la legislación nacional (punto 4). Y en relación con la victimización secundaria recomienda en su punto 6 que se debe evitar y con ese objetivo contempla medidas para facilitar la adecuación de los procedimientos judiciales y administrativos a las necesidades de las víctimas, tales como la información, la asistencia, la adopción de medidas para minimizar las molestias causadas a las víctimas, la protección de su intimidad y la garantía de su seguridad o la evitación de demoras innecesarias en el resolución de las causas y en la ejecución de las indemnizaciones a las víctimas. En nuestra opinión supone un importante avance en la preocupación por las víctimas en un sistema judicial penal que en la mayoría de los países se encontraba al tiempo de esta Declaración, anclado exclusivamente en el reconocimiento de derechos y garantías a los acusados.

En la misma línea, el *Manual de Justicia para las Víctimas: sobre el uso y aplicación de la Declaración de las Naciones Unidas de Principios Básicos de Justicia para las Víctimas de Delitos y de Abuso del Poder*[244], se refiere a la victimización secundaria como aquella "(…) q*ue ocurre no como un resultado directo de la acción delictiva sino a través de la respuesta de las instituciones y los individuos hacia la víctima*"[245]. Si bien, se centra en la victimización producida

---

242 De esta forma el trato a las víctimas y su dignidad se convierte en un derecho humano.

243 Estos derechos se desarrollan en los numerales 4 a 17.

244 Naciones Unidas, *Manual de Justicia para las Víctimas: sobre el uso y aplicación de la Declaración de las Naciones Unidas de Principios Básicos de Justicia para las Víctimas de Delitos y de Abuso del Poder*, 1999, p. 45. Recurso electrónico, disponible en: https://bit.ly/317R7v0.

245 *Vid*. p. 14.

por la justicia penal, en concreto el proceso de investigación penal y el juicio, también reconoce la victimización secundaria que pueden causar otras instituciones, como las políticas hospitalarias, los medios de comunicación social e, incluso, la propia actitud de los individuos que tienen contacto con la víctima en su ámbito familiar o de amistad que "pueden desear distanciarse ellos mismos de lo penoso del delito culpando a la víctima por lo que ha ocurrido".

Se ha de advertir que consideramos de relevancia para la reducción de la victimización secundaria las previsiones contenidas en su Capítulo III, relativo al rol y responsabilidad de los profesionales de primera línea y otros hacia las víctimas[246].

---

246 En este Capítulo se repasa el papel de las personas y colectivos que con ocasión de su profesión están en contacto con las víctimas. Sobre los cuerpos policiales, destaca la importancia de la empatía con la víctima y de no culpabilizarla de lo ocurrido; en relación con los abogados de las víctimas y el Ministerio Fiscal recalca la formación en la DPFJ y las obligaciones de los fiscales en aras a tratar a la víctima y proteger sus derechos; en relación a los jueces y la Administración de Justicia recalca una serie de aspectos fundamentales sobre el trato respetuoso con las víctimas, el establecimiento de áreas adecuadas en los Tribunales y separadas de los agresores, información sobre recursos de atención y asistencia, servicios de intérprete y traducción, reducción de viajes a los Tribunales, rápida devolución de sus bienes, la protección y seguridad de las víctimas, intervención de crisis con el personal adecuado, el acompañamiento por personas de apoyo a los juicios, y con las víctimas especialmente vulnerables como los menores evitar demoras en las declaraciones y permitir el uso de la videoconferencia, e incluso evitar el interrogatorio directo a las víctimas; sobre la Administración penitenciaria se recomienda que las víctimas puedan prepararse ante la liberación de los autores del delito y para ello puedan tener derecho de información al menos; en relación con los organismos educativos y formativos inciden en la necesidad de educar en la comprensión y sensibilización sobre los derechos y las necesidades de las víctimas; en cuanto a los profesionales de la salud –física y mental- se recalca la relevancia no sólo

En este Capítulo se examina el papel del "*personal policial y de aplicación de la ley, fiscales, abogados de las víctimas, instituciones de asesoría legal, jueces, personal correccional, personal médico, instituciones de salud mental, funcionarios públicos elegidos, ombusdmen*[247], *líderes espirituales, organizaciones civiles, líderes tradicionales, los medios y otros*"[248], y la necesidad de formación especializada para los mismos en el ámbito de la asistencia y prevención de la victimización, además de exponer detalladas recomendaciones sobre los derechos y el trato con las víctimas.

Sería de gran interés implementar un Manual de buenas prácticas que desarrollara y concretara nuestro actual Estatuto Jurídico de la víctima, que tomara como ejemplo este Manual.

También en el ámbito de las Naciones Unidas cabe resaltar por su importancia en la creación y definición de los derechos de las víctimas, los *Principios y directrices básicos sobre el derecho de las víctimas de violaciones manifiestas de las normas internacionales de derechos humanos y de violaciones graves del Derecho internacional humanitario a interponer recursos y obtener reparaciones, adoptados por la Asamblea General de la ONU a través de la Resolución*

---

de sus conocimientos técnicos sino de su trato respetuoso y confidencial con las víctimas; también el papel de los profesionales de los medios de comunicación es fundamental para estimular el interés público en las víctimas pero minimizando el incremento de la victimización y la vulneración de los derechos de las víctimas, aplicando códigos deontológicos; y por último, también indica respecto de los representantes religiosos y espirituales la importancia de desarrollar programas para las víctimas similares a los ya existentes sobre apoyo y asistencia a los acusados, ofreciéndoles formación victimológica.

247 El *Ombusdman* es el Defensor del Pueblo europeo, ante quien se puede presentar una reclamación contra una institución u órgano de la Unión Europea. Véase su web en recurso electrónico, disponible en: https://bit.ly/2qhuzZ7.

248 *Vid.* Prefacio.

A/RES/60/147 del 16 de diciembre de 2005[249]. En relación con la victimización secundaria establece medidas para prevenirla con la finalidad de que "(...) *los procedimientos jurídicos y administrativos destinados a hacer justicia y conceder una reparación no den lugar a un nuevo trauma*" (apdo. VI, 10). Se recoge así, el deber de tratar a las víctimas con humanidad y respeto de su dignidad y sus derechos humanos, adoptándose las medidas apropiadas para garantizar su seguridad, su bienestar físico y psicológico y su intimidad, así como los de sus familias (apdo. VI, 10), estableciendo la obligación de que los Estados velen porque su derecho interno contenga dichas medidas.

En el ámbito europeo es importante mencionar la Recomendación CM/Rec (2023)2, de 15 de marzo de 2023 del Comité de Ministros a los Estados miembros sobre derechos, servicios y apoyo a las víctimas de delitos[250], que sustituye a la Recomendación núm. R (2006) 8, de 14 de junio de 2006, del Comité de Ministros del Consejo de Europa a los Estados miembros, sobre asistencia a las víctimas de delitos[251] que a su vez vino a sustituir a la Recomendación núm. R (87) 21, de 17 de septiembre de 1987, del Comité de Ministros del Consejo de Europa a los Estados miembros, sobre asistencia a las víctimas y prevención de la victimización[252].

---

249 Puede consultarse recurso electrónico, disponible en: https://bit.ly/2JBdMsB.

250 Puede consultarse recurso electrónico, disponible en: https://acortar.link/LjAxD2.

251 Véase la traducción realizada por DAZA BONACHELA, M. M., que se encuentra como recurso electrónico, disponible en: https://bit.ly/2kjkAzJ.

252 Esta Recomendación aborda el problema victimal desde el punto de vista social y asistencial, así como la prevención victimal, es decir, la prevención del delito a través de la prevención de la victimización. Aconseja a los Estados miembros favorecer los proyectos de mediación entre el infractor y la víctima con el fin de evaluar los

Define la victimización secundaria como "l*a victimización que ocurre no como resultado directo del delito penal sino como resultado de la respuesta de instituciones públicas o privadas y otros individuos a la víctima*" (art. 1.4)[253]. Es destacable que en una Recomendación se defina la victimización secundaria siendo un aspecto muy positivo de este texto, que además se establezca el principio de protección frente a ella[254]. Sin embargo, ni la Directiva 2012/29/UE -que en todo su articulado realiza referencias constantes a este tipo de victimización-, ni la LEVD la define. Criticamos que no se haya trasladado una definición de victimi-

---

resultados, y observar hasta qué punto sirven a los intereses de la víctima. Recurso electrónico, disponible en: https://bit.ly/2kkKXVY. Merece también destacarse por su relevancia en la protección de las víctimas y por ser la primera vez que se hace referencia en Europa a medidas de protección para las víctimas dirigidas a disminuir la victimización secundaria. la Recomendación núm. (85) 11, de 28 de junio de 1985, del Comité de Ministros del Consejo de Europa a los Estados miembros, sobre la posición de la víctima en el sistema de justicia penal, que también fue tenida en consideración en la Recomendación de 2006.

253 "*Secondary victimisation is victimisation that occurs not as a direct result of the criminal offence but as a result of the response of public or private institutions and other individuals to the victim*". La Recomendación anterior de 2006 contemplaba una definición similar: "*Secondary victimisation means the victimisation that occurs not as a direct result of the criminal act but through the response of institutions and individuals to the victim*", (art. 1.3: "victimización que se produce no como resultado directo del hecho delictivo, sino por la respuesta de las instituciones y los particulares a la víctima"). *Vid.* Resolución en inglés en recurso electrónico, disponible en: https://cutt.ly/9wsKpU6.

254 Su art. 15.1 anima a los Estados miembros a garantizar que se disponga de medidas para proteger, en la medida de lo posible, a las víctimas y a sus familiares de la victimización secundaria y repetida, de la intimidación y las represalias y de las violaciones de su privacidad y dignidad.

zación secundaria a la Directiva y, por ende, la LEVD tampoco haya considerado de importancia definirla.

No obstante, y pese a no definirla especialmente sensible se muestra la Directiva 2012/29/UE[255] con la disminución de la victimización secundaria, y dispone todas aquellas medidas y desarrolla todo un elenco de derechos de las víctimas a lo largo de su articulado con dicha finalidad.

---

255 La antecesora de la Directiva 2012/29/UE fue la Decisión Marco (2001/220/JAI) del Consejo, de 15 de marzo de 2001, relativa al estatuto de la víctima en el proceso penal (publicada en DOCE de 22 de marzo de 2001, L 82, pp. 1-4). Supuso una importante mejora en la protección jurídica de las víctimas, y el primer instrumento que trata sus necesidades desde un punto de vista integral, constituyendo el primer paso para armonizar en la legislación europea un verdadero estatuto jurídico de la víctima. Sin embargo, su ineficacia se debió en gran medida a la redacción ambigua de muchos de sus preceptos, pero, sobre todo, a que no tenía previstos mecanismos para la incoación de procedimientos de infracción contra el incumplimiento de sus disposiciones por parte de los Estados -recordemos que son propuestas a iniciativa de la Comisión o del Consejo o de un Estado miembro, que deben ser adoptadas por unanimidad y vinculan a los Estados miembros en cuanto a los resultados que deben alcanzarse, dejando a las instancias nacionales la decisión sobre la forma y los instrumentos necesarios para alcanzarlos-. En cuanto a la victimización secundaria contempla las condiciones materiales de la situación de la víctima durante las actuaciones, tanto en las dependencias judiciales o policiales como en los servicios públicos y organizaciones de apoyo a la víctima, así lo establece en el artículo 15 que reza "*Los Estados miembros propiciarán la creación gradual, en el marco de las actuaciones en general y especialmente en los lugares en los que puede incoarse el proceso penal, de las condiciones necesarias para tratar de prevenir la victimación secundaria o evitar que la víctima se vea sometida a tensiones innecesarias. Para ello velarán en particular por que se dé una acogida correcta a las víctimas en un primer momento y por qué se creen en dichos lugares condiciones adecuadas a la situación de la víctima*".

Así pues, la Directiva señala que se ha de proteger a las víctimas de delitos frente a la victimización secundaria y reiterada, así como de la intimidación y las represalias (Considerando 9), y así lo señala en su artículo 18 al establecer que: "*Sin perjuicio de los derechos de la defensa, los Estados miembros velarán por que se dispongan medidas para proteger a las víctimas y a sus familiares frente a la victimización secundaria o reiterada, la intimidación o las represalias, incluido el riesgo de daños emocionales o psicológicos, y para proteger la dignidad de las víctimas durante la toma de declaración y cuando testifiquen*".

También hace hincapié en el elevado riesgo de sufrir victimización secundaria de las mujeres víctimas de la violencia por motivos de género y sus hijos, por lo que necesitan especial apoyo y protección (Considerando 17). Constata la importancia de los servicios de justicia reparadora (art. 12) en la ayuda a las víctimas siempre que se adopten las garantías que satisfagan los intereses y necesidades de las víctimas de forma prioritaria, para evitar de este modo dicha victimización (Considerando 46).

A su vez, la previsión de medidas de protección de la seguridad y la dignidad de las víctimas y sus familiares redundan en la misma finalidad de reducir la victimización secundaria, incluido el riesgo de daños emocionales o psicológicos (art. 18).

Con la misma finalidad se refiere de forma explícita a la victimización secundaria como resultado de la participación de la víctima en el proceso penal, y para ello se proponen medidas para facilitar la interacción con las autoridades competentes, "(…) *al tiempo que se limita el número de interacciones innecesarias que la víctima haya de mantener con ellas, recurriendo, por ejemplo, a grabar en vídeo las declaraciones y permitiendo su uso en los procesos judiciales. Se debe poner a disposición de los profesionales del Derecho la más amplia gama de medidas posible con objeto de evitar angustia a la víctima en el transcurso del proceso judicial, especialmente como resultado del contacto visual con el delincuente, su familia, sus colaboradores o el público en general*" (Considerando 53).

Con este propósito de evitar la angustia de la víctima se proponen medidas tales como dependencias policiales y judiciales con salas de espera separadas para víctimas, además de la evitación del contacto entre las víctimas y sus familiares y los infractores, por ejemplo, citándoles a las declaraciones en momentos distintos.

También la protección de la intimidad de la víctima es considerada como un medio importante para evitar la victimización secundaria (Considerando 54). Se dispone la necesidad de una evaluación individual de la víctima que determine el riesgo de victimización secundaria (Considerando 55 y art. 22), y las necesidades especiales para las víctimas consideradas vulnerables (Considerando 58), aunque se reconoce el riesgo de una elevada tasa de victimización secundaria en determinados colectivos de víctimas como son las víctimas de trata de seres humanos, terrorismo, delincuencia organizada, violencia en el marco de las relaciones personales, violencia o explotación sexual, violencia de género, delitos por motivos de odio, las víctimas con discapacidad y los menores víctimas de delito (Considerando 57).

Para "(...) *ofrecer a las víctimas la posibilidad de romper el círculo de la victimización secundaria* (...)", es esencial que se dispongan de servicios de apoyo (art. 9) que aumenten la confianza de la víctima en el sistema de justicia penal y contribuya a la reducción del número de delitos no denunciados. Se prevén incluso medidas a través de internet encaminadas a la concienciación de los riesgos de la victimización secundaria (art. 26).

En la legislación española estatal no existe una definición de la victimización secundaria, ni siquiera se define en la propia LEVD que pese a dictarse con el propósito de evitarla, no se preocupa en fijar un concepto normativo.

En el marco normativo español[256], con anterioridad a la LEVD, por primera vez en una consecución de normas procesales, ninguna de las cuales ha visto la luz, se toma en consideración la victimización secundaria y se establece una clara prohibición de esta clase de victimización. Así, el Anteproyecto 2011[257], al consagrar acertadamente la prohibición de la victimización secundaria, no establece propiamente una definición, pero al menos contempla unas características de este tipo de victimización. Su artículo 69 se rubrica "*prohibición de victimización secundaria*" y dispone la obligación dirigida a todas las autoridades que intervengan en el proceso penal de adoptar "(...) *las medidas precisas para evitar que la víctima se vea sometida a situaciones que puedan causarle un sufrimiento innecesario o desproporcionado* (...)". Con la finalidad, en consecuencia, de evitar la victimización secundaria se dispone la necesidad de velar por un trato correcto a la víctima, así como la habilitación de dependencias adecuadas, incidiendo concretamente en que "(...) *las dependencias judiciales tendrán espacios de espera especialmente habilitados para acoger a las víctimas*". Esta última previsión del legislador en el caso de haber prosperado el Anteproyecto

256 Podemos encontrar una definición de victimización secundaria en el ámbito legislativo catalán, concretamente en la Ley 5/2008, de 24 de abril, del derecho de las mujeres a erradicar la violencia machista. Comunidad Autónoma de Cataluña, BOE de 30 de mayo de 2008, núm. 131, pp. 25174-25194, DOGC núm. 5123, de 8 de mayo de 2008. En su artículo 3 inciso h, la conceptúa como "(...) el maltrato adicional ejercido contra las mujeres que se hallan en situaciones de violencia machista como consecuencia directa o indirecta de los déficits –cuantitativos y cualitativos– de las intervenciones llevadas a cabo por los organismos responsables, así como por las actuaciones no acertadas provenientes de otros agentes implicados".

257 El Anteproyecto de LECrim fue aprobado en Consejo de Ministros por el Gobierno socialista español el día 22 de julio de 2011. Véase recurso electrónico, disponible en: https://bit.ly/2GQGuUI.

obliga a todos los Palacios y Ciudades de Justicia españolas a la habilitación de salas de espera para las víctimas.

Por su parte, el Borrador 2013 aunque no define tampoco la victimización secundaria, es loable que establezca con carácter obligatorio para la policía judicial, el Ministerio Fiscal y los Tribunales la adopción de las medidas necesarias para evitar o reducir, lo máximo posible, los efectos de la victimización secundaria "(...) *con el dictamen de expertos si resulta conveniente y con respeto por el contenido esencial del derecho de defensa*".

En el mismo sentido y entendemos que con la finalidad de evitar la victimización secundaria, aunque no lo diga expresamente, se reconoce por fin en un texto procesal que la víctima pueda sufrir terror, humillación o sufrimiento ante su confrontación visual con el agresor y para ello establece con carácter potestativo que el Tribunal tome medidas para evitar dicha confrontación, aunque no se especifican cuáles.

El artículo 62 contempla con carácter potestativo esta posibilidad, sin embargo, entendemos que debería haber fijado con carácter obligatorio la adopción de las medidas para evitar la confrontación visual puesto que, si se produce dicha situación de temor de la víctima frente al agresor, no tiene sentido dejarlo al albur del juez. Cuestión distinta es la consideración de la víctima como testigo protegido cuya figura es regulada en el artículo 377 del Borrador 2013 e incorpora por fin la regulación de la Ley Orgánica 19/1994, de 23 de diciembre, de protección a testigos y peritos en causas criminales[258] (en adelante, LOPTP) a la Ley procesal.

---

[258] BOE de 24 de diciembre de 1994, núm. 307, pp. 38669-38671. No obstante, esta norma se ha quedado totalmente obsoleta, siendo necesaria una legislación adecuada a las exigencias de protección de testigos que se derivan de la criminalidad moderna, en especial de los problemas derivados de la criminalidad organizada y en línea con las recomendaciones de buenas prácticas de la Organización

Y finalmente el Anteproyecto de Ley de Enjuiciamiento Criminal de 2020 consagra el término victimización secundaria en su artículo 103 cuando dispone en la línea del ALECrim 2011: "*1. Todas las autoridades que intervengan en el proceso penal adoptarán las medidas precisas para evitar que la víctima se vea sometida a situaciones que puedan causarle un sufrimiento innecesario o desproporcionado. Igualmente velarán para que se reciba declaración a las víctimas sin dilaciones indebidas. La declaración de las víctimas y su reconocimiento médico únicamente se realizará cuando sea necesario a los fines de la investigación. No se repetirá su práctica salvo que resulte imprescindible a estos mismos fines.*

2. La víctima será tratada con pleno respeto a su dignidad en toda diligencia policial o actuación procesal que se realice. Recibirá un trato digno, habilitándose dependencias adecuadas al efecto y permitiendo que permanezca en ellas junto a su representante o persona que la acompañe. En particular, las dependencias de las fiscalías y de los tribunales tendrán espacios de espera especialmente habilitados para acoger a las víctimas. En el acto del juicio oral se reservará un lugar específico a la víctima y, en su caso, a su representante o persona que la acompañe".

Por su parte, el Observatorio contra la violencia doméstica y de género ha definido la victimización secundaria como "las consecuencias psicológicas, sociales, jurídicas y económicas negativas que dejan las relaciones de la víctima con el sistema jurídico penal. Supone, un choque frustrante entre las legítimas expectativas de la víctima y la realidad institucional, involucrando una pérdida de comprensión acerca del sufrimiento psicológico y físico que ha causado el hecho delictivo, dejándo-

---

de Naciones Unidas (2008). La disposición final octava del Anteproyecto de Ley Orgánica de Ley de Enjuiciamiento Criminal del año 2020 prevé que el Gobierno presente un proyecto de nueva ley de protección de testigos y colaboradores con la Administración de Justicia, en sustitución del texto de la Ley Orgánica de 1994.

las desoladas e inseguras y generando una pérdida de fe en la habilidad de la comunidad, los profesionales y las instituciones para dar respuesta a las necesidades de las mismas"[259].

La victimización secundaria nace fundamentalmente de la necesaria intersección entre un sujeto y el complejo aparato jurídico-penal del Estado que afecta al prestigio del propio sistema[260] y a las actitudes de la víctima y terceros respecto al mismo[261], quebrándose el sentido de garante de la cohesión social que se atribuye al sistema institucional de justicia, porque se daña a las personas que de forma casi exclusiva promueven la actuación de este sistema[262]. Es así, porque los poderes públicos deben tutelar a las víctimas, pero contrariamente causan en ellas un efecto patógeno, es decir, con su actuación generan

---

259 Véase la *Guía de buenas prácticas para la toma de declaración de víctimas de violencia de género*, recurso electrónico, disponible en: https://bit.ly/2G4Bo7s.

260 NICOLAS GUARDIOLA, J. J. (Dir.), *Ciencias Jurídicas y Victimológicas, Derechos Humanos en el contexto de la Victimología y la marginación*, Aranzadi, 2013, p. 28. Para LANDROVE DÍAZ, G., "es el propio sistema el que victimiza a quien se dirige al mismo solicitando justicia y protección, porque su nocividad se añade a la derivada del delito, porque la víctima se siente especialmente frustrada en sus expectativas y, sobre todo, porque tal proceso afecta al prestigio del propio sistema y condiciona negativamente la actitud de la víctima y del colectivo social respecto del mismo" (*vid.* "La víctima y el Juez", *op. cit.*, p. 188). Por su parte, SUBIJANA ZUNZUNEGUI, I. J., se refiere a la victimización secundaria como soledad institucional (*vid. El principio de protección*..., *op. cit.*, p. 34).

261 GARCÍA-PABLOS DE MOLINA, A., *Tratado de Criminología*, *op. cit.*, pp. 131-132.

262 SUBIJANA ZUNZUNEGUI, I. J., *El principio de protección*..., *op. cit.*, p. 34.

una sensación de vacío y frustración que incrementan la sensación de dolor y soledad de la víctima[263].

Ciertamente el hecho de que la víctima y el sistema judicial penal se necesiten mutuamente para cumplir sus objetivos, la víctima para ser reparada y el sistema judicial para encontrar en la víctima la colaboración necesaria para el logro de sus fines, es fuente de insatisfacción generalmente para la víctima, quien reexperimenta en ocasiones una nueva transgresión de sus derechos cuando la policía, y las instituciones públicas intervienen con el fin de reparar desde un punto de vista económico, social, e incluso físico y psicológico y no lo consiguen, ya que no encuentran durante el camino la sensibilidad y empatía para un trato adecuado durante su periplo judicial.

Consideramos oportuno aclarar que en ocasiones se habla de victimización secundaria como revictimización o doble victimización[264], pero dado que esta terminología se utiliza también para las consecuencias psicológicas del hecho de que la víctima sea victimizada por el agresor, como ocurre en la violencia de género, nosotros adoptamos la terminología de victimización secundaria referida a las consecuencias negativas para la víctima producidas por el que se produce por parte de las instituciones que actúan tras el hecho delictivo[265].

---

263 Resulta muy ilustrativo el visionado de este vídeo de la Junta de Andalucía de Márgenes y Vínculos "Espiral", que puede ser consultado en *Youtube*, sobre la victimización secundaria en víctimas de delitos sexuales. Recurso electrónico, disponible en: https://bit.ly/2TyRf23.

264 Si bien conviene distinguir el concepto de revictimización, también denominado victimización reincidente del de victimización secundaria. *Vid.* al respecto BACA BALDOMERO, E., ECHEBURÚA, E., y TAMARIT, J. M., *Manual de Victimología*, Valencia, Tirant lo Blanch, pp. 112-114.

265 Algún autor se ha referido a la victimización institucional, como aquella que comprende no sólo la victimización en una institución,

En consecuencia, se trata de una victimización que se añade a la inicial victimización del propio hecho delictivo y que padece la víctima al ser estigmatizada, culpada o ignorada durante su contacto con las instituciones del sistema de justicia penal. Y consiste en esas consecuencias psicológicas, sociales e incluso económicas derivadas de su relación con el sistema aumentando los efectos nocivos del delito, lo que agrava sin duda la sensación de vulnerabilidad y de desprotección frente al delito[266].

---

sino también la victimización por una institución (*vid.* SCHNEIDER, H. J., "Temas principales y deficiencias en al actual pensamiento victimológico", en *Revista de Derecho penal y Criminología,* Vol. 16, núm. 4, 1994, p. 853).

266 Cabe citar al respecto, el ejemplo que la Comunicación de la Comisión al Parlamento Europeo, al Consejo, al Comité Económico y Social Europeo y al Comité de las Regiones. Refuerzo de los derechos de las víctimas en la UE, COM (2011) 274 final, relata de forma ilustrativa la problemática de la victimización secundaria, se trata de una historia ficticia pero que refleja problemas reales: "El siguiente ejemplo ilustra el mal trato que puede recibir una víctima, y cómo ello puede afectar a su vida, si sus necesidades individuales no se abordan adecuadamente durante y después de la denuncia de un delito. En las siguientes secciones se ilustrará de qué manera se desarrollaría esta misma historia - en cada categoría de necesidades - si la víctima y su familia recibiesen un trato adecuado, como resultado de la aplicación de las propuestas de la Comisión.

Alex había alquilado un apartamento de vacaciones en el extranjero con su familia cuando una noche se produjo un robo. Cuando trató de detener a los asaltantes, le agredieron físicamente delante de su familia. Denunció el delito a la policía local, pero como no se expresaba bien, no pudo dar todos los detalles sobre el asalto. En las semanas siguientes no recibió mucha información sobre el caso y sintió cada vez mayor frustración a medida que les interrogaron rutinariamente repetidamente agentes de policía diferentes. Incluso sus hijos fueron interrogados varias veces, lo que fue muy molesto para ellos.

Cuando Alex volvió a su casa, necesitó varias operaciones por sus lesiones y no pudo trabajar durante varias semanas. No supo nada

Teniendo en consideración todo lo tratado en el presente epígrafe proponemos nuestra propia definición de victimización secundaria que constituye aquellas consecuencias psicológicas, sociales, jurídicas y económicas negativas que sufre la víctima de un hecho delictivo como resultado de su relación con el sistema procesal penal, derivadas de una respuesta inadecuada profesional e institucional.

Definida la victimización secundaria conviene centrarse en algunas manifestaciones de este tipo de victimización en nuestro proceso penal, para constatar todas aquellas deficiencias existentes en nuestro sistema que causan este sufrimiento añadido a las víctimas.

1º.- Cuando la víctima entra en contacto con la Administración de Justicia, en muchas ocasiones experimenta estar perdiendo el tiempo o malgastando su dinero[267], debido a las reiteradas asistencias a la policía, a los Juzgados, a la lentitud del sistema judicial, así como las interminables declaraciones y reconocimientos médico-forenses en los que la víctima ha de repetir lo mismo una y otra vez, evocando recuerdos en muchos casos dolorosos. Las citaciones, las esperas, el lenguaje jurídico y profesional que se emplea, la falta de información

---

de la policía hasta que un día le dijeron que tenía que comparecer y testificar en el juicio de dos sospechosos, que tendría lugar en el extranjero. El juicio fue difícil, porque nadie le explicó los procedimientos judiciales extranjeros y se sintió intimidado por tener que enfrentarse a los acusados fuera del Tribunal.
Una vez terminado el juicio, Alex no supo nada más sobre el caso ni sobre lo que pasó con los acusados. Pero durante muchos años después del ataque, él y su familia sufrieron las consecuencias emocionales, físicas y financieras del delito. A pesar de que todo había ocurrido en otro lugar y en otro país, nunca volvieron a sentirse seguros, ni en su propia casa". Recurso electrónico, disponible en: https://bit.ly/2MFep5s.

267 LANDROVE DÍAZ, G., *La moderna Victimología...*, *op. cit.*, p. 50.

sobre su situación, potencian los sentimientos negativos de la víctima frente a todo el entramado judicial.

2º.- En otras ocasiones las víctimas sienten que son ignoradas cuando por ejemplo hay una conformidad penal y nadie les explica el motivo por el que no son llamadas a entrar en la sala de celebración del juicio oral. También sufren la falta de tacto en el trato, e incluso, la incredulidad ante su relato de los distintos operadores policiales y jurídicos (jueces, fiscales, letrados, …). E incluso en ocasiones son tratadas como acusados en los interrogatorios cuando formulan las preguntas sobre los hechos, de tal forma que trasladan la culpabilidad a la víctima cuando no se le está juzgando a ella, cuestionándose de esa manera su condición de víctima. Asimismo, han de confrontarse visual y físicamente con su agresor en las declaraciones en el juicio oral, siendo este momento el de la declaración testifical donde la victimización secundaria alcanza su máximo nivel[268].

3º.- Los distintos operadores policiales y jurídicos no tratan con empatía a la víctima sobre todo porque simplifican su rol a la de mero testigo o colaboradora en la investigación policial y/o judicial y la consecución de uno de los objetivos del proceso penal, la absolución o condena. Ayudaría mucho que cuando se tome una declaración a una víctima del delito no se la considerase como un testigo, estableciendo dos tipos de declaraciones diferenciadas, por una parte, la de la víctima y por otra la del testigo dada la condición especial de aquella[269].

---

268 VILLACAMPA ESTIARTE, C., "Evolución legislativa en relación con la reducción de la victimización secundaria: especial consideración a la prueba testifical con menores de edad", en *Estudios de Victimología, Actas del I Congreso Español de Victimología,* TAMARIT SUMALLA, J. M (Coord.), Valencia, Tirant lo Blanch, 2005, pp. 58-59.

269 Se ha llegado a plantear que la declaración de la víctima se establezca con carácter diferenciado al resto de testigos, como una declaración autónoma y propia, puesto que la víctima es un testigo con una

El paso de la víctima por las distintas fases del procedimiento penal se convierte en una fuente inagotable de perjuicios para la víctima derivados de su colaboración en el proceso que, lejos de sentirse reparada, le hace sentir como una mera abstracción jurídica[270], un mero testigo que sirve para la condena o la absolución del acusado, que no recibe un trato equitativo por los profesionales con los que se encuentra en el sistema.

4º.- Otra de las manifestaciones de la victimización secundaria es la exclusión de la víctima de los procesos penales, en el sentido de que no se tiene en cuenta su opinión en el proceso de toma de decisiones, puesto que en nuestro sistema penal no se valora por el juez a la hora de dictar sentencia los efectos que ha tenido el delito sobre la víctima, salvo la indemnización en su caso[271].

---

condición especial que la diferencia del resto de testigos (*vid.* VIADA BARDAJÍ, S., "Los fines del proceso penal", en *Revista de derecho penal, procesal y penitenciario*, La Ley Penal, núm. 75, 2010, pp. 1-19).

270 El hecho de que la víctima sea considerada mero sujeto pasivo la convierte en abstracción jurídica, estamos de acuerdo con GARCÍA-PABLOS DE MOLINA, A., cuando sostiene que es algo más "una persona física, concreta y real que padece una compleja gama de efectos perjudiciales, mediata o inmediatamente derivados del crimen: físicos, psíquicos, económicos, sociales" (*vid.* "Hacia una «redefinición» ...", *op. cit.*, p. 327).

271 Resulta de interés la existencia en otros ordenamientos jurídicos de la denominada Declaración de Impacto de la Víctima (*VIS, Victim Impact Statements,* por sus siglas en inglés) que se define como "una declaración por escrito que contiene los detalles sobre el impacto que el delito ha tenido en la víctima. Se le proporciona al Juez que va a condenar para asistirle a determinar la pena que le impondrá al delincuente. Si el tribunal conoce los efectos que tuvo el delito en la víctima, el tribunal debe tomarlos en cuenta durante la sentencia, junto con una serie de otras cuestiones pertinentes". Para saber más sobre este tipo de declaración véase por ejemplo la guía informativa de Canadá o la de Australia que la definen, recurso electrónico, disponible en: https://bit.ly/2r9boku y https://bit.ly/2C4Giwu.

5º.- También en ocasiones no se respeta su derecho a la protección a la intimidad, y, sobre todo, los medios de comunicación, especialmente en casos sensibles, son una fuente inagotable de victimización secundaria. Uno de los asuntos judiciales más significativos en esta cuestión durante los últimos años ha sido el caso "La Manada" que fue resuelto por Sentencia de la Sala de lo Penal del Tribunal Supremo núm. 344/2019, de 4 de Julio de 2019[272] y que en relación a esta cuestión procesal que nos ocupa y a la protección de la intimidad de la víctima y la victimización secundaria refiere que : "*En casos muy mediáticos como el analizado se produce una victimización secundaria, por aparecer repetidamente la noticia en los medios de comunicación de masas, y además, en este supuesto se declara acreditado, no solo por las manifestaciones de "la denunciante", sino por el propio relato de hechos probados, que existían vídeos en los que se habían grabado los ataques sexuales a la víctima, y que incluso uno de los acusados llegó a mandar mensajes a dos grupos de WhatsApp " DIRECCION005 " y " DIRECCION006 ", (...) Pero es más, el propio proceso ha influido en el estado de ánimo de la víctima ya que fue objeto de seguimientos por detectives privados, lo que implica una intromisión en su intimidad que le tenía preocupada, incluso temía por su propia seguridad*" (F.D. 9. 3º). Condenando a los acusados a indemnizar a la víctima por daños morales teniendo en cuenta la gravedad de los hechos en sí mismos considerados, la edad de la víctima, y la angustia que sin duda le ha provocado posteriormente a los hechos el atentado hacia su intimidad, la imposibilidad de valorar sus secuelas futuras, y la gran repulsa social de los hechos, junto con la revictimización a la que ha sido sometida durante la duración del proceso.

En conclusión, la experiencia de la víctima con el sistema policial, judicial y penitenciario supone una frustración en sus expectativas en muchas ocasiones. Este tipo de victimización

---

272 Id. vLex VLEX-798365717.

puede llegar a ser incluso más grave y afectar a la víctima más que las consecuencias directas del delito. La gravedad de la victimización secundaria estriba en que es el propio sistema el que victimiza y provoca sufrimiento a la víctima que ya ha sido objeto de una primera victimización directa por las consecuencias negativas del propio delito. La víctima acude al sistema judicial solicitando protección y justicia, pero el sistema se vuelve nocivo hacia la víctima y frustra sus expectativas de reparación, de acogimiento, de asistencia, en definitiva, de una justicia más humana que empatice con su sufrimiento y evite situaciones que provocan una constante revictimización[273], puesto que el acceso a la Justica no es solo un deber del Estado sino una responsabilidad ética del mismo en ofrecer servicios de calidad, su accesibilidad y resguardar el derecho de las personas a demandarlo.

La necesidad de evitar la victimización secundaria tiene su justificación en el respeto a la dignidad de las personas, pero también en que el sistema judicial penal sea efectivo y, en gran medida, es necesaria la cooperación de la víctima para que el proceso se desarrolle conforme a su finalidad de encontrar la verdad. Y la confianza de la víctima en el sistema se torna fundamental y para que esa confianza exista y se mantenga la víctima ha de percibir que el sistema protege sus derechos y que articula las medidas necesarias asistenciales, económicas, de protección para que pueda iniciar cuanto antes una vida normal y se recupere del trauma sufrido[274].

---

273 Por todo ello se ha entendido como una "segunda experiencia victimal" que se ocasiona en un contexto institucional que por el contrario debe proteger sus derechos e intereses GUTIÉRREZ, C.; CORONEL, E. y ANDRÉS, C., "Revisión teórica del concepto de victimización secundaria", *Liberabit*, 15, Vol. 1, 2009, pp. 49-58.

274 Incide VARONA MARTÍNEZ, G., en la importancia de minimizar la victimización secundaria para favorecer el contexto de recuperación. En términos terapéuticos, recuperarse significa poder llevar

Por todo lo anterior, es de gran importancia la realización de investigaciones que indaguen sobre los factores que producen victimización secundaria en las víctimas, sobre su satisfacción con el sistema penal, si el temor a ser victimizadas por las instituciones influye en la decisión de las víctimas sobre interponer denuncia[275].

En definitiva, es esencial para el prestigio de nuestro sistema que la víctima del delito no se convierta también en víctima del proceso, y para ello, en este trabajo analizaremos todas aquellas cuestiones que la LEVD ha introducido con la finalidad de reducir la victimización secundaria cuando la víctima participa en el proceso penal[276].

---

una vida lo más normal posible, vencer o controlar los sentimientos de impotencia, desesperanza y baja autoestima, conseguir ser personas autónomas y con control de sus vidas, para lo cual resulta fundamental el reconocimiento social e institucional de la injusticia sufrida, p. 34. Así lo expresa en la *Guía general de buenas prácticas en el trato…, op. cit.*

275 Para un ejemplo sobre las víctimas inmigrantes véase TAMARIT SUMALLA, J. M.; LUQUE REINA, E.; GUARDIOLA LAGO, M. J. y SALINERO ECHEVARRÍA, S., "La victimizació de migrants a Catalunya", en *Revista Catalana de Seguretat Pública,* núm. 25, 2012, pp. 117-140.

276 Sobre la victimización secundaria de la víctima menor de edad en el proceso penal, véase SEMPERE FAUS, S., "La protección de la víctima menor de edad y la victimización secundaria", en *Actualidad jurídica iberoamericana (ejemplar dedicado a: "El interés superior del menor en la experiencia jurídica latina")* núm. 13, 2020, pp. 874-897.

Capítulo Segundo.

Los derechos básicos de la víctima en el proceso penal a la luz del Estatuto de la víctima del delito y su relación con la victimización secundaria

I. INTRODUCCIÓN

Como se ha señalado anteriormente el Estatuto de la víctima español aprobado por Ley 4/2015 de 27 de abril[277], es el resultado de la trasposición a nuestro ordenamiento jurídico de la Directiva 2012/29/UE, del Parlamento Europeo y del Consejo de 25 de octubre de 2012 por la que se establecen normas mínimas sobre los derechos, el apoyo y la protección de las víctimas de delitos, y por la que se sustituye la Decisión marco 2001/220/JAI del Consejo, cuya finalidad es la garantía de los derechos de información, la implementación de medidas de apoyo y protección y la regulación de la participación de la víctima en los procesos penales.

El Preámbulo de la LEVD señala que "*con este Estatuto, España aglutinará en un solo texto legislativo el catálogo de derechos de la víctima, de un lado transponiendo las Directivas de la Unión Europea en la materia y, de otro, recogiendo la particular demanda de la sociedad española*" (apdo. I), respondiendo a la toma de conciencia

---

277 Ampliamente, sobre la tramitación del Estatuto de la víctima del delito, GÓMEZ COLOMER, J. L., *Estatuto Jurídico de la víctima del delito..., op. cit.*, pp. 290-319.

de la Unión Europea en los últimos años sobre la necesidad de protección y protagonismo de las víctimas en el sistema de justicia penal.

Efectivamente, la LEVD pretende convertirse en un catálogo de derechos de las víctimas de delitos, de carácter procesal y extraprocesal, así lo dispone en su Preámbulo[278], y para ello reconoce unos derechos transversales al proceso penal que abarcan desde el inicio del proceso, durante el mismo y tras su terminación, incluso en la propia etapa de investigación anterior al proceso.

Ahora bien, los derechos que sistematiza la LEVD son de diversa índole[279].

El punto de partida del Estatuto es el reconocimiento con carácter general a todas las víctimas de cualquier delito que sistematiza en su artículo 3, y que posteriormente desarrolla a lo largo de su articulado, de los derechos de la víctima a la protección, información, apoyo, asistencia y atención, así como a la participación activa en el proceso penal y a recibir un trato respetuoso desde el primer contacto con las autoridades o funcionarios[280] . Estos derechos se erigen en piezas fundamentales antes, durante e incluso por un período de tiempo adecuado

---

278 Reza su apdo. III: "*El presente Estatuto de la víctima del Delito tiene la vocación de ser el catálogo general de los derechos, procesales y extraprocesales, de todas las víctimas de delitos, no obstante las remisiones a normativa especial en materia de víctimas con especiales necesidades o con especial vulnerabilidad* (...)".

279 En cuanto a su estructura, la LEVD consta de 35 artículos, un Título preliminar y cuatro Títulos, dos Disposiciones adicionales, una Disposición transitoria y seis Disposiciones finales, configurándose, por tanto, un vasto catálogo de derechos que se desarrollan a lo largo de su articulado.

280 Derechos que se encuentran recogidos en los arts. 5, 7 y 10 de la LEVD y desarrollados por el RDEVD, en sus arts.7 y 8.

después del proceso penal, con independencia de que se conozca o no la identidad del infractor y del resultado del proceso.

Su Título Primero, que lleva por rúbrica "*derechos básicos*" de las víctimas (arts. 4 a 10) recoge los siguientes derechos, a saber, el derecho a entender y ser entendida, el derecho a la información desde el primer contacto con las autoridades competentes, derechos específicos de la víctima como denunciante, el derecho a recibir información sobre la causa penal, el establecimiento de un período de reflexión en garantía de los derechos de la víctima, derecho a la traducción e interpretación, así como el derecho de acceso a los servicios de asistencia y apoyo[281].

Todos ellos, según la LEVD, son derechos de carácter extraprocesal[282] que son comunes a todas las víctimas independientemente de que éstas sean parte o no en un proceso penal o ejerzan algún tipo de acción, incluso con anterioridad a su inicio, como tendremos ocasión de analizar.

De esta manera el Estatuto de la víctima asimila derechos básicos a extraprocesales, justificándolo esencialmente en que la víctima pueda obtener información sobre qué hacer, y protección y asistencia inicial e inmediata frente a los daños causados[283]. La LEVD podría haber utilizado otra denominación y haber empleado simplemente la expresión "*derechos procesales y extraprocesales de la víctima del delito*" inherentes a su condición de víctima con independencia de que sea parte o no en el proceso lo que implica que siempre va a ser sujeto de estos derechos.

---

281 Arts. 4 a 10 de la LEVD y arts. 4 a 8 RDEVD.

282 Tal y como señala su Preámbulo en su apdo. V.

283 GÓMEZ COLOMER, J. L., "Sobre los derechos de la víctima...", *op. cit.*, p. 67.

Además, considera la LEVD que son extraprocesales por el hecho de que se reconozcan incluso a las víctimas que no forman parte del proceso penal, pero no les otorga dicha naturaleza distinguiendo que se ejerciten en el seno del proceso o fuera de éste, dado que algunos de los derechos que la Ley considera extraprocesales y reconocidos en este título tienen claramente naturaleza procesal. De esta forma, es más oportuno clasificar dentro de estos derechos básicos y distinguir entre derechos no procesales y derechos procesales penales[284].

Sin embargo, a nuestro juicio estos derechos son tanto procesales como extraprocesales o no procesales, en el sentido de que algunos de ellos devienen efectivos con anterioridad al proceso, pero otros pueden permanecer hasta incluso después del proceso penal[285], y no debemos asimilar el carácter de "*básico*" a "*extraprocesal*", ya que muchos de estos derechos

---

[284] En este punto seguimos a GÓMEZ COLOMER, J. L., *Estatuto Jurídico de la víctima del delito...*, *op. cit.*, pp. 289-290. De este autor véase también "La victimización secundaria de la mujer que ha sufrido acoso sexual, acoso laboral o tratos vejatorios y degradantes, a cargo de su superior jerárquico funcionario público, en el procedimiento administrativo sancionador", en *Revista electrónica de Ciencias Criminológicas,* núm. 2, 2017, p. 5. Véase asimismo de este autor, "Tres graves falencias del estatuto de la víctima del delito cuando la mujer es víctima de violencia doméstica, de género, de tratos vejatorios y humillantes, o de delitos contra la libertad e indemnidad sexuales", en *La víctima del delito y las Últimas Reformas Procesales...*, *op. cit.*, pp. 24-25.

[285] Para TAMARIT SUMALLA, J. M., una de las razones por las que el Estatuto categoriza estos derechos como básicos es la presencia de los derechos extraprocesales y la relación estrecha que tienen con ellos los derechos en la fase procesal, que se diferencian de los derechos de participación y protección, regulados en los Títulos II y III y cuyo sentido se agota fundamentalmente en el proceso penal (*vid.* "Los derechos de las...", *op. cit.*, p. 46).

tienen trascendencia procesal, es decir, son instrumentales de un proceso penal[286].

Por tanto, dos de los derechos incluidos en este título que la Ley considera básicos o extraprocesales son derechos no procesales, a saber, el derecho a no ser molestado por abogados y procuradores en caso de víctimas de catástrofes, calamidades públicas y otros sucesos con número elevado de víctimas[287], ni

---

286 SERRANO MASIP, M., "Los derechos de información", en *El Estatuto de las víctimas de delitos. Comentarios a la Ley 4/2015*, TAMARIT SUMALLA, J. M. (Coord.), Valencia, Tirant lo Blanch, 2015, p. 75. Por su parte, TAMARIT SUMALLA, J. M., tampoco identifica derechos básicos con derechos extraprocesales argumentando que "el Título I del Estatuto, dedicado a los «derechos básicos», recoge un conjunto heterogéneo de normas. Buena parte de ellos hace referencia al derecho a la información. En el Título aparecen recogidos derechos extraprocesales y otros de carácter netamente procesal. La presencia de los primeros y la relación estrecha que tienen con aquellos los derechos procesales es una de las razones que explican su categorización como derechos básicos, diferenciados de los derechos de participación y protección, regulados en los títulos II y III, cuyo sentido se agota en gran medida en el proceso judicial" (*vid.* "Una lectura victimológica del Estatuto jurídico de las víctimas", en *Cuadernos penales José María Lidón*, núm. 13, Bilbao, 2017, p. 130).

287 Este derecho regulado en el artículo 8 LEVD y artículo 4 RDEVD, no es resultado de la trasposición de la Directiva 2012/29/UE, puesto que está norma no se encuentra en la misma, sino tal y como expresa el Preámbulo de la LEVD corresponde a una demanda de nuestra sociedad, estableciendo así una prohibición dirigida a abogados y procuradores para que no se dirijan a las víctimas tanto directas como indirectas durante los primeros cuarenta y cinco días después de que hayan sufrido una catástrofe, calamidad pública u otros sucesos que hayan producido un elevado número de víctimas "(...) *que cumplan los requisitos que se determinen reglamentariamente y que puedan constituir delito* (...)".Se trata de una disposición para garantizar que la víctima escoja libremente el abogado y procurador sin las presiones mediáticas producidas por la catástrofe o calamidad sufrida, que sufrió críticas por cuanto ya se encontraba regulada

tampoco el derecho de acceso a los servicios de asistencia y apoyo, que no serán analizados en esta obra como ya se indicó en la introducción.

Sin embargo, el resto de los derechos del Título I son derechos procesales penales, así el derecho a entender y ser entendida; el derecho a la información del artículo 5; los derechos específicos de la víctima como denunciante como la obtención de una copia y la asistencia lingüística gratuita; el derecho a recibir información de la causa penal del artículo 7 y por último el derecho de traducción[288].

---

de forma similar en el Código Deontológico de la Abogacía Española, de 27 de noviembre de 2002, cuyo artículo 7.2,e dispone que vulnera el Código Deontológico aquella publicidad que comporte "*dirigirse por sí o mediante terceros a víctimas de accidentes o desgracias que carecen de plena y serena libertad para la elección de abogado por encontrarse en ese momento sufriendo una reciente desgracia personal o colectiva, o a sus herederos o causahabientes*", así como la idéntica prohibición recogida en el artículo 25.2,c del Real Decreto 658/2001, de 22 de junio, por el que se aprueba el Estatuto General de la Abogacía Española . Tampoco lo contempla el Real Decreto 1281/2002, de 5 de diciembre, por el que se aprueba el Estatuto General de los Procuradores de los Tribunales de España. En nuestra opinión podría haberse obviado dicha norma en el Estatuto de la víctima dado que ya se encuentra regulada en los preceptos de los Estatutos antedichos, aunque aquellos se refieran únicamente a víctimas de accidentes y desgracias, y no como especifica la LEVD catástrofes, calamidades y sucesos que puedan constituir delito. Para evitar estas contradicciones sería necesaria una reforma de los correspondientes Estatutos profesionales. No obstante, y puesto que el alcance de esta protección legal es de carácter deontológico sostenemos que no debería haberse regulado en la LEVD, puesto que se inmiscuye en cuestiones deontológicas que han de ser reguladas en los correspondientes Estatutos Generales tanto de la Abogacía Española como de los procuradores.

288 Sin embargo, SUBINAS CASTRO, B. I, el derecho de traducción considera que se trata de un derecho procesal de carácter general,

Otra cuestión distinta es considerar que algunos de derechos que la Ley denomina básicos o extraprocesales puedan tener el carácter de preprocesales[289] porque su eficacia tenga

---

junto con el derecho a la asistencia jurídica gratuita del art. 16 (*vid.* "La Oficina de Atención a las Víctimas", en *Cuadernos Digitales de Formación,* núm. 47, Consejo General del Poder Judicial, 2016, p. 7).

289 Para SUBINAS CASTRO, B. I., sin embargo, los derechos preprocesales son los siguientes: el derecho a entender y a ser entendida (art. 4), derecho a la información en el primer contacto con las autoridades competentes (art. 5), derecho de acompañamiento (art. 4.1,c), derecho a la reflexión en grandes catástrofes (art. 8), así como el derecho a acceder a la Oficina de Asistencia a las Víctimas (arts. 3 y 28.3 LEVD y arts. 8 y 12.3 RDEVD (*vid.* "La Oficina de Atención a las Víctimas", *op. cit.*, p. 6). Hay autores, sin embargo, como ETXBERRÍA GURIDI, F., que clasifica en dos tipos los derechos reconocidos por la LEVD. Por una parte, dentro de lo que denomina derechos procesales sin ser parte en el proceso penal incluye el derecho a la víctima a la información y a entender y ser entendida, el derecho a la protección y el derecho de la víctima a recurrir determinadas resoluciones. Sin embargo, como derechos de la víctima como parte procesal acusadora incluye los recogidos en el Título II de la LEVD relativos a la participación de la víctima en el proceso. Estamos de acuerdo con este autor en cuanto a los derechos de la víctima como parte procesal sin embargo el derecho a ser entendida o el derecho a la información del art. 5 no son derechos de carácter procesal sino preprocesal, aunque como se verá en el Capítulo Segundo de esta obra el derecho a la información del art. 7 sí consideramos que es de naturaleza procesal (para un breve y general análisis de estos derechos *vid.* "La tutela y participación de la víctima en el proceso penal", en VARONA MARTÍNEZ, G. (Dir.) *Victimología: en busca de un enfoque integrador para repensar la intervención con víctimas,* Pamplona, Aranzadi, 2018, pp. 187-207). También GÓMEZ COLOMER, J. L., *Estatuto Jurídico de la víctima del delito..., op. cit.*, pp. 289-290, distingue dentro de los derechos procesales penales que se ubican tanto en el Título Primero como en el Título Segundo de la LEVD, el derecho a entender y ser entendida, el derecho a la información desde el primer contacto con las autoridades competentes, derechos específicos de la víctima como denunciante, el derecho a

lugar antes del proceso. Por tanto, concluimos que en el Título Primero se tratan derechos de carácter eminentemente procesal con independencia de que la víctima sea parte o no procesal, pero también derechos no procesales que tienen su eficacia con anterioridad al proceso.

En su Título Segundo (arts. 11 a 18), la LEVD establece los derechos procesales o a causa de la participación de la víctima[290], algunos de ellos a su vez con derechos específicos de concreción y desarrollo[291], como sucede con el derecho a la participación en el proceso penal que se explican legalmente por la necesidad de reforzar los derechos existentes en la LECrim o incluso implementar nuevos derechos como su participación en la ejecución penitenciaria, duplicación normativa que puede dar lugar en ocasiones a problemas de interpretación.

Estos derechos procesales penales[292] cuya naturaleza es procesal con independencia de que se ejerciten por víctimas personadas o no personadas, se concretan en los siguientes, la posibilidad ya establecida en la LECrim de participación activa en el proceso penal, a través de la acción civil y penal, a comparecer ante las autoridades encargadas de la investigación para aportarles las fuentes de prueba e información relevante, la comunicación y revisión del sobreseimiento de la investigación

---

recibir información sobre la causa penal, el derecho a la traducción e interpretación- todos los anteriores del Título Primero-, así como el derecho de la víctima a participar en el proceso como parte ejerciendo la acción civil e interponiendo la acción penal- del Título Segundo.

290 GÓMEZ COLOMER, J. L., "Sobre los derechos de la víctima...", *op. cit.*, p. 67.

291 GÓMEZ COLOMER, J. L., *Estatuto Jurídico de la víctima del delito...*, *op. cit.*, p. 338.

292 GÓMEZ COLOMER, J. L., *Estatuto Jurídico de la víctima del delito...*, *op. cit.*, p. 289.

a instancia de la víctima, la controvertida participación de la víctima en la ejecución, el derecho de la víctima a obtener el reembolso de los gastos del proceso, el acceso a los servicios de justicia restaurativa, el derecho a la asistencia jurídica gratuita, a la devolución de bienes, así como la posibilidad de que las víctimas residentes en España puedan presentar ante las autoridades españolas denuncias correspondientes a hechos delictivos que hubieran sido cometidos en el territorio de otros países de la Unión Europea[293].

Así, las posibilidades de la participación de la víctima en el proceso penal pasan por el ejercicio de la acción civil y penal conforme la LECrim establece y la posibilidad para las víctimas de aportar fuentes de prueba e información relevante para el esclarecimiento de los hechos. En estos aspectos, la LEVD introduce modificaciones procesales a través de su Disposición Final Primera[294], que ahondan en el espíritu que impregna dicho Estatuto, aumentando la participación de la víctima en el proceso penal, como veremos posteriormente. A su vez, y en

---

293 Para GÓMEZ COLOMER, J. L., *Estatuto Jurídico de la víctima del delito..., op. cit.*, p. 290, estos derechos procesales penales pueden dividirse en aquellos que ejercitan las víctimas en su condición de parte procesal (derecho a participación activa, derecho al reembolso de gastos, derecho a la justicia restaurativa y derecho a la justicia gratuita), los que pueden ejercitar sin necesidad de ser parte procesal (derecho a proporcionar pruebas e información a las autoridades, derecho a que se le comunique el Auto de sobreseimiento y su impugnación, derecho a recurrir resoluciones dictadas durante la ejecución de la pena, derecho a presentar denuncias en España siendo extranjero por delito cometido en el extranjero).

294 Reforma los siguientes preceptos de la LECrim: art. 261, art. 281, art. 282 párr.1, art. 284, art. 301, art. 433, art. 448, art. 544 *ter* apdo.7, art. 636, art. 680, art. 681, art. 682, art. 707, art. 709, art. 730, art. 773 apdo.2°, art. 779.1 regla 1, art. 785. apdo.3° y el art.791 apdo.2°, e introduce como novedad los siguientes arts. 301 *bis*, art. 334. párr.3 y 4 y el art. 544 *quinquies*.

dicha línea, se incluye como posibilidad de intervención de la víctima el derecho a la comunicación y revisión del sobreseimiento de la investigación, la novedad más controvertida que es la participación de la víctima en la ejecución[295], así como otros derechos participativos como el derecho al reembolso de los gastos, el derecho a la justicia restaurativa[296], y alguna referencia novedosa en cuanto a la justicia gratuita y la devolución de los bienes[297], así como la mención a los derechos de las víctima de delitos cometidos en otros Estados de la Unión Europea.

Parece que con la nueva regulación la victimización que sufren las víctimas de hechos delictivos se pretende reducir y, para ello, la LEVD regula en su Título Tercero rubricado "*Protección de las víctimas*" (arts. 19 a 26) unas medidas de protección para las víctimas durante el proceso penal y medidas específicas para cierto tipo de víctimas, como los menores de edad o personas discapacitadas con necesidades especiales de protección.

Como dice su Preámbulo "*Las medidas de protección buscan la efectividad frente a represalias, intimidación, victimización secundaria, daños psíquicos o agresiones a la dignidad durante los interrogatorios y declaraciones como testigo, e incluyen desde las medidas de protección física hasta otras, como el uso de salas separadas en los*

---

[295] Por razones de extensión de la presente obra no se analiza dicho derecho en fase de ejecución penitenciaria.

[296] Ampliamente, sobre el derecho de acceso a la justicia restaurativa en la LEVD véase: SEMPERE FAUS, SILVIA, "El derecho de acceso a los servicios de justicia restaurativa: unos apuntes sobre el tratamiento de la mediación penal a la luz del Estatuto de la Víctima del Delito y el Anteproyecto de Ley de Enjuiciamiento Criminal 2020", en *Meditaciones sobre mediación (MED+)*, BARONA VILAR, S. (dir.), Valencia, Tirant Lo Blanch, 2022.

[297] Este derecho es un derecho procesal no penal, GÓMEZ COLOMER, J. L., *Estatuto Jurídico de la víctima del delito...*, *op. cit.*, p. 290.

Tribunales, para evitar contacto de la víctima con el infractor y cualesquiera otras, bajo discrecionalidad judicial, que exijan las circunstancias".

Así, la LEVD tras proclamar el derecho de las víctimas a la protección en su artículo 19 con la finalidad de "(...) *evitar el riesgo de su victimización secundaria o reiterada*", reconoce el derecho a que se evite el contacto entre víctima e infractor, la protección de la víctima durante la investigación penal, el derecho a la protección de la intimidad, la necesidad de evaluación individual de las víctimas a fin de determinar sus necesidades especiales de protección, la competencia y procedimiento de su evaluación y una serie de medidas de protección a adoptar tanto durante la fase de investigación como durante la fase de enjuiciamiento, todas ellas comunes a la víctima de cualquier tipo de delito.

Por su parte, establece un plus de protección para los menores y personas con discapacidad necesitadas de especial protección, como son la obtención de la declaración de la víctima sin demora tras la denuncia, la reducción del número de declaraciones y reconocimientos médicos al mínimo necesario, así como garantizar a la víctima su derecho a hacerse acompañar, no ya solo del representante procesal, sino de otra persona de su elección, salvo resolución motivada.

Sin embargo, consideramos que la mayoría de las disposiciones de la LEVD evitan de una manera u otra la victimización secundaria. Piénsese, por ejemplo, en el derecho a la información (art. 3), puesto que la información sobre los pasos que la víctima ha de seguir durante el proceso penal favorece la confianza de esta en el sistema.

El Título IV, finalmente, recoge una serie de Disposiciones comunes (arts. 27 a 35) relativas a las Oficinas de Asistencia a las Víctimas, la formación de operadores jurídicos y del personal al servicio de la Administración de Justicia en el trato a las víctimas, la sensibilización y concienciación mediante campañas de información, la investigación y educación en materia de apoyo, protección y solidaridad con las víctimas, la cooperación con la sociedad civil y en el ámbito internacional, así como el fomento de la autorregulación por los medios de comunicación del tratamiento de informaciones que afecten a la dignidad de las víctimas. Con estas previsiones la LEVD se sensibiliza ante la problemática de las víctimas y facilita el tránsito de las mismas por la burocracia institucional y por todas las fases del proceso penal integrándolas en éste.

Por lo anterior, podemos afirmar que la LEVD ha supuesto un cambio de paradigma que busca una justicia penal más preocupada por los derechos de las víctimas, y que la Victimología ha tenido mucho que ver, estableciendo unas bases y unos principios para minimizar la victimización secundaria. Sin embargo, la teoría difiere de la práctica, como veremos, por lo que aún queda un largo camino por recorrer[298].

II. PRINCIPIO INSPIRADOR DE LAS ACTUACIONES PROCESALES PARA CON LA VÍCTIMA: DERECHO A UN TRATO DIGNO Y RESPETUOSO

La dignidad constituye un valor jurídico fundamental de nuestro ordenamiento jurídico en virtud del artículo 10.1 CE. El derecho a un trato digno y respetuoso no es un derecho procesal estrictamente considerado[299], pero debe ser un principio

---

298 BLANCO GARCÍA, A. I., “Estatuto de la víctima del delito. Trascendencia de una Ley”, en *Actualidad Jurídica Iberoamericana,* núm. 3, agosto 2015, pp. 765-774.

299 Como bien ha apuntado SANZ HERMIDA, A. M., se trata de un derecho que debe estar presente en cuantas actuaciones de carácter preprocesal, procesal o extraprocesal se vea implicada la víctima, si bien parece que en el marco del proceso penal debe tener una pre-

que inspire todas las actuaciones procesales desde su inicio[300], desde el momento en el que la víctima decide comunicar a la policía, al Ministerio Fiscal o al juez, la *notitia criminis,* y que debe respetarse durante todo el procedimiento, no solo hasta el dictado de la sentencia, sino más allá, incluso en la ejecución penal. El derecho a un trato digno y a dispensar respeto a la víctima no se limita a la mera cortesía, sino que debe ser más amplio, e implica cierta empatía por parte de los operadores jurídicos, esto es, que la víctima sienta que se identifican con ella[301].

La víctima tiene, por tanto, derecho a ser tratada con respeto y con dignidad, evitando así su victimización secundaria y las Administraciones Públicas deben garantizar que no sea objeto de un trato inadecuado por parte de los profesionales

---

sencia relevante (*vid. Víctimas de delitos: Derechos, protección y asistencia,* Madrid, Iustel, 2009, p. 53).

300 Un análisis exhaustivo del concepto de dignidad como presupuesto para el reconocimiento, ejercicio y defensa de los derechos de las víctimas, puede encontrase en: SANZ HERMIDA, A. M., *Víctimas de delitos..., op. cit.*, pp. 52-64. Esta autora recoge las normas internacionales y europeas en las que el derecho a la dignidad se configura como derecho básico.

301 Para profundizar sobre la empatía en la justicia véase SAMAMÉ, L., "Justicia y Empatía: Dificultades y Propuestas", en *Estudios de Filosofía Práctica e Historia de las Ideas,* Vol. 18, Mendoza, 2016, p. 16. Esta autora plantea la siguiente reflexión: "Puesto que a veces los jueces pueden enfrentar casos atípicos en donde la ley o normativa vigente resultan por sí mismos insuficientes para alumbrar veredictos justos, sería conveniente que estén armados con las virtudes judiciales y, por extensión, con determinada estructura emocional. Es a este respecto que ciertos autores contemporáneos han propuesto incorporar a la empatía como parte esencial de la virtud de la justicia", si bien sugiere "que una promisoria línea de análisis es aquella que ve en la imparcialidad, contrariamente a la forma dominante de concebirla, una actitud embargada de emoción".

que tienen contacto con ella durante el proceso, por lo que a nuestro juicio debe tratarse como un principio inspirador que evite situaciones que dificulten el acceso de la víctima a los derechos que tiene reconocidos[302].

La LEVD recoge el principio de buen trato a las víctimas por parte de los profesionales que tienen contacto con ellas desde el momento en que han sufrido un delito. Para ello, refuerza la importancia de la formación especializada de estos operadores jurídicos en el trato a las víctimas[303].

Así, lo dispone en su artículo 3 cuando reconoce el derecho de toda víctima a "(...) *recibir un trato respetuoso, profesional individualizado y no discriminatorio* (...), incidiendo asimismo en la importancia del fomento por parte de los poderes públicos de la cooperación con los colectivos profesionales especializados en el trato, atención y protección a las víctimas[304].

---

302 El Preámbulo de la LEVD prioriza el trato humano a la víctima en el proceso penal, cuyas actuaciones "(...) *han de estar siempre orientadas a la persona, lo que exige una evaluación y un trato individualizado de toda víctima, sin perjuicio del trato especializado que exigen ciertos tipos de víctimas*", extendiendo así el reconocimiento, protección y apoyo a la víctima a su dimensión moral, y no se limita a los aspectos materiales y a la reparación económica.

303 Así lo reconoce la LEVD en su Preámbulo al disponer "(...) *el fomento de la formación de operadores jurídicos y del personal al servicio de la Administración de Justicia en el trato a las víctimas* (...)" (apdo. VIII).

304 *Vid.* art. 32 sobre la cooperación con profesionales y evaluación de la atención a las víctimas, en el que se contempla la importancia de que los poderes públicos fomenten la cooperación con los colectivos profesionales especializados en el trato, atención y protección a las víctimas, además de su participación en los sistemas que se establezcan de evaluación de las normas, medidas e instrumentos que se adopten para esa protección y asistencia a las víctimas. Además, esa cooperación y colaboración aparece en otros preceptos de la LEVD, tales como el art. 27.2 relativo a la posibilidad de convenios de colaboración entre el Ministerio de Justicia y las CCAA con

Este trato respetuoso debe ofrecerse a la víctima desde su primer contacto con las autoridades y funcionarios, incluso aunque no se haya iniciado el proceso penal. En este punto es fundamental el primer contacto que tiene la víctima del delito con la policía, como primer estamento en las instituciones, puesto que acude de forma inmediata ante un hecho delictivo. En este primer acercamiento de las instituciones públicas a la víctima, a través de las Fuerzas y Cuerpos de Seguridad, se ha de ser especialmente sensible y cuidar tanto las conductas verbales como las no verbales. A modo de ejemplo, tener la previsión de no tocar a la víctima, sobre todo en el caso de delitos de carácter sexual, es un gesto que reduce la victimización en ese momento en el que la víctima se encuentra en estado de *shock* o no necesariamente, pero que acaba de sufrir un delito. El trato a la víctima debe aumentar la sensación de seguridad de ésta y transmitir confianza, sin mentir ni crear falsas esperanzas, empatizando con ella[305].

Tanto los cuerpos policiales como el conjunto de personas que integran la Administración de Justicia (jueces, fiscales, letrados de la Administración de Justicia, abogados, funcionarios, médicos forenses, entre otros), han de dispensar a las víctimas un trato adecuado a su condición de víctima de delito, respetuoso y atento[306].

---

entidades públicas y privadas para la prestación de los servicios de asistencia y apoyo a las víctimas, el art. 27,f que atribuye a las Oficinas de Asistencia a las Víctimas de Delitos entre otras funciones, la de coordinación de los diferentes órganos, instituciones y entidades competentes para la prestación de servicios de apoyo a la víctima.

305 RAMÍREZ ACÍN, P. J., "Protocolos de intervención policial en la atención a víctimas", en *Manual de atención y valoración pericial en violencia sexual, Guía de buenas prácticas,* FERNÁNDEZ GONZÁLEZ, J., Barcelona, Bosch, 2018, p. 336.

306 La Directiva 2012/29/UE incide en esta cuestión, ya que en su Considerando 9 establece que: "*las víctimas de delitos deben ser reconocidas y*

El principio del buen trato a la víctima se reconoce por primera vez en España en el artículo 15.3 de la LAAVD al disponer que "*en todas las fases del procedimiento de investigación el interrogatorio de la víctima deberá hacerse con respeto a su situación personal, a sus derechos y a su dignidad*".

Incluso la LO 2/1986, de 13 de marzo, de Fuerzas y Cuerpos de Seguridad del Estado[307] contempla la obligación de observar un trato correcto en sus relaciones con los ciudadanos (art. 5.2, b).

También en la normativa autonómica, concretamente en la Comunidad Autónoma del País Vasco, destacamos en el ámbito de las víctimas del terrorismo, la Ley 4/2008 de 19 de junio, de Reconocimiento y Reparación a las Víctimas del Terrorismo[308], que declara que con la regulación del derecho a la dignidad "*se pretende garantizar que las víctimas sean tratadas con humanidad y respeto a su dignidad y derechos, recogiendo una serie de medidas apropiadas para garantizar la seguridad, el bienestar físico y psicológico y la intimidad de las víctimas y sus familiares*". Además, concreta que "*el respeto a la dignidad de las víctimas implica un tratamiento*

---

tratadas de manera respetuosa, sensible y profesional, sin discriminación de ningún tipo por motivos como la raza, el color, la etnia o el origen social, los rasgos genéticos, la lengua, la religión o las creencias, la opinión política o de otro tipo, la pertenencia a una minoría nacional, la propiedad, el nacimiento, la discapacidad, la edad, el sexo, la expresión de género, la identidad de género, la orientación sexual, el estatuto de residente o la salud. En todos los contactos con una autoridad competente que actúe en el contexto de procesos penales, y cualquier servicio que entre en contacto con las víctimas, como los servicios de apoyo a las víctimas o de justicia reparadora, se deben tener en cuenta la situación personal y las necesidades inmediatas, edad, sexo, posible discapacidad y madurez de las víctimas de delitos, al mismo tiempo que se respetan plenamente su integridad física, psíquica y moral".

[307] BOE de 14 de marzo de 1986, núm. 63, pp. 1-30 (también BOPV de 1 de Julio de 2008, núm. 124).

[308] BOE de 3 de septiembre de 2011, núm. 212, pp. 95672- 95693.

adecuado de la información, la protección de la intimidad y la imagen, así como la garantía de que las víctimas no sean objeto de vejaciones, agresiones u otros tratos despectivos, humillantes o degradantes".

La Directiva y, por tanto, también la LEVD reconoce este principio, y aunque no se trata de un derecho estrictamente procesal, nuestra LECrim debería hacer referencia al mismo, ya que se trata de un principio inspirador de las relaciones entre la víctima y nuestro sistema judicial penal[309].

Este principio a nuestro juicio requiere para que sea efectivo además de la propia sensibilidad y educación en valores de la persona[310], una formación en los principios de protección a las víctimas recogida en el artículo 30 LEVD.

---

309 El Anteproyecto en su art. 69 establecía el deber de las Administraciones Públicas de velar porque la víctima reciba un trato correcto y se refería al trato digno en varios de sus preceptos, pero no enuncia un principio o derecho de la víctima al trato digno, como sí lo hace el Borrador en su art. 5 en el que se contemplaba el derecho a la dignidad de la víctima, el encausado y todas las personas intervinientes en el proceso. El ALECrim 2020 en su art.103 relativo a la prohibición de la victimización secundaria dispone que la víctima recibirá un trato digno.

310 Esta falta de sensibilidad de los profesionales la ponen en evidencia algunos autores y en concreto con referencia a las víctimas mujeres CUBELLS, J.; CALSAMIGLIA, A. y ALBERTÍN, P., aducen que "la falta de sensibilidad de los profesionales hacia la complejidad de la problemática que sufren las mujeres, así como la falta de referentes y de derivaciones oportunas ha sido documentada en otras investigaciones, como también la crítica a la falta de apoyo por parte de los abogados. Un ejemplo sería el tratar a las víctimas como "casos de archivo", o las actitudes de no tener tiempo de escuchar historietas. Algunas de las víctimas entrevistadas por Joseph R. Gillis tenían la sensación de no poder hablar o no sentirse escuchadas, hasta el punto que expresaban que el sistema judicial les parecía un juego en el que las normas serían las leyes, el escenario el juzgado, y los jugadores la policía, los abogados y los jueces" (*vid.* "El ejercicio profesional en el abordaje de la violencia de género en el ámbito

Avanzamos al respecto que abogamos por la realización de formación específica para todos aquellos operadores jurídicos y profesionales que tienen contacto con las víctimas, para corregir la deficiencia de especialidad en el trato a las víctimas que existe actualmente.

El trato y la atención que reciben las víctimas por parte de algunos de los distintos operadores jurídicos no es siempre el mejor, muchas veces por la falta de medios humanos. Es lógico que una víctima que no reciba la atención que merece y espera, al ser generalmente tratada en virtud de estereotipos y sin tacto, se pueda sentir ignorada y en consecuencia experimente un sentimiento de estar perdiendo el tiempo y de que está siendo maltratada por el propio sistema que no comprende la situación por la que está pasando. Esta falta de empatía, la superioridad hacia la víctima, la insensibilidad de los funcionarios en algunas ocasiones puede aumentar la vulnerabilidad de la víctima.

También se enfrentan a la incredibilidad de su testimonio, a la desconfianza hacia el relato de la víctima, entre otras cuestiones que hemos analizado en el Capítulo Primero al tratar de la victimización secundaria.

Para evitar que se den las situaciones descritas anteriormente es imprescindible la formación, pero también nos planteamos la posibilidad de que debiera preverse régimen disciplinario para los supuestos en los que los funcionarios y profesionales no dispensen un trato digno a la víctima, o que ese trato no sea digno.

Nada ha previsto la LEVD sobre esta cuestión, creemos que hubiera podido concretarse, pues si se contemplara en la legislación como deber y no como mero derecho, podría exigirse su cumplimiento y actuarse contra su incumplimiento. Pero la LEVD lo ha configurado como derecho de la víctima a "*un trato*

---

jurídico-penal: un análisis psicosocial", en *Anales de psicología,* Vol. 26, núm. 1 (enero), 2010, p. 372).

respetuoso (...)", y en la actual LECrim no se considera un deber ni tan siquiera un principio en las actuaciones procesales.

Consideramos que la atención del operador policial o jurídico debe dirigirse a conseguir que la víctima se sienta protegida y segura. El buen trato a la víctima contribuye a que la víctima tenga una mayor disponibilidad a la hora de colaborar con la investigación judicial y en el proceso penal.

Pero también implica dispensar una especial atención a las víctimas más vulnerables, como los menores de edad, las víctimas de violencia de género, las víctimas de violencia sexual o las víctimas con discapacidad por eso, la formación especializada se arbitra como más necesaria si cabe en el supuesto de víctimas especialmente vulnerables que requieren de un trato específico y especializado.

Al hilo de lo antedicho, todos los profesionales que trabajan de una forma u otra en contacto con víctimas de delitos deben tratar a cada una de ellas con respeto a su dignidad y derechos, con sensibilidad y empatía, no únicamente las autoridades y funcionarios a los que alude el precepto de la LEVD, sino también los particulares que actúen como profesionales, como pueden ser los abogados. Cada profesional dependiendo de su función, garantizará la seguridad, y el bienestar de las víctimas físico, psicológico, así como el respecto a su intimidad y la de sus familias, con la finalidad de minimizar la victimización secundaria. Por ello es fundamental que los servidores públicos conozcan y sepan qué hacer y cómo orientar a las víctimas[311].

---

[311] Estos profesionales deben desarrollar técnicas de comunicación con conocimientos y práctica sobre la escucha, la empatía y la asertividad. Asimismo, debe fomentarse una actitud no paternalista, sino empoderadora para que las víctimas desarrollen su autonomía y puedan seguir con su vida, desde una perspectiva integral. Pero también los directivos y los cargos institucionales deben escuchar y apoyar a los profesionales que tratan directamente con las víctimas.

III. LA VÍCTIMA Y EL DERECHO A LA INFORMACIÓN

Una de las dificultades con las que la víctima se ha encontrado siempre, sobre todo si no es parte en el procedimiento, es la falta de comunicación con las autoridades judiciales, sea por la incompleta información facilitada sobre sus derechos o por la falta de información sobre sus actos y sus consecuencias.

Con la finalidad de facilitar el paso de la víctima por el proceso, pero también para posibilitar una comunicación efectiva de la víctima con las autoridades, aunque esta no sea parte en el proceso penal, la LEVD recoge enmarcado en su Título I relativo a los "*derechos básicos*" el derecho a la información desde el primer contacto con las autoridades competentes (art. 5) y el derecho a recibir información sobre su causa penal (art. 7).

Además de los anteriores y para garantizar que no se produzca una mera declaración formal de los derechos, sino que esta se materialice en una comunicación efectiva, el Estatuto sistematiza otros derechos que, a nuestro juicio garantizan su efectividad y que trataremos en este apartado.

Tales derechos son el derecho a entender y ser entendida (art. 4), los derechos de la víctima al interponer la denuncia (art. 6) y el derecho a la traducción e interpretación (art. 9), que son derechos instrumentales previstos para garantizar el derecho a la información.

Se destaca la importancia de que los servicios ofrecidos deben estar evaluados por las propias víctimas. Y el fomento de la cooperación con la Universidad mediante formación, investigación, prácticas y otros agentes sociales, diseñando además estructuras organizacionales que favorezcan la escucha de víctimas y profesionales para mejorar el servicio proporcionado a toda la sociedad. Estas reflexiones se realizan para las víctimas de terrorismo, pero podrían ser extensivas a cualquier tipología de víctima (*vid.* VARONA MARTÍNEZ, G., *Guía general de buenas prácticas en el trato..., op. cit.*, p. 64).

Naturaleza jurídica del derecho a la información

El derecho a la información de la víctima en el proceso penal se configura actualmente en la LEVD como un derecho de toda víctima, incluso aunque no sea parte en el procedimiento, reconociéndose como derecho extraprocesal porque es común a "*todas las víctimas con independencia de que sean parte o no en un proceso penal o hayan decidido o no ejercer algún tipo de acción, e incluso con anterioridad a la iniciación del proceso penal*"[312].

Sin embargo, para nosotros y pese a que se regule en el Título I relativo a los derechos básicos o extraprocesales, el derecho a la información es un derecho de naturaleza procesal[313], debido a que una parte de la información deberá darse a la víctima antes del proceso y otra durante el mismo, dado que la información se proporciona a la víctima por parte de la policía, el fiscal, el letrado de la Administración de Justicia y el juez[314].

---

312 Véase apdo. V del Preámbulo.

313 Así lo cataloga GÓMEZ COLOMER, J. L., que tanto el derecho a la información desde el primer contacto con las autoridades competentes desde el momento previo a la presentación de la denuncia como el derecho a recibir información sobre la causa penal, son derechos procesales penales (*vid. Estatuto Jurídico de la víctima del delito...*, *op. cit.*, p. 290).

314 Varios autores que han analizado los derechos contenidos en la LEVD, en sus distintas clasificaciones incluyen el derecho de información dentro de los derechos procesales. Así, GÓMEZ COLOMER, J. L., *Estatuto Jurídico de la víctima del delito...*, *op. cit.*, pp. 229-230, considera como derechos ordinarios procesales de la víctima, el derecho a la información, derecho a la asistencia, derecho a la protección, derecho a la participación y el derecho a la reparación. DE HOYOS SANCHO, M., establece el derecho a la información como un derecho procesal penal (*vid.* siguiéndole, *La víctima del delito y las Últimas Reformas Procesales...*, *op. cit.*, pp. 26-27). CHOCRÓN GIRÁLDEZ, A. M., cuando analiza el derecho a la información en la Directiva 2012/29/UE considera que el derecho a la información es de carácter transversal pero afecta a las víctimas cualquiera que sea

Como ya se ha adelantado los derechos básicos o extraprocesales son para la LEVD comunes a todas las víctimas, con independencia de que sean parte en un proceso penal o hayan decidido o no ejercer algún tipo de acción. El derecho a la información a nuestro juicio es un derecho necesario para la efectividad del resto de derechos que contempla la LEVD y en este sentido es por lo que entendemos que la LEVD lo ha considerado básico o extraprocesal, ya que el Estatuto identifica el carácter de básico con el de extraprocesal.

Parte de la doctrina considera el derecho a la información como un derecho de carácter eminentemente procesal, pues la mayoría de los derechos que lo conforman son instrumentales de un proceso penal, no debiendo equipararse derecho básico a derecho extraprocesal, sino que el carácter de básico proviene de que su efectividad no dependa de una previa solicitud de su titular[315].

Otros autores, por el contrario, opinan que el derecho a la información, así como el resto de los derechos que le son inherentes, esto es, el derecho a entender y ser entendida, así como el derecho a la traducción e interpretación, son derechos extraprocesales dado que así los configura la LEVD porque son comunes a todas las víctimas[316].

---

la fase en que la que se hallen (*vid.* "La Directiva 2012/29/UE...", *op. cit.*, p. 44).

315 SERRANO MASIP, M. "Los derechos de información", *op. cit.*, p. 75; para GÓMEZ COLOMER, J. L., *Estatuto Jurídico de la víctima del delito...*, *op. cit.*, p. 229, el derecho a la información y el resto de derechos, como son el derecho a la asistencia, el derecho a la protección, el derecho a la participación y el derecho a la reparación son derechos ordinarios procesales, pues son de naturaleza procesal o con concreción especialmente en el proceso penal.

316 AGUDO FERNÁNDEZ, E.; JAÉN VALLEJO, M., PERRINO PÉREZ, Á., *La víctima en la Justicia Penal (El Estatuto jurídico de la víctima del delito)*, Madrid, Dykinson, 2016, pp. 69 y 75; GARCÍA PÉREZ, M. F.,

El derecho a la información se configura pues como un derecho procesal penal y extraprocesal de carácter general y básico desde el primer contacto con las autoridades competentes, así como un derecho concreto a recibir información sobre la causa penal y es además la antesala de la efectividad del resto de derechos.

Obsérvese que los derechos recogidos en el artículo 5 LEVD sobre el derecho a la información desde el primer contacto con las autoridades competentes, son de carácter preprocesal o extraprocesal puesto que recogen toda la información que debe proporcionarse a las víctimas desde su primer contacto con las autoridades, y con anterioridad al inicio de un proceso penal. Así, mucha de la información que en dicho precepto se establece son sobre cuestiones no procesales, tales como la posibilidad de que se les informe sobre medidas de ayuda y apoyo de carácter médico, psicológico o económico, o las indemnizaciones a las que pudiera tener derecho de conformidad a la legislación vigente, la información de los servicios de traducción e interpretación, las ayudas y servicios auxiliares para la comunicación disponibles, así como sobre los servicios de justicia restaurativa.

Todas estas cuestiones a las que la víctima tiene derecho y que por lo tanto se le ha de informar no son de carácter procesal por lo que se trataría de información de carácter extraprocesal. Sin embargo, la LEVD también contempla la información de derechos claramente de naturaleza procesal como son el derecho a denunciar que tiene la víctima, el derecho a solicitar las medidas de protección, el derecho a recibir la información sobre el asesoramiento jurídico y el derecho a la notificación de determinadas resoluciones del proceso penal,

---

"Posición jurídica de la víctima...", *op. cit.*, p. 6, sostiene que tanto el derecho a ser entendida como el derecho a la traducción se configuran como garantía de comunicación.

el derecho a impugnar las resoluciones, el derecho al reembolso de los gastos judiciales, el derecho de información a las víctimas que residen en el extranjero, así como el derecho de información de la propia causa penal, los datos de contacto de la autoridad encargada de la tramitación del procedimiento así como los supuestos en los que pueda obtener el reembolso de los gastos judiciales.

Así pues, de la misma manera que se garantiza al investigado la información sobre los derechos legal y constitucionalmente reconocidos, la víctima ha de ser informada sobre los diversos hitos que se suceden en el proceso penal[317].

¿Quién debe informar a la víctima?

Una de las primeras cuestiones que nos planteamos es a quien compete el deber de informar a la víctima. Al respecto, nada especifica el artículo 5 LEVD, aunque el artículo 7 RDEVD se refiere a las autoridades y funcionarios que entren en contacto con las víctimas. La anterior previsión habrá que ponerla en relación con lo previsto en la LECrim. De esta ma-

317 La Ley Orgánica 5/2015, de 27 de abril, por la que se modifican la Ley de Enjuiciamiento Criminal y la Ley Orgánica 6/1985, de 1 de julio, del Poder Judicial, lleva a cabo la trasposición de la Directiva 2010/64/UE, de 20 de octubre de 2010, relativa al derecho a interpretación y a traducción en los procesos penales y la Directiva 2012/13/UE, de 22 de mayo de 2012, relativa al derecho a la información en los procesos penales, que en su Considerando 18 establece "*El derecho a la información sobre los derechos procesales (que se infiere de la jurisprudencia del Tribunal Europeo de Derechos Humanos) debe quedar explícitamente establecido en la presente Directiva*". Sobre este derecho y el análisis de la Directiva véase FAGGIANI, V., "El derecho a la información en los procesos penales en la UE: la Directiva 2012/13/UE, de 22 de mayo de 2012", en *Revista General de Derecho Procesal*, núm. 30, 2013, pp.1-18.

nera en sede policial será la policía judicial y en sede judicial las funciones de informar corresponderán al Letrado de la Administración de Justicia (en adelante, LAJ), aunque no vemos problema en que este pueda delegar la ampliación de la información inicial en la Oficina de Asistencia a las Víctimas de Delitos (en adelante, OAVD)-lo permiten los arts. 28.1, a, b y 28.2, c LEVD y 19.2, 3, 4 y 8 RDEVD-.

Consideramos acertada la opción de que las OAVD asuman gran parte de las competencias sobre información a la víctima, por los beneficios para la Administración de Justicia que supone: por una parte, la formación específica del funcionariado y personal de la OAVD que proporciona la información garantiza una mejor asistencia especializada a la víctima y, por otro lado, porque implica cierta descarga de trabajo a las oficinas judiciales, el hecho de que sean estas Oficinas las encargadas de realizar todos los trámites necesarios para obtener del órgano judicial la información[318]. De hecho, el propio RDEVD así lo reconoce en su artículo 27 sobre la fase de información en la que las OAVD facilitan a las víctimas información sobre los derechos que les asisten. E incluso, a nuestro juicio y aunque la LEVD excluye a las personas jurídicas como víctimas, debería darse por parte de las OAVD información de la comprendida en la LEVD a las fundaciones o asociaciones relacionadas con el ámbito victimal, dado que pueden participar activamente en el proceso penal.

En relación con la policía judicial, obsérvese que el contenido del derecho a la información previsto en la LECrim se ha visto ampliado por la LEVD. El artículo 796 LECrim ya establecía con anterioridad el deber de información como una de las funciones de la policía judicial respecto del detenido, aunque no se configuraba como un deber con respecto a la víctima ni

---

318 ALBA FIGUERO, M. C., "Derechos, facultades y ...", *op. cit.*, p. 22.

tan siquiera como un derecho de esta. Dicho precepto contempla las diligencias a practicar por la policía judicial durante la detención y, en atención a la información del detenido se prevé el derecho de éste de comparecer ante el Juzgado de guardia asistido por letrado.

Sin embargo, no recoge la tarea de informar a las víctimas que ha sido introducida por la LEVD, puesto que la única alusión que realiza sobre las víctimas es cuando trata las citaciones de los testigos en general, entendemos que fruto de la equiparación de testigo y víctima[319], pues anteriormente se refería a la citación de testigos, ofendidos y perjudicados, y actualmente únicamente contempla la citación de testigos[320].

Entendemos que dicho precepto debería ser reformado para introducir el deber de la policía judicial de informar a las víctimas.

Precisamente al hilo de esta última cuestión apuntada, el artículo 771. 1ª de la LECrim regula el contenido del ofrecimiento de acciones que debe realizar la policía judicial y establece la obligación de informar al "*ofendido*" o "*perjudicado*", "*de forma escrita de los derechos que les asisten de acuerdo con lo establecido en los artículos 109 y 110*". Este precepto, impone a la policía judi-

---

319 De hecho, como sostiene SUBIJANA ZUNZUNEGUI, I. J., aunque el ordenamiento jurídico vigente confiere a las víctimas dentro del debate probatorio el tratamiento de testigo, el estatuto de la víctima en el juicio oral responde a un paradigma ecléctico, fruto de la combinación de un modelo procesal en el que no había lugar a las víctimas, siendo su presencia integrada en la figura del testigo y un modelo procesal en el que de forma progresiva se urde un espacio jurídico propio para las víctimas (*vid. El principio de protección...*, *op. cit.*, p. 281).

320 Se redactó de nuevo la regla 4ª del apartado 1 y se añade el apartado 4 por la Disposición Final 1.2.m) y n) de la Ley Orgánica 15/2003, de 25 de noviembre. BOE de 26 de noviembre de 2003, núm. 283, pp. 41842-41875.

cial la obligación de informar al ofendido y al perjudicado de derechos como mostrarse parte en la causa sin formular querella, nombrar abogado o instar el nombramiento de oficio, tomar conocimiento de lo actuado e instar lo que a su derecho convenga y en el caso de no personarse en la causa y no hacer renuncia ni reserva de acciones civiles, el Ministerior Fiscal (en adelante, MF) las ejercitará si correspondiere.

En sede judicial corresponde al LAJ la información de los derechos que ostenta el ofendido y el perjudicado, en los términos previstos en los artículos 109 y 110, cuando previamente no lo hubiera hecho la policía judicial (art. 776.1 LECrim)[321], así como de las medidas de asistencia a las víctimas que prevé la legislación vigente y de los derechos del artículo 771 regla 1ª que remite a los deberes de información de la legislación de vigente y concreta los derechos en la información por escrito de los derechos que les asisten (a los ofendidos y perjudicados)[322].

---

321 En este sentido, el art. 5 del Reglamento 1/2005, de los aspectos accesorios de las actuaciones judiciales aprobado por Acuerdo de 15 de septiembre de 2005, del Pleno del Consejo General del Poder Judicial (BOE de 27 de septiembre de 2005): "*Los Secretarios y funcionarios competentes de la Oficina judicial facilitarán a las partes interesadas y a cuantos manifiesten y justifiquen un interés legítimo y directo, cuanta información soliciten sobre el estado de las actuaciones judiciales, que podrán examinar y conocer, salvo que sean o hubieren sido declaradas secretas conforme a la Ley. La información se facilitará en términos claros y asequibles cuando las partes o interesados que la soliciten no sean profesionales del Derecho. Igualmente facilitarán la información necesaria sobre las causas de los retrasos y suspensiones de los actos y vistas a las personas que hayan sido citadas para intervenir en ellos. El acuerdo de suspensión será comunicado a los interesados con la antelación suficiente para evitar desplazamientos innecesarios a la sede del órgano, salvo en los supuestos en que haya sido adoptado en la misma fecha prevista para la celebración del acto o vista de que se trate*".

322 Así el derecho a la información ya quedaba garantizado con anterioridad a la LEVD en el procedimiento abreviado. Asimismo, el

Nótese que el artículo 776.1 LECrim atribuye el deber de información al LAJ no haya informado a la víctima la policía judicial. Creemos que ahora con la previsión de la LEVD, que exige que la información esté constantemente actualizada, este deber recae sobre el LAJ, quien deberá informar en la actualidad de más extremos[323], no solo al inicio del proceso sino

---

art. 797.1. 5ª relativo a los juicios rápidos remite al contenido del art. 776 en cuanto a la información, y los arts. 962.1 y 964.1 para los delitos leves, por lo que queda igualmente garantizado.

323 Para GIMENO SENDRA, V., el contenido de ese deber de información a la víctima se refiere a los siguientes derechos: "(...) a) mostrarse parte en la causa con procurador y abogado, en paridad de armas con el MF, lo que comprende el derecho a formular alegaciones (art. 25.2 Ley Orgánica 5/1995, de 22 de mayo, del Tribunal del Jurado, en adelante, LOTJ), la publicidad o toma de conocimiento de las actuaciones practicadas (art. 776.3) y a participar en las que se practiquen (art. 302) sin que se retroceda en el curso de las actuaciones (art. 109.3); b) el derecho a solicitar la asistencia jurídica gratuita (art. 25.2 LOTJ y 119 LECrim); c) el derecho a la asistencia médica y psicológica en el caso de los delitos violentos y contra la libertad sexual (art. 15 RD 738/1997, de 23 de mayo que desarrolla la LAAVD de 11 de diciembre), así como a obtener una orden de protección; d) en estos últimos delitos y en todos aquellos en los que el Estado viene obligado a indemnizar a las víctimas (*vid.* arts. 2.1,b y ss. de la Ley 29/2011, de 22 de septiembre y Real Decreto 288/2003, de 7 de marzo, que aprueba el Reglamento de ayudas y resarcimiento a las víctimas del terrorismo) el derecho a percibir ayudas económicas con cargo a los Presupuestos del Estado (arts. 20 L 29/2011 y RD 738/1997); e) a que se proteja su intimidad en el secreto del sumario y en la publicidad del juicio (arts. 301 y 681); f) a la notificación y devolución de sus efectos incautados (art. 284); g) a notificarle los Autos de sobreseimiento o archivo que, aunque no hayan comparecido en la causa, puede impugnar en el plazo de veinte días (arts. 636 y 779.1.1ª); h) a conocer la fecha y lugar de la celebración del juicio (art. 785.3) y recibir notificación de la sentencia que recaiga en primera instancia (art. 789.4) y en apelación (art. 792.4), y i) a conocer «*los actos procesales que puedan afectar a su segu-*

durante todo su desarrollo[324].

Consideramos que la LEVD podría haber reformado esta cuestión en la LECrim y la referencia a la inexistencia de información previa por parte de la policía judicial para atribuir la obligación al LAJ en todo caso, con independencia de que lo haya hecho la policía judicial con anterioridad, y no hubiera sido redundante añadir la importancia de la actualización constante de la información.

Pues bien, nuestro ordenamiento procesal ya regulaba en el artículo 109[325] de la LECrim el ofrecimiento de acciones al ofendido en su primera declaración (*vid.* STC núm. 94/2001,

---

ridad» (art. 109.4), introducido por la LO 14/1999, de 9 de junio) (...)" (*vid. Derecho Procesal..., op. cit.*, pp. 268-269).

324 Es muy importante tener una ficha personal de la víctima que contenga datos de carácter reservado pero que permita una atención más personalizada y actualizada a la víctima. *Vid.* un modelo de ficha personal de víctima COSCOLLOLA FEIXA, M.A.; FERNÁNDEZ PALMA, M. R; GUIL ROMÁN, C.; HERNÁNDEZ GARCÍA, J. y RIVA ANIES, M. V., "El impacto del estatuto de la víctima del delito en el proceso penal", en Centre d'Estudis Jurídics i Formació Especialitzada, Generalitat de Catalunya, pp. 54-58. Recurso electrónico, disponible en: https://bit.ly/2EgkylM.

325 El art. 109 LECrim, modificado por la Disposición Final Primera LEVD atribuye al secretario Judicial el deber de informar a la víctima en el acto de recibirse declaración por el juez al ofendido o perjudicado "(...) *del derecho que le asiste para mostrarse parte en el proceso y renunciar o no a la restitución de la cosa, reparación del daño e indemnización del perjuicio causado por el hecho punible* (...)" y "(...) *de los derechos recogidos en la legislación vigente* (...)".

de 2 de abril)[326], como garantía del derecho a la información y que le confiere legitimación activa en el procedimiento[327].

No obstante, dicho precepto ha sido reformado por la LEVD en el sentido de incluir la previsión de que el LAJ informe además de los derechos recogidos en la legislación vigente,

---

326 Id. vLex VLEX-131782. Dicha Sentencia en su FJ 3º dispone sobre el ofrecimiento de acciones: "*Así pues, nota esencial del derecho a la tutela que han de cumplir los Tribunales es la de posibilitar el libre acceso de las partes al proceso. De ahí que, incoada una instrucción penal, el Juez haya de otorgar al ofendido por el delito la posibilidad de ejercicio del derecho a la tutela mediante el denominado "ofrecimiento de acciones", a fin de que pueda comparecer y mostrarse parte en la causa ya incoada, todo ello en orden a que pueda deducir y sostener la pretensión penal (SSTC 37/1993, de 8 de febrero, y 140/1997, de 22 de julio, por todas). No cabe negar, pues, la posibilidad de que en determinados supuestos la falta de ofrecimiento de acciones al ofendido o al interesado, que no conozca la existencia del proceso (SSTC 121/1994, de 25 de abril, y 278/1994, de 17 de octubre), o la información judicial defectuosa (STC 66/1992, de 29 de abril), conviertan el incumplimiento del deber de información al que se refiere el art. 109 LECrim en auténtica denegación de tutela, con frustración del derecho del ofendido a erigirse en acusador particular en el proceso. "Aquél que ... resultado lesionado y ... un potencial ofendido, en la terminología de la propia Ley, ostenta la cualidad de interesado y está dotado de legitimación para actuar en juicio". Por ello, cuando no se pone en su conocimiento la existencia de un proceso en que tan directamente se encuentran implicados sus intereses (cuando no tiene lugar el llamado "ofrecimiento de acciones", en la terminología del art. 109 LECrim) con el resultado obstativo que se ha descrito, por simple ignorancia de la pendencia del proceso y no por propia decisión o como resultado de su negligencia, "se cercena su derecho a la efectividad de la tutela judicial, que conlleva la interdicción de cualquier menoscabo del derecho de defensa" (SSTC 98/1993, de 22 de marzo, FJ 4; 278/1994, de 17 de octubre, FJ 3)*".

327 Destaca GIMENO SENDRA, V., que es la cualidad de ofendido y de perjudicado (para este autor ambos deben utilizarse como sinónimos) la que confiere la legitimación activa para ejercitar respectivamente la pretensión penal (el ofendido) y la civil (el perjudicado) dimanantes del delito, por lo que sólo a ellos se efectuará el ofrecimiento de acciones (*vid. Derecho Procesal Penal, op. cit.*, p. 265).

pudiendo delegar esta función en personal especializado en la asistencia a víctimas. Esta previsión es demasiado amplia pues no concreta cuáles son esos derechos, pues derechos de las víctimas se recogen en la LEVD, en la LECrim y en la legislación sectorial sobre víctimas de delitos. A nuestro modo de ver se debería haber realizado una referencia al Estatuto de la víctima con la consecuente remisión a los derechos que contiene, o bien haberlos recogido directamente en la LECrim que es dónde deberían regularse.

En la práctica judicial se realiza la información de derechos al perjudicado u ofendido por el delito en el acto en el que el juez recibe declaración al ofendido, incluso la LECrim prevé para el procedimiento penal abreviado que dicho ofrecimiento de acciones se realice ante la policía judicial[328].

La importancia que la LECrim atribuye a la información que prevén sus artículos 771, 109, 110 y 109 *bis* se refleja en el apartado 2 del artículo 776 que dispone que la información se realizará por el medio más rápido posible en el supuesto de la imposibilidad de practicar la comparecencia por parte de la policía judicial o del LAJ permitiendo la continuación del procedimiento.

Por la relevancia que adquiere el LAJ como garante de los derechos de las víctimas a la hora de recibir a las víctimas en el Juzgado e instruirlas de los derechos que les asisten y para evitar la victimización secundaria, una buena práctica sería realizar la diligencia de instrucción de derechos en el despacho del LAJ, o en la sala en la que se practican las declaraciones

---

328 *Vid.* el art. 771.1 modificado por Ley 38/2002, que introdujo el llamado juicio rápido y modificó el procedimiento abreviado, introduciéndose en la LECrim una regulación más detallada de los deberes de información por parte de determinados operadores jurídicos como la policía judicial en la fase anterior a la incoación del proceso penal.

ante el LAJ, con la presencia del letrado de la víctima, el acompañante a quien tiene derecho en virtud del artículo 4,c LEVD, así como el personal especializado de la OAVD con la que la víctima haya tenido contacto previo[329].

¿Cómo se debe proporcionar la información? La forma

Parece que sea suficiente que dicha información se haga por escrito, con un modelo -una diligencia de información de derechos- preparado por el Juzgado, y que bastaría la firma estampada de la víctima en dicha información de derechos, e incluso que cabría delegar en determinado personal del funcionariado dicho deber. Aunque el artículo 7.1 LEVD contempla el deber de las autoridades y funcionarios que entren en contacto con las víctimas de facilitarles información escrita o documentos comprensivos de los extremos señalados en el artículo 5.1 LEVD, cuando la víctima lo precise, nosotros defendemos que debería de darse siempre y en todo caso. Pero entendemos que dicha información de derechos debe efectuarse por el propio LAJ y sobre la base de la escucha activa y mediante una explicación personal de éstos directamente a la víctima para asegurarse de su entera comprensión. Con esta forma de actuar se contribuye a la minimización de la victimización secundaria puesto que la víctima se siente acogida. No obstante, ha de facilitarse siempre de forma escrita para que la víctima pueda tener recogido en un documento todos los derechos por si quiere consultarlos más tarde y de forma más sosegada, cuando sus condiciones emocionales le permitan asimilar tan-

---

329 Al menos en Valencia, el personal de la OAVD no se encuentra presente y generalmente la instrucción de derechos se hace o bien a la víctima sola, o bien a la víctima con su letrado o en su caso a la víctima con la presencia de su acompañante.

ta información. De ahí la importancia de que la redacción sea clara y con las referencias normativas mínimas.

Además de todas las formalidades que prevé la Ley, se ha de informar de manera que la información sea comprendida por la víctima y, para ello, sería conveniente reducir al mínimo las referencias normativas en el documento y dialogar con la víctima para ofrecerle esa claridad expositiva que un formulario no puede otorgar por mucho que se haya reducido la complejidad del lenguaje que es, sin duda útil, pero no suficiente. La necesidad de claridad en la exposición de la información viene requerida al LAJ en el artículo 15.4 de la LAAVD que ya establecía la obligación de cuidar que la víctima sea informada en términos claros.

Llegados a este punto, solo nos resta aludir a la importancia de que el acta que al efecto se levante, debería especificar qué información concreta se facilita a la víctima en cada una de las fases del proceso, de tal manera que el siguiente funcionario o autoridad que se encargue del expediente conozca los términos de esa información para poder, en su caso, actualizarla o completarla[330].

A modo de ejemplo, uno de los primeros protocolos del Estatuto de la Víctima es la *Guía Práctica del Estatuto de la Víctima en los Juzgados de Valencia*[331], que con acierto incorpora un modelo de

---

330 TENA ARAGÓN, M. F., "Información a las víctimas de delitos. Ley del Estatuto de las Víctimas y reformas de la LECrim", en *Cuadernos Digitales de Formación,* núm. 47, Consejo General del Poder Judicial, 2016, p. 9.

331 Recurso electrónico, disponible en: https://bit.ly/2AKC8Nd. En esta guía se incorpora un anexo en el que consta un modelo de diligencia de información de derechos al perjudicado u ofendido, encabezado por el LAJ, en la que se recoge claramente los derechos que tiene la víctima si no se muestra parte en el procedimiento, así como los derechos si se persona. Se añade la información sobre el

diligencia de información de derechos al perjudicado u ofendido. Sin embargo, consideramos que sería necesario implementar un protocolo exclusivo en materia de información y asistencia que permita la explicación de sus derechos a la víctima, con la finalidad de reducir la victimización secundaria.

Y precisamente con dicho fin, y dado que también las Fuerzas y Cuerpos de Seguridad del Estado tienen atribuida la función de informar a las víctimas de delitos[332], consideramos necesaria una coordinación entre todas las instancias policiales, judiciales y administrativas, en especial con las OAVD, para que no se produzca duplicidad de información, y evitar así la sobresaturación de información en los primeros momentos después de haber sufrido el delito.

---

protocolo que puede encontrar a su disposición en la web del Decanato de los Juzgados de Valencia y en el portal de transparencia del Consejo General del Poder Judicial.

332 La Instrucción número 6/1997 de la Secretaría de Estado de Seguridad, sobre atención e información a las víctimas de determinados delitos de las gestiones e investigaciones realizadas para su esclarecimiento, establece en su punto 4 que "*los funcionarios que reciben la denuncia, proporcionarán la información de carácter general que se les solicite el ciudadano, además de darle a conocer los derechos que le corresponden y las posibilidades asistenciales que tiene a su disposición. Por parte de los responsables policiales competentes, se promoverán las iniciativas de coordinación con otras instituciones, con la finalidad de establecer procedimientos consensuados que favorezcan la simplificación de trámites, la reducción de las molestias y la racionalización de la gestión*". Recurso electrónico, disponible en: https://bit.ly/303YcLD.

Contenido del derecho a la información en la Ley del Estatuto de la víctima del delito

Como se ha avanzado, la LEVD regula en sus artículos 5 y 7 el derecho a la información de las víctimas, que trasponen los artículos 4 y 6 Directiva 2012/29/UE. Estos derechos se complementan para la garantía de su efectividad, con el derecho a entender y ser entendida (art. 4), el derecho a recibir una copia de la denuncia, a la asistencia lingüística gratuita y a la traducción escrita de dicha copia (art. 6), así como con el derecho a la traducción e interpretación (art. 9), considerados por la Ley como derechos básicos de las víctimas.

Este derecho a la información se configura como un derecho basilar y de posición absolutamente preeminente[333] que habrá de cumplirse sin retrasos innecesarios lo que refleja la necesidad de la agilización de los procedimientos penales. De esta forma el derecho a la información se configura como condición previa para el ejercicio de otros derechos, y necesario, por tanto, para su efectividad[334].

---

333 Así lo declara la doctrina mayoritaria, entre otros, CHOZAS ALONSO, J. M., "El nuevo estatuto...", *op. cit.*, p. 205; TAMARIT SUMALLA, J. M, "¿Hasta qué punto...?", *op. cit.*, pp. 35-36.

334 Señala SERRANO MASIP, M., que el preámbulo de la LEVD establece los ejes centrales sobre los que debe girar el derecho a la información, si bien no se enuncian en la Ley como principios o valores generales de dicho derecho, tales como la personalización, la accesibilidad, la falta de dilación, la actualización, la especialización, el respecto a la autonomía de la voluntad de las víctimas así como la revocación de las solicitudes inicialmente realizadas (*vid.* "Los derechos de información", *op. cit.*, pp. 76-77). También para GÓMEZ COLOMER, J. L., se trata del derecho más importante en los momentos iniciales tras la comisión del crimen y surgimiento del *estatus* de víctima para una persona (*vid.* GÓMEZ COLOMER, J. L., "Sobre los derechos de la víctima...", *op. cit.*, p. 71).

En cuanto a la exigencia de proporcionar la información sin retrasos innecesarios, plantea la cuestión del momento en el que debe informarse, ya que para la comunicación de determinadas resoluciones al investigado la LECrim alude a la inmediatez[335], mientras que la indicación de la LEVD a retrasos innecesarios da a entender una cierta demora justificada en la notificación e información a la víctima.

La información deberá provenir de las autoridades competentes según el caso, la autoridad judicial, policial o MF y LAJ, por lo que la formación especializada resulta fundamental para todos aquellos profesionales entre cuyas competencias se encuentra el deber de informar a las víctimas. En este sentido, el *Informe del Consejo General del Poder Judicial al Anteproyecto de Ley Orgánica del Estatuto de las Víctimas del delito*[336] propuso que la información fuera realizada por expertos. Sin embargo, no se ha incorporado dicha propuesta al articulado definitivo, quizás porque el legislador entiende que ya está previsto de forma implícita en el artículo 30 LEVD, que exige a la autoridad una formación especial, no obstante, no habría sido redundante remarcarlo[337].

---

335 Así se desprende de la interpretación conjunta de dos preceptos, el art. 118.5 y el art. 775.1 LECrim. Según ARMENGOT VILAPLANA, A., dicha interpretación conjunta "(...) conduce a entender que la admisión de la denuncia o de la querella, y cualquier actuación procesal de la que se desprenda la imputación (p.ej. la declaración de testigos o el examen de documentos por el Juez) debe ser comunicada de manera inmediata al investigado, el cual tendrá conocimiento de los hechos que se le atribuyen una vez ha superado el control judicial de la verosimilitud de la imputación" (*vid.* "El derecho a la información en los procesos penales (Directiva 2012/13/UE) y su incorporación a la LECrim", en FUENTES SORIANO, O. (Coord.), *El proceso penal. Cuestiones fundamentales*, Valencia, 2017).

336 *Op. cit.*, p. 25.

337 Compartimos esta opinión con GÓMEZ COLOMER, J. L., "¿Es necesaria una reforma de los derechos de la víctima del crimen en

Tal y como se analizará de forma más detallada en los siguientes apartados el ejercicio del derecho a la información no es posible si no se relaciona con el derecho a entender y ser entendida, para cuya efectividad es necesario garantizar la realización de todas las comunicaciones con la víctima mediante un lenguaje simple, oralmente o por escrito. Se trata de que todas las víctimas, comprendan toda la información que ha de proporcionárseles por las autoridades competentes. Esta comprensión no debe limitarse a la mera traducción sino a que la información sea clara y en lenguaje sencillo, esto es, a modo de ejemplo, mediante el empleo del lenguaje como el braille en el supuesto de víctimas con ceguera o el lenguaje de signos en la comunicación con personas con deficiencias auditivas.

Los derechos de la víctima como denunciante a obtener una denuncia debidamente certificada y a la traducción escrita de la mismas, el derecho a la asistencia lingüística gratuita, así como el derecho a la traducción e interpretación, se alzan también como derechos necesarios para la efectividad del derecho a la información, y garantizan que la víctima pueda entender toda la información cuando no hable o no entienda la lengua del lugar donde se tramita el proceso penal. Hemos de considerar que la información a la víctima de forma comprensible sobre sus derechos y todas las actuaciones que debe realizar para hacerlos efectivos durante el proceso penal es imprescindible para garantizar el acceso a la justicia. Por ello, los servicios de intérprete y traducción, así como todos los medios necesarios para hacer efectivo ese derecho han de ser puestos

---

el proceso penal español?", en *Cuadernos de derecho penal,* núm. 14, 2015, p. 23. De hecho, el propio Consejo General del Poder Judicial aconsejó que se incluyera en dicho precepto la necesidad de que la información se realice por personas expertas en el manejo de las víctimas y con habilidades relacionales (*vid. Informe del Consejo General del Poder Judicial al Anteproyecto de Ley Orgánica del Estatuto de las Víctimas del delito, op. cit.*, p. 25).

a disposición de la víctima y de forma gratuita, lo que implica necesariamente un reforzamiento de estos servicios, como se verá.

El derecho a la información se convierte así en una necesidad de las víctimas ya que les posibilita conocer las consecuencias de un hecho que les afecta de forma personal y de esta forma les permite ejercer un cierto control de la situación[338], junto con las necesidades prácticas y las necesidades emocionales y psicológicas[339].

En todo caso, téngase en cuenta que no estamos solamente ante una necesidad sino un deber para las autoridades judiciales, pero también para las OAVD que han de facilitar la información a las víctimas sobre los derechos que pueden ejercitar durante el proceso penal y que se detallan en el artículo 27 RDEVD[340], información que ha de ser adaptada a las circuns-

---

338 TAMARIT SUMALLA, J. M., "Los derechos de las...", *op. cit.*, p. 46.

339 GARRIDO GENOVÉS, V., "La ayuda educativa a las víctimas del delito: (no sólo los delincuentes necesitan asistencia)", en *Bordón*, núm. 42 (4), 1990, pp. 387-395.

340 Art. 27 RDEVD: "(...) *Las oficinas informarán a las víctimas sobre la función tuitiva del Ministerio Fiscal, y facilitarán a las víctimas información sobre los derechos que les asisten, y en particular sobre los siguientes: a) Derecho a denunciar y, en su caso, el procedimiento para interponer la denuncia y derecho a facilitar elementos de prueba a las autoridades encargadas de la investigación. b) Procedimiento para obtener asesoramiento y defensa jurídica y, en su caso, condiciones en las que pueda obtenerse gratuitamente. c) Posibilidad de solicitar medidas de protección y, en su caso, procedimiento para hacerlo. Cuando se trate de víctimas de violencia de género y doméstica, sobre la posibilidad de solicitar una orden de protección, explicando de forma comprensible que confiere a la víctima un estatuto integral de protección y, en su caso, procedimiento para hacerlo. d) Medidas de asistencia y apoyo disponibles, sean médicas, psicológicas o materiales, y procedimiento para obtenerlas. Dentro de estas últimas se incluirá, cuando resulte oportuno, información sobre las posibilidades de obtener un alojamiento alternativo. e) Indemnizaciones o ayudas económicas a las que pueda tener derecho y,*

en su caso, procedimiento para reclamarlas. f) Servicios de interpretación y traducción disponibles. g) Ayudas y servicios auxiliares para la comunicación disponibles. h) Procedimiento por medio del cual la víctima pueda ejercer sus derechos en el caso de que resida fuera de España. i) Recursos que puede interponer contra las resoluciones que considere contrarias a sus derechos j) Datos de contacto de la autoridad encargada de la tramitación del procedimiento y cauces para comunicarse con ella. k) Servicios de justicia restaurativa disponibles, en los casos en que sea legalmente posible. l) Supuestos en los que pueda obtener el reembolso de los gastos judiciales y, en su caso, procedimiento para reclamarlo. m) Derecho a ser informada sin retrasos innecesarios de la fecha, hora y lugar del juicio, así como del contenido de la acusación dirigida contra el infractor. n) Derecho a efectuar una solicitud para ser notificada de las resoluciones a las que se refiere el artículo 7 del Estatuto de la víctima del delito, así como dejar sin efecto esta solicitud, y a solicitar que dichas resoluciones también se comuniquen a las Oficinas de Asistencia a las Víctimas. o) Derecho obtener una copia de la denuncia, debidamente certificada. p) Derecho a la asistencia lingüística gratuita y a la traducción escrita de la copia de la denuncia cuando no entienda, no hable ninguna de las lenguas que tengan carácter oficial en el lugar en el que se presenta la denuncia. q) Derecho de las víctimas de delitos de violencia de género a ser notificadas de las resoluciones a las que se refieren las letras c) y d) del apartado 1 del artículo 7 del Estatuto de la víctima del delito, sin necesidad de que lo solicite, salvo que manifieste su deseo de no recibir dichas notificaciones. r) Derecho al periodo de reflexión en garantía de los derechos de la víctima en casos de catástrofes, calamidades públicas u otros sucesos que hubieran producido un número elevado de víctimas que impiden a los abogados y procuradores sus servicios profesionales hasta transcurridos 45 días desde que aconteció el hecho, quedando sin efecto en el caso de que la presentación de estos servicios profesionales haya sido solicitada expresamente por la víctima. s) Derecho a que se le comunique la resolución de sobreseimiento y la posibilidad de recurrir. t) Derecho a interesar que se impongan al liberado condicional las medidas o reglas de conducta previstas por la ley que consideren necesarias para garantizar su seguridad, cuando aquél hubiera sido condenado por hechos de los que pueda derivarse razonablemente una situación de peligro para la víctima. u) Derecho a facilitar al Juez o Tribunal cualquier información que resulte relevante para resolver sobre la ejecución de la pena impuesta, las responsabilidades civiles derivadas del delito o el comiso que hubiera sido acordado. v) La información sobre los servicios espe-

tancias y condiciones personales de la víctima, a la naturaleza del delito cometido y a los daños y perjuicios causados.

Como se ha expuesto *ut supra*, la regulación del derecho a la información contenida en la LEVD y en el RDEVD convive con lo ya previsto en la LECrim, por tanto, no se trata de un derecho *ex novo*, aunque contempla algunas cuestiones no abordadas por la legislación anterior, que se analizarán en los siguientes apartados.

Desde el primer contacto con las autoridades y funcionarios

El contenido básico del derecho de la víctima a obtener información se regula en el artículo 5 LEVD y se desarrolla en el artículo 7 RDEVD. Se reconoce dicho derecho desde el primer contacto que la víctima tenga con las autoridades y funcionarios, que se ejercita tras la comisión del crimen y el surgimiento del estatus de víctima para una persona. La información que prevé este precepto es la dirigida a la víctima en momentos anteriores a interponer la denuncia, o la información a la víctima durante el proceso, pero para aquella víctima que no se ha personado en el mismo.

Sobre el alcance del derecho a la información el artículo 5 establece los extremos de los que las víctimas deben ser informadas[341], algunos novedosos y no reconocidos anteriormente en la LECrim, destacándose que la enumeración contenida

---

cializados disponibles que puedan prestar asistencia a la víctima, así como los recursos psicosociales y asistenciales disponibles".

341 El Consejo Fiscal en su *Informe al Anteproyecto de Ley Orgánica del Estatuto de la víctima del delito, op. cit.*, p. 8, aduce que llama la atención que en este primer contacto con las autoridades el hecho de que no se informe a las víctimas de la actividad tuitiva que realiza el Ministerio Fiscal en relación con ellas, puesto que si no se personan será el MF quien defenderá sus intereses.

en dicho precepto se encuentra redactada de forma general y poco precisa[342]. La información deberá actualizarse a lo largo del procedimiento. No obstante, hemos de señalar que algunos de estos aspectos serán objeto de análisis a lo largo de esta obra, por lo que nos limitaremos a abordarlos brevemente y en la medida que no se vayan a tratar posteriormente de forma exhaustiva.

Pues bien, el artículo 5 LEVD dispone[343]: "*1. Toda víctima tiene derecho, desde el primer contacto con las autoridades y funcionarios, incluyendo el momento previo a la presentación de la denuncia, a recibir, de manera inmediata, información adaptada a sus circunstancias y condiciones personales y a la naturaleza del delito cometido y de los daños y perjuicios sufridos, sobre los siguientes extremos:*

a) Medidas de asistencia y apoyo disponibles, sean médicas, psicológicas o materiales, y procedimiento para obtenerlas. Dentro de estas últimas se incluirá, cuando resulte oportuno, información sobre las posibilidades de obtener un alojamiento alternativo.

b) Derecho a denunciar y, en su caso, el procedimiento para interponer la denuncia y derecho a facilitar elementos de prueba a las autoridades encargadas de la investigación.

c) Procedimiento para obtener asesoramiento y defensa jurídica y, en su caso, condiciones en las que pueda obtenerse gratuitamente.

d) Posibilidad de solicitar medidas de protección y, en su caso, procedimiento para hacerlo.

---

342 Entre otros, GÓMEZ COLOMER, J. L., *Estatuto Jurídico de la víctima del delito...*, *op. cit.*, p. 301 y SERRANO MASIP, M., "Los derechos de información ...", *op. cit.*, p. 79.

343 Véase sobre el derecho a la información el art. 6 (derecho a recibir información) de la Recomendación CM/Rec (2023)2, de 15 de marzo de 2023 del Comité de Ministros a los Estados miembros sobre derechos, servicios y apoyo a las víctimas de delitos.

e) Indemnizaciones a las que pueda tener derecho y, en su caso, procedimiento para reclamarlas.

f) Servicios de interpretación y traducción disponibles.

g) Ayudas y servicios auxiliares para la comunicación disponibles.

h) Procedimiento por medio del cual la víctima pueda ejercer sus derechos en el caso de que resida fuera de España.

i) Recursos que puede interponer contra las resoluciones que considere contrarias a sus derechos.

j) Datos de contacto de la autoridad encargada de la tramitación del procedimiento y cauces para comunicarse con ella.

k) Servicios de justicia restaurativa disponibles, en los casos en que sea legalmente posible.

l) Supuestos en los que pueda obtener el reembolso de los gastos judiciales y, en su caso, procedimiento para reclamarlo.

m) a ser notificada de las resoluciones a las que se refiere el artículo 7. A estos efectos, la víctima podrá designar una dirección de correo electrónico o, en su defecto, una dirección postal o domicilio, al que serán remitidas las comunicaciones y notificaciones por la autoridad.

2. Esta información será actualizada en cada fase del procedimiento, para garantizar a la víctima la posibilidad de ejercer sus derechos"[344].

1º.- Sobre las medidas de apoyo y asistencia disponibles, la propia LECrim prevé en su artículo 796 la solicitud del facultativo o del personal sanitario que atendiere al ofendido de la copia del informe relativo a la asistencia prestada para su unión al atestado policial, así como la presencia del médico forense cuando la persona que tuviere que ser reconocida no pudie-

[344] Artículo 5, apartado 1, primer párrafo y letra m), modificados por la Ley Orgánica 10/2022, de 6 de septiembre, de garantía integral de la libertad sexual.

ra desplazarse al Juzgado de guardia dentro del plazo previsto para la práctica de las diligencias urgentes del artículo 799.

Sin embargo, la LEVD va más allá, y la información que hay que ofrecer a las víctimas debe ser mucho más amplia: además del derecho al reconocimiento médico forense, es fundamental que las autoridades policiales informen a las víctimas de las medidas médicas y de qué servicio puede proporcionárselas. Esta información asistencial y de apoyo es imprescindible que se facilite en las primeras horas desde el hecho delictivo, y dicha información debe proveerse por las autoridades policiales en colaboración con las OAVD, dado que todavía no se ha iniciado el procedimiento penal.

Respecto de esta cuestión, entendemos, como hemos avanzado, que la colaboración entre las autoridades policiales y las OAVD es de gran trascendencia, y estos profesionales deberían ser los encargados de proporcionar esta información que no tiene carácter procesal ya que todavía no hay intervención de la autoridad judicial[345]. De hecho, el personal de estas Oficinas debe estar especializado y lo están puesto que reciben cursos específicos de formación, sin embargo, no existe un protocolo definido entre las OAVD y la policía[346].

2°.- Por lo que se refiere al derecho a denunciar, de indudable naturaleza procesal, la LEVD remite a lo establecido en la LECrim para la denuncia (arts. 259 a 269 LECrim) y prevé

345 Así lo avala el art. 28 LEVD y art. 19 RDEVD sobre las funciones de las OAVD.

346 En cuanto a la colaboración entre las OAVD y las Fuerzas de Seguridad existe una relación estrecha y directa con las unidades especializadas, como es el caso en Valencia, con la UFAM-Unidad de Familia y Mujer-de la Policía Nacional. Respecto a los cursos de formación se reciben del Ilustre Colegio de Abogados de Valencia, Instituto Valenciano de Administración Pública y de ADEIT- Universidad de Valencia-.

que se acuda a la legislación especial en el supuesto de las víctimas de violencia de género que, en virtud del artículo 416 LECrim no están obligadas a declarar en contra de su cónyuge o pareja de hecho[347]. No obstante, se deberá tener en cuenta las circunstancias y condiciones personales de la víctima, la

---

347 El Tribunal Supremo se ha pronunciado sobre el alcance de la dispensa en la STS (Sala Segunda, de lo Penal) núm. 389/2020, de 10 de julio de 2020 (Id. vLex VLEX-846978607), cambiando su criterio anterior y estableciendo la no aplicación de la dispensa de la obligación de declarar del artículo 416 LECrim, cuando el testigo sea la víctima del delito, o quien denunció, si se persona como acusación particular. *Vid.* también al respecto el Acuerdo del Pleno no Jurisdiccional de la Sala Segunda del Tribunal Supremo de fecha 23 de enero de 2018 sobre el alcance de esta dispensa. De hecho, en la Memoria del Análisis de Impacto Normativo del Anteproyecto de Ley Orgánica de Enjuiciamiento Criminal, de enero 2021, se establece en relación con lo anterior que: "*No se exime, por tanto, del deber de declarar a la víctima que, habiendo sido debidamente informada de su derecho a no hacerlo, ha decidido, de manera libre y consciente, en un momento previo del proceso, declarar contra la persona a la que le une la relación de afectividad o parentesco. El mismo deber le alcanza si se persona en las actuaciones como acusación particular. Se incluye, en este último caso, en la línea de la reciente sentencia del Pleno del Tribunal Supremo de 10 de julio de 2020, a la víctima que se ha constituido en algún momento del procedimiento como acusación, aunque haya perdido esa cualidad al llegar el acto del juicio oral. Se aclara, asimismo, que la dispensa nunca alcanza a los supuestos en los que el testigo ostenta la representación legal o la guarda de hecho de la víctima del delito, supuestos estos en los que prima el deber de garantía y tutela asumido*", p.77. Recurso electrónico, disponible en: https://acortar.link/is1Zpu . El artículo 416.1 ha sido modificado por la Ley Orgánica 8/2021, de 4 de junio, de protección integral a la infancia y la adolescencia frente a la violencia en el siguiente sentido: "*Los parientes del procesado en líneas directa ascendente y descendente, su cónyuge o persona unida por relación de hecho análoga a la matrimonial, sus hermanos consanguíneos o uterinos y los colaterales consanguíneos hasta el segundo grado civil. El Juez instructor advertirá al testigo que se halle comprendido en el párrafo anterior que no tiene obligación de declarar en contra del procesado; pero que puede hacer las manifestaciones que considere*

gravedad y las circunstancias del delito, los daños y perjuicios sufridos[348], e incluso, proporcionarles información sobre si la presentación de la denuncia constituye un presupuesto para la incoación del proceso penal como es en el supuesto de los delitos de agresiones sexuales y acoso sexual (art. 191 CP)[349], siendo conveniente también informarles de cuándo el perdón extingue o no la acción penal (art. 201.3 CP)[350].

La vulneración de este derecho a denunciar implicaría la nulidad de lo actuado por causa de indefensión (*vid.* entre otras, la SAP Barcelona (Sección 6ª) núm. 158/2019, de 8 de marzo[351]).

3º.- En relación con el procedimiento para obtener asesoramiento y defensa jurídica y, en su caso, condiciones en las que pueda obtenerse gratuitamente, nos remitimos al epígrafe III.3 del Capítulo Tercero de esta obra, sobre el derecho a la justicia gratuita, si bien dejar constancia en estas líneas que aunque

---

oportunas, y el Letrado de la Administración de Justicia consignará la contestación que diere a esta advertencia".

348 Así lo dispone el art. 7.1 RDEVD.

349 El apdo.1º del artículo 191 en su redacción dada por la Ley Orgánica 10/2022, de 6 de septiembre, de garantía integral de la libertad sexual establece que: "*1. Para proceder por los delitos de agresiones sexuales y acoso sexual será precisa denuncia de la persona agraviada, de su representante legal o querella del Ministerio Fiscal, que actuará ponderando los legítimos intereses en presencia. Cuando la víctima sea menor de edad, persona con discapacidad necesitada de especial protección o una persona desvalida, bastará la denuncia del Ministerio Fiscal*".

350 SERRANO MASIP, M., "Los derechos de información", *op. cit.*, pp. 83-84.

351 Id. vLex VLEX-846747740. Dicha sentencia declara la nulidad de la sentencia y del juicio celebrado por no haber suspendido el juicio pese a la petición al inicio del mismo de interponer denuncia y que se le tuviera al denunciado también en su condición de denunciante.

el asesoramiento jurídico deberá realizarse por los letrados y los servicios del turno de oficio que organizan los distintos Colegios de Abogados, la información sobre dicho servicio y la solicitud correspondiente podrá presentarse por las víctimas ya no solo en los servicios colegiales que hay en las sedes judiciales y en la sede colegial (tal y como disponen los arts. 12 y ss. de Ley 1/1996, de 10 de enero, de Asistencia Jurídica gratuita, en adelante, LAJG)[352], sino también en las OAVD, así como en el lugar en el que sean informados de sus derechos, como las dependencias policiales, para de esa manera evitar el peregrinaje judicial que aumenta la victimización secundaria de la víctima. A nuestro juicio, sería conveniente la entrega de una hoja informativa con la dirección, el teléfono de estos servicios y la dirección web de los mismos.

4º.- Asimismo, deberá proporcionarse a las víctimas la posibilidad de solicitar medidas de protección y, en su caso, procedimiento para hacerlo. En este caso no solamente aquellas dirigidas a su protección física (las prohibiciones del artículo 544 *bis* LECrim y la orden de protección del artículo 544 *ter*, la protección de los menores e incapaces del artículo 544 *quinquies*, la orden europea de protección- regulada en la Ley 23/2014 de 20 de noviembre, de reconocimiento mutuo de resoluciones penales en la Unión Europea[353]), sino también las medidas previstas en el Título III de la LEVD relativas a la protección de las víctimas, entre otras.

5º.- Por otra parte, y aunque el artículo 733 LECrim reconoce la importancia de la información a las víctimas de su derecho a la reparación del daño, la LEVD dispone que se les informe sobre las indemnizaciones a las que pueda tener derecho y, en su caso, procedimiento para reclamarlas. Habrá que tener en consideración las indemnizaciones que contempla la legis-

---

352 BOE de 12 de enero de 1996, núm. 11, pp. 793-803.

353 BOE de 21 de noviembre de 2014, núm. 282, pp. 95437-95593.

lación para determinados tipos de víctimas, previstas en la LAAVD, LOMPIVG y Ley 29/2011 con sus normas de desarrollo.

6º.- Sin perjuicio de volver sobre esta cuestión más adelante, también hay que apuntar que para complementar la eficacia del derecho a la información la víctima ha de conocer qué servicios de interpretación y traducción tiene disponibles. Deberá informarse a aquellas víctimas que no entiendan el lenguaje español o la lengua oficial de la correspondiente Comunidad Autónoma de la existencia de servicios de interpretación y traducción, cuya asistencia podrá realizarse de forma presencial o por videoconferencia, conforme prevé el artículo 9.2 LEVD[354].

7º.- Algo que no nos pasa inadvertido es que el apartado g) del precepto que estamos analizando dispone que se debe informar a las víctimas sobre las ayudas y servicios auxiliares para la comunicación disponibles, pero ni la LEVD ni el RDEVD concretan cuáles son. Así, por ejemplo, para garantizar el derecho a ser entendida reconocido en el artículo 4 tendrán que habilitarse los medios para los menores y las personas con discapacidad física o psíquica, braille[355] etc. con la finalidad de facilitar esa comunicación y proporcionar la información de cómo conseguir esas ayudas o servicios.

8º.- Respecto a la información sobre el procedimiento por medio del cual la víctima pueda ejercer sus derechos en el caso de que resida fuera de España, destaquemos que el artículo 7 LEVD prevé la notificación de las resoluciones por correo electrónico o correo postal para las víctimas residentes fuera de España, pero en un Estado miembro de la Unión Europea. También tienen la posibilidad, cuando el delito se haya cometido en España y residan en un Estado Miembro de la Unión

---

354 Este derecho se tratará en el epígrafe posteriormente.

355 No se suele al menos en Valencia utilizar el braille, no obstante, debería implementarse.

Europea, de presentar la denuncia en dicho Estado. La utilización de la videoconferencia a efectos de prueba es otro de los derechos que les asisten en virtud de la Directiva 2014/41/CE del Parlamento Europeo y del Consejo, de 3 de abril de 2014, relativa a la orden europea de investigación en materia penal[356]. Complementa este derecho la gratuidad en las traducciones prevista en el artículo 12 LEVD. Son medidas que protegen también a la víctima extranjera y sus intereses cuando resida fuera de España.

9º.- Otra información que ha de recibir la víctima de trascendencia procesal es la posibilidad de interponer recursos contra las resoluciones que considere contrarias a sus derechos. Se le informará de la posibilidad de recurrir y del recurso que cabe interponer, plazo, necesidad o no de letrado y/o procurador, entre otras cuestiones que afecten a este derecho. En cualquier momento del procedimiento pueden manifestar su deseo de no ser informadas de las resoluciones a las que se refiere el artículo 7[357], tal y como analizaremos posteriormente.

Nos planteamos la cuestión de si las víctimas que no son parte en el procedimiento pueden recurrir todas aquellas resoluciones que sean contrarias a su derecho, o solamente las que

---

356 DOUE de 1 de abril de 2014, L 130, pp. 1-36.

357 Un antecedente del derecho a la información en su doble dimensión como derecho a recibir o no recibir información, está en la Ley 41/2002, de 14 de noviembre, reguladora de la autonomía del paciente y de derechos y obligaciones en materia de información y documentación clínica. BOE de 15 de noviembre de 2002, núm. 274, pp. 40126-40132. La citada Ley establece el derecho de los pacientes a conocer, con motivo de cualquier actuación en el ámbito de su salud, toda la información disponible sobre la misma, salvando los supuestos exceptuados por la Ley y que se respete su derecho a no ser informados.

previene el artículo 7 LEVD, puesto que son las que se les han notificado conforme el artículo 5, m[358].

10º.- Otra de las previsiones que contiene el precepto comentado es la información tan básica que consiste en proporcionar a la víctima los datos de contacto de la autoridad encargada de la tramitación del procedimiento y los cauces para comunicarse con ella.

Es necesario dar a la víctima los datos profesionales, nombre completo, cargo, Juzgado, número de procedimiento, además de explicarle el rol de cada uno de los profesionales que intervienen y con quien debe desarrollar normalmente las comunicaciones, que en sede judicial será el funcionario/a encargado de la tramitación del asunto, y el LAJ, o en su caso el juez puede también atenderla, pero en presencia del abogado de la otra parte.

11º.- Sobre los servicios de justicia restaurativa disponibles, en los casos en que sea legalmente posible y los requisitos del modelo de justicia restaurativa introducido por el legislador[359], dejamos apuntado que, desde el punto de vista de la información que la víctima tiene derecho a recibir sobre los servicios de justicia restaurativa, creemos que debe ser informada desde el primer contacto con las autoridades en aquellos casos en que legalmente sea posible e incluir la información de los

---

358 Dejamos apuntada aquí esta cuestión para tratarla posteriormente.

359 Sobre la regulación de las bases de la justicia restaurativa introducida por el Estatuto de la víctima y sobre la regulación del procedimiento de justicia restaurativa en el ALECrim 2020, véase: SEMPERE FAUS, S., "El derecho de acceso a los servicios de justicia restaurativa…", *op. cit.*, pp. 465-502 y SEMPERE FAUS, S., "El procedimiento de justicia restaurativa en el Anteproyecto de Ley de Enjuiciamiento Criminal 2020", en *La práctica de la mediación intrajudicial en el ordenamiento jurídico*, ARANDA JURADO M.M. (dir.), Valencia, Tirant Lo Blanch, 2023, pp. 243-274.

efectos favorables que para el investigado puede suponer el sometimiento a un procedimiento de justicia restaurativa[360]. En cambio, no se prevé esta información al investigado, al no contemplarse en los artículos 118 y 775 LECrim, pese a que dichos preceptos fueron reformados en el año 2015 en el mismo periodo legislativo que la LEVD. Aunque esta obra propugna la defensa de los derechos de las víctimas, entendemos que también debería contemplarse en la LECrim como derecho a ser informado el investigado sobre este extremo. La LEVD regula en su artículo 15 el derecho de acceso de las víctimas a los servicios de justicia restaurativa, debiendo ser informadas conforme indica el artículo 5.1, k; información que constituye una de las funciones básicas que el artículo 29 atribuye a las OAVD[361].

12º.- Asimismo, la víctima tiene derecho a que se le informe sobre los supuestos en los que pueda obtener el reembolso de

---

360 SUBIJANA ZUNZUNEGUI, I. J., "El modelo de justicia...", *op. cit.*, p. 150.

361 El Preámbulo del RDEVD dispone que "(...) *las Oficinas informarán a la víctima sobre la posibilidad de aplicar medidas de justicia restaurativa, propondrán al órgano judicial la aplicación de la mediación penal cuando lo considere beneficioso para la víctima, y realizarán actuaciones de apoyo a los servicios de mediación extrajudicial*". Afirmación que se concreta en el art. 27, k sobre la información sobre los servicios de justicia disponibles, en los casos en los que sea legalmente posible, que realizan las OAVD en la "fase de información", así como en el art. 28, f que contempla informar a la víctima en la "fase de intervención" sobre la posibilidad de acceder a justicia restaurativa y, en su caso, sobre la aplicación de las medidas de esta naturaleza que puedan adoptarse. También en el art. 37 se concretan funciones específicas de las OAVD en materia de justicia restaurativa como son "(...) *a) Informar, en su caso, a la víctima de las diferentes medidas de justicia restaurativa. b) Proponer al órgano judicial la aplicación de la mediación penal cuando lo considere beneficioso para la víctima. y c) Realizar actuaciones de apoyo a los servicios de mediación extrajudicial*".

los gastos judiciales y, en su caso, el procedimiento para reclamarlo, que se regula en la propia LEVD en su artículo 14, puesto que la víctima debe saber que el procedimiento judicial puede conllevar unos gastos si no obtiene el beneficio de justicia gratuita. Sobre este tema véase el epígrafe III.1 del Capítulo Tercero de esta obra.

13º.- Por último, el artículo 5 prevé el derecho de la víctima a que se le informe de su derecho a ser notificada de las resoluciones a las que se refiere el artículo 7. A estos efectos, la víctima podrá designar una dirección de correo electrónico o, en su defecto, una dirección postal o domicilio, al que serán remitidas las comunicaciones y notificaciones por la autoridad. Aunque el artículo 5.1, m ha sido reformado en el sentido de que ya no se recoge el derecho de la víctima a realizar una solicitud de notificación sino a que se le notifiquen las resoluciones[362], el artículo 7.2 RDEVD no ha sido modificado y todavía se contempla la previsión de un modelo de solicitud para ser notificado de las resoluciones a las que refiere el artículo 7 del Estatuto de la víctima del delito, o para dejar sin efecto, en su caso, la mencionada solicitud.

Este derecho se completa también con lo desarrollado por el apdo. 3 del artículo 7 RDEVD que tampoco ha sido reformado y sigue refiriéndose a la solicitud de la víctima al disponer que, cuando la víctima solicite la notificación de dichas resoluciones -las del artículo 7.1 que analizaremos posteriormen-

---

362 El anterior art. 5.1, m establecía: "*m) Derecho a efectuar una solicitud para ser notificada de las resoluciones a las que se refiere el artículo 7. A estos efectos, la víctima designará en su solicitud una dirección de correo electrónico y, en su defecto, una dirección postal o domicilio, al que serán remitidas las comunicaciones y notificaciones por la autoridad*". El nuevo art. 5.1, m dispone:" *m) a ser notificada de las resoluciones a las que se refiere el artículo 7. A estos efectos, la víctima podrá designar una dirección de correo electrónico o, en su defecto, una dirección postal o domicilio, al que serán remitidas las comunicaciones y notificaciones por la autoridad*".

te- también podrá interesar que se notifiquen, además, a las OAVD o, en su caso, a la Oficina de Asistencia a las Víctimas del Terrorismo de la Audiencia Nacional[363]. Por tanto, además de la posibilidad de que la víctima solicite que le sean notificadas las resoluciones a las que se refiere el artículo 7.1 del Estatuto, también pueden solicitar que dichas notificaciones se practiquen igualmente a las OAVD (art. 7 RDEVD) y éstas tienen el deber de informar en este sentido a las víctimas (art. 27 RDEVD) así como la función de recibir dichas notificaciones (art. 19.21 RDEVD). Entendemos que ya no es necesario que la víctima solicite las anteriores notificaciones y que deberán notificársele sin solicitud ninguna.

Con esta previsión, se concreta la obligación de las autoridades y funcionarios que entren en contacto con las víctimas de facilitar la información escrita o los documentos comprensivos de los extremos señalados en el artículo 5.1 LEVD.

En todo caso, conviene no perder de vista que este derecho de información del artículo 5.1,m ha de relacionarse con la obligación del LAJ de informar a las víctimas de aquellas resoluciones del penado que puedan afectar a su seguridad, que ya prevé con anterioridad a la LEVD, la Ley Orgánica 6/1985, de 1 de julio, del Poder Judicial[364] (en adelante, LOPJ) cuando le atribuye el deber de facilitar la información sobre el estado de las actuaciones a las partes y a terceros que justifiquen interés legítimo y directo sobre el estado de las actuaciones judiciales no declaradas secretas ni reservadas (art. 454.4).

Del precepto se desprende la importancia a nuestros efectos de que el medio preferente sea el correo electrónico que podrá facilitar la víctima, incluso si esta se ha personado formalmente en el procedimiento. La información a la víctima

---

363 Sobre la OAVD de la Audiencia Nacional *vid.* arts. 50 y 51 LRPIVT.

364 BOE de 2 de julio de 1985, núm. 157, pp. 20632-20678.

durante todo el proceso será más fácil y ágil si se dispone del correo electrónico, por lo que hay que explicarle claramente el beneficio que supone para ella facilitarlo al Juzgado. Nos parece acertada la previsión de que se permita realizarla por correo electrónico en aras a agilizar la Justicia, pero proponemos que se añada una coletilla en esas notificaciones dirigida a exponer a la víctima que para una atención y explicación personalizada acuda a la OAVD o al Juzgado.

Para concluir con el artículo 5 LEVD, su apdo. 2 prevé que la información será actualizada en cada fase del procedimiento, con la exclusiva finalidad de garantizar a la víctima la posibilidad de ejercer sus derechos. El problema de esta previsión legal es su aplicación en la práctica judicial. Creemos que para que sea posible que la víctima reciba información actualizada es preciso que esta información se actualice en cada fase procesal, y proponemos dos vías complementarias. La primera implica la creación al inicio del procedimiento por el órgano judicial encargado de la instrucción de una ficha personal de la víctima que posibilite que en caso de no personarse en el procedimiento pueda estar constantemente informada del devenir del procedimiento. Piénsese, por ejemplo, cuando finaliza la fase de instrucción y el procedimiento pasa a la fase de juicio oral debería proporcionarse los datos del órgano judicial competente para conocer del juicio oral, el número de procedimiento y el funcionario encargado de la tramitación del expediente judicial, en cumplimiento del art 5.1, j[365]. La

---

[365] Los arts. 771 y 776 LECrim como hemos visto recogen la información de derechos que han de proporcionar la policía y el LAJ, sin embargo, se limita a que la víctima se persone en la causa. No obstante, la LEVD amplía dicha información a todas las víctimas personadas o no, que tendrán derecho a conocer desde el inicio y en todo momento el estado del procedimiento lógicamente con las limitaciones oportunas para que no se perjudique el desarrollo de la causa, como podría ser en el supuesto de secreto de sumario.

segunda, es un complemento de la anterior, puesto que la ficha personal se puede crear en papel en el propio expediente y en el expediente electrónico, al que tendrá acceso el personal encargado de los distintos órganos judiciales que vayan a llevar el procedimiento. Para que la víctima reciba por correo electrónico cada hito del proceso y de esta manera esté convenientemente informada, se podría implementar el diseño de una base de datos que permita, con los datos de las víctimas, su conexión con el sistema de gestión procesal de la Administración de Justicia, para que cada resolución se le notifique a la víctima[366]. En la práctica forense cuando se recibe la declaración a la víctima, el LAJ le pregunta si consiente la recepción de las notificaciones por correo electrónico y simplemente se anota en la carpeta del procedimiento[367].

A modo de resumen, en la práctica es fundamental que la información se facilite a la víctima y, para no sobrecargarla, consideramos que es mejor proporcionar esa información actualizada conforme la víctima pase por cada fase procesal y no toda la información a la vez en la primera comparecencia[368].

---

366 Como dice el Preámbulo de la Ley 42/2015, de 5 de octubre, de reforma de la Ley de Enjuiciamiento Civil, se acomete "(...) *una reforma en profundidad de las diferentes actuaciones procesales para generalizar y dar mayor relevancia al uso de los medios telemáticos o electrónicos, otorgando carácter subsidiario al soporte papel. Así, no solo se conseguirá una mayor eficacia y eficiencia en la tramitación de los procedimientos, sino también ahorro de costes al Estado y a los ciudadanos y se reforzarán las garantías procesales*". BOE de 6 de octubre de 2015, núm. 239, pp. 90240-90288.

367 Al menos así se hace en los Juzgados de la provincia de Valencia.

368 Como hemos sostenido dicha actualización de la información le corresponderá al LAJ, con un importante papel también de las OAVD. Sin embargo, existen iniciativas muy interesantes para que las víctimas obtengan información actualizada sobre sus causas, como la del Ministerio de Justicia del Reino Unido que, mediante la plataforma *trackmycrime* ofrece información actualizada del estado de las actua-

Dos son las cuestiones ineludibles de las que debe ser informada la víctima en esa primera comparecencia en el Juzgado, a través del LAJ. Por una parte, la previsión contenida en la letra j), es decir, concretar a la víctima cuál es la autoridad a la que debe dirigirse y sus datos de contacto, y la prevista en la letra m, esto es, recoger la voluntad de la víctima de ser o no informada a lo largo del proceso penal.

Además, nos planteamos cuáles son las consecuencias del incumplimiento por parte de las autoridades correspondientes en cada momento, si es posible acudir a la vulneración de derechos cuando la víctima no ha recibido la información prevista en la LEVD puesto que no está personada en la causa. Pero por el contrario la LEVD sí reconoce su derecho a recibirla. En el supuesto de que la víctima estuviera personada claramente en virtud del derecho a la tutela judicial efectiva del artículo 24 CE, una de cuyas manifestaciones es el derecho a la defensa del que evidentemente es titular la víctima no habría problema si se dan los requisitos establecidos por la jurisprudencia. Pero la cuestión para nosotros estriba en si la víctima que no se ha personado en el proceso penal o que simplemente ha tenido el primer contacto con las autoridades, después de sufrir un delito, en caso de no ser informada de alguno de los derechos que establece la LEVD, si podría alegar vulneración del derecho a la información y, por tanto, instar la nulidad del procedimiento.

Como hemos abordado en este apartado, la información que reciba la víctima de todos y cada uno de los extremos contenidos en el artículo 5 LEVD es garantía de que pueda ejer-

---

ciones de una forma sencilla (*vid.* GASCÓN CUENCA, A.; AÑÓN ROIG, M. J.; GARCÍA CÍVICO, J., MERINO SANCHO, V. M.; MORA CASTRO, A. y DE LUCAS MARTÍN, F. J., *Igualdad de trato, prevención de la discriminación y delitos de odio en la Comunitat Valenciana*, Valencia, Tirant lo Blanch, 2019, p. 162).

citarlos. De hecho, el propio apdo. 2º del precepto dispone que la información será actualizada en cada fase del procedimiento "(...) *para garantizar a la víctima la posibilidad de ejercer sus derechos*". Evidentemente si no se le informan de alguno o algunos de estos derechos se impide su ejercicio. Sin embargo, nos encontramos ante una fase preprocesal en la que todavía no hay un proceso penal iniciado y los órganos judiciales no han tomado ninguna decisión ni dictado ninguna resolución que haya podido considerarse que vulnera el derecho a la información.

Estamos todavía en un ámbito administrativo en el que no se puede considerar que se produzca vulneración del artículo 24 CE, salvo las cuestiones en su caso que pudieran dar lugar a algún tipo de responsabilidad administrativa que recayera en el funcionario o en la autoridad pública que ha omitido la información que debía proporcionar a la víctima, pero esta es otra cuestión que excede el objeto de estudio de nuestro análisis.

Por tanto, alegar la vulneración de la información que no se ha dado a la víctima dependerá de si dicha información le ha impedido ejercitar los derechos de los que no ha sido informada, perjudicándole en el procedimiento. No es lo mismo a estos efectos la omisión de información sobre los servicios de justicia restaurativa, o sobre las ayudas o indemnizaciones a las que tiene derecho la víctima, que la falta de información coloque a la víctima en una situación de indefensión que le impida por ejemplo interponer un recurso judicial, evidentemente siempre que no se aprecie que podría haberlo interpuesto, pues de sus propios actos se pueda deducir que tenía conocimiento de que podía interponer el recurso, pero no lo ha hecho porque alega que no fue informada de ello. En definitiva, el artículo 5.2 LEVD, cuando reconoce que la información será actualizada en cada fase del procedimiento, lo hace con la exclusiva finalidad de garantizar a la víctima la posibilidad de ejercer sus derechos, de modo que, si no existe derecho alguno que pudiera ejercer que haya sido obviado, no ha lugar a anulación alguna, tal y como se desprende de resoluciones como el ATSJ Cantabria (Penal, Sección 1ª) núm. 4/2018, de 27 de febrero de 2018[369].

Además, proponemos la incorporación de un precepto en la LECrim que reconozca el derecho de la información y su alcance en el sentido en que ha sido regulado en la LEVD, al menos en su aspecto procesal, ya que las cuestiones procesales sobre este derecho deben encontrarse recogidas en la LECrim.

Sobre la causa penal a la luz de la Ley del Estatuto de la víctima del delito y la Ley de Enjuiciamiento Criminal

Como se ha adelantado, el derecho a recibir información sobre la causa penal regulado en el artículo 7 LEVD[370] es un

---

369 ROJ: STSJ CANT 625/2018. El citado Auto desestima el recurso de apelación contra la sentencia de la Audiencia Provincial de Cantabria (Sección 3ª), de 2 de enero de 2018, en el que la parte apelante fundamenta su recurso de apelación en petición de la nulidad de sentencia por vulneración del art. 5.2, es decir, de ausencia de actualización de información a la víctima, recurso que resulta desestimado sobre la base de la no vulneración de los derechos de la víctima pues "(...) *consta el acta de información de derechos a persona víctima de un delito, conforme a lo dispuesto en la Ley 4/2015, de 27 de abril, realizado por la Guardia Civil (folios 2 y ss.); consta la Diligencia de información de derechos realizada por exhorto, en el Juzgado de Instrucción nº2 de Vitoria (folio 33 y siguientes), pese a ello en nuestro caso la víctima decidió no ejercitar la acción. Finalmente, y en cumplimiento de lo establecido en el art. 789.4 de la LECr, le fue notificada la sentencia de fecha 2 de enero de 2018, (folios 85 y ss), sin que en ningún momento siquiera el Sr. Jacinto haya solicitado información sobre el estado en que se encuentra el procedimiento (art. 7.4)*" (FD 4º).

370 Es la trasposición del art. 6 Directiva 2012/29/UE. Véase también el art. 8 (sobre los derechos de las víctimas a la información sobre su caso) de la Recomendación CM/Rec (2023)2, de 15 de marzo de

derecho de naturaleza procesal, aunque el Estatuto lo configure como básico o extraprocesal, que ostenta toda víctima, independientemente de que esta sea parte o no: pero se trata de un derecho que se hace efectivo con un proceso penal iniciado.

¿Necesaria instancia de parte?

El inicial artículo 7 apdo. primero establecía: "1. *Toda víctima que haya realizado la solicitud a la que se refiere el apartado m) del artículo 5.1, será informada sin retrasos innecesarios de la fecha, hora y lugar del juicio, así como del contenido de la acusación dirigida contra el infractor, y se le notificarán las siguientes resoluciones: (…)*". Dicho precepto fue modificado por la Ley Orgánica 10/2022, de 6 de septiembre, de garantía integral de la libertad sexual en el siguiente sentido: "*Toda víctima será informada de manera inmediata de la fecha, hora y lugar del juicio, así como del contenido de la acusación dirigida contra el infractor, y se le notificarán las siguientes resoluciones: (…)*".

Cuando se publicó la LEVD la solicitud de la víctima se había convertido en la regla general puesto que para que se le notificaran las resoluciones que se dictasen en el procedimiento debía realizar una solicitud expresa, a excepción del sobreseimiento de las actuaciones que era comunicada sin dicha solicitud "(…) *de conformidad con lo dispuesto en la Ley de Enjuiciamiento Criminal, a las víctimas directas del delito que hubieran denunciado los hechos, así como al resto de víctimas directas de cuya identidad y domicilio se tuviera conocimiento*"[371].

2023 del Comité de Ministros a los Estados miembros sobre derechos, servicios y apoyo a las víctimas de delitos.

[371] El art. 12 LEVD impone el deber de notificar a las víctimas el Auto de sobreseimiento de la investigación aun en el supuesto de que estas no lo hayan pedido.

Actualmente ya no es necesaria que la víctima solicite la notificación ya que tiene derecho a ser notificada de las resoluciones a las que se refiere el artículo 7, pudiendo designar una dirección de correo electrónico o, en su defecto, una dirección postal o domicilio, al que serán remitidas las comunicaciones y notificaciones por la autoridad (art. 5.1, m). El Estatuto de la víctima pretende, por tanto, garantizar el acceso a la información de las víctimas de delitos una vez iniciado el proceso penal con un marco informativo mínimo que analizaremos a continuación y cuya justificación entendemos que debe venir dada por el derecho a su protección. Por este motivo estamos de acuerdo con la modificación llevada a cabo por el legislador- aunque demasiado tarde- de que salvo que la víctima se negase a recibir la información de oficio le deben ser notificadas todas las resoluciones que le afecten[372].

No es esta una cuestión baladí, puesto que en nuestra opinión deberían reformarse los artículos 7.3 LEVD y 7.4 RDEVD que contemplan que, a las víctimas de violencia de género, se les notifiquen determinadas resoluciones "*sin necesidad de que la víctima lo solicite, salvo en aquellos casos en los que manifieste su deseo de no recibir dichas notificaciones*". Dado que el legislador ya no contempla la necesidad de solicitud -recordemos que la ha eliminado del anterior artículo 5.1, m- no encontramos sentido a que se mantenga la frase "*sin necesidad de que la víctima lo solicite*", ya que todas las víctimas independientemente del tipo de delito del que hayan sido víctimas no han de realizar dicha solicitud.

---

372 Sin embargo, PÉREZ RIVAS, N., "El derecho de la víctima a olvidar", en *Estudios monográficos sobre víctimas y victimarios, La ley penal: revista de derecho penal, procesal y penitenciario,* núm. 122, 2016, pp. 1-19, defiende el derecho de olvido de la víctima como un elemento indispensable de su recuperación.

Sin embargo, a la víctima personada como acusación particular, le es de aplicación el artículo 302 LECRIM que le permite tomar conocimiento de todas las actuaciones e intervenir en todas las diligencias, salvo aquellas en las que rija el secreto de sumario, que como desarrollaremos en el Capítulo Tercero se concreta en el derecho a la participación activa que recuerda el artículo 11 LEVD, el ejercicio de la acción penal y civil conforme la LECrim.

El artículo 7 LEVD pues, afecta a las víctimas que han decidido ser parte en el procedimiento y también a las que no desean personarse en el mismo, pero voluntariamente han proporcionado un correo electrónico o un correo postal, con la finalidad de garantizar que estén informadas en todo momento del curso de las actuaciones y de forma inmediata[373].

No ha de ser objeto de discusión el hecho de que si la víctima proporciona el correo electrónico, debe procederse a su comunicación en dicho correo, aunque esté personada con abogado y procurador.

De lo contrario podría entenderse que se ha producido una efectiva vulneración del derecho fundamental a obtener una tutela judicial efectiva al prescindirse *de facto* de normas esenciales del procedimiento, causándole una efectiva indefensión. En este sentido se pronuncia la SAP Madrid (Sección

---

[373] Contrariamente para CHOZAS ALONSO, J. M., "El nuevo estatuto...", *op. cit.*, pp. 225-226, este precepto está dirigido a las víctimas que no han optado por personarse en la causa como parte acusadora, ya que a las partes del proceso se les tiene que notificar todas las resoluciones relevantes del mismo, dando por supuesta esta efectiva y permanente comunicación con su representante procesal cuando el art. 7 *in fine* dice que "(...) *si la víctima se hubiere personado formalmente en el procedimiento, las resoluciones serán notificadas a su Procurador y serán comunicadas a la víctima en la dirección de correo electrónico*".

27ª) núm. 414/2017, de 29 de junio[374], en un supuesto en que se dicta sentencia *in voce* sin la presencia de la parte acusadora.

Destacamos en esta línea, resoluciones con anterioridad a la reforma de los artículos 5 y 7 que ya auguraban una posible modificación como así se ha producido. Así, el AAP Santa Cruz de Tenerife (Sección 5ª) núm. 43/2018, de 18 de enero[375], que

---

374 Id. vLex: VLEX-696699913. En su FD 3º dispone que "(...) *había afirmado en las actuaciones su expresa voluntad de ser informada de todos los sucesos y fases procedimentales de este juicio oral, en los términos referidos en la citada Ley 4/2015, de 28/12; y que obran, a la par, en el escrito de interposición de la presente apelación, las llamadas telefónicas realizadas por la Sra. Letrada de la Acusación Particular a su patrocinada para indicarle los motivos de su retraso al plenario, como las concretas causas y motivos médicos que justificaban tal retraso; de todo ello, y partiendo de la citada doctrina constitucional, sin que ello suponga una actuación de desinterés, pasividad, o de falta de la necesaria diligencia por la Parte hoy Recurrente, solo cabe entender que resulta evidente que se ha prescindido de las normas esenciales del procedimiento, pues la convocatoria de juicio oral requiere una correcta citación de las partes a juicio, para poder ejercitar y defender sus pretensiones e intereses ante el Juzgado de lo Penal, lo que determina que se haya producido, por las anteriores circunstancias referidas, una efectiva indefensión a la hoy Recurrente, a los efectos del art. 24 C.E ., y más si se tiene en cuenta que en el presente supuesto era precisamente la misma Acusación Particular la que ejercía las únicas pretensiones acusatorias, dados los pedimentos absolutorios ejercidos por el Ministerio Fiscal, lo que conllevaba que su inasistencia determinase, en aras a la recta aplicación del principio acusatorio, tal y como reflejó la sentencia recurrida, el dictado de una resolución "in voce" absolutoria, sin llegar a practicarse ninguna prueba ante la Juzgadora de Instancia*".

375 Id. vLex VLEX-727781745. Argumenta este Auto en su FD 3º: "(...) *el artículo 5.1 m) de la Ley 4/2015 dispone que la víctima tiene derecho a efectuar una solicitud para ser notificada de las resoluciones a las que se refiere el artículo 7 y que para ello designará en su solicitud una dirección de correo electrónico y, en su defecto, una dirección postal o domicilio, al que serán remitidas las comunicaciones y notificaciones por la autoridad, solicitud que no se ha realizado, según indica el informe del órgano judicial. Sin embargo, en este caso la no realización de esa solicitud no puede equipararse*

resuelve en sentido estimatorio el recurso de queja interpuesto por la representación procesal de la víctima contra un Auto por el que se inadmite a trámite el recurso de reforma y subsidiario de apelación contra la resolución que acuerda el sobreseimiento provisional. Este Auto incide en la idea de que la no realización de la solicitud por parte de la víctima no puede considerarse como una renuncia a la recepción de las notificaciones si los funcionarios y autoridades no han informado a la víctima al respecto de las opciones que tiene y sus efectos.

Por otra parte, se reconoce el derecho de la víctima a manifestar su voluntad de no ser informada ni recibir las notificaciones de las letras c) y d) del apdo.1 artículo 7 LEVD.

En este caso, el derecho de la víctima a no ser informada se erige como una excepción requiriendo, por tanto, la previsión de un procedimiento a través del que la víctima pueda hacer constar su voluntad contraria a ser informada. Este procedimiento debería haberse establecido en el RDEVD, no obstante, y dado que no ha sido así, ya que el precepto se limita a reproducir lo dispuesto en el artículo 7.1 c, y d, LEVD, a nuestro

---

a una renuncia a recibir tales notificaciones porque la ley también indica que las autoridades y funcionarios tiene que informar a la víctima sobre esto desde un primer momento y que esa información se debe actualizar en cada fase del procedimiento para garantizar que pueda ejercitar sus derechos. Pero no consta que se haya proporcionado a la víctima tal información y menos que se haya actualizado porque en su declaración ante el órgano judicial se le hizo el ofrecimiento de acciones que se limitó a lo dispuesto en los artículos 108 y 109 de la Ley de Enjuiciamiento Criminal, pero nada se le dijo sobre el contenido del artículo 5 de la Ley 4/2015 ni específicamente sobre la posibilidad de solicitar que se le notificaran las resoluciones. A ello hay que añadir que, aunque el artículo 5.1m) exija que se realice una solicitud expresa para ser notificada de las resoluciones establecidas en el artículo 7, está excluido de esa exigencia el sobreseimiento, que deberá ser comunicado a la víctima en todo caso, según el artículo 12, por lo que la realización o no de la solicitud es totalmente irrelevante porque los autos de sobreseimiento deben ser comunicados a las víctimas en todo supuesto y sin sujeción a solicitud previa alguna".

juicio deberá disponerse en el Juzgado de un formulario en el que conste claramente la voluntad contraria de la víctima, pues la notificación de dichas resoluciones afecta a su seguridad[376].

Información sobre la fecha, hora y lugar del juicio

Sobre la información de la fecha, hora y lugar del juicio, la LEVD modificó el apdo. 3 del artículo 785.3 LECrim en el siguiente sentido: "*cuando la víctima lo haya solicitado, aunque no sea parte en el proceso ni deba intervenir, el Secretario judicial deberá informarle, por escrito y sin retrasos innecesarios, de la fecha, hora y lugar del juicio, así como del contenido de la acusación dirigida contra el infractor*"[377]. Sin embargo, posteriormente se ha modificado como hemos visto el artículo 7 LEVD que dispone "*Toda víctima será informada de manera inmediata de la fecha, hora y lugar del juicio, así como del contenido de la acusación dirigida contra el infractor, y se le notificarán las siguientes resoluciones*: (...)", mientras que se ha mantenido en la LECrim la previa solicitud de la víctima y en vez de que sea informada de manera inmediata sigue indicando el precepto "*sin retrasos innecesarios*".

Sin embargo, en el artículo 659 LECrim, que no ha sido modificado por la LEVD establece que "*en todo caso, aunque no sea parte en el proceso ni deba intervenir, el Secretario judicial deberá*

---

376 Conforme el artículo 6.4 Directiva 2012/29/UE "*el deseo de las víctimas de recibir o no información será vinculante para las autoridades competentes, a menos que sea obligatorio facilitar esa información en virtud del derecho de la víctima a participar de manera activa en el proceso penal(...)*". Vemos, por tanto, que la Directiva es respetuosa con el deseo de las víctimas de no recibir información.

377 En el mismo sentido se ha modificado el art. 791.2 relativo a la vista en segunda instancia de los recursos contra las sentencias en los juzgados de lo penal y en los juzgados de instrucción en relación con los delitos leves.

informar a la víctima por escrito de la fecha y lugar de celebración del juicio".

Obsérvese que en el seno del procedimiento abreviado (*vid.* art. 785.3) es imprescindible que la víctima haya solicitado la notificación para que se le informe sobre la fecha y hora de celebración del juicio, mientras que al no haberse reformado en su momento en el mismo sentido el artículo 659 LECrim, en el procedimiento ordinario seguirá informándole en todo caso. Pero si además tenemos en cuenta que tras la modificación de la LEVD ya no es necesaria la solicitud de la víctima, consideramos que ante tales discrepancias y en aras de la protección de la víctima, no debería ser necesario la solicitud expresa de la víctima de la notificación en el procedimiento abreviado, salvo que como hemos visto anteriormente desee que no se le notifiquen. Por lo que debería ser reformado el artículo 785.3 LECrim para adecuarlo a las previsiones de la LEVD y del procedimiento ordinario. Tampoco la LEVD ha reformado el contenido de los artículos 789.4 y 792.5, que disponen la necesaria notificación de las sentencias de primera y segunda instancia a las víctimas.

Pues bien, en otro orden de consideraciones la notificación de la fecha, hora y lugar de juicio se erige de esta manera como un derecho de la víctima y ya no sólo como un deber del LAJ por lo que cabe plantearse las consecuencias de la falta de dicha notificación.

En relación con esta cuestión, la SAP Toledo (Sección 2ª) núm. 103/2018, de 26 de abril[378], resuelve en sentido parcialmente estimatorio el recurso de nulidad interpuesto contra la sentencia del Juzgado de lo Penal núm. 2 de Toledo, y declarando la nulidad de la misma y dejándola sin efecto, ordena la retroacción de las actuaciones hasta el momento anterior a la apertura del juicio oral para que se notifique a la víctima

---

378 Id. vLex: VLEX-735600909.

recurrente y pueda personarse como acusación si así lo desea. Fundamenta su decisión esta sentencia en que "(...) *a la víctima no se le notificó la fecha, hora y lugar del Juicio conforme establece el art. 7 de la Ley 4/2015 de 27 de Abril, notificación a la que tiene derecho con independencia de que esté formalmente personada en la causa con Procurador*", puesto que "(...) *la denunciante y supuesta víctima del presunto delito de lesiones en el ámbito de la Violencia de Genero ha manifestado desde el principio su interés en el procedimiento, procurando ser parte formal del mismo sin que lo haya podido hacer por ignorancia o desconocimiento de las resoluciones que sobre el mismo han ido recayendo, ninguna de las cuales aparece notificada a la recurrente, cuando, conforme a la Ley 4/2015 tenía derecho a ello* (...)", concluyendo que no se ha respetado el derecho al acceso a los Tribunales que forma parte del derecho a una tutela judicial efectiva (FD 2º).

La notificación de las resoluciones penales

¿Qué resoluciones se deben notificar?

Razones de seguridad y protección de la víctima justifican la imposición de la obligación de la notificación de las resoluciones reguladas en el artículo 7 LEVD[379].

Se trata de un precepto muy extenso pero muy importante porque afecta sobre todo a la víctima que no es parte en el proceso, posibilitando que sea informada de determinados

[379] Por ello, nos mostramos en contra de la opinión de PÉREZ RIVAS, N., que entiende que "(...) *sobre la base del principio de individualización, la víctima no tendría por qué ser informada, de forma necesaria, de la totalidad de los aspectos contenidos en el citado precepto, sino que debería poder determinar los concretos extremos sobre los que desea ser notificada. Y es que la falta de toma en consideración de sus necesidades puede derivar en reacciones negativas y reticencias a su integración en el sistema penal*" (*vid.* "El derecho de la víctima ...", *op. cit.*, p. 8).

hitos del proceso penal y además pueda participar si lo desea cuando le sean notificadas las siguientes resoluciones, a saber, la resolución por la que se acuerde no iniciar el procedimiento penal; la sentencia que ponga fin al procedimiento; las resoluciones que acuerden la prisión o la posterior puesta en libertad del infractor, así como la posible fuga del mismo; las resoluciones que acuerden la adopción de medidas cautelares personales o que modifiquen las ya acordadas[380], cuando hubieran tenido por objeto garantizar la seguridad de la víctima; las resoluciones o decisiones de cualquier autoridad judicial o penitenciaria que afecten a sujetos condenados por delitos cometidos con violencia o intimidación y que supongan un riesgo para la seguridad de la víctima; así como las resoluciones a que se refiere el artículo 13 LEVD relativas a diferentes resoluciones dictadas en sede de ejecución penitenciaria, son las resoluciones que se deben notificar a las víctimas según el artículo 7 LEVD.

En relación con este precepto ténganse en cuenta las siguientes consideraciones:

1ª.- Nos encontramos con que se le debe notificar a la víctima la resolución por la que se acuerde no iniciar el procedi-

---

380 Estamos de acuerdo en que "debemos diferenciar entre penas de prohibición de aproximación o comunicación con la víctima y penas de otra naturaleza. En el primer supuesto, siempre debe ser notificado el inicio de cumplimiento de la pena, así como la extensión y alcance de la misma y la fecha de finalización, dado que es una pena que tiene por objeto garantizar la seguridad de la víctima. A pesar de que el art. 7.1, d LEVD se refiere en exclusiva a medidas cautelares personales o modificación de las ya acordadas, entendemos que debe extenderse la misma al amparo de lo dispuesto en el art. 990 LECrim antes transcrito", COSCOLLOLA FEIXA, M.A.; FERNÁNDEZ PALMA, M. R; GUIL ROMÁN, C.; HERNÁNDEZ GARCÍA, J. y RIVA ANIES, M. V., "El impacto del estatuto...", *op. cit.*, p. 32.

miento penal (art. 7.1, a LEVD). Por tanto, se le debe notificar el Auto de inadmisión de la querella (art. 313 LECrim) o el de la denuncia (art. 269 LECrim).

Anteriormente a la reforma de los artículos 5 y 7 LEVD había una contradicción con el artículo 12 puesto que el artículo 7 indicaba que la resolución por la que se acuerda no iniciar el procedimiento se notificará sólo a las víctimas que hayan solicitado la notificación conforme el artículo 5.1 LEVD, y el artículo 12 LEVD dispone que la notificación de los Autos de sobreseimiento se realizará a todas las víctimas, con independencia de que hayan efectuado dicha solicitud, recogiéndose con mayor amplitud la necesidad de la notificación en dicho precepto[381]. Sin embargo, tras la reforma ya no es necesaria la solicitud por lo que ahora la notificación universal opera con respecto al Auto de sobreseimiento y también con respecto de otras resoluciones que acuerden no iniciar el procedimiento.

2ª.- Nada nuevo aporta el Estatuto sobre la notificación de las sentencias que pongan fin al procedimiento (art. 7.1, b LEVD), ya que la LECrim establece la obligación del LAJ de notificar la sentencia que se dicte (en los arts. 789.4 y 973.2 para la sentencia de instancia y en los arts. 792.5 y 976.3 para la sentencia de apelación), aunque la víctima -ambos preceptos hablan de perjudicados y ofendidos- no se haya mostrado parte[382].

---

381 TENA ARAGÓN, M. F., "Información a las...", *op. cit.*, p. 12.

382 Ya el artículo 270 LOPJ prevé la importancia de la notificación de las resoluciones judiciales, especialmente si no se han personado en el proceso, a aquellos a los que puedan parar perjuicios, pues en ocasiones la seguridad de la víctima puede verse afectada por una determinada resolución. En este sentido, como, por ejemplo, el artículo 506.3 LECrim que dispone que "*Los autos relativos a la situación personal del investigado o encausado se pondrán en conocimiento de los directamente ofendidos y perjudicados por el delito cuya seguridad pudiera verse afectada por la resolución*". También, ya la LAAVD establecía para

Sin embargo, cabe destacar que en la práctica el Ministerio Fiscal durante la fase intermedia del procedimiento, con el empleo de la tradicional fórmula del otrosí en sus escritos de calificación (de conformidad con lo establecido en los artículos 160, 789.4 y 792.5 LECrim), interesa la notificación por escrito de la sentencia que recaiga en el procedimiento a los ofendidos o perjudicados por el delito, aunque no se hayan mostrado parte en la causa y también que se proceda a informar a la víctima de los derechos que le asisten conforme a lo establecido en los artículos 5.1,m y 7 LEVD[383].

3ª.- Se notificarán las resoluciones que acuerden la prisión o la posterior puesta en libertad del infractor, así como la posible fuga del mismo (art. 7.1, c LEVD). Aunque el precepto se refiera a prisión lo congruente es entender que no se refiere a la prisión preventiva pues ésta encaja mejor en el apdo. d) referido a las medidas cautelares. De esta forma el precepto alude a los mandamientos de penado, libertad y fugas, si bien, parece que pudieran suscitar problemas de notificación estos últimos, aunque se solventaría con la aplicación analógica del artículo 7.1, f LEVD que remite a las resoluciones del artículo 13 LEVD, y así la Administración penitenciaria comunicaría inmediatamente a la autoridad judicial el hecho para su notificación a la víctima afectada[384].

4ª- Sobre la notificación de aquellas resoluciones que acuerden la adopción de medidas cautelares personales o que mo-

---

las víctimas de delitos violentos y contra la libertad sexual, en su art. 15.4 la notificación a la víctima, aunque no sea parte en el proceso.

383 FERNÁNDEZ FERNÁNDEZ, M. I., "Protección y tutela de las víctimas en el proceso penal", en *Cuadernos penales José María Lidón*, núm. 13, Bilbao, 2017, p. 186.

384 FERNÁNDEZ ARÉVALO, L., "Posición jurídica de la víctima en el sistema español de ejecución", en *Curso de formación continua de fiscales*, Centro de Estudios Jurídicos, 2015, p. 23.

difiquen las ya acordadas, cuando hubieran tenido por objeto garantizar la seguridad de la víctima (art. 7.1,d), obsérvese que tampoco se trata de una medida de protección *ex novo* en nuestra legislación, puesto que de conformidad con el artículo 109 LECrim "*en cualquier caso, en los procesos que se sigan por delitos comprendidos en el artículo 57 del Código Penal, el Secretario judicial asegurará la comunicación a la víctima de los actos procesales que puedan afectar a su seguridad*".

En consecuencia, para las víctimas de delitos graves como delitos de homicidio, aborto, lesiones, contra la libertad, torturas y contra la integridad moral, libertad e indemnidad sexuales, intimidad, derecho a la propia imagen y a la inviolabilidad del domicilio, honor, patrimonio y orden socioeconómico, y en el supuesto de víctimas de violencia de género recogido en el artículo 57.2 CP, existe un deber de asegurarse de que se produzca la comunicación a la víctima de los actos procesales que puedan afectar a su seguridad: mientras que la LEVD no distingue el tipo de delito que ha sufrido la víctima, por lo que dicho deber de comunicación se amplía a todas ellas.

Pueden afectar a la seguridad de la víctima a título de ejemplo, los datos de la pieza de situación personal, esto es, la medida cautelar de prisión, si el investigado se encuentra en ignorado paradero, cualquier medida cautelar que afecte a la seguridad de la víctima, así como la situación económica, salud, situación familiar y laboral del investigado a tenor del artículo 544 *bis* 3, o la orden de protección del artículo 544 *ter*[385].

Como hemos visto anteriormente, las letras c) y d) del artículo 7.1 LEVD se refieren a las medidas cautelares personales relativas a la seguridad de la víctima. Nos encontramos nuevamente con ciertas discrepancias entre las previsiones de la LEVD con los preceptos de la LECrim relativos a dichas medi-

385 GIMENO SENDRA, V., *Derecho Procesal Penal, op. cit.*, pp. 269-270.

das de seguridad, puesto que el Estatuto no impone la obligación de notificar a las víctimas estas medidas cautelares dado que pueden manifestar su deseo a no recibirlas[386], mientras que en la LECrim se establece la obligatoriedad de la notificación y comunicación de dichas resoluciones.

Así pues el artículo 544 *ter* que regula la orden de protección establece la notificación de la orden de protección a las partes por el secretario judicial y contempla la comunicación a la víctima mediante testimonio íntegro de la resolución, con independencia de que la víctima manifieste su deseo de no recibir notificaciones como prevé la LEVD, e incluso el propio apdo. 9 del artículo 544 *ter* obliga a la actualización permanente de la información a la víctima "*sobre la situación procesal del imputado, así como el alcance y vigencia de las medidas cautelares adoptadas*".

Por su parte, también el artículo 506.3 LECrim obliga a poner en conocimiento los Autos relativos a la situación personal del investigado o encausado a los directamente ofendidos y perjudicados por el delito cuya seguridad pueda verse afectada por la resolución.

Así las cosas, ha de prevalecer lo dispuesto en la LECrim que establece con carácter imperativo el deber del LAJ de efectuar dichas notificaciones sobre el derecho de la víctima a manifestar su deseo de que no se le notifiquen, por la finalidad de la norma que es proteger a la víctima, no podemos dejar en sus manos la posibilidad de que no tenga conocimiento de la medida cautelar y de sus posteriores modificaciones, ya que estaríamos perjudicándola. Por ello, no debe modificarse la LE-

---

386 No se ha modificado el art. 7.2 que establece: "*Las víctimas podrán manifestar en cualquier momento su deseo de no ser informadas de las resoluciones a las que se refiere este artículo, quedando sin efecto la solicitud realizada*".

Crim para adecuarla a la LEVD, sino que procedería a nuestro juicio una modificación de la LEVD para notificar este tipo de resoluciones que afectan a la seguridad de la víctima y ya que se ha eliminado la necesidad de una solicitud previa de la víctima no personada que no se contemplara el derecho a manifestar que no se le notifiquen.

5ª.- El apdo. e) dispone la notificación a las víctimas de aquellas "(...) *resoluciones o decisiones de cualquier autoridad judicial o penitenciaria que afecten a sujetos condenados por delitos cometidos con violencia o intimidación y que supongan un riesgo para la seguridad de la víctima. En estos casos y a estos efectos, la Administración penitenciaria comunicará inmediatamente a la autoridad judicial la resolución adoptada para su notificación a la víctima afectada*"[387].

---

[387] En cumplimiento de esta previsión legal los Tribunales han incorporado a sus resoluciones judiciales el pronunciamiento sobre el deber de notificación a la víctima, A modo de ejemplo, el AAP Barcelona (Sección 21ª) núm. 255/2019, de 11 de febrero (Id. vLex: VLEX-779271965), que dispone "(...) *conforme dispone el artículo 7.1-e) de la Ley 4/2015, de 27 de abril, del Estatuto de la Víctima del delito, deberán notificarse a toda víctima que así lo hayan solicitado las resoluciones o decisiones de cualquier autoridad judicial o penitenciaria que afecten a sujetos condenados por delitos cometidos con violencia o intimidación y que supongan un riesgo para la seguridad de la víctima. Delitos de los comprendidos en el elenco enumerado en el artículo 13.1.a) de dicho texto legal, homicidio, aborto del artículo 144 CP, lesiones, contra la libertad, tortura y contra la integridad moral, contra la libertad e indemnidad sexual, robos cometidos con violencia e intimidación, terrorismo y trata de seres humanos, o análogos. En estos casos y a estos efectos, la Administración penitenciaria comunicará inmediatamente a la autoridad judicial la resolución adoptada para su notificación a la víctima afectada*". *Vid.* asimismo la SAP Madrid (Sección 26ª) núm. 229/2019, de 8 de abril (Id. vLex: VLEX-794078369), que dispone que "*de conformidad con los artículos 7.1 e) y 13.1 y 2 de la Ley 4/2015 de 27 de Abril del Estatuto de la Víctima del delito, requiérase a la perjudicada para que manifieste si, desea ser notificada de los permisos de salida, clasificaciones de grado y demás resoluciones previstas respecto del condenado en trámite de ejecución que puedan suponer su puesta*

Aunque la participación de la víctima en la ejecución penitenciaria excede del contenido de la presente obra, hemos de destacar brevemente que según la LEVD la Administración penitenciaria es la encargada de comunicar inmediatamente a la autoridad judicial la resolución adoptada para su notificación a la víctima afectada. Esto implica que es el Juzgado de Vigilancia Penitenciaria el encargado de dicha notificación.

Cierto es que la LEVD se refiere a las víctimas de sujetos condenados por delitos cometidos con violencia o intimidación y que supongan un riesgo para la seguridad de la víctima, ampliando las víctimas afectadas por el deber de comunicación, pero parece que la LEVD considera al Juzgado como un intermediario entre de Instituciones Penitenciarias y la víctima.

Al respecto, se ha considerado que amén de la previsión de la LEVD la Administración penitenciaria debe implicarse como anteriormente lo hacía y proceder directamente a la notificación a las víctimas afectadas, puesto que en la práctica y con el consentimiento de la víctima en la notificación de las resoluciones que afecten a su seguridad se producía un excelente resultado. En efecto, por los fiscales de vigilancia penitenciaria se considera al respecto que se debe continuar con la notificación de dichas resoluciones desde la propia Administración penitenciaria puesto que, de lo contrario, se convierte al Juzgado en notificador de resoluciones administrativas y genera dilaciones, lo que repercutirá en la reducción de las salidas por ejemplo[388].

en libertad u otra medida de las previstas en la ley que pueda afectar a dicha víctima. Y en caso afirmativo, se le recoja en la Secretaría una comparecencia en la que facilite-de forma reservadasu dirección de correo electrónico o postal, de conformidad con lo que dispone el art. 5.1 °m) de dicha Ley, indicando si consiente que la notificación la efectúe directamente el Centro Penitenciario".

388 Las *Conclusiones de las Jornadas de Fiscales de Vigilancia Penitenciaria de 2016* en su punto 17 establece que: "(...) para evitar duplicar noti-

6ª.- Se notificarán las resoluciones a que se refiere el artículo 13, y consideramos que las resoluciones judiciales de la letra a) hasta la letra e) del artículo 7 no pueden ser recurridas por las víctimas que no son parte en el procedimiento. Estas víctimas que no son parte sólo pueden recurrir las contempladas en el artículo 12 y 13 LEVD puesto que así les concede legitimación expresa el estatuto para ello[389]. Las resoluciones contrarias pues a sus derechos que se pueden recurrir por las víctimas al amparo del artículo 5.1, i son aquellas que vulneren

---

ficaciones (del permiso y de la fecha de disfrute) obligará a que la propuesta fije fecha lo suficientemente distante como para garantizar que la que se realice llegue a conocimiento de la víctima antes de la salida, que en todo caso debe condicionarse a la recepción efectiva de la comunicación procesal". Si lo que se pretende con la atribución al juzgado de la competencia para notificar esas resoluciones es garantizar el derecho de la víctima a la privacidad de sus datos, podría salvarse con la petición a esta de consentimiento al efecto, lo que permitiría la notificación directa por IIPP. En materia de violencia de género se han venido haciendo sin la intervención del juzgado con notable eficacia y no se han planteado estos problemas de protección de datos (Instrucciones 1/05, 3/08 y protocolo de 24 de abril de 2009). A la vista de la posición contraria de la Administración penitenciaria a realizar estas notificaciones (Orden de Servicio 1/16 de la Secretaría General), debería insistirse en esa vía a través del protocolo de actuación judicial-administrativo a nivel estatal que se propone, que daría cobertura a la asunción por la Administración de la función de notificación.
En todo caso, la notificación al MF de la clasificación administrativa en tercer grado no excusa a la Administración, si estima que hay riesgo para la víctima, de la comunicación al juzgado de vigilancia penitenciaria, toda vez que aquél no es autoridad judicial a efectos del art. 7.1, e. Se estima que, respecto de las resoluciones de tercer grado -administrativas o judiciales- bastará con la notificación de aquéllas, sin ser exigible la de cada una de las salidas posteriores consustanciales al mismo" (*vid.* Recurso electrónico, disponible en: https://bit.ly/3niq74I).

389 SERRANO MASIP, "Los derechos de información", *op. cit.*, p. 91.

sus derechos básicos o los derechos de participación y protección reconocidos en la LEVD.

Contenido mínimo de las resoluciones penales

Parece oportuno reflexionar sobre el contenido mínimo de las resoluciones que deberán ser notificadas, esto es, la parte dispositiva y un breve resumen que la fundamente (párr. 2° art. 7.1 LEVD). Al respecto, no encontramos justificación para que la notificación no sea de la resolución en su integridad. Creemos que debería notificarse la resolución íntegra para no cercenar su derecho a la tutela judicial efectiva y además un resumen con la información indispensable tal y como prevé el Estatuto. De esta forma la víctima dispondría de la resolución dictada por el juez y de un resumen en un lenguaje asequible de la misma, que consideramos debería elaborar el LAJ por corresponderle la responsabilidad de las notificaciones de todas las resoluciones del proceso[390]. Aun así, en contra de esta afirmación cabrían argumentos y es que, puesto que es el juez quien dicta la sentencia, se puede argumentar que compete al órgano judicial realizar el resumen de la resolución, pues de lo contrario un resumen hecho por persona distinta es posible que pueda no reflejar su sentido exacto. No obstante, no debemos obviar que independientemente de a quién competa la elaboración del resumen, la LEVD exige un mayor esfuerzo con la elaboración de un resumen de la sentencia a la actividad de la propia Administración de Justicia[391]. No obstante, en la

---

390 De conformidad con el art. 453 LOPJ las notificaciones se encomiendan al LAJ.

391 Así lo sostienen GÓMEZ COLOMER, J. L., "Los aspectos esenciales del proyectado Estatuto Jurídico de la Victima", en *Revista Aranzadi de Derecho y Proceso Penal*, núm. 37, p. 194 y TAMARIT SUMALLA, J. M., "¿Hasta qué punto...?", *op. cit.*, p. 27.

práctica no se está realizando en todos los Juzgados dicho resumen ni por el LAJ ni por el juez[392].

Sentado lo anterior, conviene igualmente destacar cómo el artículo 7 aborda la forma de practicar la notificación de dichas resoluciones distinguiendo si la víctima está personada en el procedimiento o no. Veamos, pues, las formas previstas para poder dar cumplimiento al derecho a la información de resoluciones que puedan afectar a la víctima.

1º.- Para el supuesto de no personación de la víctima, el artículo 7 dispone como medio principal la utilización del correo electrónico que previamente habrá facilitado la víctima al Juzgado, si bien excepcionalmente se remitirán por correo ordinario a la dirección que hubiera indicado[393]. La notificación a las víctimas que residan fuera de la Unión Europea se practicará, siempre que no exista correo electrónico o correo ordinario, a través de las Oficinas diplomáticas o consulares españolas del país de residencia.

En este caso, el Estatuto se separa de las exigencias técnicas previstas en el Real Decreto 1065/2015, de 27 de noviembre (en adelante, RD 1065/2015), por el que se regulan las comunicaciones electrónicas en el ámbito de la Administración de

---

GÓMEZ COLOMER, J. L., "Sobre los derechos de la víctima...", *op. cit.*, p. 75, incide en la falta de medios, ni de recursos materiales ni humanos para llevarlo a cabo.

392 En algunos Juzgados de Violencia sobre la Mujer el LAJ al final de cada intervención sí que realiza el resumen en coordinación con las OAVD.

393 El art. 166 LECrim remite al Capítulo V del Título V del Libro I de la LEC para la práctica de las notificaciones, citaciones y emplazamientos. Por tanto, las notificaciones deben revestir una forma con los requisitos que establece la LEC para ello, y que quede constancia de su recepción.

Justicia y el sistema *LexNet*[394], y acuerda la notificación de resoluciones en el correo electrónico o por correo postal. La apuesta del legislador por la relación electrónica se hace patente en este caso, puesto que en el precepto prima la remisión electrónica de la notificación limitando la notificación postal a los supuestos en los que la víctima no dispusiera de correo electrónico, más allá de las especialidades derivadas de los procesos en lo que la víctima se encuentre en un territorio fuera de la Unión Europea. Hubiera sido conveniente, por tanto, una remisión expresa al artículo 162 LEC, que con carácter supletorio regula los actos de comunicación por medios electrónicos, informáticos y similares, dando por notificada la resolución cuando conste la correcta remisión del acto de comunicación por dichos medios técnicos, aunque el destinatario no haya accedido a su contenido, constando la posibilidad de acceso[395].

2º.- En el supuesto de que la víctima se haya personado en el procedimiento la notificación de las resoluciones se efectuará a través de su procurador de acuerdo con los artículos 182 LECrim y 153 LEC, así como con lo dispuesto en el RD 1065/2015 y con plenas garantías de autenticidad, integridad y seguridad, aunque también serán comunicadas a la víctima por medio de correo electrónico, salvo que hayan manifestado su deseo de no ser informadas; lo que, según el artículo 7.2, pueden manifestar en cualquier momento. De dicha manifestación de voluntad debe quedar constancia en el modelo de solicitud que se cree al respecto (art. 7.2 RDEVD).

No obstante, surge la cuestión de si es necesario proceder a dos notificaciones para el supuesto de que la víctima que, además de estar personada no ha renunciado a su deseo de ser informada.

---

394 BOE de 1 de diciembre de 2015, núm. 287, pp. 113314-11333.

395 Cuestión que ya recomendaba el *Consejo General del Poder Judicial en su Informe al Anteproyecto, op. cit.*, p. 26.

La práctica de dos notificaciones cuando la víctima está personada, a su procurador y a la propia víctima puede plantear complicaciones en el cómputo de los plazos para la interposición de recursos[396], sin embargo, podría solucionarse con el establecimiento por parte del legislador del *dies a quo.*

Sin embargo, la LEVD es clara al respecto cuando expresa en el apartado final del número 1 del artículo 7 que "*si la víctima se hubiera personado formalmente en el procedimiento, las resoluciones serán notificadas a su procurador y serán comunicadas a la víctima en la dirección de correo electrónico que haya facilitado, sin perjuicio de lo dispuesto en el apartado siguiente*". Así, aunque la víctima se persone con abogado y procurador, siendo, por tanto, parte procesal, las resoluciones especificadas en el artículo 7 se tendrán que notificar a su procurador, y también a la dirección de correo ordinario o electrónico, que ella haya designado[397], a modo de sistema de doble notificación, manteniéndose así el régimen vigente de notificaciones a la víctima personada a través de su procurador, sin perjuicio de la notificación personal a la víctima.

Respecto a la cuestión de la problemática del cómputo de plazos para interponer recursos, los Tribunales son más proclives a interpretar y resolver los problemas de cómputo de plazos entendiendo que el plazo comenzará a computarse a partir de la notificación al procurador, aunque se le haya comunicado a la víctima posteriormente.

En relación con las disfunciones que pueden producirse si se notifica al procurador pero también se comunica a la vícti-

---

396 Al respecto, el Consejo General del Poder Judicial informó que en ese caso no es necesaria la notificación personal. Véase el *Informe al Anteproyecto de Ley Orgánica del Estatuto de las víctimas del delito, op. cit.*, p. 27. La misma opinión sostiene GÓMEZ COLOMER, J. L., "¿Es necesaria una reforma...?", *op. cit.*, p. 27.

397 TENA ARAGÓN, M. F., "Información a las...", *op. cit.*, p. 13

ma el plazo debe contar a partir de la notificación al procurador y en cuanto su cómputo se pronuncia el Auto que hemos visto anteriormente[398] pero en su FD 3° en el siguiente sentido: "(...) *Por último, en este supuesto, puesto que la víctima estaba personada con procurador y le fue notificado a este el auto de sobreseimiento, el plazo para recurrir, que según se ha expuesto, era de 20 días, se debe contar desde la notificación al procurador, por lo que el recurso interpuesto estaba dentro de plazo y debió admitirse a trámite*" (FD 3°).

En este sentido la Sala Segunda de lo Penal del Tribunal Supremo ya se había pronunciado en el Auto de 4 de Julio de 2017[399] fundamentando su decisión en que "*la LECrim dispone en el artículo 160 que las sentencias se notificarán a las partes y a sus Procuradores, pero que, si la parte no es hallada por cualquier circunstancia bastará con la notificación hecha a su Procurador; el artículo 182 establece que las notificaciones podrán hacerse a los Procuradores de las partes, y el artículo 742 dispone que la sentencia se notificará a los perjudicados y ofendidos por el delito aunque no hayan sido parte en la causa, pero no exige la notificación personal. Tampoco la exige el artículo 803 ter c, relativo a la intervención de terceros afectados por el decomiso. La LOPJ, por su parte, tras disponer en el artículo 270 que las resoluciones dictadas por jueces y tribunales se notificarán a las partes y a quienes se refieran o puedan parar perjuicios, precisa en el artículo 271 que las notificaciones podrán practicarse por medio del correo, del telégrafo o de cualquier medio técnico que permita la constancia de su práctica, sin que exija la notificación personal*".

Con similar argumentación el AAP Valencia (Sección 2ª) núm. 965/2018, de 15 de octubre[400], dispone que "*alega la apelante, con carácter subsidiario, que la decisión de archivo no ha sido notificada a la víctima, por lo que el plazo para recurrir debe iniciarse,*

398 Véase el Auto ya citado, AAP Santa Cruz de Tenerife (Sección 5ª) núm. 43/2018, de 18 de enero (Id. vLex VLEX-727781745).

399 Id. vLex: VLEX-690748649.

400 Id. vLex: VLEX-750997825.

en cualquier caso, a contar desde la fecha en que se realice la preceptiva notificación, en aplicación de lo dispuesto en el art 7 de la Ley 4/2015, de 27 de abril. El motivo se desestima, dado que, como señala el auto recurrido, el perjudicado se halla personado a través del Letrado que suscribe el recurso, que presentó escrito interesando se entendiesen con él las sucesivas actuaciones y, además, no efectuó la solicitud que prevé el art 5.1.m) de la citada Ley (FD 3°).

En el caso de que la víctima se haya personado con abogado y procurador el plazo de recurso de la víctima empezará a computarse a partir de la notificación a estos. En este sentido el AAP Pontevedra (Sección 2ª) núm. 494/2019, de 19 de junio[401], argumenta que si la sentencia es notificada al letrado del perjudicado denunciante personado como acusación particular a quien se le han notificado todas las resoluciones "*no cabe sostener que la falta de notificación personal de la sentencia al denunciante le hubiera impedido el ejercicio del recurso contra la misma*", añadiendo que "(...) el *art. 7.1 de la Ley 4/2015 del 27 de abril, del Estatuto de la víctima del delito, dispone que si la víctima se hubiera personado formalmente en el procedimiento, las resoluciones serán notificadas a su procurador y serán comunicadas a la víctima en la dirección de correo electrónico que haya facilitado, sin perjuicio de lo dispuesto en el apartado siguiente*". Pese a que el Auto reconoce que se ha infringido la norma procesal "(...) *al faltar la notificación personal al denunciante, no se acredita que la omisión*

---

401 Id. vLex: VLEX-817136085. La cuestión se centra en determinar si es necesaria la notificación de la sentencia a las personas que aun no habiendo sido parte en el procedimiento puedan resultar afectadas por el fallo de la sentencia, a efectos de la determinación de la fecha de inicio del cómputo del plazo de interposición del recurso correspondiente, concluyendo el Tribunal que "(...) *no se exige en la ley que la notificación a un tercero afectado por la sentencia deba hacerse personalmente, por lo que a los efectos del plazo para el inicio del cómputo para anunciar la interposición del recurso de casación, basta la notificación hecha de forma que permita la constancia de que se ha practicado*" (FD único).

hubiera impedido a su defensa letrada que recibió la notificación de la sentencia, comunicar con su cliente e interponer el correspondiente recurso de apelación, por lo que no se justifica la indefensión material que invoca".

Los derechos inherentes al derecho a la información

En este apartado analizaremos aquellos derechos que la LEVD contempla y que se encuentran íntimamente relacionados con el derecho a la información que hemos tenido ocasión de exponer anteriormente, puesto que de su efectividad depende la garantía de aquel. Son el derecho a entender y ser entendida que también se vincula con el derecho a una traducción e interpretación, regulados en los artículos 4 y 9 LEVD, respectivamente.

El derecho de la víctima a entender y ser entendida

El derecho a la información no se satisface si la forma de comunicar no es entendible por la víctima, el derecho a entender y se entendida es un derecho de la víctima no solo en todo acto procesal, sino desde el mismo momento en que ha sufrido un delito y contacta con cualquier autoridad policial o judicial, además de ser un derecho que ha de perdurar durante todo el proceso penal[402]. En este sentido, el artículo 4 LEVD establece

[402] JAÉN VALLEJO, M., y PERRINO PÉREZ, A. L., consideran que el derecho a entender y ser entendida es un derecho de carácter extraprocesal al igual que lo hace la propia LEVD. Argumentando que se trata de un derecho incluido en una serie de previsiones aplicables a todas las víctimas, como dice su Preámbulo "*con independencia de que sean parte en el proceso penal o hayan decidido o no ejercer algún tipo de acción, e incluso con anterioridad a la iniciación del proceso penal*" (*vid. La Reforma procesal..., op. cit.*, p. 70). Como indica GÓMEZ COLOMER,

el derecho de toda víctima a entender y ser entendida en cualquier actuación que deba llevarse a cabo desde la interposición de una denuncia y durante el proceso penal, incluida la información previa a la interposición de una denuncia[403].

Este precepto es trasposición del artículo 3 Directiva 2012/29/UE[404], siendo su formulación lingüística discutible porque en nuestra lengua implica en realidad el derecho a comunicarse con alguien y éste puede ser perfectamente una manifestación del derecho a ser informado por lo que no está justificada la trasposición literal del texto de la Directiva europea[405].

Esta previsión de la Ley pretende acercar la justicia a las víctimas y que no existan barreras como la jerga forense, la condición de extranjera de la víctima, o la discapacidad o minoría de edad de esta, que impidan su entendimiento con las autoridades y operadores jurídicos.

Con esta finalidad, en su letra a) explicita que "(...) t*odas las comunicaciones con las víctimas, orales o escritas, se harán en un lenguaje claro, sencillo y accesible, de un modo que tenga en cuenta sus características personales y, especialmente, las necesidades de las personas con discapacidad sensorial, intelectual o mental o su minoría de edad. Si la víctima fuera menor o tuviera la capacidad judicialmente modificada, las comunicaciones se harán a su representante o a la persona que le asista*".

J. L., se trata de un derecho de carácter procesal penal (*vid. Estatuto Jurídico de la víctima del delito...*, *op. cit.*, p. 289).

403 El ALECrim 2020 recoge este derecho en su art. 107.

404 Véase también el art. 5 sobre el derecho a comprender y ser comprendido, de la Recomendación CM/Rec (2023)2, de 15 de marzo de 2023 del Comité de Ministros a los Estados miembros sobre derechos, servicios y apoyo a las víctimas de delitos.

405 GÓMEZ COLOMER, J. L., "Sobre los derechos de la víctima...", *op. cit.*, p. 71.

Por su parte en su letra b) establece que "*se facilitará a la víctima, desde su primer contacto con las autoridades o con las Oficinas de Asistencia a las Víctimas, la asistencia o apoyos necesarios para que pueda hacerse entender ante ellas, lo que incluirá la interpretación en las lenguas de signos reconocidas legalmente y los medios de apoyo a la comunicación oral de personas sordas, con discapacidad auditiva y sordociegas*".

Y para completar el derecho a ser entendida la víctima podrá estar acompañada de una persona de su elección desde el primer contacto con las autoridades y funcionarios (letra c).

1°.- En primer lugar, este derecho consiste en que la víctima pueda recibir comunicaciones tanto orales como escritas de las autoridades que intervienen en el proceso en un lenguaje claro, sencillo y accesible[406] , como lo describe la LEVD, que dependerá de las buenas prácticas que se establezcan en los Juzgados y Tribunales, las Fuerzas y Cuerpos de Seguridad del Estado, así como en las OAVD y que precisa de una adaptación a las características de cada víctima.

Por tanto, es necesario implementar modelos con un lenguaje asequible a un ciudadano medio[407], puesto que, aunque se hayan resumido los derechos de las víctimas y redactado por algunos Decanatos de los Juzgados guías para una mejor comprensión de tales derechos, todavía queda en la práctica por abordar la elaboración de guías y/o folletos informativos y ex-

---

406 La LECrim ya reconoce este derecho al victimario en su art. 520.2: "*Toda persona detenida o presa será informada por escrito, en un lenguaje sencillo y accesible, en una lengua que comprenda y de forma inmediata, de los hechos que se le atribuyan y las razones motivadoras de su privación de libertad, así como de los derechos que le asisten*".

407 Un ejemplo se encuentra en el Acta de información de derechos a persona víctima de un delito, de lectura fácil, implementado por la Guardia Civil. Véase recurso electrónico disponible en: https://bit.ly/2LXTSY7.

plicativos fáciles de entender. Deberían redactarse para que de forma visual y muy clara se trasladen a las víctimas la información de sus derechos[408], para evitar de esta manera los típicos formularios extensos redactados con jerga forense.

---

408 En la *Guía práctica sobre el Estatuto de la Víctima en los Juzgados de Valencia*, se explicita el listado de derechos de los que debe ser informada la víctima para que sean tenidos en cuenta por los diversos Juzgados y Tribunales. Sin embargo, se debería implementar una explicación en un lenguaje no jurídico de cada uno de los derechos y entregarse en forma de dosier a las víctimas. Esto es lo que actualmente establece dicha guía: "*Información sobre derechos de la víctima. Artículo 5 de la Ley 4/2015 de 27 de abril, del Estatuto de la Víctima del delito y art. 27 del Reglamento del Estatuto de la Víctima aprobado por RD 1109/2015 de 11 de diciembre. De conformidad con los citados artículos se le comunica que tiene derecho a recibir cumplida información sobre los siguientes extremos: a) Derecho a denunciar y, en su caso, el procedimiento para interponer la denuncia y derecho a facilitar elementos de prueba a las autoridades encargadas de la investigación. b) Procedimiento para obtener asesoramiento y defensa jurídica y, en su caso, condiciones en las que pueda obtenerse gratuitamente. c) Posibilidad de solicitar medidas de protección y, en su caso, procedimiento para hacerlo. Cuando se trate de víctimas de violencia de género y doméstica, sobre la posibilidad de solicitar una orden de protección, explicando de forma comprensible que confiere a la víctima un estatuto integral de protección y, en su caso, procedimiento para hacerlo. d) Medidas de asistencia y apoyo disponibles, sean médicas, psicológicas o materiales, y procedimiento para obtenerlas. Dentro de estas últimas se incluirá, cuando resulte oportuno, información sobre las posibilidades de obtener un alojamiento alternativo. e) Indemnizaciones o ayudas económicas a las que pueda tener derecho y, en su caso, procedimiento para reclamarlas. f) Servicios de interpretación y traducción disponibles. g) Ayudas y servicios auxiliares para la comunicación disponibles. h) Procedimiento por medio del cual la víctima pueda ejercer sus derechos en el caso de que resida fuera de España. i) Recursos que puede interponer contra las resoluciones que considere contrarias a sus derechos. j) Datos de contacto de la autoridad encargada de la tramitación del procedimiento y cauces para comunicarse con ella. k) Servicios de justicia restaurativa disponibles, en los casos en que sea legalmente posible. l) Supuestos en los que pueda obtener el reembolso de los gastos judiciales y, en su caso, procedimiento para reclamarlo. m) Derecho a ser informada sin*

A mayor abundamiento, consideramos imprescindible que se explique su contenido con detalle y de forma entendible para la víctima. Por ese motivo, debe también formarse a los funcionarios y personal que tenga contacto profesional con las víctimas de delitos para que expliquen los derechos de las vícti-

---

retrasos innecesarios de la fecha, hora y lugar del juicio, así como del contenido de la acusación dirigida contra el infractor. n) Derecho a efectuar una solicitud para ser notificada de las resoluciones a las que se refiere el artículo 7 del Estatuto de la víctima del delito, así como dejar sin efecto esta solicitud, y a solicitar que dichas resoluciones también se comuniquen a las Oficinas de Asistencia a las Víctimas. o) Derecho obtener una copia de la denuncia, debidamente certificada. p) Derecho a la asistencia lingüística gratuita y a la traducción escrita de la copia de la denuncia cuando no entienda, no hable ninguna de las lenguas que tengan carácter oficial en el lugar en el que se presenta la denuncia. q) Derecho de las víctimas de delitos de violencia de género a ser notificadas de las resoluciones a las que se refieren las letras c) y d) del apartado 1 del artículo 7 del Estatuto de la víctima del delito, sin necesidad de que lo solicite, salvo que manifieste su deseo de no recibir dichas notificaciones. r) Derecho al periodo de reflexión en garantía de los derechos de la víctima en casos de catástrofes, calamidades públicas u otros sucesos que hubieran producido un número elevado de víctimas que impiden a los abogados y procuradores sus servicios profesionales hasta transcurridos 45 días desde que aconteció el hecho, quedando sin efecto en el caso de que la presentación de estos servicios profesionales haya sido solicitada expresamente por la víctima. s) Derecho a que se le comunique la resolución de sobreseimiento y la posibilidad de recurrir. t) Derecho a interesar que se impongan al liberado condicional las medidas o reglas de conducta previstas por la ley que consideren necesarias para garantizar su seguridad, cuando aquél hubiera sido condenado por hechos de los que pueda derivarse razonablemente una situación de peligro para la víctima. u) Derecho a facilitar al Juez o Tribunal cualquier información que resulte relevante para resolver sobre la ejecución de la pena impuesta, las responsabilidades civiles derivadas del delito o el comiso que hubiera sido acordado. v) La información sobre los servicios especializados disponibles que puedan prestar asistencia a la víctima, así como los recursos psicosociales y asistenciales disponibles". Véase esta guía recurso electrónico, disponible en: https://bit.ly/2Yxbte8.

mas de forma comprensible[409], puesto que en la mayoría de las ocasiones los modelos impresos que se facilitan en los Juzgados son los incluidos como meros formularios en los programas informáticos[410]. Enlazando con lo anterior, en el supuesto de víctimas extranjeras deberían incorporarse al sistema de gestión procesal correspondiente dichos formularios en los idiomas más comunes, de esta manera y aunque sea necesaria la asistencia de un intérprete para explicar con detalle estos derechos, la víctima se llevaría a su casa la información por escrito para poder acudir a ella en cualquier momento.

Si no se dispone de un formulario claro y sencillo, e incluso, aunque se disponga[411], es deber de las autoridades y funcionarios informar oralmente haciendo un esfuerzo de competencia lingüística que se adapte a las circunstancias personales de la víctima, para posteriormente hacer entrega de la información por escrito. Lo anterior requiere una reestructuración de la oficina judicial en la que se prepare y se forme en estas funciones de atención e información a las víctimas a aquellos funcionarios que asuman dichas competencias.

También nos preocupa en este punto el que los documentos esenciales relativos a la comunicación con las víctimas sean adaptados a una lectura fácil. Sobre todo, las resoluciones y, en particular, la sentencia debería redactarse en un lenguaje accesible a la víctima para que pueda comprender mejor su

---

409 Recordemos que el art. 30 LEVD contempla la formación en los principios de protección a las víctimas.

410 En los Juzgados de la Comunidad Valenciana se utiliza el sistema de gestión procesal informático denominado Cicerone. Véase los distintos sistemas de gestión procesal existentes en la web del Consejo General del Poder Judicial. Recurso electrónico, disponible en: https://bit.ly/2Vie8HJ.

411 De hecho, según fuentes consultadas de la OAVD sí que existen estos formularios en los que se enumeran los derechos y los recursos que tiene a su disposición la víctima.

contenido y, en esencia, que entienda el motivo de la condena o absolución del victimario.

Sobre el lenguaje de las sentencias cabe destacar una experiencia piloto pionera realizada en el ámbito del Tribunal Superior de Justicia de Asturias, que se impulsó inicialmente a través de los Juzgados de Familia de Oviedo de adaptación de sentencias al método de lectura fácil para una mejor comprensión por parte de las personas afectadas por una discapacidad cognitiva y que se extendió al orden Contencioso-Administrativo[412].

En relación con lo anterior, pero en el ámbito policial conviene destacar aquí que la Guardia Civil ha sido pionera en la adaptación a los colectivos más vulnerables de la información que han de conocer para poder ejercer sus derechos y tener un mejor acceso a dicha información. Para ello, ha sido fundamental la alianza estratégica entre la Dirección General de la Guardia Civil y el Instituto Lectura Fácil[413] a través de un documento de colaboración denominado "Declaración de Intenciones" suscrito entre ambas instituciones en el mes de noviembre de 2015.

---

412 Sobre la adaptación de las sentencias al lenguaje inclusivo, véase la Sentencia núm. 20/2019 del Juzgado Contencioso-adtvo núm. 1 de Oviedo de fecha 7 de febrero de 2019, recurso electrónico, disponible en: https://bit.ly/2E2TGSX. Otro ejemplo de adaptación es el Diccionario jurídico de lectura fácil del Palacio de Justicia de la Rioja, en el que, con la finalidad de ser un apoyo para las personas con mayores dificultades de comprensión, se exponen conceptos jurídicos definidos en lectura fácil, aunque es un texto de consulta que no sustituye al asesoramiento legal de un profesional. Véase recurso electrónico, disponible en: https://bit.ly/2P7AIRg.

413 Véase su página web, recurso electrónico, disponible en: https://bit.ly/33wvFBy.

Dicho Instituto se ha encargado de que un total de 7 diligencias y actas policiales[414] sean accesibles y comprensibles, seguido de un proceso de validación técnica y cognitiva. La validación técnica se ha llevado a cabo por la Cátedra de Economía Social, Ética y Ciudadanía de la Universidad Pablo Olavide y por el Departamento Jurídico de la Unidad Técnica de policía judicial de la Guardia Civil, que han acreditado que el proceso de adaptación no ha alterado el contenido del mensaje con respecto a las diligencias originales. Entre los documentos adaptados a una lectura fácil y, en relación con las víctimas, se ha adaptado el Acta de información de derechos a persona víctima de un delito, además de su adaptación a otros Sistemas Alternativos y Aumentativos de Comunicación: lengua de signos, subtitulado y locutado[415].

2º.- En segundo lugar, y continuando con el análisis del precepto, la LEVD prevé también que el acceso a la justicia de las víctimas se realice en igualdad de condiciones, pero lamenta-

---

414 Las distintas diligencias adaptadas son el Acta de información de derechos a persona víctima de un delito, la Diligencia de información de derechos al investigado no detenido, la Diligencia de detención e información de los derechos y de los elementos para impugnar la detención a un menor de 18 años detenido, la Diligencia de información de derechos a la persona menor de 18 años investigado no detenido, el Acta de detención e información de derechos al menor de 18 años detenido por inicio de expediente, Diligencia de detención e información de los derechos y de los elementos para impugnar la detención y el Documento con instrucciones para solicitar ayuda jurídica gratuita de un abogado (véase el Acta de información de derechos a persona víctima de un delito, de lectura fácil implementado por la Guardia Civil. Recurso electrónico, disponible en: https://bit.ly/2LXTSY7).

415 RAMÍREZ, J. D.; PÉREZ, J. y LANNE-LENNE, L., "Lectura fácil y lenguaje claro del acceso a la información al derecho a comprender", en *Cuadernos de la Guardia Civil: Revista de seguridad pública*, núm. 58, 2019, pp. 102-103.

blemente todavía queda mucho por hacer para conseguir la inclusión de las personas sordas o sordociegas[416] en el ámbito judicial.

Es notorio que la mayoría de los funcionarios que asisten a las víctimas, así como los operadores jurídicos, carecen de formación adecuada para el trato con las víctimas que por sus propias circunstancias personales -personas sordas, con discapacidad auditiva y sordociegas- están doblemente afectadas, no solo por el delito sufrido sino además por las barreras de comunicación frente a la sociedad en general y en particular con la Administración de Justicia.

Debe tenerse presente que, además de formar al funcionario en pautas para interactuar con las víctimas de delitos en estas circunstancias, la utilización de las tecnologías puede ayudar a la comunicación visual con ellas y a facilitar una comunicación inclusiva, garantizando una información eficaz y el derecho de acceso a la información de manera clara, comprensible y en igualdad de condiciones y oportunidades.

Sobre este extremo es necesario implementar los medios, y utilizar por ejemplo el braille, para las personas ciegas, adaptando, por tanto, los formularios y los modelos de información de derechos.

Para las personas sordas o con alguna discapacidad auditiva el empleo del lenguaje de signos es fundamental para intervenir en esa barrera de comunicación[417]. Si bien lo recomendable sería que todas las personas que atienden a las víctimas de

---

416 Según la RAE sordoceguera es la discapacidad consistente en la privación o disminución de las facultades auditivas y visuales. Siendo sordociego/a aquella persona que padece sordoceguera.

417 Así lo recoge ya nuestra LECrim en el art. 442: "*Si el testigo fuere sordo, se nombrará un intérprete de lengua de signos adecuado, por cuyo conducto se le harán las preguntas y se recibirán sus contestaciones. El nombrado*

delito tuvieran la formación en lenguaje de signos, y dado que se trata de casi un imposible, a nuestro juicio sería un valor añadido el que alguna persona de cada servicio de atención a las víctimas, Juzgado, Comisaría o Fiscalía pudiera tener dichos conocimientos. No obstante, en la práctica se solicita el servicio de intérprete por parte del Juzgado, mientras que en las OAVD no se utiliza, si bien se acudiría a dicho servicio si fuera necesario[418].

Somos conscientes de la dificultad que lo anterior supone, por lo que la solución que se viene dando es la posibilidad de que una persona intérprete del lenguaje de signos, acuda cuando sea requerida por el órgano administrativo o judicial correspondiente como se realiza con los turnos de los intérpretes de distintos idiomas[419]. No hay duda de que es una solución, pero parcial puesto que hasta que llega el intérprete, teniendo en cuenta que en muchas dependencias por falta de medios quizás no llegue nunca ese intérprete, la víctima no puede comunicarse con el personal que le atiende en la dependencia policial o judicial correspondiente.

Se propone asimismo la elaboración de modelos o plantillas con el lenguaje de signos impresos para el supuesto de víctimas

---

prestará juramento a presencia del sordo antes de comenzar a desempeñar el cargo".

418 Fuentes consultadas: personal de la OAVD de Valencia.

419 En la Generalitat Valenciana existe el Servicio de Intérprete y Guía-Intérprete de Lengua de Signos cuya finalidad es facilitar las gestiones de carácter público, social, sanitario, judicial, laboral, cultural, a cualquier persona sorda o sordociega cuando lo requiera. Este servicio puede ser solicitado por cualquier persona sorda, oyentes o entidades públicas que necesiten un Intérprete o Guía-Intérprete de Lengua de Signos Española (véase la página web, recurso electrónico, disponible en: https://bit.ly/3icdcyi).

con esta necesidad. De la misma manera se podrían realizar vídeos explicativos de estos documentos[420].

Es de gran importancia implementar protocolos que diseñen procedimientos adaptados teniendo en cuenta las necesidades específicas de víctimas con discapacidad o algún tipo de limitación y en las que se incluyan una serie de pautas de atención con el fin de que profesionales y recursos estén mejor adaptados a sus necesidades, procurando una atención individualizada[421]. Ello redundaría en una menor victimización secundaria.

---

420 La Convención sobre los derechos de las personas con discapacidad establece en su art. 2 que "*la «comunicación» incluirá los lenguajes, la visualización de textos, el Braille, la comunicación táctil, los macrotipos, los dispositivos multimedia de fácil acceso, así como el lenguaje escrito, los sistemas auditivos, el lenguaje sencillo, los medios de voz digitalizada y otros modos, medios y formatos aumentativos o alternativos de comunicación, incluida la tecnología de la información y las comunicaciones de fácil acceso*". En su art. 13.2 y con el fin de asegurar que las personas con discapacidad tengan acceso efectivo a la justicia, dispone que "(...) *los Estados parte promoverán la capacitación adecuada de los que trabajan en la administración de justicia, incluido el personal policial y penitenciario*" (véase el Instrumento de ratificación de la Convención sobre los derechos de las personas con discapacidad, BOE de 21 de abril de 2008, núm. 96, pp. 20648-20659).

421 En este sentido, resulta de especial interés mencionar el Plan de Atención Personalizada para Víctimas de Violencia de Género en su edición con pautas de atención a mujeres con discapacidad de la Región de Murcia, del año 2017, y cuyas indicaciones relativas al trato frente a la discapacidad pueden ser extensivas a cualquier tipo de víctima y no sólo de violencia de género. Véase recurso electrónico, disponible en: https://bit.ly/2rjAxti. En junio de 2019, y con el título "Niñas y mujeres con discapacidad víctimas de violencia machista. Pautas de intervención", el Gobierno Vasco ha publicado a través del Instituto Vasco de la Mujer, una guía con el objetivo de ampliar los conocimientos de los profesionales que atienden a estas víctimas, hacer visibles a las mujeres con distintos tipos de discapa-

3º.- En tercer lugar, y para finalizar el análisis del artículo 4 LEVD, se introduce la figura del acompañante que se integra en el derecho a entender y ser entendida y que se configura como apoyo para la víctima ante las instancias policiales y judiciales, que implican para la víctima sumergirse en un ámbito que le es completamente desconocido.

Se trata de un derecho a estar acompañada desde el primer momento en el que ha sufrido un delito en todas sus actuaciones con las autoridades y funcionarios. Y es en este sentido en el que hay que entender esta nueva previsión que no se recogía anteriormente en nuestra legislación, de gran trascendencia y sólido fundamento victimológico[422] y que sin duda contribuye a la reducción de la victimización secundaria[423].

Hasta el momento en la práctica forense la víctima debía declarar sola ante las dependencias policiales o judiciales y, en su caso, únicamente acompañada por el letrado; o, en el supuesto de menores y personas con discapacidad, con la presencia de

---

cidad y mejorar su atención, en la que se establecen pautas de atención a niñas y mujeres con parálisis cerebral, niñas y mujeres con discapacidad física o movilidad reducida, niñas y mujeres con discapacidad orgánica, niñas y mujeres con sordoceguera, niñas y mujeres con discapacidad auditiva, niñas y mujeres con discapacidad visual, niñas y mujeres con discapacidad intelectual y del desarrollo, niñas y mujeres con problemas de salud mental, niñas y mujeres con discapacidad cognitiva por daño cerebral adquirido. Véase recurso electrónico, disponible en: https://bit.ly/2qEJ3Ti.

422 TAMARIT SUMALLA, J. M., "Una lectura...", *op. cit.*, p. 131.

423 La figura del acompañante como tal no existe con anterioridad a la de la LEVD en nuestras legislación, no obstante podemos ver una figura similar en el personal de la Oficina de Asistencia a las Víctimas del terrorismo en la LRPIVT, ya que concretamente en su art. 51 recoge las funciones que tiene la Oficina de Asistencia entre las que se encuentran: ... "*ofrecer acompañamiento personal a los juicios que se celebren en relación a los actos terroristas de los que traigan causa los afectados*".

su representante legal. Sin embargo, tras la LEVD la víctima puede estar acompañada por una persona de su elección -además del letrado y/o representante legal- que no tiene por qué tener ningún tipo de formación específica.

Pensamos que la figura del acompañante supone un apoyo emocional para la víctima en esos momentos en los que tiene que enfrentarse al relato de los hechos del delito sufrido y por ese motivo puede tener un efecto de reducción de la victimización secundaria, al sentirse más arropada. En este aspecto, es loable que la LEVD abogara por esta figura, pese a opiniones contrarias como la del Consejo General de la Abogacía Española[424], que se manifestó en contra de esta persona que acompañara a la víctima, al considerar que dicha función la podía cumplir el abogado. Además, el hecho de que la víctima vaya acompañada puede ayudarle a hacerse entender mejor. Piénsese por ejemplo en personas menores de edad o con algún tipo de discapacidad que puedan ser acompañadas por su educador, tutor etc.[425].

Ha de tenerse también en cuenta que muchas de las víctimas en el momento de interponer la denuncia no suelen ir

---

424 Una muestra de la poca preocupación por la reducción de la victimización secundaria existente, es la observación que realiza el Consejo General de la Abogacía Española en su Informe de 20 de diciembre de 2013, sobre la innecesariedad de que la víctima pueda dejarse acompañar en trámites procesales o extraprocesales por la persona "que designe", bajo el argumento de que los abogados están especializados en el trato y atención a víctimas, y es preciso dejar trabajar a los profesionales (*vid. Dictamen del Consejo de Estado sobre el Anteproyecto de la Ley Orgánica del Estatuto de la víctima del delito, op. cit.*).

425 Sin embargo, GÓMEZ COLOMER, J. L., considera que esta prescripción sobre la figura del acompañante es un tema muy importante para ella, por el apoyo, la confianza y tranquilidad que le pueda prestar a esa persona, pero no es una cuestión de entendimiento (*vid.* "Sobre los derechos de la víctima...", *op. cit.*, p. 71).

acompañadas de un abogado. En el caso de víctimas menores de edad habitualmente acuden a las comisarías o al Juzgado acompañados por sus representantes legales, por lo que esta nueva figura cobra una mayor importancia en el supuesto de los menores de edad en los casos de violencia en el seno de la familia, que si tienen suficiente madurez pueden así defender sus derechos frente a sus representantes legales, en casos en los que éstos tengan conflicto de intereses por ser investigados en la causa o por adoptar una posición de protección hacia los ofensores[426].

Creemos que la figura del acompañante, tal y como se recoge en la LEVD, no solo debe considerarse como una persona elegida por la víctima que le proporcione un soporte de carácter psicológico, y dado que la LEVD no lo impide a tenor de su redacción (ya que explicita simplemente que "*la víctima podrá estar acompañada de una persona de su elección*"), dicha figura podría ser más amplia y ostentar funciones protectoras e, incluso, que personal especializado en dicho acompañamiento pudiera ejercer dichas funciones. Es dable traer a colación aquí, a modo de ejemplo, en Derecho comparado, concretamente en Argentina, la Ley de protección integral para prevenir, sancionar y erradicar la violencia contra las mujeres en los ámbitos en que desarrollen sus relaciones interpersonales (Ley 26.4859) que, aunque únicamente se prevé en el ámbito de la violencia sobre la mujer, establece en su artículo 25 la figura de asistencia protectora que configura en el siguiente sentido: "*En toda instancia del proceso se admitirá la presencia de un/a acompañante como ayuda protectora ad honórem, siempre que la mujer que padece violencia lo solicite y con el único objeto de preservar la salud física y psicológica de la misma*".

---

426 TAMARIT SUMALLA, J. M., "Una lectura victimológica...", *op. cit.*, p. 131.

Por otro lado, cabría preguntarse hasta qué punto la víctima posee la aptitud y la actitud para elegir a su acompañante, sobre todo en casos delitos graves o cometidos en al ámbito familiar. Podría entenderse que el artículo 4, c ofrece cobertura para que las personas profesionales de las OAVD acompañen a la víctima en estos trámites, dando así respuesta a sus necesidades y logrando al mismo tiempo una disminución de la victimización secundaria[427]. Además de los letrados de las OAVD, trabajadoras/es sociales, psicólogas/as como ya se hace en algunas Comunidades Autónomas[428], podría ser viable esta-

[427] Para YOLDI MUÑOZ, M. T., la solución pasaría por mencionar que el acompañamiento debería de recaer siempre en manos de un profesional que evite la revictimación, capaz de contener y canalizar sus emociones y sufrimiento y suficientemente formado para hacer valer los derechos de la víctima ante las autoridades con respecto a su dignidad, y que incida directamente sobre su empoderamiento (*vid.* "Un nuevo impulso hacia la protección a la víctima. Análisis crítico de la Directiva 2012/29/UE y del Anteproyecto de Ley Orgánica del Estatuto de la víctima", p. 15, Recurso electrónico, disponible en: https://bit.ly/31c9PBL).

[428] La Conselleria de Justicia de Cataluña dispone de un servicio de acompañamiento en juicios para las víctimas de delito, ofrecido por la OAVD. Consiste en un equipo de psicólogos y trabajadores sociales que acompañan físicamente a las víctimas de delito a las comparecencias judiciales dándoles apoyo emocional y psicológico antes, durante y después de la vista oral, velando por que no haya ningún contacto con el autor o autores del delito, tampoco visual. Las víctimas de cualquier delito, aunque sea leve, pueden solicitar este servicio cuando necesiten acompañamiento durante el juicio y lo puede proponer a víctima, sus familiares, sus abogados, el juez y los técnicos de las OAVD (*vid.* Europa Press, "La Generalitat amplía el acompañamiento a víctimas en juicios a toda Catalunya", 22 de marzo de 2018. Recurso electrónico, disponible en: https://bit.ly/2OUeLoi).

blecer un turno de personas acompañantes gestionado a través de las OAVD[429].

El precepto nada indica acerca de cuánto tiempo podrá durar el acompañamiento. El hecho de que esté vinculado al derecho a entender y ser entendida parece indicar que solo tendrán derecho al mismo en la declaración o cuando deba tener contacto con la autoridad competente[430].

Aquí merece destacarse que el derecho de la víctima a estar acompañada se concreta por la LEVD en su artículo 21,c, que establece la posibilidad de que las víctimas puedan estar acompañadas por una persona de su elección durante la práctica de las diligencias en las que deba intervenir (se concreta pues su duración),"(...) *salvo que motivadamente se resuelva lo contrario por el funcionario o autoridad encargado de la práctica de la diligencia para garantizar el correcto desarrollo de la misma*". Por ejemplo, en la diligencia de información de derechos de la víctima, en la diligencia de ofrecimiento de acciones o en la diligencia de declaración de la víctima, siempre que en este caso no sea testigo

---

429 En esta línea, se propone el interés por parte de las asociaciones de mujeres de crear una red de personas acompañantes víctimas de violencia de género (*vid. Protocolo de Coordinación de Arratiako Udalen mankomunitatea para la mejora en la prevención y atención a víctimas de la violencia de género*, recurso electrónico, disponible en: https://bit.ly/3a24Mqh.

430 En este sentido se pronuncia YOLDI MUÑOZ M. T., "Un nuevo impulso hacia...", *op. cit.*, p. 15.

de los hechos o como expresa la Ley no se pueda desarrollar correctamente.

Por tanto, se trata de la exclusión de un derecho que ha de venir motivado por el juez por causas que considere justificadas, como podrían ser que la persona acompañante fuera testigo de los hechos, que en delitos como la trata de seres humanos se comprometiese la declaración por acompañar a la víctima personas que estuvieran en la propia organización criminal[431], en casos de delitos sexuales cometidos por familiares a menores de edad, cuando el acompañante es el padre o madre que hubiera consentido la comisión de tales delitos, entre otros supuestos.

Sobre la exclusión de este derecho, podemos citar a modo de ejemplo la SAP Madrid (Sección 1ª) núm. 252/2017, de 27 de septiembre[432], dispone en su FD 1º B: "*La mencionada exploración se efectuó sin la presencia del Fiscal ni de la madre de la menor. En la exploración figura la intervención del Fiscal, no así de su madre o su padre (folios 20 y 21), lo cual infringe el art. 21. c) de la Ley 4/2015, de 27 de abril, del Estatuto de la Víctima, al no existir resolución motivada que disponga la exclusión del representante legal*

---

431 Sobre el acompañamiento profesionalizado en el supuesto de víctimas de trata de seres humanos se pronuncia a favor GONZÁLEZ CANO, M. I., dado que el apoyo profesional y emocional es fundamental para afrontar las consecuencias físicas y psicológicas que esta forma de esclavitud provoca sobre las personas tratadas, así como durante el proceso penal, ya que la falta de apoyo por profesionales de referencia genera desmotivación de la persona y puede comprometer la colaboración con las autoridades en las sucesivas etapas del proceso judicial (*vid.* "Algunas reflexiones sobre los nuevos paradigmas de la tutela procesal de la víctima del delito de trata", en *La tutela de la víctima de trata: una perspectiva penal, procesal e internacional*, MARTÍN RÍOS, P. (Coord.), MARTÍN OSTOS J. (Dir.), 2019, p. 222).

432 Id. vLex: VLEX-725954497.

de la menor, que son sus dos progenitores, para garantizar el correcto desarrollo de la misma. Se trata de un defecto formal al no cuestionarse que la exploración fuese inapropiada por mediar presiones, preguntas sugestivas o capciosas".

Claramente y frente una irregularidad procesal aducida por la defensa del acusado sobre la vulneración del principio de igualdad de armas procesales, la Sentencia del TSJ Navarra núm. 27/2023, de 13 de Septiembre[433], considera su inadmisión porque el acompañamiento y apoyo a las denunciantes en el juicio oral no ha privado al recurrente a un juicio justo, con el argumento de que: "*Ciertamente, a los efectos que ahora interesan la norma no define qué debe entenderse por este concreto "acompañamiento" de las víctimas. Aun así, claro queda que en el correspondiente contexto "estar acompañadas ... por una persona de su elección" no significaría ni "estar asesoradas jurídicamente" ni "estar jurídicamente representadas" por esa "persona de su elección". De hecho, esta persona acompañante (que es distinta de "su representante procesal y en su caso el representante legal") no es quien debe intervenir procesalmente en la diligencia de que se trate. Ahora bien, el que ello sea efectivamente así en modo alguno significa que el citado "acompañamiento" deba limitarse, única y exclusivamente, a la sola presencia de la persona que acompaña a la víctima, pudiendo perfectamente desplegar aquella persona actitudes y/o palabras de apoyo o ánimo a la víctima. No en vano, como acertadamente señala el MINISTERIO FISCAL en su escrito de impugnación al recurso de apelación interpuesto por la defensa del recurrente, la finalidad última del acompañamiento no es otra que la de que "la víctima se sienta arropada y tranquila en el momento de declarar, por lo que en nada afecta al contenido de la declaración, las muestras de cariño con el fin de tranquilizarla o el tratar de darle ánimo para continuar con un relato de hechos doloroso". Adviértase, por lo demás, cómo la norma no establece a estos efectos distinción alguna por razón de edad (ya sean mayores o menores de edad) o de discapacidad*

---

433 Id. vLex: VLEX-951289103.

de las víctimas. De ahí que (frente a lo que se sostiene en el recurso) estas últimas puedan hallarse acompañadas en la diligencia procesal de que se trate con independencia de cuál sea su (mayor o menor) edad y/o grado de capacidad" (FD. 1º B2).

En conclusión, sobre el derecho de información analizado, de todo lo expuesto y desde el punto de vista normativo, puede afirmarse que tras la LEVD se contienen en nuestro ordenamiento jurídico instrumentos suficientes para dar una buena, completa y rápida información a las víctimas, de modo que se pueda paliar el impacto que sufre la víctima en su primer contacto con el sistema de justicia penal. Aunque cuestión distinta es la aplicación práctica de dicha normativa por los distintos operadores jurídicos que consideramos todavía puede mejorar mucho más. No es suficiente con el cambio de las diligencias de ordenación, de las notificaciones, de las plantillas que se utilizan en los distintos Juzgados o dependencias judiciales sino que se hace necesario implementar protocolos que ayuden a materializar las previsiones legales, así como la adecuada formación especializada de todos aquellos profesionales en quienes recaigan las competencias de información desde las múltiples perspectivas de este derecho.

Parece que una adecuada información tiende a prevenir y/o mitigar los efectos de la victimización secundaria junto a la dignidad, asistencia y seguridad de la víctima y favorece la confianza de la víctima en la Administración de Justicia[434]. La información es un derecho muy valorado por las víctimas, independientemente de su personación en el proceso. La mayoría de ellas desea recibir información sobre el curso del proceso y

---

434 DELGADO MARTÍN, J., "El estatuto de la víctima en el proceso penal español", en *Estudios de Derecho Judicial 58/2004. Las reformas procesales,* Consejo General del Poder Judicial, 2004, p. 22. En el mismo sentido, SANZ-DÍEZ DE ULZURRÚN LLUCH, M., "La posición de la víctima en el Derecho...", *op. cit.*, p. 169.

sobre las decisiones que se tomen que les afecten[435]. Así se ha recogido en diversas investigaciones, puesto que además del apoyo emocional o psicológico, las víctimas necesitan información del proceso, del estado de la investigación para sentirse menos victimizadas, puesto que generalmente su insatisfacción es producto de la falta de información.

Pues bien, recordemos asimismo que la policía suele ser la primera instancia a la que recurre la víctima de un delito por lo que es de extrema importancia que la información que reciba sea lo suficientemente clara y completa. A nuestro parecer, para la efectividad del derecho a la información en las dependencias policiales es imprescindible la articulación de protocolos informativos con los que la víctima pueda tener exacto conocimiento de sus derechos y del procedimiento a seguir tras su denuncia de forma inmediata, así como de los derechos que le asisten en su comparecencia judicial. Sin embargo, no nos debemos de quedar con ese primer protocolo sino articular un "protocolo homologado informativo de derechos de las víctimas en el proceso penal" en las dependencias judiciales[436].

Además de la información específica que contempla la LEVD se debería proporcionar a la víctima información con carácter general del proceso penal sobre todo dirigida a explicarle las etapas de este y la duración de cada una de forma aproximada, para que tenga claras sus expectativas y lo que se espera de ella en el procedimiento.

No debemos olvidar que este derecho a la información se convierte en un derecho básico y anterior al proceso penal pero que se va actualizando constantemente durante el mismo,

---

435 RECHEA ALBEROLA, C., *La Criminología Aplicada II*, Madrid, Consejo General del Poder judicial, 1999, p. 54.

436 MAGRO SERVET, V., "El nuevo estatuto de la víctima en el proceso penal", en *Diario La Ley*, núm. 7495, La Ley, 2010, p. 9.

de modo que se facilita a la víctima información puntual y concreta en cada una de las fases del procedimiento, aunque no se han establecido los mecanismos que se han de utilizar para que la información le llegue[437]. Dicho lo anterior, para poder garantizar la actualización de este derecho a la información y llevar un mejor control deberían diseñarse unas fichas personales de las víctimas en las que consten todos sus datos personales, correo electrónico y teléfono, así como datos relativos al proceso como la necesidad o no de traductor, si es víctima de violencia de género, si ha recibido la información de derechos y en qué fecha así como un listado de las notificaciones que se le han efectuado, adjuntando el resguardo del envío. Además, conviene tener recogida en esa ficha, la manifestación expresa del consentimiento de la víctima sobre la notificación de resoluciones o actos procesales y si desea o no recibir notificaciones del Juzgado, así como notificar las resoluciones a la OAVD, dejando clara constancia de que la víctima puede cambiar de opinión en cualquier momento y manifestar su deseo de no ser informada de las resoluciones.

Cabe resaltar que la LEVD regula en su artículo 31 el papel fundamental de los protocolos que resulten necesarios para la protección de las víctimas y de los Colegios Profesionales en el desarrollo de éstos que orienten su actividad hacia la protección de las víctimas. También el Preámbulo del RDEVD insta a que las Administraciones Públicas aprueben y además fomen-

---

[437] Según ANICHIARICO GONZÁLEZ, A. M. y CISNEROS TRUJILLO, C., "Las garantías procesales...", *op. cit.*, p. 265, "(...) los mecanismos de activación para informar a la víctima varían. En el Reino Unido, se ha introducido una tarjeta de atención a las víctimas para permitirles a estas y las autoridades pertinentes realizar un seguimiento de un caso con facilidad a medida que avanza a través de las diferentes etapas. Por su parte, dos Estados miembros-Chipre, Eslovenia- parecen no haber traspuesto el artículo 6, y otros tres solo lo han traspuesto parcialmente-Alemania, Luxemburgo, Polonia".

ten protocolos de actuación, sin olvidarse de la importancia en su desarrollo de las asociaciones y colectivos de protección de las víctimas, que concreta su artículo 3 al disponer la necesidad de estos protocolos para dar efectividad a los derechos contemplados en el Estatuto de la víctima y su Reglamento de desarrollo.

De la regulación de la LECrim parece inferirse que la información debe constar de forma escrita con la constancia de la firma de la víctima siendo algo secundario que la víctima comprenda dicha información[438], por lo que debería ser un aspecto a tener en cuenta en la elaboración de un posible protocolo que garantice la correcta instrucción de los derechos de la víctima, pues insistimos en la importancia que en el proceso tiene el correcto ejercicio de los derechos para que la víctima pueda tomar sus propias decisiones.

El derecho a la traducción e interpretación

El derecho a la traducción e interpretación está íntimamente ligado al derecho a la información y es una garantía del derecho a entender y ser entendida de toda víctima, que ha de comprender la información, pues de nada sirven todos los derechos reconocidos en la LEVD si la víctima no es capaz de comprenderlos. Aunque se trata de un derecho que va más allá de la vertiente informativa, lo cierto es que hemos considerado tratarlo dentro del derecho a la información por ser un derecho inherente a éste.

Es un derecho procesal penal, así como preprocesal, puesto que este derecho asiste a la víctima antes y durante el proceso penal, aunque para la LEVD se trata de un derecho básico o

---

438 SUBIJANA ZUNZUNEGUI, I. J., *El principio de protección…*, *op. cit.*, p. 229.

extraprocesal. Se trata de un derecho que ostentan todas las víctimas sin necesidad de que comparezcan en el proceso penal como parte procesal e independientemente de su nacionalidad puesto que puede carecer de las competencias lingüísticas necesarias en alguna de las distintas lenguas cooficiales españolas.

Se trata de un derecho *ex novo* para la víctima ya que hasta la LEVD ha sido reconocido únicamente a los detenidos o a aquellas personas investigadas por la presunta comisión de un delito. Es decir, se trata así de un derecho que anteriormente se encontraba regulado y reconocido para el victimario en el proceso penal pero no para la víctima[439], ya que ningún precepto de la LECrim se lo reconoce expresamente[440], aunque

---

439 Por primera vez en nuestro país se reconoce expresamente este derecho desde el momento de la detención o imputación para los detenidos e investigados a raíz de la trasposición de la Directiva 2010/64/UE del Parlamento Europeo y del Consejo relativa al derecho a interpretación y a traducción en los procesos penales, cuyo objetivo es garantizar el derecho a la interpretación y traducción a toda persona sospechosa o acusada que no hable o comprenda la lengua del proceso, estableciendo las normas mínimas comunes de aplicación en el ámbito de la interpretación y de la traducción en los procesos penales de los Estados miembros (DOUE de 20 de octubre de 2010, L 280, pp. 1-7). Esta Directiva fue traspuesta en España por la LO 5/2015, de 27 de abril, por la que se modifican la Ley de Enjuiciamiento Criminal y la Ley Orgánica 6/1985, de 1 de julio, del Poder Judicial, para trasponer la Directiva 2010/64/UE, de 20 de octubre de 2010, relativa al derecho a interpretación y a traducción en los procesos penales y la Directiva 2012/13/UE, de 22 de mayo de 2012, relativa al derecho a la información en los procesos penales (BOE de 28 de abril de 2015, núm. 101, pp. 36559-36568). Un análisis exhaustivo de esta Directiva puede verse en FERNÁNDEZ CARRON, C., *El derecho a interpretación y a traducción en los procesos penales*, Valencia, Tirant lo Blanch, 2017, pp. 39-71.

440 En este punto tan sólo, el art. 231.4 LOPJ establece la posibilidad de traducción de las actuaciones judiciales cuando las leyes procesales

podemos considerar que se trata de un desarrollo del artículo 231 LOPJ para la víctima[441].

Consideraciones generales

Brevemente, y para situar este derecho en relación con el investigado, se trata de un derecho fundamental garantizado en el artículo 17.3 CE según la doctrina del TC y el artículo 6 Convenio de Europeo de Derechos Humanos[442] que, recogido con carácter general en el artículo 118.1,f LECrim como uno de los derechos de toda persona a la que se le atribuya un hecho punible, se desarrolla en su Capítulo II del Título V, integrado por los artículos 123 a 127 y que lleva por rúbrica "*del derecho a la traducción e interpretación*".

---

así lo establezcan y a instancia de parte.

441 GÓMEZ COLOMER, J. L., "Sobre los derechos de la víctima...", *op. cit.*, p. 75.

442 Así lo ha establecido el TS en sentencias como STS (Sala Segunda, de lo Penal) núm. 18/2016, de 26 de enero (Id. vLex: VLEX-593589466), en su FJ 3º al disponer que "*el derecho a un intérprete ha ido adquiriendo una singular relevancia en la sociedad actual, fuertemente globalizada, multilingüe y condicionada por el fenómeno migratorio. En la actualidad las personas se desplazan entre países diferentes con gran facilidad, por multitud de razones (trabajo, estudios, vacaciones, congresos, e incluso para delinquir, en el ámbito de la criminalidad organizada trasnacional). De ahí el aumento de personas involucradas en procesos penales que no hablan o no comprenden la lengua del procedimiento y se encuentran en desventaja. Por ello el derecho de acceso a un intérprete debe considerarse como un derecho fundamental, en el ámbito del derecho a la tutela judicial efectiva y a un proceso con todas las garantías, relacionado íntimamente con el derecho de la defensa (Art. 6º del Convenio Europeo de Derechos Humanos)*".

No procede un análisis exhaustivo de este derecho[443] sino que se expondrán algunas cuestiones que ha introducido la LEVD sobre el derecho a la traducción e interpretación que ante la regulación parcial de la LECrim[444] en cuanto al reconocimiento únicamente al detenido e investigado, reconoce por fin a la víctima en el artículo 9 LEVD[445].

Pues bien, al parecer el Estatuto considera prioritario abordar este derecho, pues lo recoge en el artículo 6, b analizado, en el artículo 9 que expondremos a continuación, así como en la enumeración de los derechos de las víctimas de los que deben ser informadas, ya que el artículo 5.1, f incide en el derecho de la víctima a acudir a servicios de interpretación y traducción disponibles.

Sin embargo, ni el Estatuto ni su Reglamento de desarrollo concreta específicamente cuales son esos servicios, ni en qué organismo o institución han de estar ubicados. Obsérvese que en el momento en el que se informa a la víctima de la existen-

---

[443] Para un conocimiento más profundo del derecho a la traducción e interpretación del investigado *vid.* PILLADO GONZÁLEZ, E., y RECIO JUÁREZ, M., "Los derechos del investigado a ser asistido de intérprete y a la traducción de documentos tras la LO 5/2015, de 27 de abril", en *Nuevos horizontes del derecho procesal: libro-homenaje al Prof. Ernesto Pedraz Penalva,* JIMENO BULNES, M. y PÉREZ GIL, J. (Coords.), PEDRAZ PENALVA, E. (Hom.), Bosch, 2016, pp. 871-898. Sobre un análisis pormenorizado de la reforma de la LECrim operada por la LO 5/2015, de 27 de abril, de estos derechos *vid.* FERNÁNDEZ CARRON, C., *El derecho a interpretación..., op. cit.*, pp. 73-154. Sobre el derecho a la traducción y a la interpretación en la detención *vid.* ÁLVAREZ DE NEYRA KAPPLER, S., "El derecho a la traducción y a la interpretación en la detención", en *Traducción, interpretación e información para la tutela judicial efectiva en el proceso penal,* ARIZA COLMENAREJO, M. J. (Coord.), Valencia, Tirant lo Blanch, 2018, pp. 63-89.

[444] El ALECrim 2020 recoge este derecho en su art. 108.

[445] Este precepto es trasposición del art. 7 Directiva 2012/29/UE.

cia de servicios de interpretación y traducción disponibles, esta todavía no es parte y precisamente por eso resulta de gran importancia este derecho, no obstante, se preste el servicio a toda víctima sea o no parte en el proceso, así como a los testigos.

No obstante, la LEVD y el RDEVD atribuyen a las OAVD una serie de funciones que las alzan como Oficinas referentes en la asistencia a las víctimas. Consideramos que es una opción que alberguen estos servicios, aunque según el artículo 28, b LEVD (y art. 19.8 RDEVD) sobre las funciones de las OAVD se limitan a recoger la previsión de que las OAVD informen sobre los servicios especializados disponibles que puedan prestar asistencia a la víctima, o bien la derivación a servicios de apoyo especializados (el art. 28. 2, e LEVD y art. 19.11,e RDEVD), pero nada dice que dichos servicios tengan que estar incluidos en estas Oficinas.

Contenido

El artículo 6 LEVD, traspuesto del artículo 5.1 Directiva 2012/29/UE recoge el derecho a que la víctima obtenga una copia de la denuncia debidamente certificada y por otra parte reconoce el derecho a la asistencia lingüística gratuita y su traducción escrita[446]. Se trata de derechos que tiene toda víctima en el momento de presentar su denuncia, condicionándose la asistencia lingüística y la traducción a que "*no entienda o no hable ninguna de las lenguas que tengan carácter oficial en el lugar en el que se presenta la denuncia*".

---

446 ARANGÜENA FANEGO, C., "El Derecho a la interpretación y a la traducción en los procesos penales. Comentario a la Directiva 2010/64/UE del Parlamento Europeo y del Consejo, de 20 de octubre de 2010", en *Revista General de Derecho Europeo,* núm. 24, 2011, p. 13.

Conviene distinguir entre las figuras de interpretación y traducción. Así pues, "mientras que la interpretación tiene por objeto exclusivamente la comunicación oral y la misión del intérprete consiste en reproducir fielmente en tiempo real el mensaje del orador en otra lengua, sin perder de vista las circunstancias en que se realiza (gestos, postura...), la traducción se proyecta directamente sobre escritos o documentos para trasladar su texto de una lengua a otra teniendo en cuenta el contexto del sistema jurídico en que se lleva a cabo"[447].

Se trata y así se configura por la LEVD de un derecho de carácter básico que garantiza el derecho de la víctima a ser entendida y al derecho a la información que permita el acceso de manera efectiva a todos sus derechos. La finalidad es que las víctimas reciban de una forma completa y sistemática información sobre los derechos que les asisten. Por ello no debemos perder de vista que todos los derechos relativos a la información que hemos analizado anteriormente deberán ser traducidos cuando la víctima no entienda o no comprenda el idioma, es decir, no solo a víctimas extranjeras sino también a víctimas con algún tipo de limitación auditiva, ceguera etc.

1ª.- La primera de las cuestiones indicadas es el derecho de la víctima a obtener una copia de la denuncia debidamente certificada que se conforma como un derecho novedoso, puesto que lo determinante en el mismo es la entrega de la copia certificada de la denuncia, extremo éste no recogido anteriormente en la LECrim en esos términos. Así es, el artículo 268 de nuestra Ley procesal prevé la entrega a la víctima -el precepto habla de denunciador- de un resguardo de haber formalizado

---

447 LÓPEZ JARA,M.," La modificación de la Ley de Enjuiciamiento Criminal en materia de derechos y garantías procesales. los derechos a la traducción e interpretación y a la información en el proceso penal", en *Diario La Ley* , núm. 8540, Sección Doctrina, 15 de Mayo de 2015, Ref. D-192.

la denuncia y no lo configura como un derecho del denunciante o víctima, sino que condiciona la entrega del resguardo a la petición del denunciante.

Nos encontramos en este punto con una discrepancia entre la LEVD y la LECrim, que podría plantear algún problema de interpretación, puesto que este artículo 268 no ha sido reformado y no se configura como un derecho conforme establece la LEVD. Esto implica que puede entenderse correcta la entrega de dar un certificado a la víctima conforme prevé el artículo 6 LEVD, pero también la entrega de un mero resguardo como dispone el artículo 268 pr.2º LECrim.

Para nosotros, atendiendo al espíritu de la LEVD en favor de la víctima, debemos interpretar la norma a la luz del Estatuto, aunque no consideramos que el precepto de la LECrim se entienda derogado por la LEVD por cuanto debería haberse modificado o directamente procedido a su derogación por la propia LEVD[448]. En consecuencia, debe proporcionarse a la víctima una copia debidamente certificada que se haga constar en la propia denuncia y esta previsión debe incorporarse en los formularios que existen para recoger las denuncias, aunque una solución intermedia entre el mero resguardo a solicitud de la víctima y la copia certificada que debe ser entregada siempre a la víctima podría ser la entrega de una copia de la denuncia sellada[449].

---

448 Sin embargo, para CHOZAS ALONSO, J. M., no se ha producido una modificación del art. 268 LECrim, y ahora habrá que considerarlo derogado en lo que se oponga a la nueva norma o, al menos, deberá ser interpretado a la luz de la LEVD (*vid.* "El nuevo estatuto...", *op. cit.*, p. 259).

449 Tanto el Consejo de Estado como el Consejo General del Poder Judicial coincidieron en solicitar que se entregara a la víctima una copia de la denuncia sellada (*vid. Dictamen sobre el Anteproyecto de Ley Orgánica del Estatuto de la Víctima del Delito emitido por el Consejo de Estado, op. cit.*, p. 16; y el *Informe al Anteproyecto de Ley Orgánica del Estatuto*

Apuntamos aquí que añade el artículo 284 LECrim[450], concretamente en su apdo. 2, que "*de conformidad con el derecho reconocido en el artículo 6 de la Ley 4/2015, de 27 de abril, del Estatuto de la Víctima del delito, la Policía Judicial comunicará al denunciante que en caso de no ser identificado el autor en el plazo de setenta y dos horas, las actuaciones no se remitirán a la autoridad judicial, sin perjuicio de su derecho a reiterar la denuncia ante la fiscalía o el juzgado de instrucción*", posibilitando así que el Juzgado reclame de la Policía o Guardia Civil un atestado determinado y dictar la correspondiente resolución[451].

Como señala el AAP Barcelona (Sección 7ª) núm. 642/2018, de 2 de octubre[452], en su RJ 2º "(...) *La razón por la que la ley ha previsto que el denunciante se dirija al Juzgado de instrucción, reproduciendo la denuncia interpuesta ante la policía judicial, es porque entiende que la autoridad judicial debe solicitar la remisión del atestado policial y controlar si se han practicado todas las diligencias de investigación que resultaban pertinentes. Lo que parece incongruente es que la Ley permita al denunciante dirigirse directamente a la autoridad judicial y esta, sin comprobar qué diligencias ha practicado la policía judicial y dándolas por buenas sin haber efectuado ningún tipo*

de las Víctimas del Delito del Consejo General del Poder Judicial, *op. cit.*, p. 25. Coindice con esta opinión GÓMEZ COLOMER, J. L., "Sobre los derechos de la víctima...", *op. cit.*, p. 73. En la práctica, sin embargo, se proporciona una copia impresa de la denuncia. Fuente consultada: OAVD de Valencia.

450 Modificado por la LEVD, así como por la Ley 41/2015, de 5 de octubre, de modificación de la Ley de Enjuiciamiento Criminal para la agilización de la justicia penal y el fortalecimiento de las garantías procesales, esta última publicada en el BOE de 6 de octubre de 2015, núm. 239, pp. 90220-90239.

451 En esta línea, la SAP Barcelona (Sección 7ª) núm. 172/2019, de 18 de marzo (Id. vLex VLEX-846749432).

452 Id. vLex: VLEX-759194285.

de control, decida acordar el sobreseimiento provisional de las actuaciones por desconocimiento del autor".

Por su parte, el artículo 6 LEVD nada dice sobre si dicha copia de la denuncia traducida ha de entregarse de forma inmediata o no. Lo más acorde con el espíritu de la norma de proporcionar una asistencia integral e inmediata a la víctima es que esta pueda obtener tras su declaración una copia certificada de dicha denuncia por el mismo intérprete que le haya asistido en la misma. Sin embargo, son muchos los factores que generalmente pueden impedir esa entrega inmediata y el legislador, conocedor de estas circunstancias, ha preferido no realizar ninguna alusión al aspecto temporal de la entrega. Así, enunciamos a modo de ejemplo, esos factores que a nuestro juicio impiden dicha inmediatez como son la falta de recursos humanos, el hecho de que generalmente el intérprete tenga que asistir a más víctimas y/o detenidos en la misma Comisaria o en distintas, en la misma sede judicial o desplazarse en la guardia a otro partido judicial. Asimismo, si la declaración es compleja y requiere de una traducción más pausada puesto que va a tener un peso muy relevante en el futuro proceso penal -piénsese en las declaraciones de agresiones sexuales en las que muchas veces prácticamente la única prueba de cargo es la propia declaración de la víctima-, no va a ser posible entregar una copia certificada traducida de la denuncia al finalizar la declaración[453].

2ª.- La segunda de las cuestiones que regula el precepto es el derecho de las víctimas a la asistencia lingüística, que se configura como un derecho novedoso tal y como es presentado por el Estatuto.

---

453 Obsérvese que el legislador sí que hace referencia al factor tiempo en otros preceptos de la LEVD, como es el caso del derecho a la información que ha de ejercitarse de manera inmediata.

Con anterioridad a la LEVD, la LECrim recogía y sigue recogiendo la posibilidad de nombramiento de intérprete como forma de salvar las barreras idiomáticas, pero únicamente con respecto al procesado y los testigos (arts. 398, 440, 441, 520. 2e y 762.8). La LEVD no ha optado por reformar la LECrim a efectos de introducir este derecho para las víctimas, aunque la referencia a los testigos puede extenderse a las víctimas para que no se considere la existencia de disparidad entre ambas regulaciones.

Sin embargo, encontramos dificultades de interpretación sobre la asistencia del intérprete en sede policial y la asistencia en sede judicial, porque la LECrim tan solo garantiza ese derecho en el ámbito judicial y, sobre todo, para que la víctima pueda declarar ante el Juzgado y limitada a poner en conocimiento de los hechos, mientras que la LEVD lo extiende al ámbito policial y para garantizar que haya una adecuada información a la víctima de los recursos asistenciales, jurídicos, psicológicos, económicos o de otra índole, además de que se asegure a la víctima un derecho a la traducción de determinadas actuaciones en el proceso; cuestión que, como veremos en la práctica es una cuestión compleja por la falta de medios.

Como se colige de esta regulación, se garantiza el derecho a la asistencia lingüística desde el momento de presentar denuncia, lo que implica el reconocimiento en sede policial y judicial de dicho derecho[454]. Para su efectividad debe comprobarse el grado de competencia lingüística de la víctima para en caso de que se observe que no conoce la lengua, no bastando un conocimiento básico de esta, se solicite la asistencia de un intérprete imparcial.

---

[454] Véase el AAP Almería núm. 7/2019 (Sección 3ª), de 10 de enero (Id. vLex VLEX-846457202) sobre las consecuencias de la limitación en sede policial del derecho básico de la denunciante a prestar declaración asistida de intérprete.

Pero una cuestión es la asistencia de un intérprete que vaya traduciendo lo que la víctima relata mientras el funcionario escribe y el juez dicta su contenido y otra distinta la posibilidad de que la víctima salga por la puerta de las dependencias policiales o del Juzgado con una copia traducida de su denuncia, algo que en la práctica requiere de una mayor dotación de intérpretes y mayores medios. Estamos, una vez más, ante un derecho que queda muy bien en la letra de la Ley, pero que resulta complicado llevar a la práctica diaria sin una mayor dotación presupuestaria[455].

En cuanto a las concretas medidas a adoptar sobre esta cuestión si no es posible en ese momento la traducción al idioma de la víctima al menos debe facilitársele una copia certificada en castellano de la declaración, si bien debe remitirse por el Juzgado a los servicios correspondientes para su traducción, y enviarla a la víctima por correo electrónico o correo certificado, cuando se reciba traducida.

Reiteramos la dificultad que lo anterior supone en la práctica judicial diaria, que necesita de servicios de empresas de traducción propias o subcontratadas con cierta fluidez burocrática para realizar las traducciones, y ante la inexistencia real de dicha premura, resulta inevitable la dilación en el inicio del proceso penal. Y, repárese que, si no llega a tiempo la copia

455 Véase el siguiente estudio exploratorio realizado en Cataluña, sobre la asistencia del intérprete en casos de mujeres que han sufrido maltrato y tienen una barrera idiomática, que aunque realizado con anterioridad a la LEVD, muestra la relevancia de contar con un servicio de interpretación profesional en el ámbito de justicia y la constatación de la formación deficiente de los intérpretes que trabajan en las empresas subcontratadas por la Administración sobre las que no existe ningún tipo de control externo, que afectan a la calidad del servicio y que aumentan las dificultades para garantizar el derecho a la información: ANTÓN GARCÍA, L., "Barrera idiomática...", *op. cit.*, pp. 1-33.

traducida de la denuncia, podría darse el supuesto incluso del sobreseimiento de la causa. Una vez más, la LEVD contempla un derecho cuya introducción consideramos es muy acertada, pero de complicada aplicación práctica.

Uno de los más significativos ejemplos viene constituido por el funcionamiento de los servicios de interpretación y traducción en la Comunidad Valenciana, dónde la Conselleria de Justicia, Interior y Administración Pública subcontrata una empresa privada que se encarga de dichos servicios, mediante la previa solicitud de asistencia lingüística que efectúan los funcionarios de los distintos Juzgados.

Sin embargo, la situación antedicha de la insuficiencia de recursos[456] no solamente es un problema de la Comunidad Valenciana, sino que se reproduce a nivel nacional puesto que, aunque existen dos figuras oficiales, la del traductor e intérprete jurado y la del traductor e intérprete del Ministerio de Justicia, estos recursos no son suficientes para abarcar la gran demanda existente. Así pues, en la mayoría de los casos, se solicitan intérpretes a través de la empresa adjudicataria, puesto que la figura del traductor e intérprete de los servicios públicos no está reconocida[457].

---

456 El *Dictamen del Consejo de Estado sobre el Anteproyecto de la Ley Orgánica del Estatuto de la víctima del delito, op. cit.*, considera que los gastos en servicios de traducción previstos en el artículo 6 no implican contrataciones adicionales pues ya existe ese servicio en las sedes judiciales. No obstante, esta conclusión es evidente, tal y como se plantea por el Consejo si ya existen esos servicios, otra cuestión es que dichos servicios sean suficientes debido a que no solo tienen que asistir a los investigados y acusados, sino también a las víctimas.

457 Sobre la interpretación en el ámbito judicial y la formación de los intérpretes, así como un interesante estudio empírico realizado a partir de las grabaciones de los juicios en 10 Juzgados de lo Penal de Barcelona entre los años 2010 y 2015 véase ARUMÍ RIBAS, M., "Interpretar para la justicia en España hoy", en *Traducción, interpretación*

Innecesario resulta subrayar que prueba de dicha falta de reconocimiento de esta figura es la ausencia de regulación y profesionalización[458], lo que genera una serie de problemáticas en la prestación del servicio como el retraso, la falta de intérpretes y traductores, la mala calidad por la inexistencia de control por parte de la Administración, entre otras.

El artículo 9 LEVD dispone, por tanto, que toda víctima que no hable o no entienda el castellano o la lengua oficial que se utilice en la actuación de que se trate tendrá el derecho a la traducción e interpretación. Se considera un derecho de la víctima no un derecho de su abogado, pues la falta de conocimiento del idioma por parte del abogado no puede llevar a imponer la traducción de documento alguno, quien no ostenta el derecho a exigir la traducción de las actuaciones puesto que no es parte en el proceso ni es la víctima. En este sentido se pronuncia en su FD 2º, el AAP Barcelona (Sección 9ª), núm. 537/2017, de 29 de julio[459]. Este derecho se concreta en una serie de manifestaciones o derechos que analizaremos a continuación.

1º.- En primer lugar, la letra a) del precepto reconoce el derecho de la víctima a un intérprete gratuito, sufragado por la Administración, en las distintas fases del proceso penal, esto es, cuando se le reciba declaración en la fase de investigación por el juez, el fiscal o funcionarios de policía, o bien, cuando intervenga como testigo en el juicio o en cualquier otra vista

---

e información para la tutela judicial efectiva en el proceso penal, ARIZA COLMENAREJO M. J. (Coord.), Valencia, Tirant lo Blanch, 2018, pp. 43-62.

458 MOJICA LÓPEZ, E., "Análisis de la situación de la traducción y la interpretación en el ámbito judicial en España en casos específicos de violencia de género", en *FITISPos International Journal: Public Service Interpreting and Translation*, Vol. 1, 2014, p. 171.

459 Id. vLex: VLEX-696771193.

oral, que será también aplicable a aquellas personas que tengan limitaciones auditivas o de expresión oral. Precisamente la LEVD amplía el derecho con respecto al artículo 7 de la Directiva que no contempla a las personas con limitaciones auditivas o de expresión oral, dando de esta forma cumplimiento a la Directiva 2010/64/UE relativa al derecho a interpretación y a traducción en los procesos penales.

En sentido similar se expresa el artículo 123 LECrim para los imputados o acusados a quienes reconoce el derecho a la asistencia de un intérprete cuando "(...) *no hablen o entiendan el castellano o la lengua oficial en la que se desarrolle la actuación*".

Se configura, por tanto, como un derecho de la víctima, aunque también se convierte en un derecho del investigado/acusado a entender las manifestaciones de la víctima para un adecuado ejercicio del derecho de defensa. Sin embargo, mientras que en la fase de instrucción toda víctima según la LEVD ostenta este derecho, en el juicio oral el legislador ha matizado y parece que solamente tengan derecho a la interpretación en dicha fase del proceso, aquellas víctimas que actúen como testigos de los hechos que o bien, se han personado en la causa y son parte en el procedimiento, o bien no habiéndose personado han sido propuestas como testigos para declaración en el juicio oral, de este modo el derecho de asistencia gratuita de intérprete deriva de su participación en el juicio oral con su declaración.

La víctima no personada al igual que la víctima personada pero que sea testigo tiene derecho a ser asistida por un intérprete en aquellas actuaciones en las que se emplee el castellano o la lengua oficial correspondiente y no la entienda. De esta manera, el intérprete traducirá las preguntas a la víctima-testigo y sus respuestas, así como la declaración del acusado que evidentemente es necesaria para su propia declaración, pero no el resto del juicio. Por otra parte, y respecto de las víctimas no personadas que no actúan como testigos, no tendrían derecho a esa asistencia lingüística al no intervenir como testigos, aunque pudieran asistir como público[460].

A los efectos que nos ocupan, debemos destacar el reconocimiento de este derecho también a las personas con limitaciones auditivas o de expresión oral. Así lo dispone tanto la LEVD para la víctima como el artículo 127 LECrim respecto del victimario. Sin embargo, el Estatuto no ha previsto dicho derecho para las personas con discapacidad sensorial, tal y como recoge la legislación procesal permitiendo de esta manera el apoyo de medios de comunicación oral en las declaraciones de los detenidos e investigados. Pese a que no se haya reconocido expresamente por el Estatuto, este apoyo deberá ser extensivo a las víctimas con discapacidad sensorial en el mismo sentido a cómo lo hace el artículo 127, añadido por la LO 5/2015, de 27 de abril, al disponer que: "*Las disposiciones contenidas en los artículos precedentes son igualmente aplicables a las personas con discapacidad sensorial, que podrán contar con medios de apoyo a la comunicación oral*".

Como venimos señalando, parece que una vez más observamos la incorrecta técnica legislativa del legislador que, en el mismo periodo legislativo, y prácticamente a la vez promulga normas que no contienen las mismas previsiones. Hubiera sido muy fácil adoptar en la LEVD, una regulación similar a la LECrim, o mejor aún incorporar directamente la regulación sobre la traducción para las víctimas en la propia Ley procesal. Por ello, y aunque no se contemple en la LEVD la previsión del artículo 123.6 LECrim relativa a la posibilidad de documenta-

---

460 Algún autor se ha planteado si el derecho a la traducción gratuita en los interrogatorios es también aplicable a las víctimas que no son testigos de los hechos que no declarando como tal desean acudir a la vista oral, aunque no se pronuncia sobre si en ese supuesto ostentan tal derecho (*vid.* YOLDI MUÑOZ, M. T., "Un nuevo impulso hacia...", *op. cit.*, p. 15).

ción mediante grabación audiovisual de la manifestación original y de la interpretación en el caso de interpretaciones orales o de lenguaje de signos, es también de aplicación a la víctima del delito[461] (aunque evidentemente si no se dispone de equipos de grabación o no se entiende conveniente o necesario, la LECrim prevé su documentación por escrito).

Por lo que atañe a las previsiones que sobre la interpretación y traducción se contienen en la LECrim, respecto del investigado se prevé el derecho a la asistencia de un intérprete en todas las actuaciones en las que se requiera su presencia, lo que incluye el interrogatorio policial, judicial, vista oral, reconocimiento médico forense, etc. (art. 123), mientras que la LEVD prevé el derecho de asistencia gratuita de intérprete para la víctima solamente "(...) *cuando se le reciba declaración en la fase de investigación por el Juez, el Fiscal o funcionarios de policía, o cuando intervenga como testigo en el juicio o en cualquier otra vista oral*" (art. 9.1,a).

---

461 La Ley 27/2007, de 23 de octubre, por la que se reconocen las lenguas de signos españolas y se regulan los medios de apoyo a la comunicación oral de las personas sordas, con discapacidad auditiva y sordociegas (BOE de 24 de octubre de 2007, núm. 255, pp. 43251-43259), establece en su art. 12.2 que "*en relación con la Administración de Justicia y Penitenciaria se promoverán las condiciones adecuadas, tales como formación y disponibilidad de servicios de intérprete de lengua de signos española y/o en las lenguas de signos propias de las comunidades autónomas si las hubiera, para hacer efectiva la aplicación de lo dispuesto en el artículo 143 de la Ley de Enjuiciamiento Civil, así como en los procesos que se rigen por la Ley de Enjuiciamiento Criminal, respecto de las personas sordas, con discapacidad auditiva y sordociegas*". En el art. 21 párr. 2º dispone que "*en relación con la Administración de Justicia, se promoverán las condiciones adecuadas, tales como formación y disponibilidad de medios de apoyo a la comunicación oral, para hacer efectiva la aplicación de lo dispuesto en el artículo 143 de la Ley de Enjuiciamiento Civil, así como en los procesos que se rigen por la Ley de Enjuiciamiento Criminal, respecto de las personas sordas, con discapacidad auditiva y sordociegas*".

Obsérvese que parece que la LEVD es más restrictiva para la víctima al limitar las actuaciones en las que tiene derecho a dicha asistencia a la declaración de esta, y que una interpretación literal del precepto nos lleva a entender que dicho derecho no alcanza a otras intervenciones distintas que las previstas, como por ejemplo la asistencia de intérprete en un reconocimiento médico forense[462]. Pero en aras a que no se desnaturalice este derecho cabría realizar una interpretación integradora y reconocerlo en todas las actuaciones en las que sea necesaria la presencia de la víctima tal y como la LECrim reconoce al investigado o acusado[463].

En otro orden de consideraciones, nada dice la LEVD de interpretación simultánea o consecutiva[464] como refiere el artí-

---

462 Véase el art. 9 sobre el derecho a interpretación y traducción, de la Recomendación CM/Rec (2023)2, de 15 de marzo de 2023 del Comité de Ministros a los Estados miembros sobre derechos, servicios y apoyo a las víctimas de delitos.

463 La Directiva 2012/29/UE dispone que los Estados han de velar porque se les facilite a las víctimas interpretación gratuita, al menos durante las entrevistas o las tomas de declaración en los procesos penales, ante autoridades instructoras y enjuiciadoras, inclusive durante los interrogatorios policiales, así como en las vistas orales del juicio. Con la expresión "*al menos*" establece el contenido mínimo que puede ser ampliado por los Estados, sin embargo, la LEVD únicamente alude a la declaración en la fase de investigación, o cuando intervenga como testigo en el juicio en cualquier otra vista oral.

464 La interpretación simultánea es aquella en la que el intérprete traslada el mensaje del orador con un mínimo desfase temporal al oyente, que escucha sus palabras a través de auriculares. Sin embargo, en la interpretación consecutiva, el intérprete interviene de viva voz y traslada el mensaje del orador sin necesidad de medios electrónicos (cabinas de interpretación) después de que éste haya intervenido y después de haber tomado las notas correspondientes (véase el *Libro Blanco de la traducción y la interpretación institucional*, Ministerio de Asuntos Exteriores y de Cooperación, 2011, p. 38. Recurso electrónico, disponible en: https://bit.ly/2RayIYa).

culo 123.2 LECrim que establece que en el caso de que no pueda disponerse del servicio de interpretación simultánea para el juicio oral se realizará mediante una interpretación consecutiva de modo que se garantice suficientemente la defensa del imputado o acusado.

En la práctica forense, el intérprete está presente en el momento de la declaración de la víctima y durante el juicio para servir de interlocutor, pero no para efectuar una traducción simultánea que consiste en traducir todo lo que va sucediendo en el juicio, para lo que son necesarios medios tecnológicos suficientes, además de un traductor jurado.

2º.- En segundo lugar y continuando con el análisis del artículo 9 LEVD, en su letra b), se reconoce el derecho de la víctima a la traducción gratuita de determinadas resoluciones que se incluyen en el artículo 7.1 y el artículo 12, entre las que se encuentra la sentencia, la resolución de una medida cautelar como puede ser la orden de protección del artículo 544 *ter*, etc. A mayor abundamiento la víctima tiene derecho, al igual que ya lo tiene al acusado, a la traducción de la sentencia, y un retraso en dicha traducción puede perjudicarle, por ejemplo, mediante la prescripción de la condena[465].

---

[465] Para la SAP Baleares (Sección 1ª) núm. 72/2019, de 12 de julio (Id. vLex VLEX-817282037), la demora en la traducción de la sentencia causó la prescripción de la condena por delito leve a un condenado al que se le extinguió, por tanto, la responsabilidad penal. El abogado del condenado solicitó la traducción al idioma francés de la sentencia condenatoria a los efectos de proceder a la notificación personal de la misma al denunciado, al amparo de lo dispuesto en el art. 123 LECrim, deviniendo obligatoria para el Juzgado de instrucción. Conforme establece el FD 3º de la sentencia "(...) *desde que el Juzgado acordó la traducción de la sentencia al idioma francés hasta que dicha sentencia, efectivamente, se tradujo y, particularmente, se notificó al denunciado transcurrió un periodo de tiempo que de forma notoria y abrumadora, excedió de plazo de prescripción de un año que prevé el art. 131*

Así, la previsión de que la traducción incluya un breve resumen del fundamento de la resolución adoptada se condiciona a que la víctima haya solicitado dicho resumen.

La LEVD no habla de resumen oral sino de resumen incluido en la resolución traducida y que también esté traducido, al igual que establece el artículo 7.1 analizado anteriormente; por lo que nos remitimos a lo allí expuesto con respecto a quién compete la elaboración del resumen del fundamento de la resolución adoptada, es decir al LAJ. Así, debería de ser el órgano judicial a través del LAJ el encargado de realizar el resumen y después enviarlo al traductor para su traducción, cuestión que en la práctica forense no se realiza[466].

Sobre el resumen oral, se regula con carácter excepcional en el apdo. 3 del artículo 9, que contempla dicha posibilidad, de la misma manera que la LECrim lo prevé para el imputado o acusado (art. 123.3).

---

para la prescripción de los delitos leves, plazo que es que debe tenerse en cuenta a la vista de que la sentencia recaída en primera instancia no había ganado todavía firmeza, sin que durante ese periodo se hubiera llevado a cabo alguna actuación con contenido sustantivo que implicara el avance del procedimiento". Para la AP pese a conocer la carencia de medios personales de la oficina de intérpretes adscritos a los Juzgados dicha circunstancia "(...) *no puede repercutir negativamente en el denunciado cuando se ha tardado más de dos años en notificarle una sentencia a cuya traducción a su idioma para un perfecto conocimiento de su contenido, tenía derecho. el hecho de que por esa circunstancia no se ha podido tramitar el recurso de apelación contra la sentencia no puede tampoco perjudicar al denunciado, quien cuando transcurre el plazo previsto legalmente para dirigir el procedimiento contra él, se debe ver favorecido por las consecuencias que conlleva el instituto de la prescripción*".
Este derecho a la traducción, de la víctima y del victimario, es también una obligación puesto que al amparo del art. 123 LECrim deberán ser traducidos, en todo caso, las resoluciones que acuerden la prisión del imputado, el escrito de acusación y la sentencia.

466 Es suficiente con la presencia del intérprete.

3º.- En tercer lugar, la letra c) establece el derecho "*a la traducción gratuita de aquella información que resulte esencial para el ejercicio de los derechos a que se refiere el Título II. Las víctimas podrán presentar una solicitud motivada para que se considere esencial un documento*".

La LEVD ha recogido para la víctima algunas de las exigencias que se incorporaron en la LECrim para el victimario. Así, el derecho a la traducción no es un derecho de carácter ilimitado, sino que solamente cabe la traducción de la información que resulte esencial para el ejercicio de los derechos de la víctima reconocidos en el Título II de la LEVD[467], pudiendo así las víctimas presentar una solicitud motivada para que se considere esencial un documento.

Sin embargo, mientras que para el victimario la LECrim en su artículo 123.3 permite que se pueda excluir la traducción de aquellas partes que no sean necesarias para garantizar el derecho de defensa[468], la LEVD no recoge tal posibilidad pese a que ya fue advertido en su momento por el Consejo de Estado en su *Informe al Anteproyecto*, en el que señalaba la conveniencia de adecuar la trasposición a lo dispuesto en el artículo 7.5 Directiva 2012/29/UE, que dispone que "*no será preciso traducir pasajes de documentos esenciales que no resulten pertinentes a efectos de que las víctimas participen activamente en los procesos penales*".

A nuestro juicio dicha limitación también debería de regir para la víctima, tal y como sostiene el AAP Barcelona (Sección

---

467 Para el victimario se reconoce el derecho a la traducción de los documentos que sean esenciales en todo caso, las resoluciones que acuerden la prisión del imputado, el escrito de acusación y la sentencia (art. 123.1,d LECrim).

468 Esto es, "(...) *de los pasajes de los documentos esenciales que, a criterio del Juez, Tribunal o funcionario competente, no resulten necesarios para que el imputado o acusado conozca los hechos que se le imputan*".

9ª), 537/2017, de 29 de julio[469] en su FD 4º: "(…) *las mismas limitaciones, lógicas y razonables, que se han establecido para el derecho del imputado a que se traduzcan documentos, han de regir para la acusación particular*", si bien no es esta una cuestión pacífica en la doctrina, ya que el hecho de que la traducción se limite a unas partes, excluyendo otras, puede afectar a la comprensión global del documento abriendo una puerta a la inseguridad jurídica, no entendiéndose bien la razón de por qué no se procede a una traducción íntegra de un documento que se considera esencial[470].

En el artículo 123.1, d LECrim se prevé de forma similar la traducción escrita de los documentos que resulten esenciales para garantizar el ejercicio del derecho a la defensa, y enumera cuáles deben ser traducidos en todo caso, como son las resoluciones que acuerden la prisión del imputado, el escrito de acusación y la sentencia[471], dejando el resto de documentos, que puede considerar la defensa como esenciales, a la motivación que realice en su escrito de solicitud de traducción.

La LEVD, sin embargo, no enumera en este apartado aquellas resoluciones que deberán ser traducidas en todo caso, sino que deja abierta la consideración de qué documentos son esenciales para la víctima quien podrá motivar dicho carácter esencial en el escrito de solicitud de traducción.

---

469 Id. vLex: VLEX-696771193.

470 En este sentido LLORENTE SÁNCHEZ-ARJONA, M., "La protección de...", *op. cit.*, p. 324.

471 Puesto que se obliga por la LECrim, muchas sentencias tras el fallo y en el pie de la notificación cuando el condenado es extranjero, disponen que: "*Tradúzcase la presente sentencia al idioma del procesado conforme establece el art. 123, d) de la Ley de Enjuiciamiento Criminal*", véase a modo de ejemplo la SAP Alicante (Sección 1ª) núm. 248/2019, de 15 de abril (Id. vLex: VLEX-780126549), entre otras.

4º.- En cuarto lugar, la víctima tiene derecho a ser informada, en una lengua que comprenda, de la fecha, hora y lugar de celebración del juicio (art. 9.1, d).

No aclara la LEVD si esta previsión conlleva la traducción de la cédula de citación a juicio o de notificación de la celebración del juicio oral, no ha utilizado el término traducción como en los apartados anteriores por lo que no parece que establezca su obligatoriedad. Sin embargo, esa información es de carácter esencial pero la víctima habrá de acudir a la solicitud prevista de la traducción de esa información en el apdo. c) en contraposición con lo entendido por la jurisprudencia menor respecto de la citación a juicio para el acusado, que resulta un documento esencial para garantizar el ejercicio del derecho a la defensa. Así, consecuencia de la no traducción de la citación a juicio y la celebración de éste en ausencia del acusado se declara la nulidad del juicio[472].

No nos parece adecuada esta distinción, puesto que, aunque las consecuencias de que el acusado no comparezca a juicio son gravosas y puede producir indefensión su no comparecencia, la incomparecencia de la víctima por no haber comprendido o entendido la cédula de citación también puede pararle el perjuicio que corresponda.

Así las cosas, con el artículo 7.1 LEVD y la Disposición Final Primera LEVD, que modifica los artículos 785.3 y 791.2 LECrim, que imponen al LAJ la obligación de informar a la

---

472 Al respecto, la SAP Murcia (Sección 3ª) núm. 76/2019, de 25 de febrero (Id. vLex: VLEX-773752653), en su FJ 2º establece que "*en definitiva, pese a la insistencia del Tribunal Constitucional sobre que los actos de comunicación con las partes se realicen con sumo cuidado y respeto a las normas procesales que los regulan (SSTC 57/1987, 16/1989, 110/1989, 142/1989 y 103/1994), el juicio se celebró sin la presencia de la denunciada, y sin garantía de que esta hubiera comprendido que se la estaba citando al mismo*".

víctima, por escrito, de la fecha y lugar de celebración del juicio, cuando la víctima lo haya solicitado, -recordemos que se modificó la LEVD introduciendo la información inmediata y eliminando la previa solicitud de la víctima- se va a dar la paradoja de que esta regulación es más restrictiva que la vigente en este concreto aspecto[473]. De hecho, el Dictamen del Consejo de Estado ya advertía de la existencia de contradicción entre el artículo 785.3 LECrim, el cual establece que "*aunque no sea parte en el proceso ni deba intervenir, el Secretario judicial deberá informar a la víctima por escrito de la fecha y lugar de celebración del juicio*", así como con el artículo 791.2 del mismo texto legal, que contiene una previsión idéntica en relación con el juicio en apelación.

El uso de las tecnologías de información y comunicación en la interpretación

Si bien hemos analizado el alcance o contenido del derecho a la traducción e interpretación para toda víctima que no hable o no entienda el castellano o la lengua oficial que se utilice, interesa conocer también otras cuestiones que prevé el precepto en relación con él, como es el posible uso de las tecnologías de información y comunicación para llevar a cabo la interpretación.

Así, dispone el apartado 2 del precepto que "*la asistencia del intérprete se podrá prestar por medio de videoconferencia o cualquier medio de telecomunicación, salvo que el Juez o Tribunal, de oficio o a instancia del interesado o de su defensa, acuerde la presencia física del intérprete para salvaguardar los derechos de la víctima*".

En el mismo sentido se pronuncia la LECrim con la posibilidad de que la asistencia del intérprete al investigado o acusado

---

473 CHOZAS ALONSO, J. M., "El nuevo estatuto...", *op. cit.*, p. 228.

se realice por videoconferencia (art. 123.5) y en este caso, con idéntica redacción que la LEVD.

Parece que la finalidad de esta previsión es la introducción de las tecnologías como apoyo a la realidad de la práctica judicial en la que se constata la ausencia de medios materiales, pero sobre todo la falta de recursos humanos. Es una necesidad sobre todo en los Juzgados de Guardia en los que en ocasiones hay un solo intérprete para varios partidos judiciales, sobre todo en los Juzgados Mixtos, y ante las dificultades ya no solo de localización de un intérprete sino de que pueda estar presente a tiempo en todas las declaraciones en las que se requiere en un día de guardia en varios partidos, o ante la insuficiencia de intérpretes para determinado idioma, entre otras razones.

Ciertamente cuando la LEVD recoge el derecho de las víctimas a estas traducciones y asistencias lingüísticas a coste cero, no valora o no quiere valorar el incremento en traductores e intérpretes que va a necesitar la Administración de Justicia para hacer efectivo este derecho, y quizás por ello y en aras a la inexistencia de suficiente presupuesto para este aumento de traducciones y asistencia, una de las soluciones que prevé es que se realicen por medio de videoconferencia, que no resuelve el problema y que solamente lo oculta parcialmente.

Hecha esta aclaración, observamos que la regla general en la LEVD es el empleo de las tecnologías, siendo la excepción la denegación de su utilización (y, por tanto, la exigencia de presencia física del intérprete) para salvaguardar los derechos de la víctima, contrariamente a lo dispuesto por el artículo 229.2 LOPJ en el que la norma general es el desplazamiento del intérprete a la sede judicial, dado que "*las declaraciones, interrogatorios, testimonios, careos, exploraciones, informes, ratificación de los periciales y vistas, se llevarán a efecto ante juez o tribunal con presencia o intervención, en su caso, de las partes y en audiencia pública, salvo lo dispuesto en la ley*", siendo potestativa la realización de las anteriores actuaciones a través de videoconferencia u otro sistema similar[474].

El *Consejo General del Poder Judicial en su Informe al Anteproyecto* señala que la exclusión de la interpretación a través de videoconferencia debería poder fundarse también en la salvaguarda de los derechos del imputado o acusado[475]. En la misma línea se encuentra el Consejo de Estado, en cuyo Dictamen, propone añadir "o del imputado o acusado", en orden a lograr un mayor equilibrio de los derechos de ambas partes en las actuaciones. Dicha línea o recomendación finalmente no ha sido acogida por la LEVD, quizás porque es un Estatuto dirigido a regular los derechos de las víctimas. Por este motivo, y porque sostenemos a lo largo de esta obra que se han de cohonestar los derechos de ambos, defendemos que deberían haberse regulado en la LECrim, dado que la asistencia de intérprete y traducción debería ser una regulación común a ambas partes,

474 Para el Grupo de Interés Especial en Traducción e Interpretación en los Servicios Públicos "las nuevas tecnologías juegan ya un papel muy importante en el tema de la disponibilidad. La interpretación a distancia y la interpretación por videoconferencia son cada vez más usadas en el entorno de los servicios públicos y legales. Además de reducir los costes de transporte (lo que permite un uso más eficaz de los recursos y aumenta la seguridad y la rapidez de los procesos legales), ayudan a solventar la escasez de intérpretes cualificados en la zona". Este Grupo fue creado en el año 2010 por el Consejo Europeo de Lenguas (*European Language Council*) con el objetivo de generar un informe que analizase la situación de la traducción y la interpretación en los servicios públicos en Europa, identificase los problemas a los que deberá de enfrentarse y sugiriese a las partes interesadas cómo ocuparse de lo que, sin duda alguna, es un tema conflictivo en Europa (*vid.* el *Informe Final elaborado por el Grupo de Interés Especial en Traducción e Interpretación en los Servicios Públicos*, 2011, p. 11. Recurso electrónico, disponible en: https://bit.ly/33J88xy.

475 *Informe del Consejo General del Poder Judicial al Anteproyecto de Ley Orgánica del Estatuto de las Víctimas del delito, op. cit.*, p. 26.

sobre todo si tenemos en consideración que como se está analizando ambas reformas se realizaron al mismo tiempo y con un contenido muy similar.

¿Sustitución de la traducción escrita por resumen oral?

Señala el precepto en su apartado 3 que excepcionalmente, la traducción escrita de documentos podrá ser sustituida por un resumen oral de su contenido en una lengua que comprenda la víctima, cuando de este modo también se garantice suficientemente la equidad del proceso.

Pero garantizar la traducción escrita de documentos del proceso e incluso la traducción de un resumen de estos de forma oral no resulta posible con los medios económicos y recursos humanos realmente disponibles en la práctica si se quiere realizar en un tiempo prudencial. El tiempo que los servicios de traducción empleen en realizar las traducciones ralentiza el procedimiento, puesto que es imposible traducir cada una de las citaciones que se envían a las distintas víctimas en su idioma, por ejemplo. Esto a nuestro entender colapsaría, aun si cabe más, los Juzgados, ya que para expedir la citación y posterior notificación habría que enviarla primero a los servicios externos de traducción, siendo esta forma de proceder incompatible con el derecho del acusado a un proceso sin dilaciones indebidas. Antes de optar por dicha posibilidad deberían proveerse de los medios adecuados. De lo contrario, se atenta contra el artículo 7.8 Directiva 2012/29/UE, según el cual "*la interpretación y la traducción, así como cualquier consideración de impugnar una decisión de no facilitar interpretación o traducción con arreglo al presente artículo, no prolongarán de modo injustificado el proceso penal*".

Parece que la controvertida sustitución se convertirá en la normalidad. Este resumen creemos que debe ser realizado por el intérprete que asiste a la víctima y ante el LAJ pues entre sus funciones se encuentra la de informar a la víctima y dejar constancia en el procedimiento de que se ha realizado la traducción. Lógicamente debe ser el juez y no el traductor quien autorice la excepcionalidad de sustituir la traducción escrita de documentos por un resumen oral.

Por otro lado, cuestión de enorme interés que conviene destacar es el derecho de la víctima a recurrir ante el juez de instrucción, cuando se trate de actuaciones policiales[476], la decisión de no facilitar interpretación o traducción a la víctima, cuyo recurso se entenderá interpuesto cuando la persona afectada por la decisión hubiera expresado su disconformidad en el momento de la denegación (apdo. 4).

Matiza con respecto a esto último el RDEVD (art. 6) que la decisión policial denegatoria "(...) *será excepcional y motivada, debiendo quedar debida constancia de la misma y de su motivación en el atestado. El atestado policial deberá recoger la disconformidad que la persona afectada por la decisión denegatoria hubiere podido formular*".

Conforme se plantea por el Estatuto, dicho recurso se entiende interpuesto con la manifestación de la mera disconformidad de la víctima cuando le sea denegada la interpretación o traducción, sin que aduzca la Ley la necesidad de asistencia de letrado ni personación en la causa, dado que se trata de una mera solicitud que se realiza en fase preprocesal, y que las Fuerzas y Cuerpos de seguridad correspondientes han de elevar al juez para que resuelva sobre esta.

Si el juez resuelve, nada aclara la LEVD si por Auto o por providencia, y la petición de traducción e interpretación de la

---

476 Tanto la LEVD como el RDEVD habla de actuaciones policiales, pero no dice nada de si la resolución denegatoria de este derecho se dictara por la Fiscalía. A nuestro juicio, debe ser aplicable también la posibilidad de recurrir la decisión de la Fiscalía.

víctima es denegada, cabe recurrir en apelación dicha resolución judicial (art. 9.5 LEVD) y -en este caso sí- sería necesario que el correspondiente recurso se presentara con asistencia letrada y la correspondiente postulación procesal.

Como se ve, la LEVD contempla la posibilidad de recurrir las resoluciones que denieguen la interpretación o traducción, tanto policiales, como se ha visto *ut supra*, así como las resoluciones judiciales de denegación del recurso interpuesto frente a la denegación policial.

Obsérvese que se trata de una de las pocas previsiones de la LEVD en la que se plantea la posibilidad de recurrir ante la falta de respeto de los derechos catalogados en el Estatuto, contemplando concretamente la posibilidad de interponer recurso de apelación contra la decisión judicial de denegación de la interpretación o traducción solicitada por la víctima[477].

Por su parte, y en relación con la denegación del derecho a la interpretación o a la traducción de algún documento o pasaje del mismo que la defensa considere esencial, la LECrim (art. 125.2) únicamente establece la posibilidad de recurso en sede judicial y de conformidad con lo dispuesto en la propia LECrim.

---

477 Estamos de acuerdo con TAMARIT SUMALLA, J. M, "Los derechos de las...", *op. cit.*, p. 51, en que el Estatuto de la Víctima ha previsto pocos efectos jurídicos frente a la falta de respeto de los derechos de las víctimas, salvo esta posibilidad de recurso de apelación frente a la denegación de la traducción y la interpretación, así como por ejemplo "(...) las acciones o la legitimación para recurrir que se reconoce a la víctima como contenido de los derechos de participación, como por ejemplo la posibilidad de recurrir la resolución de sobreseimiento de acuerdo con lo dispuesto en la LECrim (art. 12.1) o las resoluciones sobre ejecución de la pena previstas en el art. 13".

A modo de conclusión, y tras analizar el derecho de traducción e interpretación que asiste a la víctima comparándolo con la regulación que la LECrim introduce para el victimario, podemos concluir que este es otro de los derechos que deberían ser regulados en la LECrim, incluso en el mismo Capítulo que lleva por rúbrica el derecho a la traducción e interpretación, para que en el mismo texto se regulase este derecho para el victimario y para la víctima. No encontramos el sentido a que el mismo derecho y con similar contenido y alcance se encuentre regulado en dos leyes distintas, puesto que la mayoría de las actuaciones que hemos analizado y que recoge el artículo 9 tienen lugar durante el proceso penal y en sede judicial, ejercitando derechos de carácter procesal. Este servicio se presta a una persona estrictamente por ser víctima de un delito, aunque no importe que esta sea parte o no en el proceso.

Se trata de un derecho esencial porque si la víctima no comprende el idioma español o lengua autonómica cooficial, se vulnera su derecho a la tutela judicial efectiva al no poder recibir correctamente la información para ejercer sus derechos y que alcanza también a aquellas víctimas que tienen dificultades y limitaciones auditivas o de expresión oral. Si se garantiza una comprensión de la lengua y se facilita conforme al derecho que le corresponde a la víctima a ser asistida gratuitamente por un intérprete que hable una lengua que comprenda, se garantizará la inexistencia de indefensión y de una posible nulidad de actuaciones[478].

Como hemos analizado, la LEVD regula este derecho ampliamente, con unas previsiones a nuestro juicio muy difíciles de aplicar en la práctica debido a la inexistencia de dotación presupuestaria. Pese a que el derecho a la traducción e inter-

---

478 *Vid.* entre otras, sobre la no existencia de indefensión por dificultades de entendimiento, la SAP Salamanca (Sección 1ª) núm. 45/2018, de 31 de julio (Id. vLex: VLEX-759099397).

pretación en los procesos penales es fundamental para garantizar el resto de los derechos comprendidos en el Estatuto, resulta preocupante la situación del sistema de traducción en nuestra Administración de Justicia, dado el aumento en los últimos años del número de personas extranjeras que pasan por los juzgados españoles[479], puesto que los medios son insuficientes para dotar de intérpretes profesionales bastantes para asumir la carga actual de trabajo.

Por ello entendemos que las previsiones de la LEVD son poco acordes con la realidad práctica que se vive día a día en nuestros Tribunales, aunque sean loables dichas previsiones, que evidentemente si se pudieran cumplir implicarían una garantía realmente efectiva de este derecho, que sin las dotaciones presupuestarias adecuadas se queda en papel mojado.

---

479 Cuestión que se ha puesto de manifiesto por la doctrina, entre otros, GONZÁLEZ CANO, M. I., "Algunas reflexiones sobre...", *op. cit.*, p. 223, puesto que la respuesta legislativa y de provisión de medios adecuados por parte de las autoridades nacionales y autonómicas, está resultando insuficiente para dotar a este derecho de un elenco suficiente y bien dotado de intérpretes judiciales profesionales a nivel nacional y/o provincial.

Capítulo Tercero.

La participación de la víctima en el proceso penal: análisis integrador de la Ley del Estatuto de la víctima del delito y la Ley de Enjuiciamiento Criminal

I. INTRODUCCIÓN

Uno de los derechos imprescindibles que garantizan el reconocimiento de la víctima del delito como una parte relevante en el sistema judicial penal es su participación en el proceso penal. Nuestro sistema procesal ya reconocía derechos en este ámbito con anterioridad a la LEVD. No obstante, y puesto que la Directiva 2012/29/UE también fija un conjunto de derechos con carácter de mínimos en relación con la participación procesal de la víctima, la LEVD además de tratar cuestiones que ya se encontraban reguladas en nuestro ordenamiento jurídico, incorpora algunas novedades y prácticamente se limita a trasponer en esta materia lo dispuesto por la Directiva, en su Título II, denominado "*participación de la víctima en el proceso penal*" (arts. 11 a 18).

Así pues, en trasposición de la citada Directiva, el Estatuto reconoce la participación activa de la víctima en el proceso penal (art. 11), el derecho a la comunicación y revisión del sobreseimiento de la investigación a instancia de la víctima (art. 12), el derecho al reembolso de gastos (art. 14) y la devolución de bienes (art. 18), así como el derecho a solicitar el reconocimiento del derecho a la asistencia jurídica gratuita (art. 16)[480].

Además, prevé algunas medidas para facilitar la presentación de denuncias en España por víctimas residentes en España que hayan sufrido delitos en otros países de la Unión Europea, previsión que deriva de trasponer el artículo 17 Directiva 2012/29/UE.

Ahora bien, es necesario remarcar que el Estatuto introduce dos novedades desde la perspectiva reguladora *pro* víctima que caracteriza a esta norma, a saber: la posibilidad de su participación en la ejecución penitenciaria (art. 13), así como una sucinta regulación sobre la intervención de la víctima en la justicia restaurativa o mediación penal (art. 15). Se trata de dos formas de participación no previstas por la repetida Directiva 2012/29/UE que difieren de la participación de la víctima en el proceso penal declarativo reconocida hasta el momento por nuestra legislación procesal, y que permiten por una parte la participación de esta más allá de la propia sentencia y la tan esperada regulación sobre la justicia restaurativa que se limita al reconocimiento de la base sobre un futuro procedimiento de justicia restauradora que todavía no se ha regulado en nuestro

480 En el ámbito de la participación de la víctima en el proceso penal, la Directiva 2012/29/UE reconoce el derecho de la víctima a ser oída y facilitar elementos de prueba (art. 10); el derecho a solicitar la revisión de cualquier decisión de no proceder al procesamiento (art. 11); derecho de acceso a la asistencia jurídica gratuita, cuando la víctima sea parte de un procedimiento penal (art. 13); derecho al reembolso de los gastos en los que hayan incurrido como consecuencia de la participación en el proceso (art. 14); así como el derecho a la restitución de bienes (art. 15) y el derecho a obtener una decisión relativa a la indemnización por parte del infractor en el curso del proceso penal (art. 16).

país, reconociéndose únicamente por el Estatuto un derecho de acceso a esta justicia reparadora[481].

Resulta destacable la necesidad de que todas las previsiones que recoge el Título II deban complementarse con la LECrim y la legislación correspondiente que resulte de aplicación. Por este motivo realizaremos un análisis integrador de los preceptos específicos del Estatuto y las previsiones contenidas sobre estos en nuestra legislación procesal, centrándonos fundamentalmente en las novedades introducidas por la LEVD en la LECrim, interpretación doctrinal y jurisprudencial, así como la aplicación de la práctica judicial y buenas prácticas.

Baste aquí, de momento, dejar apuntada una importante virtud del Estatuto en este punto, esto es, la nueva regulación de derechos de estricto carácter procesal que las víctimas pueden ejercitar dentro del proceso sin necesidad de ser parte en el mismo, puesto que la novedad significativa sobre la participación de la víctima en el proceso penal -que evidentemente recuerda los derechos procesales de ejercicio de la acción penal y civil conforme la LECrim cuando la víctima sea parte-, es el reconocimiento a víctimas que no se personan como parte acusadoras de un catálogo de derechos procesales ejercitables, por tanto, en el marco de un proceso. Si no fuera de esta manera, hubiera sido innecesaria la regulación del Título II relativa a la participación de la víctima en el proceso penal, dado que en nuestra legislación procesal el reconocimiento de la participación del ofendido y perjudicado en el proceso penal estaba ya muy avanzada con respecto a otros países europeos[482].

---

481 Por exceder de la presente obra el análisis de las bases de la justicia restaurativa que introduce la LEVD, véase un análisis detallado de su artículo 15 en SEMPERE FAUS, S., "El derecho de acceso a los servicios de justicia restaurativa…", *op .cit.*

482 De hecho, en la DM 2001/220/JAI se decía expresamente que no se garantizaba a las víctimas un trato equivalente al de las partes en el

Dicho esto, el siguiente paso vendría constituido por determinar en qué consisten las novedades sobre la participación de la víctima en el proceso penal y aunque algunos autores consideren que los derechos contenidos en el Título II no se configuren como derechos de participación propiamente dichos, nosotros trataremos a continuación el derecho de participación de la víctima en el proceso penal declarativo[483].

---

proceso (Considerando 9). Posteriormente, la Directiva 2012/29/UE, alude al distinto tratamiento por parte de los Estados miembros sobre la participación de las víctimas en el proceso penal dejando en manos de cada Estado la decisión de que se les reconozca la condición de parte procesal (Considerando 20).

483 Recordemos que, para GÓMEZ COLOMER, J. L., el derecho de participación se concreta en cuatro derechos específicos que solamente corresponden a las víctimas que son parte procesal, que se regulan en sus arts. 11 y 14 a 16 LEVD, concretándose en el derecho a la participación activa como parte penal y civil propiamente dicho (art. 11), el derecho al reembolso de gastos (art. 14), el derecho a servicios de justicia restaurativa (art. 15) y el derecho a la justicia gratuita (art. 16). El resto de los derechos, regulados en el Título I a saber, el derecho a la comunicación y revisión del sobreseimiento de la investigación a instancias de la víctima (art. 12), el derecho a recurrir resoluciones dictadas durante la ejecución de la pena (art. 13) y el derecho a presentar denuncias en España siendo extranjero (art. 17) son derechos que asisten a la víctima sin ser parte procesal. Y sea o no sea parte la víctima, la LEVD recoge el derecho de protección (art. 19), el derecho a que se evite el contacto entre víctima e infractor (art. 20), derecho a la protección de la víctima durante la investigación penal (art. 21) y el derecho a la protección de la intimidad (art. 22), siendo el derecho a la devolución de los bienes recogido en el art. 18 LEVD un derecho procesal de carácter no penal (*vid. Estatuto Jurídico de la víctima del delito...*, *op. cit.*, pp. 289-290). Este mismo autor en "Tres graves falencias del estatuto de la víctima...", *op. cit.*, pp. 25-27.

II. EL DERECHO A LA PARTICIPACIÓN DE LA VÍCTIMA EN EL PROCESO PENAL DECLARATIVO

Cabe comenzar señalando que en el Derecho procesal español se ha reconocido tradicionalmente a la víctima una significativa participación en el procedimiento judicial penal mediante la figura de la acusación particular[484], posibilitando su personación para solicitar medidas de investigación y cautelares, así como la condena, en aquellos delitos en los que el bien jurídico protegido lo permite[485], garantizándose así el derecho a la participación que no se reconoce en aquellos sistemas judiciales en los que no se les permite ejercitar la acusación. En efecto, no es así en otros países en los que la víctima no tiene el derecho a la participación activa en el proceso penal, aunque en ellos al menos se permite que la víctima pueda dotar de información generalmente ante el juez que va a dictar sentencia, a través de la denominada declaración de impacto o de opinión de la víctima por la que se le brinda la oportunidad de que el Tribunal tenga en cuenta su opinión a la hora de imponer la condena mediante su declaración sobre las consecuen-

---

484 Regulada en el Título IV del Libro I de la LECrim rubricado, "*de las personas a quienes corresponde el ejercicio de las acciones que nacen de los delitos y faltas*". Un resumen de la participación de la víctima durante el proceso penal anterior a la LEVD puede verse en GARRIDO GENOVÉS, V. y REDONDO ILLESCAS, S., *Principios de Criminología...*, *op. cit.*, pp. 883-884.

485 En los supuestos de los delitos públicos, es decir, que son perseguibles de oficio, cabe acusador particular, fiscal y acusador popular. Si el delito es semipúblico, esto es, perseguible previa denuncia, el acusador particular y necesariamente el MF. En el caso de delito privado, solo perseguible a instancia de parte, cabe solo acusador privado, siendo los únicos delitos privados los de injuria y calumnia contra particulares regulados en el art. 215.1 CP.

cias del delito[486]. Esta opción se utiliza en países de tradición jurídica anglosajona como Canadá[487], Israel, Nueva Zelanda, en Estados Unidos[488] y algunas partes de Australia e Irlanda[489].

También en la mayoría de los Estados de la Unión Europea se permite en la anterior línea la participación de la víctima, pero limitada a la constitución como parte civil o bien mediante esas declaraciones de opinión que se presentan durante el proceso[490].

---

486 Naciones Unidas, Oficina de las Naciones Unidas contra la droga y el delito, *Buenas prácticas de apoyo a las víctimas del terrorismo en el marco de la justicia penal*, 015, p. 37. Recurso electrónico, disponible en Portal de Apoyo a las Víctimas del Terrorismo: https://bit.ly/2yvWNDQ.

487 De conformidad con el Código Penal de Canadá, en el momento de imponer la condena a un acusado el Tribunal debe examinar la declaración de la víctima sobre las consecuencias del delito. En esa declaración se describe el daño causado a la víctima o la pérdida sufrida por esta (*vid.* Naciones Unidas, *Buenas prácticas de apoyo…, op. cit.*, p. 37).

488 En el Estado de Connecticut, Estados Unidos, se reconoce el derecho de las víctimas a "*decirle al juez como le afectó el delito mediante la presentación de una declaración del impacto causado a la víctima. Usted podría leer dicha declaración en el tribunal o podría entregarle sus comentarios por escrito al fiscal o al intercesor de la Oficina de Servicios a las Víctimas del tribunal y esta persona se los hará llegar al juez. Esta declaración se puede hacer antes de que se acepte el convenio declaratorio y en la vista de imposición de la pena [Artículo 54-91c]*" (*vid. Derechos de las víctimas del delito en Connecticut. Resumen de los estatutos estatales. Artículo XXIX*, p. 5. Recurso electrónico, disponible en: https://bit.ly/2FvnWJY).

489 Naciones Unidas, *Manual de Justicia para las Víctimas: sobre el uso y aplicación de la Declaración de las Naciones Unidas de Principios Básicos de Justicia para las Víctimas de Delitos y de Abuso del Poder, op. cit.*, p. 45.

490 TINOCO PASTRANA, A., "La participación de las asociaciones de víctimas como parte acusadora en el proceso penal y el nuevo Estatuto de la víctima del delito, por el que se transpone la directiva 2012/29/UE", en *Cuadernos de política criminal*, núm. 115, 2015, nota

Consideraciones previas

Como punto de partida recuérdense brevemente unas notas sobre el marco normativo de la participación del perjudicado y del ofendido existente en nuestra legislación en el que el acusador particular puede ejercitar la acción penal y la acción civil[491] de forma conjunta independientemente de la acusación ejercida por el Ministerio Fiscal, salvo renuncia expresa o reserva (arts. 108 y 110 LECrim), posibilitando el artículo 761 LECrim dicho ejercicio al ofendido o perjudicado por el delito pudiendo mostrarse parte en la causa sin formular querella bastando con la mera personación[492].

---

a pie núm. 27; véase sobre la víctima en países de configuración adversativa y mixta el resumen que realiza ARMENTA DEU, T., "La víctima como excusa: su posición en los sistemas procesales en relación con el ejercicio exclusivo de la acción penal y el procedimiento de menores", en *El Derecho procesal español del siglo XX a golpe de tango*, Juan Montero Aroca, Liber Amicorum, en homenaje y para celebrar su LXX cumpleaños, GÓMEZ COLOMER, J. L., BARONA VILAR, S., y CALDERÓN CUADRADO, P. (Coords.), Valencia, Tirant lo Blanch, 2012, pp. 917-920.

491 El Tribunal Supremo, en su Sentencia núm. 64/2019, de 6 de febrero (Id. vLex: VLEX-765971121), define al actor civil como *"(...) toda persona física o jurídica, que dentro de un proceso penal ejercita una mera pretensión civil o patrimonial que es consecuencia de los hechos delictivos, sin ejercitar la acción penal, ya que, si también la ejercitara, sería considerado acusador particular. Una vez ejercitada la acción civil derivada del delito, el derecho a la tutela judicial efectiva sin indefensión cubre también dicha acción civil cuando es esgrimida simultáneamente con la acción penal en el proceso correspondiente (Sentencias del Tribunal Constitucional 18/1985, de 11 de febrero, y 107/1992, de 1 de julio*" (FD 2°).

492 Como sostiene MARTÍNEZ ARRIETA, A., "no puede entenderse de otra manera el principio dispositivo del proceso penal (art. 794.3 LECrim) y la nueva concepción del principio acusatorio elaborada por la jurisprudencia del TS y del TC que al vincular la sentencia judicial al hecho y a la calificación jurídica de la acusación, limita el ejercicio de la jurisdicción en los términos hasta ahora conocidos,

Por su parte, nuestra CE en su artículo 125 permite el ejercicio de la acción popular que otorga el reconocimiento al ciudadano que no ha sido perjudicado, víctima u ofendido por el delito de ser parte acusadora en el proceso penal[493].

En este orden de cosas, destacamos también que en nuestra legislación rige el principio de publicidad de las actuaciones judiciales, de conformidad con los artículos 120.1 CE, 232 LOPJ, 138 y ss. de la Ley 1/2000, de 7 de enero, de Enjuiciamiento Civil (en adelante, LEC)[494], así como 302 y 680 LECrim, y dado que la acción penal es pública (art. 101 LECrim), todos los ciudadanos españoles pueden ejercitar dicha acción con arreglo a las prescripciones de la Ley. Cuestión distinta es quién está legitimado para constituirse como parte acusadora en el procedimiento. Así lo aclara el Tribunal Supremo en la STS (Sala Segunda, de lo Penal) núm. 109/2020, de 11 de marzo[495], que en su FD 9° establece que: "(...) *el artículo 109 bis no tiene por objeto limitar los titulares de la acción penal, sino regular los derechos de las víctimas y de otros perjudicados por los delitos cometidos contra éstas. De hecho, como dispone el artículo 101 de la Ley de Enjuiciamiento Criminal, «La acción penal es pública. Todos los ciudadanos*

---

en correspondencia a la satisfacción del derecho de la víctima del delito en el proceso penal" (*vid.* "La entrada en…", *op. cit.*, p. 57).

493 Sobre la acción popular y propuestas para su reforma véase TOMÉ GARCÍA, J. A., "La acción popular en el proceso penal: situación actual y propuestas para una futura reforma", en CHOZAS ALONSO, J. M. (Coord.) *Los sujetos protagonistas del proceso penal. Conforme a las recientes reformas legislativas: Ley Orgánica 1/2015, de 30 de marzo, por la que se modifica la Ley Orgánica 10/1195, de 23 de noviembre, del Código Penal Ley 4/2015, de 27 de abril, del Estatuto de la víctima del delito LO 5/2015, de 27 de abril, por la que se modifican la LECRIM y LOPJ*, Madrid, Dykinson, 2015, pp. 263-314.

494 BOE de 8 de enero de 2000, núm. 7, pp. 575-728.

495 Véase la ya citada STS (Sala Segunda, de lo Penal) núm. 109/2020, de 11 de marzo (ROJ: STS 1934/2020).

españoles podrán ejercitarla con arreglo a las prescripciones de la Ley». Distinto es quién está legitimado para constituirse como parte acusadora en el procedimiento (...)".

Por su parte la actuación del Ministerio Fiscal reconocida en el artículo 124 CE tiene por finalidad promover la acción de la justicia en defensa de la legalidad, de los derechos de los ciudadanos y del interés público tutelado por la Ley.

Conviene tener presente que el ejercicio de la acción penal se encuadra en el derecho a la jurisdicción o derecho de acceso al proceso, que conforme ha reseñado el TC se encuentra reconocido en el artículo 24.1 CE. Ello a pesar de que dicho precepto no establezca la exigencia de la presencia de la acusación particular como parte en el proceso penal, derivado de que en nuestro ordenamiento jurídico la función acusatoria aparece encomendada primordialmente al Ministerio Fiscal[496].

Por tanto, la CE reconoce en su artículo 24 el derecho de la víctima a ejercer la acción penal como una manifestación del derecho a la tutela judicial efectiva[497] en su concreta dimensión de acceso a la jurisdicción, y la LEVD no hace más que confirmarlo reconociendo el derecho al ejercicio de la acción penal de conformidad con la LECrim[498].

---

496 Entre otras, las SSTC núm. 179/2004, de 21 de octubre (ROJ: STC 179/2004); STC núm. 9/2008, de 21 de enero (ROJ: STC 9/2008) y STC núm. 190/2011, de 12 de diciembre (ROJ: STC 190/2011).

497 "La legitimación (...) del acusador particular radica, más genéricamente, en el reconocimiento que el artículo 24.1 hace a toda persona para obtener la tutela judicial efectiva en el ejercicio de sus derechos legítimos, entre los que se encuentra -como reconocen los arts. 101, 109, 110 y 783 LECrim- el de ejercitar personalmente la acusación particular" (*vid.* MARTÍN RÍOS, M. P., *Víctima y justicia...*, *op. cit.*, p. 99).

498 El TC ha reiterado que el reconocimiento del derecho de la víctima del delito al ejercicio de las acciones penales y civiles que del mismo

Ahora bien, las víctimas tienen un derecho genérico a participar en el proceso penal, un derecho de acceso al proceso que nuestra LECrim reconoce en los artículos 109, 109 *bis* y 110, como derecho a ser parte en el proceso penal, un derecho a una participación activa de la víctima en el proceso que ha venido a ser consagrado y desarrollado por la LEVD.

Recordemos brevemente que la víctima puede incoar el proceso penal a través de dos formas de iniciación del procedimiento, la denuncia o la querella, al margen de la iniciación de oficio por la policía, Fiscalía o al Juzgado de instrucción. La víctima tiene la posibilidad de actuar como acusador particular o actor civil, derecho a asistencia letrada e incluso derecho de instar la acción con asistencia letrada gratuita, si se dan los requisitos establecidos en la LAJG.

No vamos a tratar aquí detalladamente lo ya asentado en nuestra legislación procesal, así como por la doctrina y jurisprudencia, sino que nos centraremos en las novedades que ha incorporado la LEVD en las posibilidades de participación de la víctima en el proceso penal[499].

---

deriven, personándose en las actuaciones, forma parte del derecho a la tutela judicial efectiva, siendo un derecho digno de protección el que el ofendido tiene a solicitar la actuación del *ius puniendi* del Estado. Entre otras muchas, STC núm. 37/93, de 8 de febrero (ROJ: STC 37/1993), STC núm. 217/94, de 8 de julio de 1994 (ROJ: STC 217/1994), STC núm. 21/05, de 1 de febrero (ROJ: STC 21/2005), STC núm. 9/08, de 21 de enero (ROJ: STC 9/2008).

499 Sobre el proceso penal y la acción penal, se ha escrito mucho. Por ejemplo, entre muchos otros, ASENCIO MELLADO, J. M. (Dir.), *Derecho Procesal Penal*, Valencia, Tirant lo Blanch, 2019; CHAMORRO BERNAL, F., *La tutela judicial efectiva. Derechos y garantías procesales derivadas del art. 24.1 de la Constitución*, Barcelona, Bosch, 1994; DÍEZ PICAZO, L. M., *El poder de acusar*, México, INACIPE, Instituto Nacional de Ciencias Penales, 2018; GIMENO SENDRA, V., *Manual de Derecho Procesal Penal*, Ediciones Jurídicas Castillo de Luna, 2ª Ed.,

Derecho a la participación activa de la víctima: particularidades del ejercicio de la acción penal tras la Ley del Estatuto de la víctima del delito. Cambio de paradigma

Como hemos avanzado, el artículo 11 consagra el derecho a la participación activa de la víctima en el proceso penal[500], en relación con el artículo 3 LEVD, que reconoce, con carácter general, que la víctima tenga una participación activa en la investigación criminal emprendida en averiguación de hechos de naturaleza delictiva que pudo haber padecido, siempre que la Ley procesal lo reconozca[501].

2018; GIMENO SENDRA, V., *Derecho Procesal Penal, op. cit.*; MONTERO AROCA, J.; GÓMEZ COLOMER, J. L.; BARONA VILAR, S.; ESPARZA LEIBAR, I. y ETXEBERRIA GURIDI, J. F., *Derecho Jurisdiccional III..., op. cit.*

500 Este derecho, que a partir de la LEVD tiene reconocido la víctima del delito implica que se tenga en consideración la voluntad y el interés de la víctima conforme establece su art. 4. Para GÓMEZ COLOMER, J. L., "Sobre los derechos de la víctima...", *op. cit.*, p. 77, debemos fijarnos en una cuestión lingüística puesto que la LEVD habla de derecho a participación activa de la víctima en el proceso penal por influencia de la Directiva europea, aunque en España el derecho a la participación activa de la víctima debería ser su derecho a ser parte penal y civil en el proceso penal, pero entonces la LEVD -este autor se refiere al Proyecto de Ley- no se entendería siempre bien ya que su mayor impacto está previsto cuando la víctima decide no ser parte. Por ello, distingue cuatro derechos integrados en el derecho de participación, para la víctima que es parte, el derecho a una participación activa en el proceso penal como parte penal y civil, el derecho al reembolso de gastos, el derecho a la justicia restaurativa y el derecho a la justicia gratuita.

501 *Vid.* sobre la participación activa de la víctima, el AAP Córdoba (Sección 3ª) núm. 302/2018, de 18 de mayo (Id. vLex: VLEX-759006133), que en su FD 5º dispone que "*con una lectura somera de la causa sumarial se puede entender que, tal y como cuenta el recurrente, el juez de la Instrucción recibió declaración a la investigada sin convocar*

El artículo 11 es el resultado de la trasposición del artículo 10 de la Directiva 2012/29/UE que reconoce el derecho a ser oído. Aunque la Directiva no obliga a los Estados a dispensar a las víctimas un trato equivalente a las partes, no reconoce el "derecho a ser parte", sino un derecho a intervenir en el proceso, a ser oído pudiendo los veintiocho Estados miembros trasponer este concepto a su legislación como estimen conveniente. España sí que ofrece la posibilidad de ser parte, pero no sucede lo mismo en aquellos países de nuestro entorno en los que el monopolio lo tiene el Ministerio Fiscal[502].

Así, dispone en su apdo. a) el artículo 11 que toda víctima tiene derecho al ejercicio de la acción penal y la acción civil conforme a lo dispuesto en la LECrim, sin perjuicio de las excepciones que puedan existir, y en su apdo. b) regula un derecho, por otra parte obvio, de la víctima a comparecer ante

---

previamente a las partes personadas y que la convocatoria efectuada de un testigo menor de edad por auto de 20 de octubre de 2017 sólo fue notificada al Ministerio Fiscal, con lo que la víctima del delito no pudo estar presente en tales diligencias sumariales al no haber tenido noticias de ellas. Y sabemos que los artículos 3 y 11 Ley 4/2015, de 27 de abril, del Estatuto de la víctima del delito, permiten que, con carácter general, la víctima tenga una participación activa en la investigación criminal emprendida en averiguación de hechos de naturaleza delictiva que pudo haber padecido, siempre que la ley procesal lo reconozca. Sabemos, también que la Ley de Enjuiciamiento Criminal, en su artículo 110, permite que cualquier perjudicado de un delito se persone en la causa en que se investiga el mismo, facultad a la que optó en esta causa desde el primer momento el recurrente. Y, además, el artículo 229.2 de la Ley orgánica del Poder Judicial dispone que «las declaraciones, interrogatorios, testimonios, careos, exploraciones, informes, ratificación de los periciales y vistas, se llevarán a efecto ante juez o tribunal con presencia o intervención, en su caso, de las partes...salvo lo dispuesto en la ley (...)»".

502 LLORENTE SÁNCHEZ-ARJONA, M., "La protección de...", *op. cit.*, p. 328. En el mismo sentido, concluye OROMÍ I VALL-LLOVERA, S., que no se trata de un "derecho a ser parte" sino más bien un derecho a intervenir o a "participar siendo oído" (*vid.* "Víctimas de delitos en la Unión Europea...", *op. cit.*, p. 12).

las autoridades para aportación de fuentes de prueba e información relevante para el esclarecimiento de los hechos consagrando, por tanto, en este precepto la participación activa de la víctima; aspectos ambos que podrían haberse introducido directamente en el artículo 109 LECrim mediante la Disposición Final de la LEVD, tal y como se han reformado otros preceptos de nuestra Ley rituaria[503].

No se pretende aquí realizar una descripción exhaustiva de la participación de la víctima en nuestro proceso penal, sino abordar las novedades introducidas por la LEVD sobre el ejercicio de la acción penal y brevemente las particularidades en relación con la acción civil, puesto que la participación ya está reconocida en nuestro ordenamiento y la LEVD no hace más que reafirmarla.

Es así que al tradicional ejercicio individual de la acción penal que corresponde a la persona afectada directamente por el delito, la legitimación institucional del Ministerio Fiscal y del Defensor del Pueblo, la acción popular del artículo 125 CE y la legitimación de grupos de personas afectadas por el delito[504], se añade tras la reforma operada por la LEVD la posibilidad de ejercicio de la acción de las víctimas indirectas[505], la posibilidad

---

503 GÓMEZ COLOMER, J. L., "Sobre los derechos de la víctima...", *op. cit.*, p. 77.

504 El art. 7 LOPJ reconoce la legitimación de las corporaciones, asociaciones y grupos que resulten afectados o que estén legalmente habilitados para su defensa y promoción.

505 Recordemos que el art. 2,b considera víctimas indirectas al cónyuge no separado legalmente o de hecho y los hijos de la víctima o del cónyuge no separado legalmente o de hecho que en el momento de la muerte o desaparición de la víctima convivieran con ellos; asimilándose al cónyuge a "*la persona que hasta el momento de la muerte o desaparición hubiera estado unida a ella por una análoga relación de afectividad y a los hijos de ésta que en el momento de la muerte o desaparición de la víctima convivieran con ella*"; y se amplía con respecto a la Directiva

de personación en el proceso de forma independiente en el supuesto de pluralidad de víctimas, así como la participación activa de las asociaciones de víctimas y personas jurídicas con legitimación para defensa de los derechos de las víctimas[506], además de contemplar la personación potestativa de la Administración local en la que se haya cometido el hecho punible.

En relación con esta materia, el punto de partida lo encontramos en que la forma de comparecer y ser parte en el proceso penal español se regula en la LECrim y sigue remitiéndose, conforme establece en su artículo 761.2[507], a los artículos 109[508] y 110 LECrim, y el artículo 109 *bis* sobre el ejercicio de

---

2012/29/UE: "*a sus progenitores y parientes en línea recta o colateral dentro del tercer grado que se encontraren bajo su guarda y a las personas sujetas a su tutela o curatela o que se encontraren bajo su acogimiento familiar*".

506 Claramente la LEVD excluye a las personas jurídicas como víctimas directas en su art. 2.1 apdo. a) que entiende por víctima a "*la persona física que haya sufrido un daño o perjuicio, en especial lesiones físicas o mentales, daños emocionales o un perjuicio económico, directamente causado por una infracción penal*". Pero ello no impide que la persona jurídica pueda ejercitar la acción penal ya que el art. 109 *bis* LECrim, reformado por la LEVD, le faculta para dicho ejercicio.

507 El art. 761 establece "*1. El ejercicio por particulares, sean o no ofendidos por el delito, de la acción penal o de la civil derivada del mismo habrá de efectuarse en la forma y con los requisitos señalados en el Título II del Libro II, expresando la acción que se ejercite.*
2. Sin perjuicio de lo que se dispone en el apartado anterior, el Secretario judicial instruirá al ofendido o perjudicado por el delito de los derechos que le asisten conforme a lo dispuesto en los artículos 109 y 110 y demás disposiciones, pudiendo mostrarse parte en la causa sin necesidad de formular querella.
Asimismo le informará de la posibilidad y procedimiento para solicitar las ayudas que conforme a la legislación vigente puedan corresponderle".

508 También modificado por el Real Decreto-ley 6/2023, de 19 de diciembre, por el que se aprueban medidas urgentes para la ejecución del Plan de Recuperación, Transformación y Resiliencia en materia de servicio público de justicia, función pública, régimen local y mecenazgo.

la acción penal que amplía la posibilidad tradicional de personación[509].

Sentado, por tanto, que el artículo 11 LEVD reafirma el derecho de la víctima a ejercitar la acción penal y civil de conformidad con lo establecido en el artículo 109 LECrim, cabe destacar que la reforma de este último precepto mantiene en esencia el texto anterior sobre el ofrecimiento de acciones, centrándose en primer lugar en la modificación del párrafo 2° en virtud de la que el LAJ[510] será el encargado de informar a la víctima sobre dicha posibilidad, y sólo podrá delegar en personal especializado en la asistencia a víctimas, sobre la información de los derechos reconocidos en la legislación vigente, distinguiendo entre el derecho a ser parte y el resto de derechos, ya que para el primero no está prevista la delegación[511].

---

509 Y también modificado su apdo.1 por la Ley Orgánica 8/2021, de 4 de junio, de protección integral a la infancia y la adolescencia frente a la violencia.

510 El art. 35 RDEVD disciplina que "(…) *los letrados de la Administración de Justicia derivarán a las víctimas a las Oficinas de Asistencia a las Víctimas, en los términos establecidos en las leyes procesales, cuando resulte necesario en atención a la gravedad del delito, vulnerabilidad de la víctima o en aquellos casos en los que la víctima lo solicite*".

511 El art. 109 explicita: "*En el acto de recibirse declaración por el juez la persona ofendida o perjudicada, el letrado o letrada de la Administración de Justicia le instruirá del derecho que le asiste para mostrarse parte en el proceso y renunciar o no a la restitución de la cosa, reparación del daño e indemnización del perjuicio causado por el hecho punible. Asimismo, le informará de los derechos recogidos en la legislación vigente, pudiendo delegar esta función en personal especializado en la asistencia a víctimas. Si fuera menor se practicará igual diligencia con su representante legal. En los procesos en los que participen personas con discapacidad, se realizarán las adaptaciones y los ajustes que sean necesarios. Dichas adaptaciones podrán venir referidas a la comunicación, la comprensión y la interacción con el entorno. Se deberá garantizar que: Todas las comunicaciones con las personas con discapacidad, orales o escritas, se realicen en un lenguaje claro, sencillo y accesible, de un modo que tenga en cuenta sus características personales y sus*

Por su parte y en su párr. 2° se contempla el ofrecimiento de acciones al menor de edad a través de su representante legal y a las personas con discapacidad introduciéndose recientemente la necesidad de que se realicen en el proceso penal adaptaciones y ajustes referidas a la comunicación, la comprensión y la interacción con el entorno a estas personas.

Como decimos, tras la reforma el artículo 109 LECrim sigue refiriéndose a la persona ofendida o perjudicada. A nuestro juicio y dada la defectuosa terminología utilizada, convendría que el legislador hubiera modificado estos términos por el de víctima (máxime cuando a tenor del artículo 109 *bis*, fruto de la modificación operada por la Disposición Final Primera de la LEVD, el legislador ha optado por el término víctima)[512], por cuanto es más amplio y porque según el artículo 773.2 LECrim

---

necesidades, haciendo uso de medios como la lectura fácil. Si fuera necesario, la comunicación también se hará a la persona que preste apoyo a la persona con discapacidad para el ejercicio de su capacidad jurídica. Se facilite a la persona con discapacidad la asistencia o apoyos necesarios para que pueda hacerse entender, lo que incluirá la interpretación en las lenguas de signos reconocidas legalmente y los medios de apoyo a la comunicación oral de personas sordas, con discapacidad auditiva y sordociegas. Se permita la participación de un profesional experto que a modo de facilitador realice tareas de adaptación y ajuste necesarias para que la persona con discapacidad pueda entender y ser entendida. La persona con discapacidad pueda estar acompañada de una persona de su elección desde el primer contacto con las autoridades y funcionarios. Fuera de los casos previstos en los dos párrafos anteriores, no se hará a los interesados en las acciones civiles o penales notificación alguna que prolongue o detenga el curso de la causa, lo cual no obsta para que el letrado o letrada de la Administración de Justicia procure instruir de aquel derecho al ofendido ausente. En cualquier caso, en los procesos que se sigan por delitos comprendidos en el artículo 57 del Código Penal, el letrado o letrada de la Administración de Justicia asegurará la comunicación a la víctima de los actos procesales que puedan afectar a su seguridad".

512 Así, pues la nomenclatura de las distintas leyes no facilita la elección de un término, ya que se utiliza ofendido, perjudicado, agraviado, denunciante, querellante, acusador particular, entre otros y última-

en su nueva redacción dada por la Disposición Final Primera (apdo. 21) el ofrecimiento de acciones ha de hacerse a toda víctima de delito[513]. En este precepto se prevé la información de derechos a la víctima por parte del Ministerio Fiscal cuando tenga noticia de un hecho aparentemente delictivo[514], ampliando esta facultad que con anterioridad a la reforma solo la tenía la policía judicial (arts. 771.1 LECrim) y el LAJ (arts. 761 y 776 LECrim).

Novedades en sede de legitimación

En el sistema procesal español, pueden ejercitar la acción penal a través de la acusación particular, las víctimas de delitos, pero también sus familiares, herederos y otras personas consideradas como víctimas indirectas. Así lo dispone nuestra LECrim en sus artículos 276 y 281, que permiten que no solo la víctima o el ofendido puedan ejercitarla sino también algunos perjudicados o víctimas indirectas con las condiciones que en

---

mente en la línea de la normativa internacional, víctima. Nos remitimos a lo tratado en el Capítulo Primero.

513 El *Informe al Anteproyecto de Ley Orgánica del Estatuto de la víctima del delito, elaborado por el Consejo Fiscal de la Fiscalía General del Estado, op. cit.*, p. 28, señala que "*se sigue utilizando la expresión «ofendido» (por el delito), que equivale al concepto de «víctima directa» que se usa en el articulado del Anteproyecto*", por lo que considera conveniente unificar la terminología. En la misma línea se expresa el Consejo General del Poder Judicial en su Informe, *op. cit.*, p. 48, considera que debería sustituirse los términos "ofendido" e "interesados en las acciones penales y civiles" por el de víctima.

514 Como ya sostenía antes de la reforma MARTÍN RÍOS, M. P., en los otros preceptos que regulan este ofrecimiento de acciones (arts. 761.2, 771.1ª y 782.2ª LECrim) sí se incluye al destinatario del mismo, aunque las acciones que cada uno pueda ejercitar sean distintas (*vid. Víctima y justicia...*, *op. cit.*, p. 107).

estos artículos se prevén[515] y que en nuestra opinión otorgan una legitimación bastante amplia a las víctimas indirectas en caso de muerte o incapacidad de la víctima directa.

El artículo 109 *bis*[516] introduce la posibilidad de que las víctimas que no hayan renunciado a su derecho puedan ejercer

---

515 El artículo 276 permite que los herederos o representantes legales del ofendido querellante en caso de su muerte o incapacidad puedan sostener la acción penal en el plazo de 30 días desde la notificación de la citación para su personación. Por su parte, el artículo 281 establece la exención de prestar fianza al particular querellante en el supuesto de que sea el ofendido y sus herederos o representantes legales, y en el caso de delitos de homicidio o asesinato al cónyuge del difunto o persona vinculada a él por una análoga relación de afectividad, los ascendientes y descendientes y sus parientes colaterales hasta el segundo grado inclusive, los herederos de la víctima y "*los padres, madres e hijos del delincuente*". Estos últimos han sido introducidos por la Disposición Final Primera de la LEVD, y sería el caso de violencia doméstica. También dicha exención es aplicable a las asociaciones de víctimas y las personas jurídicas a las que la Ley reconoce legitimación para defender los derechos de las víctimas siempre que el ejercicio de la acción penal hubiera sido expresamente autorizado por la propia víctima.

516 El art. 109 *bis* dispone: "*Las víctimas del delito que no hubieran renunciado a su derecho podrán ejercer la acción penal en cualquier momento antes del trámite de calificación del delito, si bien ello no permitirá retrotraer ni reiterar las actuaciones ya practicadas antes de su personación. Si se personasen una vez transcurrido el término para formular escrito de acusación podrán ejercitar la acción penal hasta el inicio del juicio oral adhiriéndose al escrito de acusación formulado por el Ministerio Fiscal o del resto de las acusaciones personadas.* E*n el caso de muerte o desaparición de la víctima a consecuencia del delito, la acción penal podrá ser ejercida por su cónyuge no separado legalmente o de hecho y por los hijos de ésta o del cónyuge no separado legalmente o de hecho que en el momento de la muerte o desaparición de la víctima convivieran con ellos; por la persona que hasta el momento de la muerte o desaparición hubiera estado unida a ella por una análoga relación de afectividad y por los hijos de ésta que en el momento de la muerte o desaparición de la víctima convivieran con ella; por sus progenitores y parientes en línea recta o colateral dentro del*

la acción penal en cualquier momento antes del trámite de calificación del delito, sin que quepa retrotraer ni reiterar actuaciones ya practicadas antes de su personación. Si se personasen una vez transcurrido el término para formular escrito de acusación podrán ejercitar la acción penal hasta el inicio del juicio oral adhiriéndose al escrito de acusación formulado por el Ministerio Fiscal o del resto de las acusaciones personadas. Es, por tanto, un precepto nuevo en nuestra legislación procesal (salvo la referencia relativa a la legitimación como parte acusadora de la Administración local en cuyo territorio se hubiere cometido el hecho punible[517], que ya se encontraba reflejada anteriormente), que analizaremos en este y los siguientes subapartados.

---

tercer grado que se encontraren bajo su guarda, personas sujetas a su tutela o curatela o que se encontraren bajo su acogimiento familiar. En caso de no existir los anteriores, podrá ser ejercida por los demás parientes en línea recta y por sus hermanos, con preferencia, entre ellos, del que ostentara la representación legal de la víctima. El ejercicio de la acción penal por alguna de las personas legitimadas conforme a este artículo no impide su ejercicio posterior por cualquier otro de los legitimados. Cuando exista una pluralidad de víctimas, todas ellas podrán personarse independientemente con su propia representación. Sin embargo, en estos casos, cuando pueda verse afectado el buen orden del proceso o el derecho a un proceso sin dilaciones indebidas, el Juez o Tribunal, en resolución motivada y tras oír a todas las partes, podrá imponer que se agrupen en una o varias representaciones y que sean dirigidos por la misma o varias defensas, en razón de sus respectivos intereses. La acción penal también podrá ser ejercitada por las asociaciones de víctimas y por las personas jurídicas a las que la ley reconoce legitimación para defender los derechos de las víctimas, siempre que ello fuera autorizado por la víctima del delito. Cuando el delito o falta cometida tenga por finalidad impedir u obstaculizar a los miembros de las corporaciones locales el ejercicio de sus funciones públicas, podrá también personarse en la causa la Administración local en cuyo territorio se hubiere cometido el hecho punible".

517 Con anterioridad a la reforma la referencia a la Administración local se encontraba regulada en el art. 110 (desde el 12 de marzo de 2003 hasta el 27 de octubre de 2015).

En lo que se refiere al ejercicio de la acción civil reconocido en los artículos 100[518], 110 LECrim, y 111[519], la LEVD se limita a reafirmar lo ya previsto en nuestra legislación procesal, cuando en el apdo. b) del artículo 11, reconoce el derecho de toda víctima a ejercitar la acción penal y la acción civil conforme a lo dispuesto en la LECrim, sin perjuicio de las excepciones que puedan existir.

La legitimación de víctimas directas e indirectas

El derecho de acceso o participación activa, en definitiva, además del ejercicio de la acción penal incluye el de la acción civil, cuyo ejercicio corresponde a las víctimas directas e indirectas que establece la LEVD, con la finalidad de conseguir una indemnización.

La LEVD modifica el artículo 110 LECrim mediante la Disposición Final Primera (apdo. 3), suprimiendo de su texto "*y penales…o solamente unas y otras*", dejando solo la palabra "*civiles*", por lo que tras dicha modificación los perjudicados podían ejercer solo la acción civil. Sin embargo, la reforma operada posteriormente por la Ley Orgánica 8/2021, de 4 de junio, de protección integral a la infancia y la adolescencia frente a la violencia sí que contempla que las personas perjudicadas puedan ejercitar tanto la acción civil como la penal, quedando el

518 El art. 100 LECrim establece: "*De todo delito o falta nace acción penal para el castigo del culpable, y puede nacer también acción civil para la restitución de la cosa, la reparación del daño y la indemnización de perjuicios causados por el hecho punible*".

519 El art. 111 LECrim dispone: "*Las acciones que nacen de un delito o falta podrán ejercitarse junta o separadamente; pero mientras estuviese pendiente la acción penal no se ejercitará la civil con separación hasta que aquélla haya sido resuelta en sentencia firme, salvo siempre lo dispuesto en los artículos 4, 5 y 6 de este Código*".

precepto como sigue: "*Las personas perjudicadas por un delito que no hubieren renunciado a su derecho podrán mostrarse parte en la causa si lo hicieran antes del trámite de calificación del delito y ejercitar las acciones civiles que procedan, según les conviniere, sin que por ello se retroceda en el curso de las actuaciones. Si se personasen una vez transcurrido el término para formular escrito de acusación podrán ejercitar la acción penal hasta el inicio del juicio oral adhiriéndose al escrito de acusación formulado por el Ministerio Fiscal o del resto de las acusaciones personadas. Aun cuando las personas perjudicadas no se muestren parte en la causa, no por esto se entiende que renuncian al derecho de restitución, reparación o indemnización que a su favor puede acordarse en sentencia firme, siendo necesario que la renuncia de este derecho se haga en su caso de una manera clara y terminante*".

Sin embargo, aunque otorga nuevamente el derecho de acceso a la acción penal a la persona perjudicada debería en nuestra opinión haberse unificado los términos empleando el de víctima. El actor civil es el ofendido, llamada persona perjudicada por el artículo 110 LECrim, pero denominada víctima por el artículo 11 LEVD.

Con anterioridad a la reforma del artículo 110 por la LOPIVI, el artículo 109 *bis*, al emplear el término víctima, se refería al ofendido, al que se le permite el ejercicio de la acción penal, pero no así al perjudicado ya que el anterior artículo 110 LECrim limitaba el derecho de acceso al ejercicio de la acción civil[520]. Así el ofendido tenía legitimación para ejercitar las accio-

---

520 El anterior artículo 110 establecía que: "*Los perjudicados por un delito o falta que no hubieren renunciado a su derecho podrán mostrarse parte en la causa si lo hicieran antes del trámite de calificación del delito y ejercitar las acciones civiles que procedan, según les conviniere, sin que por ello se retroceda en el curso de las actuaciones. Aun cuando los perjudicados no se muestren parte en la causa, no por esto se entiende que renuncian al derecho de restitución, reparación o indemnización que a su favor puede acordarse en sentencia firme, siendo necesario que la renuncia de este derecho se haga en su caso de una manera clara y terminante*".

nes del artículo 109 y 109 *bis*, pero el perjudicado únicamente la acción civil del artículo 110 LECrim, lo que afortunadamente se ha corregido en la última reforma del precepto. Así lo advirtieron los Tribunales, véase a modo de ejemplo el Auto del TSJ de Gran Canaria, de 11 de noviembre de 2016, en su FJ 2º: "*Esta distinción, además, resulta acorde con la misma distinción que ha efectuado la doctrina científica y jurisprudencial; en ella, que, como antes se dijo, el elemento diferenciador reside en que ser ofendido tiene la condición de afectado por alguna consecuencia dañosa (no simplemente nociva) sin afectación en la esfera patrimonial, (aunque fuere como daño moral) del delito, mientras que la afectación sufrida por el ofendido es cuantitativa y cualitativamente superior, conteniendo un "plus" de afectación al concretarse en él, de forma directa, la infracción del bien jurídico protegido por el delito, se le cause o no un perjuicio evaluable económicamente. 5.- Además, en aplicación (de nuevo) de los criterios hermenéuticos normativos (art. 3.1 del Código Civil) citados anteriormente, si el concepto de víctima abarcara a ambas figuras anteriores (el ofendido y el perjudicado) no se entendería que la nueva redacción legal de los arts. 109, 109 bis y 110 continúe utilizando la mención al perjudicado, suprimiendo la mención al ofendido, salvo la mención inicial del art. 109, que, según se acaba de ver, apoya la tesis de esta Sala, al regularse en ese precepto los derechos de la víctima, lo que es de especial relevancia, en especial en lo que atañe al art. 110. Por tanto, el binomio anterior, ofendido y perjudicado, se ha convertido en el binomio víctima y perjudicado*".

Obsérvese, no obstante que la LECrim sigue utilizando dos términos distintos (víctima y persona perjudicada) en cada uno de los preceptos, el legislador emplea el término persona perjudicada y no víctima en el artículo 110 mientras que en el artículo 109 *bis*, que viene a complementarlo sí utiliza el término víctima.

En nuestra opinión, la utilización de distinta terminología puede llevar a errores de interpretación, consideramos que el legislador podría haber aprovechado las reformas para delimitar los tres términos, y así evitar contradicciones. El derecho al acceso y ejercicio de la acción civil y penal corresponde al perjudicado que no tiene condición de víctima, pero también al perjudicado que es además víctima.

Así lo reconoce el TS, entre otras, en la STS núm. 64/2019, de 6 de febrero[521], en su FD 2° dispone que "*la personación en el proceso como acusación particular es reconocida en los artículos 109 y 110 de la LECrim directamente a los ofendidos o perjudicados por el delito. En términos generales los ofendidos o perjudicados por el delito van a coincidir con los considerados legalmente como víctimas, sin embargo, eso no será así en todos los casos. Con relación a la acusación particular, el Tribunal Constitucional ha reiterado que el reconocimiento del derecho de la víctima del delito al ejercicio de las acciones penales y civiles que del mismo deriven, personándose en las actuaciones, forma parte del derecho a la tutela judicial efectiva (artículo 24.1 de la Constitución). En otras palabras, es un derecho digno de protección el que el ofendido tiene a solicitar la actuación del ius puniendi del Estado, dentro del sistema penal instaurado en nuestro Derecho, en el que junto a la oficialidad de la acción encomendada al Ministerio Fiscal se establecen otras titularidades privadas, entre ellas la del perjudicado por el delito (Sentencias del Tribunal Constitucional 37/93, 217/94, 21/05 o 9/08). Derecho a una participación activa de la víctima en el proceso que ha venido a ser consagrado y desarrollado por la Ley 4/2015, de 27 de abril, del Estatuto de la Víctima del Delito (arts. 3 y 11 siguientes de la citada Ley 4/2015).El actor civil es toda persona física o jurídica, que dentro de un proceso penal ejercita una mera pretensión civil o patrimonial que es consecuencia de los hechos delictivos, sin ejercitar la acción penal, ya que, si también la ejercitara, sería considerado acusador particular. Una vez ejercitada la acción civil derivada del delito, el derecho a la tutela judicial efectiva sin indefensión cubre también dicha acción civil cuando es esgrimida simultáneamente con la acción penal en*

521 Id. vLex: VLEX-765971121.

el proceso correspondiente (Sentencias del Tribunal Constitucional 18/1985, de 11 de febrero, y 107/1992, de 1 de julio)".

A mayor abundamiento, el artículo 109 *bis* LECrim introduce un extenso listado de personas que tienen el derecho a ejercitar la acción penal, previendo que sean las víctimas del delito obviamente y que, si estas hubieran fallecido o desaparecido por razón del delito, una serie de allegados de las mismas, además del derecho a ejercer dicha acción de ciertas asociaciones y Administraciones Locales[522].

Así y tal como dispone el artículo 109 *bis* en su apdo. 1 párr. 2º "*En el caso de muerte o desaparición de la víctima a consecuencia del delito, la acción penal podrá ser ejercida por su cónyuge no separado legalmente o de hecho y por los hijos de ésta o del cónyuge no separado legalmente o de hecho que en el momento de la muerte o desaparición de la víctima convivieran con ellos; por la persona que hasta el momento de la muerte o desaparición hubiera estado unida a ella por una análoga relación de afectividad y por los hijos de ésta que en el momento de la muerte o desaparición de la víctima convivieran con ella; por sus progenitores y parientes en línea recta o colateral dentro del tercer grado que se encontraren bajo su guarda, personas sujetas a su tutela o cura-*

522 Puesto que no se ha modificado la previsión contenida en la LECrim con relación a la personación de la Administración, nada nuevo establece el artículo 109 *bis* al expresar en su punto 3 *in fine*, "*cuando el delito o falta cometida tenga por finalidad impedir u obstaculizar a los miembros de las corporaciones locales el ejercicio de sus funciones públicas, podrá también personarse en la causa la Administración local en cuyo territorio se hubiere cometido el hecho punible*", viniendo a reproducir lo ya dispuesto en este punto en el artículo 110 LECrim anterior a la reforma, por lo que no cabe detenerse en su análisis. Establecía el anterior art. 110 en su párr. 3º que: "*Cuando el delito o falta cometida tenga por finalidad impedir u obstaculizar a los miembros de las corporaciones locales el ejercicio de sus funciones públicas, podrá también personarse en la causa la Administración local en cuyo territorio se hubiere cometido el hecho punible*" (vigencia: 12 de marzo de 2003 hasta 27 de octubre de 2015).

tela o que se encontraren bajo su acogimiento familiar. En caso de no existir los anteriores, podrá ser ejercida por los demás parientes en línea recta y por sus hermanos, con preferencia, entre ellos, del que ostentara la representación legal de la víctima".

Si comparamos el anterior listado de personas legitimadas para ejercitar la acción penal, observamos que coinciden con las víctimas indirectas que enumera el artículo 2, b LEVD, por lo que hubiera sido suficiente una referencia genérica a dicho precepto en el caso de muerte o desaparición de la víctima directa, a consecuencia del delito, aludiendo simplemente que la acción podría ser ejercitada por las víctimas indirectas del mismo[523]. Aunque a nuestro juicio es correcta la enumeración que realiza nuestra Ley rituaria puesto que venimos defendiendo que muchos de los preceptos que se encuentran en la LEVD, entre ellos, precisamente la definición de quien es considerada víctima directa e indirecta debería haberse resuelto desde un primer momento en la LECrim mediante un precepto dedicado a definir el concepto de víctima que unifique el resto de conceptos empleados por la norma como son el de ofendido o perjudicado, y ya que no se ha llevado a cabo dicha precisión al menos se contempla en la LECrim el listado de víctimas indirectas, eso sí, sin conceptuarlas como tales.

De hecho, obsérvese que la amplitud para el ejercicio de la acción penal es tal que el legislador ha optado incluso por una cláusula abierta en la que dispone que "*en caso de no existir los anteriores, podrá ser ejercida por los demás parientes en línea recta y por sus hermanos, con preferencia, entre ellos, del que ostentara la representación legal de la víctima*" (art. 109 *bis* apdo. 1 párr. 2º).

---

[523] De esta opinión es CARRIZO GONZÁLEZ-CASTELL, A., "Luces y sombras en torno al ejercicio de la acción penal derivado de los artículos 109 y 109 *bis* de la Ley de Enjuiciamiento Criminal", en *Diario La Ley*, núm. 8796, 2016, p. 4.

Así lo reafirma el Tribunal Supremo, en la Sentencia de 5 de mayo de 2020[524], en su FD 9º cuando dispone que "(...) *el art. 109 bis, apartado 1º, de la LECrim, tras enumerar con un sentido bien amplio el abanico de parientes legitimados para el ejercicio de la acción penal en caso de muerte o desaparición de la víctima, incluye una regla abierta, de carácter general en la que puede leerse: en caso de no existir los anteriores, podrá ser ejercida por los demás parientes en línea recta y por sus hermanos, con preferencia, entre ellos, del que ostentara la representación legal de la víctima*".

Así pues, la legitimación se extiende a todas las personas enumeradas en los párrafos 2º y 3º del apdo.1 del artículo 109 *bis* LECrim, esto es, en caso de muerte o desaparición de la víctima como consecuencia del delito, destacándose entre ellas a su cónyuge e hijos, incorporando en la legislación la sustitución procesal por fallecimiento permitida por la jurisprudencia.

El mismo artículo 109 *bis* 1, en su párrafo 2º reconoce la cualidad de víctima para los parientes en línea recta y los hermanos, con preferencia, entre ellos, del que ostentara la representación legal de la víctima. En este punto, no entendemos cómo el representante legal de la víctima es el último que puede ejercitar la acción penal en caso de existir los parientes enumerados en el párrafo 1º, cuando conforme al artículo 109 el ofrecimiento de acciones se realiza al representante legal en caso de menores[525].

El apdo. 2º dispone que "*el ejercicio de la acción penal por alguna de las personas legitimadas conforme a este artículo no impide su ejercicio posterior por cualquier otro de los legitimados* (...)", previsión lógica si se tiene en consideración el posible ejercicio de la acción penal hasta el inicio del juicio oral adhiriéndose al escrito

---

524 Id. vLex VLEX-844421200.

525 CARRIZO GONZÁLEZ-CASTELL, A., "Luces y sombras...", *op. cit.*, p. 4.

de acusación formulado por el Ministerio Fiscal o del resto de las acusaciones personadas.

No obstante, en algunos supuestos el propio legislador limita la legitimación para ejercitar la acción particular[526], como sucede en el artículo 103 LECrim que establece otras limitaciones en dicho ejercicio de la acusación particular al disponer que "*tampoco podrán ejercitar acciones penales entre sí: 1.º Los cónyuges, a no ser por delito o falta cometidos por el uno contra la persona del otro o la de sus hijos, y por el delito de bigamia. 2.º Los ascendientes, descendientes y hermanos por naturaleza, por la adopción o por afinidad, a no ser por delito o falta cometidos por los unos contra las personas de los otros*".

Con las anteriores previsiones, obsérvese que se ha ampliado la figura de la acusación particular tal y como estaba configurada anteriormente.

En otro orden de consideraciones, se han dilucidado en nuestros Tribunales estas cuestiones sobre la personación de las víctimas indirectas al amparo de la regulación establecida por la LEVD.

Así, a título ejemplificativo el AAP Santa Cruz de Tenerife (Sección 4ª) núm. 257/2019, de 20 de marzo[527], reconoce

---

526 Sobre los límites del ejercicio de la acción particular véase el artículo 102 LECrim que prohíbe el ejercicio de la acción penal al que no goce de la plenitud de los derechos civiles, el que hubiere sido condenado dos veces por sentencia firme como reo del delito de denuncia o querella calumniosa y también al juez o Magistrado. No obstante, exceptúa la anterior prohibición en los casos que hayan sufrido "(...) *delito o falta cometidos contra sus personas o bienes o contra las personas o bienes de sus cónyuges, ascendientes, descendientes, hermanos consanguíneos o uterinos y afines. Los comprendidos en los números 2.º y 3.º podrán ejercitar también la acción penal por el delito o falta cometidos contra las personas o bienes de los que estuviesen bajo su guarda legal*".

527 Id. vLex VLEX-798948609.

la personación del abuelo de unas niñas fallecidas a quien se le había denegado en el procedimiento de diligencias previas en fase de instrucción, argumentando que "(...) *no cabe duda que el recurrente en su condición de abuelo de las menores fallecidas tiene la condición de víctima indirecta de la muerte de las mismas en aplicación de lo dispuesto en el art. 2.b de la Ley 4/2015 de 27 de abril, aun cuando de las diligencias de investigación practicadas se desprendan indicios incriminatorios contra el padre de las menores e hijo del recurrente, Juan Antonio, por la muerte de las dos niñas y la de la madre de éstas. Y en su condición de víctima, el recurrente tiene derecho a participar en el proceso penal de acuerdo con lo dispuesto en la Ley de Enjuiciamiento Criminal, (art. 11 de la Ley 4/2015), señalando el Preámbulo de dicho texto legal, en su apartado VI que - se reconoce a la víctima el derecho a participar en el proceso, de acuerdo con lo dispuesto en la Ley de Enjuiciamiento Criminal, y se refuerza la efectividad material del mismo a través de diversas medidas: por un lado, la notificación de las resoluciones de sobreseimiento y archivo y el reconocimiento del derecho a impugnarlas dentro de un plazo de tiempo suficiente a partir de la comunicación, con independencia de que se haya constituido anteriormente o no como parte en el proceso*" (FD 2°).

Para finalizar este epígrafe, conviene realizar las siguientes recapitulaciones, reflexiones y consideraciones sobre la acción civil:

1ª.- Su ejercicio puede acumularse al proceso penal o en un proceso civil independiente. Así lo establece el artículo 112 LECrim al disponer que el ejercicio de la acción penal por parte del dañado o perjudicado conlleva el ejercicio de la acción civil, salvo renuncia o reserva de la acción civil, en un proceso civil posterior. Dicho precepto, así como el reformado artículo 110 permiten el ejercicio de la acción penal y civil por las personas perjudicadas.

2ª.- Por su parte, el artículo 108 LECrim establece el carácter potestativo del ejercicio conjunto de las acciones civiles y penales para el ofendido. Sin embargo, aquel señala el carácter obligatorio de su ejercicio para el Ministerio Fiscal si no hay renuncia expresa de la víctima. En este caso, entendemos que el término ofendido se refiere a la víctima que puede ser perjudicada también, por lo que en principio no entraría en contradicción con el artículo 110.

3ª.- A su vez, el artículo 115 LECrim, al disponer la extinción de la acción penal por la muerte del responsable, contempla el ejercicio de la acción civil contra sus herederos y causahabientes.

4ª.- Muy brevemente, y no siendo objeto de esta obra un análisis minucioso de estos preceptos, conviene aclarar que del conjunto de los artículos 642, 643 y 644 LECrim, integrados en su Capítulo II relativo a los sobreseimientos, se desprende que en el procedimiento ordinario el juez comunica a los interesados la decisión del sobreseimiento, si el Ministerio Fiscal lo solicita y la acusación particular no ha pedido la iniciación del proceso mediante querella, esto es, no se ha constituido en parte. De esta forma se le realiza el ofrecimiento de acciones para que pueda personarse y sostener la acusación.

Asimismo, si el paradero de los interesados fuera desconocido, se notificará tal decisión mediante edictos. En la línea tuitiva de facilitar la personación a los interesados, dispone el artículo 644 LECrim que en el supuesto en que el Tribunal "(...) *conceptúe improcedente la petición del Ministerio Fiscal relativa al sobreseimiento y no hubiere querellante particular que sostenga la acción, antes de acceder al sobreseimiento podrá determinar que se remita la causa* (...)" al Ministerio Fiscal del Tribunal Superior al que está conociendo del asunto para que resuelva si procede o no sostener la acusación.

5ª.- La acción civil puede instarse en el propio procedimiento penal o en procedimiento civil ejerciendo únicamente la acción civil de responsabilidad.

Esta responsabilidad civil se regula en el artículo 110 CP[528] y comprende la restitución, la reparación del daño y la indemnización tanto de perjuicios materiales como morales. La sentencia penal se pronunciará sobre la responsabilidad civil salvo que se haya renunciado a la acción civil para un proceso posterior de naturaleza civil, por lo que con carácter general la resolución sobre la indemnización se articulará en la propia sentencia penal. Si se renuncia a la acción civil hay que tener presente que deberá aplazarse el proceso civil hasta que no recaiga la sentencia en el proceso penal.

Este pronunciamiento sobre la responsabilidad civil en la sentencia penal, a tenor del artículo 742 LECrim, que será notificado por el LAJ a los ofendidos y perjudicados por el delito, aunque no se hubieran mostrado parte en la causa, será ejecutado de conformidad con lo establecido en los artículos 524 y ss. LEC, si bien para asegurar la efectividad del pago de la indemnización podrán haberse adoptado medidas cautelares durante la fase de investigación del procedimiento, como embargos u otras medidas de carácter real sobre el patrimonio del infractor[529].

Asimismo, y de conformidad con el artículo 989 LECrim, el órgano judicial encargado de la ejecución de la sentencia puede realizar todas las actuaciones de averiguación patrimonial

---

528 El art. 110 CP señala: "*La responsabilidad establecida en el artículo anterior comprende: La restitución. La reparación del daño. La indemnización de perjuicios materiales y morales*".

529 Conforme el art. 764 LECrim, se pueden adoptar las medidas cautelares recogidas en la LEC; el afianzamiento por parte de una entidad aseguradora hasta el límite del seguro obligatorio; intervención de vehículos a motor; entre otras medidas orientadas a la satisfacción de la responsabilidad civil. Sobre la responsabilidad civil y otras cuestiones relativas a la reparación véase ampliamente, SOLETO MUÑOZ, H. y GRANÉ CHÁVEZ, A., *La reparación económica a la víctima..., op. cit.*.

necesarias para conocer el patrimonio y estado de cuentas del condenado.

La legitimación de las asociaciones de víctimas y de las personas jurídicas

Otra de las novedades que introduce la LEVD con la reforma del artículo 109 *bis* LECrim es la legitimación de las asociaciones de víctimas[530] y determinadas personas jurídicas (aquellas a las que la ley reconoce legitimación extraordinaria[531] para la defensa de los derechos de las víctimas) para ejercitar la

---

530 Para TINOCO PASTRANA A., "(...) se puede definir en un sentido amplio a las asociaciones de víctimas, partiendo del contenido de la Ley 29/2011 y efectuando una interpretación teleológica y sistemática, como aquellos «colectivos representativos de las víctimas (*del terrorismo*) en nuestro país, asociaciones, fundaciones, entidades sin ánimo de lucro y movimientos cívicos», cuyo objeto sea la representación de las víctimas (...). Estarían excluidas, por tanto, las instituciones públicas de las diversas Administraciones, dado que estimamos que el espíritu de la Ley radica en la naturaleza jurídica privada de estas asociaciones, con independencia de su financiación a través de subvenciones públicas" (*vid.* "La participación de las...", *op. cit.*, p. 284).

531 MONTERO AROCA, J., no se refiere a legitimación, sino que considera que estas entidades carecen de legitimación propia y que nos encontramos ante un supuesto de representación (*vid. Derecho Jurisdiccional III...*, *op. cit.*, p. 86). Respecto a la personación de estas asociaciones como acusadoras particulares habría que distinguir dos tipos: las víctimas unidas por iniciativa propia, que son víctimas directas o indirectas y que, por tanto, tendrían una legitimación ordinaria; y, asociaciones previamente constituidas, cuyos integrantes pueden o no ser víctimas, a las que la Ley reconoce legitimación para defender los derechos de las víctimas que necesitan de la autorización de la víctima del delito investigado para poder ejercitar la acción penal y cuya legitimación es extraordinaria (*vid.* TINOCO PASTRANA, A., "La participación de las...", *op. cit.*, p. 294).

acción penal, siempre que cumplan con los requisitos exigidos en el apdo. 3 del artículo, a saber: básicamente que tengan el aludido reconocimiento legal para ello y que la víctima lo autorice[532]. Incorpora así la legislación procesal una reivindicación de las asociaciones de víctimas, yendo más allá que la propia Directiva 2012/29/UE que únicamente reconoce la prestación de "*información, asesoramiento y apoyo*" por parte de los servicios de apoyo a las víctimas.

Verdaderamente, tal previsión de la Ley se encuentra limitada en su ejercicio al imponerse la exigencia de la autorización de la propia víctima[533], ya que sin ella no podrán ejercer la acción penal y, pese al silencio legal, cabe interpretar que dicha autorización debe ser expresa[534].

En relación con ello, también es de favorable acogida el artículo 281.1.3° LECrim modificado por la LEVD para eximir de prestar la fianza de la querella exigida en el artículo 280[535], a estas asociaciones de víctimas y personas jurídicas legitimadas que ejerciten la acción penal con expresa autorización de la víctima[536].

Por lo que se refiere a la legitimación de las asociaciones de víctimas y de las personas jurídicas, sostenemos que para que puedan ejercitar la acción penal han de concurrir los siguientes requisitos: por una parte, la existencia de un vínculo

---

532 GÓMEZ COLOMER, J. L., *Estatuto Jurídico de la víctima del delito...*, *op. cit.*, p. 391.

533 Para TAMARIT SUMALLA J. M., pese a que el legislador ha cedido a las presiones ejercidas por estas organizaciones, ha previsto algunos límites como la necesidad de la previa autorización de la víctima del delito (*vid.* "Una lectura victimológica...", *op. cit.*, p. 133).

534 TAMARIT SUMALLA, J. M., "Los derechos de las...", *op. cit.*, p. 55.

535 *Informe del Consejo Fiscal*, *op. cit.*, p. 29.

536 Además de los ofendidos por el delito y los perjudicados por los delitos de homicidio y asesinato.

claro entre los que integran la asociación o la persona jurídica en calidad de víctimas y el concreto bien jurídico lesionado o puesto en peligro precisamente a través del hecho delictivo objeto de la investigación/acusación; que la asociación o persona jurídica tenga reconocida por Ley legitimación para defender los derechos de las víctimas así como que la propia víctima haya autorizado de manera expresa a la asociación o persona jurídica para ejercer la acción penal en ese concreto proceso[537].

No obstante, se ha criticado que el ejercicio de la acción penal por las asociaciones de víctimas deban ser autorizadas por la víctima del delito, aunque a nuestro juicio se valora positivamente que se requiera la autorización de la víctima, para evitar que las asociaciones de víctimas se conviertan en "caballo de batalla" cuando la víctima decida que no quiere ejercitar la acusación, dado que se produciría una evidente victimización secundaria a la víctima del delito que por cuestiones personales no desea seguir adelante con el proceso penal.

Así las cosas, el legislador permite la legitimación de las personas jurídicas a las que la Ley reconoce legitimación para defender los derechos de las víctimas, siempre que ello fuera autorizado por la víctima del delito. Entendemos así que habrá que estar al concreto caso, para determinar si la persona jurídica que pretende entablar una acción penal cumple o no los requisitos antedichos, pero lo que parece que queda claro es que tras esta reforma se restringe el derecho de acceso en el ámbito penal a las personas jurídicas.

---

537 DE HOYOS SANCHO, M., "Novedades en el tratamiento procesal de las víctimas de hechos delictivos tras las reformas normativas de 2015", *Diario La Ley*, núm. 8689, Sección Doctrina, Wolters Kluwer, 26 de enero de 2016, p. 5.

En otro orden de cosas, se ha planteado si la introducción de la legitimación de las asociaciones de víctimas y personas jurídicas a las que la Ley reconoce legitimación para defender los derechos de las víctimas siempre que ello fuera autorizado por la víctima del delito, modifica la regulación de la acción penal popular[538], pues de considerarlo así supondría que la víctima decidiría sobre su admisión en el proceso. Y aunque no se diga en el precepto dada la ubicación de este derecho y los requisitos del reconocimiento previsto por la Ley, se les está reconociendo el derecho a ser parte acusadora particular[539].

Al respecto, se han pronunciado algunos Tribunales, como el TSJ Cataluña (Sala de lo Penal) en el Auto núm. 167/2016, de 9 mayo[540] , que considera que la posibilidad que admite el párr. 3º del artículo 109 *bis* "*no es sino una ampliación de la posibilidad de ejercicio de la acción penal particular, que para nada afecta la regulación de la acción penal popular. La evolución de la normativa protectora para las víctimas está en la línea de aumento de sus derechos y del concepto de víctima, pero no se advierte que tal incremento atribuya derecho a objetar el ejercicio de la acción legítima de otras personas*", puesto que la LEVD establece un catálogo de derechos, reconoce el derecho a la acción penal de la víctima en el artículo 11 LEVD, pero en ningún lugar de su articulado impide la personación de otras partes legítimas[541].

---

538 Sobre el ejercicio de la acción penal por la acusación popular cuyo análisis excede de esta obra *vid.* DE HOYOS SANCHO, M., *El ejercicio de la acción penal por las víctimas. Un estudio comparado,* Cizur Menor (Navarra), Aranzadi Thomson Reuters, 2016, pp. 191-201.

539 TINOCO PASTRANA, A., "La participación de las...", *op. cit.*, p. 292.

540 ROJ: ATSJ CAT 251/2016.

541 Así establece en su FJ 3º: "*El argumento de los apelantes, partiendo de la línea interpretativa sostenida, pretende que el Estatuto de la Victima atribuye un derecho subjetivo a éstas que le permiten vetar la personación de cualquier acusación popular, lo que ha sido rechazado. Dicho Estatuto sí establece un*

De hecho, considera que el párr. 3º del artículo 109 *bis* de LECrim ha establecido una categoría de ejercicio de acción particular, que obviamente debe ser autorizada por la víctima y, al autorizarles una acción asimilada a la de la propia víctima la Ley ha introducido un elemento favorecedor para la defensa de los intereses de estas, otorgándoles a la vez ciertos beneficios procesales como puede ser no prestar fianza, acorde con la LEVD y la Directiva 2012/29/UE.

Fundamenta la anterior conclusión en los siguientes términos: "*Nuestro legislador ha incluido el art. 109 bis de LECrim en el Título IV (De las personas a quienes corresponde el ejercicio de las acciones que nacen de los delitos y faltas*[542]*) pero no ha modificado las prescripciones del art. 101 de LECrim (La acción penal es pública. Todos los ciudadanos españoles podrán ejercitarla con arreglo a las prescripciones de la Ley), ni el art. 270 de LECrim (Todos los ciudadanos españoles, hayan sido o no ofendidos por el delito, pueden querellarse, ejercitando la acción popular establecida en el art. 101 de esta Ley). Desde la perspectiva sistemática, carecería de sentido que se condicionara la acción penal popular a la decisión de la víctima y no se modificasen los preceptos que específicamente la reconocen, así como tampoco el art. 102 de LECrim donde se establecen las limitaciones para ejercitar la acción penal*" (FJ 2º).

Por lo anterior, esta reforma operada por la LEVD supone la ampliación de la posibilidad de ejercicio de la acción pe-

---

catálogo de derechos, pero en modo alguno el de "capacidad de veto". El art. 11 y ss. de esa Ley reconoce el derecho a la acción penal de la víctima, pero como se dijo antes no determina ninguna capacidad para impedir las de otras partes legítimas".

542 Cabe advertir a partir del 1 de julio de 2015 y como consecuencia de la Ley Orgánica 1/2015, de 30 de marzo, por la que se modifica la Ley Orgánica 10/1995, de 23 de noviembre, del Código Penal, las conductas tipificadas como faltas pasaron a serlo como delitos leves o infracciones administrativas.

nal particular que ha de ser autorizada por la víctima, pero no afecta a la anterior regulación de la acción penal popular[543]por lo que dichas asociaciones y personas jurídicas que no cumplan los requisitos analizados anteriormente podrán personarse como acusaciones populares, como lo han venido haciendo hasta ahora[544].

---

543 En contra, ya que sostiene que se hace depender el ejercicio de la acción popular de la voluntad de la víctima particular, vaciando de contenido el art. 125 CE, se postula ALBA FIGUERO M. C., "Derechos, facultades y...", *op. cit.*, p. 52.

544 Así, lo ha reconocido el TC desde hace años, extendiendo el concepto de ciudadano del art. 125 CE, no sólo a las personas físicas sino también a las jurídicas, pues mediante el ejercicio de la acción popular, pueden cumplir más eficazmente el cumplimiento de sus fines. Véase por todas, STC núm. 241/1992, de 21 de diciembre (Id. vLex VLEX-15356324). Para el Tribunal Supremo, por ejemplo, en el ATS (causa especial), de 14 de julio de 2020 (Id. vLex VLEX-847183417): "*Como se dijo ya en el auto de esta Sala de 19 de abril de 1.999 , así como en la causa especial 20018/2020, auto de 3/2/20 y viene reiterando en otras muchas resoluciones, la última, causa especial* núm. *20084/2020 auto de fecha 20/2/2020 "...De todo delito público nace una acción particular que corresponde a los perjudicados directamente por el hecho punible (Artículo 110 de la Ley de enjuiciamiento Criminal) y una acción pública que corresponde a todos los ciudadanos españoles (Artículo 101 de la Ley de Enjuiciamiento Criminal) que se encuentra refrendada además por el texto constitucional en su artículo 125, bajo el tradicional nombre de acción popular. La Ley Orgánica del Poder Judicial en su artículo 19.1 vuelve a regular la acción popular extendiéndola a todos los ciudadanos de nacionalidad española en los casos y en la forma prevista por la ley, lo que nos remite a los artículos 270 de la ley de Enjuiciamiento Criminal que establece la forma de querella para el ejercicio de la acción popular y al artículo 280 del mismo texto legal que dispone la prestación de fianza a los que ejercitan esta clase de acción*" (FD 2°).

¿Novedades en sede de tiempo de personación de las víctimas?

En otro orden de consideraciones, en el análisis del artículo 109 *bis* LECrim surge una de las cuestiones que ha sido objeto de debate durante los últimos años y que al parecer ha quedado resuelta tras la modificación del pr. 1° del citado artículo por la LOPIVI. La pregunta de hasta cuándo puede personarse la víctima como parte, ha quedado al parecer resuelta con las modificaciones finalmente aprobadas acogiendo la interpretación extensiva e incluso *contra legem* que la jurisprudencia del Tribunal Supremo venía realizando del momento preclusivo de la personación de las víctimas.

Respecto a la personación y de conformidad con lo establecido en el reformado artículo 110 LECrim[545] el trámite de cali-

---

545 El art. 110 LECrim con anterioridad a la reforma operada por la LEVD (vigente desde 12 de marzo de 2003 hasta 27 de octubre de 2015) establecía en su primer párrafo que "*los perjudicados por un delito o falta que no hubieren renunciado a su derecho podrán mostrarse parte en la causa, si lo hicieran antes del trámite de calificación del delito, y ejercitar las acciones civiles y penales que procedan, o solamente unas u otras, según les conviniere, sin que por ello se retroceda en el curso de las actuaciones*". Con la reforma del art. 110 por la LEVD el *dies ad quem* de personación no cambió continuando antes del trámite de calificación del delito, tal y como dispone: "*Los perjudicados por un delito o falta que no hubieren renunciado a su derecho podrán mostrarse parte en la causa si lo hicieran antes del trámite de calificación del delito, y ejercitar las acciones civiles que procedan, según les conviniere, sin que por ello se retroceda en el curso de las actuaciones*", puesto que la modificación se ha centrado en considerar que el perjudicado solo puede ejercitar acciones civiles y no acciones penales tal y como se establecía anteriormente. Con la última reforma de este precepto llevada a cabo por la LOPIVI en relación con esta cuestión sigue manteniendo que: "*Las personas perjudicadas por un delito que no hubieren renunciado a su derecho podrán mostrarse parte en la causa si lo hicieran antes del trámite de calificación del delito y ejercitar las acciones civiles que procedan, según les conviniere, sin que por ello se retroceda en el curso de las actuaciones*".

ficación es el último en el que las personas perjudicadas por un delito pueden personarse para ejercitar la acción civil que proceda[546], sin embargo respecto a la acción penal se añade que si las víctimas se personasen una vez transcurrido el término para formular escrito de acusación podrán ejercitar la acción penal hasta el inicio del juicio oral adhiriéndose al escrito de acusación formulado por el Ministerio Fiscal o del resto de las acusaciones personadas.

Situación previa a la Ley del Estatuto de la víctima del delito: una mirada al confuso panorama

Con anterioridad a la reforma operada por la LEVD el momento procesal último o *dies ad quem* para la personación de la víctima de conformidad con el anterior artículo 110 LECrim en relación con el artículo 785.3 era "*antes del trámite de calificación del delito*", a saber, antes del dictado del Auto de conclusión de diligencias previas en el procedimiento abreviado[547].

No obstante, añade que "*Si se personasen una vez transcurrido el término para formular escrito de acusación podrán ejercitar la acción penal hasta el inicio del juicio oral adhiriéndose al escrito de acusación formulado por el Ministerio Fiscal o del resto de las acusaciones personadas*".

546 Así lo expresa al contradecir de forma frontal lo literalmente ordenado en una norma de *ius cogens* como es el art. 761 LECrim, que expresamente remite al plazo preclusivo máximo del trámite de calificación que con carácter general establece el art. 110 LECrim (*vid.* FERNÁNDEZ-GALLARDO, J. A., "Cuestiones derivadas del auto de apertura del juicio oral en el procedimiento abreviado", en *Anales de derecho*, núm. 32, 2014, p. 15).

547 Los arts. 779.1. 4ª y 780.1 LECrim disponen para el procedimiento abreviado, la apertura del trámite de calificación del delito desde el Auto de conclusión de diligencias previas en que el juez ordena la sustanciación del procedimiento y el traslado a las partes personadas para que en el plazo común de diez días soliciten la apertura del juicio oral formulando escrito de acusación.

En el procedimiento ordinario, el artículo 651 LECrim establece como momento preclusivo el referido a la devolución por el Ministerio Fiscal de la causa una vez presentado el escrito de calificación provisional. Pero se ha entendido, aplicando analógicamente la solución al respecto para el procedimiento abreviado[548], que el momento preclusivo será el dispuesto en el artículo 652 LECrim, a saber, cuando el LAJ comunica la causa al acusado[549].

Se posibilitaba así el cumplimiento de una de las exigencias del principio acusatorio de delimitar el objeto del proceso al tiempo de la calificación de la acusación para que el acusado pueda actuar en su defensa[550].

Sin embargo, el Tribunal Supremo realizó una interpretación extensiva de ambos preceptos, que se aplicaba en la práctica y que permitía la personación hasta el juicio oral, momento en el que ya se han presentado los correspondientes escritos de calificación permitiéndose la comparecencia al inicio de la sesión del juicio oral, tanto en el procedimiento penal abreviado como en el procedimiento penal ordinario[551].

---

548 *La Circular de la FGE 1/1989, de 8 de marzo sobre cuestiones relacionadas con el PA introducido por la LO 7/1988*, considera la necesidad de trasladar los principios y reglas del procedimiento abreviado al procedimiento ordinario, que por su naturaleza trasciendan al proceso penal en general. Recurso electrónico, disponible en: https://bit.ly/2UqzEZz.

549 ARAGONESES MARTÍNEZ, S., "Introducción al régimen procesal de la víctima del delito (II): Derechos; Acción penal, ayudas públicas y asistencia", en *Revista de Derecho Procesal*, núm. 1, 1998, p. 18.

550 MARTÍNEZ ARRIETA, A., "La entrada en…", *op. cit.*, p. 71.

551 Entre otras las SSTS (Sala Segunda, de lo Penal) núm. 1281/2004 de 10 de noviembre (ROJ: STS 7244/2004), STS (Sala Segunda, de lo Penal) núm. 170/2005, de 18 de febrero (ROJ: STS 1016/2005) y STS (Sala Segunda, de lo Penal) núm. 1140/2005, de 3 de octubre (ROJ: STS 5816/2005).

La base de esta interpretación del Tribunal Supremo[552] era que el artículo 110 LECrim habría quedado sin efecto por el artículo 785.3 LECrim[553], una regla de protección a la víctima por la que esta ha de ser informada de la fecha y lugar de la celebración del juicio, "de tal manera que la víctima podría comparecer posteriormente *apud acta* con abogado, ya en el juicio, con plenitud de derechos y facultades, presentando sus conclusiones o adhiriéndose a las del MF u otras acusaciones, para cumplir después con el trámite de conclusiones definitivas"[554].

Esta línea jurisprudencial ha matizado la férrea exigencia cronológica asociada al artículo 110 LECrim, permitiendo una personación tardía con todos los derechos, salvo el retroceso de las actuaciones y sin apartarse del contenido del objeto procesal para no perjudicar el derecho de defensa. Así en la STS (Sala Segunda, de lo Penal) núm. 883/2009, de 10 de septiembre[555], señala que "*de lo que se trata, en definitiva, es de encontrar un adecuado punto de equilibrio entre la vigencia del principio de pre-*

---

552 Esta cuestión ha sido tratada por el Tribunal Supremo en numerosas ocasiones. Entre otras resoluciones cabe citar la STS (Sala Segunda, de lo Penal) núm. 459/2005, de 12 de abril (ROJ: STS 2217/2005), STS (Sala Segunda, de lo Penal) núm. 900/2006, de 22 de septiembre (ROJ: STS 7939/2006), STS (Sala Segunda, de lo Penal) núm. 177/2008, de 24 de abril (ROJ: STS 1589/2008), STS (Sala Segunda, de lo Penal) núm. 316/2013, de 17 de abril de 2013 (ROJ: STS 2262/2013), STS (Sala Segunda, de lo Penal) núm. 413/2015, de 30 de junio (ROJ: STS 3177/2015) y STS (Sala Segunda, de lo Penal) núm. 550/2017, de 12 de julio (ROJ: STS 2825/2017).

553 El anterior art. 785.3 disponía: "*En todo caso, aunque no sea parte en el proceso ni deba intervenir, el Secretario judicial deberá informar a la víctima por escrito de la fecha y lugar de celebración del juicio*" (vigencia desde 4 de mayo de 2010 hasta 27 de octubre de 2015).

554 Advierte DE HOYOS SANCHO, M., "Novedades en el…", *op. cit.*, p. 4.

555 ROJ: STS 5709/2009.

clusión como criterio ordenador del procedimiento y la necesidad de dispensar una protección reforzada a la víctima del delito" (FJ 1°).

Incluso la jurisprudencia del TC ha llegado a admitir la personación aún después del juicio oral, relativizando el significado del principio preclusivo que encierra el artículo 110 LECrim, para permitir a la acusación no personada en forma la interposición de un recurso de apelación[556].

Sin embargo, el artículo 785.3 fue reformado[557] en el sentido de conceder a la víctima, aunque no sea parte en el proceso, la posibilidad cuando lo haya solicitado, de que el LAJ le informe "*por escrito y sin retrasos innecesarios, de la fecha, hora y lugar del juicio, así como del contenido de la acusación dirigida contra el infractor*". Por ello la cuestión se centra en analizar si tras la reforma operada por el Estatuto de la víctima del delito de este precepto, el Tribunal Supremo ha mantenido o no la interpretación extensiva y el artículo 785.3 sigue dejando sin efecto al artículo 110 LECrim, pese a que nuevamente ha sido modificado por la LOPIVI, si bien en cuanto a esta cuestión el legislador ha seguido manteniendo la personación antes del trámite de la calificación del delito puesto que la información a la víctima ha dejado de ser obligatoria. Téngase en cuenta también que la LOPIVI ha añadido un apartado al párrafo 1° del artículo 109 *bis* que reza: "(…) *Si se personasen una vez transcurrido el término para formular escrito de acusación podrán ejercitar*

---

556 STC (Sección 1ª) núm. 66/1992, de 29 de abril (ROJ: STC 66/1992).

557 El anterior art. 785.3 versión de 04 de mayo de 2010 hasta 27 de octubre de 2015 señalaba que: "*3. En todo caso, aunque no sea parte en el proceso ni deba intervenir, el Secretario judicial deberá informar a la víctima por escrito de la fecha y lugar de celebración del juicio*". La versión actual desde 27.10.2015 establece que: "*3. Cuando la víctima lo haya solicitado, aunque no sea parte en el proceso ni deba intervenir, el Secretario judicial deberá informarle, por escrito y sin retrasos innecesarios, de la fecha, hora y lugar del juicio, así como del contenido de la acusación dirigida contra el infractor*".

la acción penal hasta el inicio del juicio oral adhiriéndose al escrito de acusación formulado por el Ministerio Fiscal o del resto de las acusaciones personadas", por lo que veamos a continuación el estado de la cuestión.

Una mirada a la doctrina tras los reformados artículos 109 bis pr. 1º y 110 LECrim

Sobre esta cuestión, la doctrina se ha venido pronunciando a favor y en contra del mantenimiento de la interpretación extensiva que se realizaba por el Tribunal Supremo. Así pues, algunos autores antes de la reforma del artículo 109 *bis* por la LOPIVI, consideraban que tras la reforma de la LEVD se ha mantenido en el artículo 109 *bis* y en el artículo 110 LECrim, la posibilidad del ejercicio de la acción penal y civil antes del trámite de calificación del delito, pudiendo haberlo reformado con la incorporación de la jurisprudencia del Tribunal Supremo. Sin embargo, si con anterioridad a la reforma era discutible y discutida esta interpretación jurisprudencial *extra legem*, tras la misma y siendo el legislador conocedor de dicha jurisprudencia y habiéndose manifestado en los términos de no permitir la personación de las víctimas más allá del momento en que va a dar comienzo el trámite de calificación, no debería admitirse otra posibilidad distinta[558].

---

[558] Véanse DE HOYOS SANCHO, M., "Novedades en el…", *op. cit.*, p. 4, y esta misma autora en *El ejercicio de...*, *op. cit.*, p. 213. Otros autores justifican una interpretación rigorista en este sentido: "Para que exista un proceso justo, el acusado, una vez abierto juicio oral, debe saber no sólo de qué se le acusa sino quién le acusa. Las comunicaciones posteriores a víctimas y ofendidos son la traducción de los derechos de los ciudadanos en la Administración de Justicia en cuanto al conocimiento de los procesos en los que tengan un interés legítimo, pero no pueden interpretarse como una alteración de las reglas del proceso que le permitan personarse en un momento

Otros autores, por el contrario, consideraban que la jurisprudencia del Tribunal Supremo debía seguir manteniéndose, aunque el artículo 109 *bis* introducido por la LEVD establezca el momento preclusivo de la personación en cualquier momento antes del trámite de calificación del delito.

Sin embargo, hay que tener en consideración la reforma por la LOPIVI nuevamente de este precepto que en nuestra opinión ha dejado clara la cuestión como se verá posteriormente, ya que específicamente permite la personación de la víctima hasta el inicio del juicio oral si bien la víctima tendrá que adherirse al escrito de acusación formulado por el Ministerio Fiscal o del resto de las acusaciones personadas sin que pueda presentar su propio escrito de acusación. En este sentido entendemos que esta reforma del año 2021 acoge el espíritu de los argumentos esgrimidos en su momento por la doctrina a favor de permitir la personación hasta el inicio del juicio oral, por cuanto tanto el artículo 785.3º LECrim como el artículo 109 *bis* así lo permiten y ahora sin ninguna duda. El artículo 785.3º establece que "*cuando la víctima lo haya solicitado, aunque no sea parte en el proceso ni deba intervenir, el Secretario judicial deberá informarle, por escrito y sin retrasos innecesarios, de la fecha, hora y lugar del juicio, así como del contenido de la acusación dirigida contra el infractor*", lo que implica un aumento de información a aquellas víctimas no personadas con el objetivo de consolidar la posibilidad de su personación hasta el inicio del juicio oral siempre que se respete el derecho a la defensa y no provoque

---

posterior" (*vid.* FERNÁNDEZ-GALLARDO, J. A., "Cuestiones derivadas del…", *op. cit.*, p. 399). GÓMEZ COLOMER, J. L., "Sobre los derechos de la víctima...", *op. cit.*, p. 78, comentando el Proyecto de Ley del Estatuto ya tenía claro que la Jurisprudencia del Tribunal Supremo iba a cambiar con la introducción del art. 109 *bis* LECrim por la Disposición Final Segunda.

reiteración ni retroacción en las actuaciones[559]. Por su parte, el artículo 109 *bis* pr.1º modificado por la LOPIVI que permite la personación de la víctima hasta el inicio del juicio oral, deja zanjada en nuestra opinión la cuestión.

No obstante, veamos la evolución de ambos preceptos. Debe repararse que el texto legal del artículo 110 LECrim en el que se basaba la interpretación del Tribunal Supremo y el artículo 109 *bis* actual difieren. El artículo 110 advertía que la personación del ofendido en orden a ejercitar la acción penal en ningún caso podía implicar el retroceso en el curso de las actuaciones, y el artículo 109 *bis* añade, a la prohibición de retrotraer las actuaciones, la de reiterar las ya practicadas antes de su personación. De esta manera la personación de la víctima en la fase intermedia una vez dictado el Auto de conclusión de las diligencias previas, puede dar lugar a que se reiteren las actuaciones y que la víctima pida repetir alguna diligencia que pudiera derivar en el dictado de un nuevo Auto de conclusión con distinto fallo[560].

En el mismo sentido ya era partidario el *Consejo General del Poder Judicial en su Informe al Anteproyecto* de la LEVD conside-

559 SERRANO MASIP, M., "Los derechos de participación en el proceso penal", en *El Estatuto de las víctimas de delitos. Comentarios a la Ley 4/2015*, TAMARIT SUMALLA, J. M. (Coord.), Valencia, Tirant lo Blanch, 2015, p. 120. Por su parte, CARRIZO GONZÁLEZ-CASTELL, A., considera, en contra de lo que finalmente ha interpretado el Tribunal Supremo, que si la norma que dio lugar a dicha interpretación jurisprudencial sigue siendo sustancialmente idéntica a la actual, la interpretación no debería cambiar ya que pudiera parecer que quien guía las interpretaciones del Tribunal Supremo es la oportunidad política o el acierto del legislador en vez de las razones legales que aconsejaron y sustentaron las mismas (*vid.* "Luces y sombras...", *op. cit.*, p. 4).

560 SERRANO MASIP, M., "Los derechos de participación…", *op. cit.*, p. 118.

rando el momento preclusivo hasta el juicio oral, tal y como se venía haciendo en la práctica siguiendo la doctrina del Tribunal Supremo[561], proponiendo también el Consejo Fiscal la adaptación del precepto a la jurisprudencia del Tribunal Supremo, que señala que puede ejercitarse este derecho hasta el mismo inicio del juicio oral[562].

Asimismo, lo recoge el Consejo de Estado[563], al subrayar la conveniencia de abordar la cuestión de personación de la víctima en el mismo acto del juicio oral reproduciendo lo manifestado por el Informe del Consejo General del Poder Judicial, que considera el establecimiento del término *ad quem* del derecho de la víctima a ejercer la acción penal tras la apertura del juicio oral y antes de la celebración de éste. El Consejo de Estado se pronuncia al respecto[564] en el siguiente sentido: "*el*

---

561 El *Informe del Consejo General del Poder Judicial al Anteproyecto de Ley Orgánica del Estatuto de las Víctimas del delito, op. cit.*, p. 48, al respecto dice: "Artículo 109 *bis* LECrim. El apartado segundo de la Disposición Final Tercera introduce un nuevo artículo el 109 *bis*, que regula la personación de la víctima en el proceso penal, lo que podrá hacer antes de la apertura de juicio oral. Al respecto, debe recordarse lo señalado antes sobre la posibilidad, reconocida por la jurisprudencia, de la personación hasta el momento del juicio oral y la conveniencia de su regulación. Asimismo, sería aconsejable la revisión de este precepto en cuanto que se solapa con el art. 110 LECrim, en aras de evitar reiteraciones innecesarias".

562 *Informe al Anteproyecto de Ley Orgánica del Estatuto de la víctima del delito, elaborado por el Consejo Fiscal de la Fiscalía General del Estado, op. cit.*, p. 29.

563 Véase el *Dictamen del Consejo de Estado sobre el Anteproyecto de la Ley Orgánica del Estatuto de la víctima del delito, op. cit.*

564 Téngase en cuenta que en el texto del Anteproyecto el 1er párr. del art. 109 *bis* sí que recogía la Jurisprudencia anterior que consideraba el momento preclusivo hasta el Auto de apertura del juicio oral: "*1.- Las víctimas del delito que no hubieran renunciado a su derecho podrán ejercer la acción penal en cualquier momento antes de la apertura del juicio*

apartado 1 del nuevo art. 109 bis atribuye a las víctimas del delito que no hubieran renunciado a su derecho la facultad de ejercer la acción penal «en cualquier momento antes de la apertura del juicio oral». Sin embargo, hay que tener en cuenta que, en el procedimiento común, el auto de apertura del juicio oral se dicta por el tribunal sentenciador con carácter previo a la presentación de los escritos de calificación de los hechos (artículo 649 de la LECrim), en tanto que en el procedimiento abreviado se dicta por el Juez de Instrucción con posterioridad a la formulación de las acusaciones (artículos 781 a 783 de la LECrim). A juicio del Consejo de Estado, debería reflexionarse sobre este momento preclusivo de la personación de las víctimas, en la medida en que la selección del auto de apertura del juicio oral podría imponer una solución no homogénea según se trate de un procedimiento abreviado o de un procedimiento ordinario. Debería emplearse, en definitiva, un momento razonable y de significación análoga en ambos procedimientos".

En este sentido, GÓMEZ COLOMER considera que "la víctima puede personarse en la causa hasta el momento en que, en ambos procesos, abreviado y ordinario, se ordene por el Juez que el Ministerio Fiscal acuse porque la Ley se refiere al "trámite de la calificación del delito", no a la "calificación del delito", es decir, a antes de calificar. Una vez calificado, es decir, una vez presentada formalmente la acusación, la víctima ya no puede personarse. Si está en el proceso penal ordinario por delitos más graves, una vez dictada la apertura del juicio oral; si está en el proceso penal abreviado, antes de que el Juez dicte el Auto ordenando a las partes que se pronuncien sobre dicha apertura y acusen. Es lamentable que sean dos momentos procesales distintos, pero eso es lo que quiere la Ley"[565].

---

oral, si bien ello no permitirá retrotraer ni reiterar las actuaciones ya practicadas antes de su personación".

565 GÓMEZ COLOMER, J. L., *Estatuto Jurídico de la víctima del delito..., op. cit.*, p. 391.

En nuestra opinión, y por cuanto la LEVD al reformar estos preceptos no mantuvo el criterio del Tribunal Supremo -que sin embargo acogía en el Anteproyecto de la LEVD, modificándolo posteriormente en la Ley definitiva-, con la anterior reforma por la LOPIVI estaría justificado el hecho de que solo se permitiera la personación hasta el momento del trámite de calificación si realmente funcionan de manera adecuada las nuevas previsiones legales tendentes a dar un conocimiento puntual a la víctima de las actuaciones procesales facilitando su temprana incorporación a la causa[566]. Pero si no funcionasen y llegase el momento de la información de la fecha, hora y lugar del juicio oral, y la víctima no fuera parte ni debiera intervenir, al no permitirle personarse, se produciría un importante retroceso en los derechos de las víctimas y una vulneración a su derecho a la tutela judicial efectiva, lo que podría dar lugar a motivo de nulidad de actuaciones en virtud de los artículos 238.3 y 240.2 LOPJ.

Para evitarlo en la práctica se debe ser muy cuidadoso y que se informe claramente a la víctima de la posibilidad de ser parte en el procedimiento, puesto que si no se informa en este sentido en la primera declaración de la víctima y se tiene por buena la información que le ha dado la policía judicial, la víctima en el momento de la personación posterior puede alegar que no se le ha informado anteriormente y pedir la personación, pudiendo estar ante un supuesto de nulidad de actuaciones.

No obstante, tras la reforma operada por la LOPIVI del pr.1° del artículo 109 *bis* y del artículo 110 LECrim por fin se ha acogido en parte la interpretación del Tribunal Supremo al permitir a las víctimas personarse una vez transcurrido el término para formular escrito de acusación para ejercitar la acción penal hasta el inicio del juicio oral, aunque con la limi-

---

566 Coincidimos en este punto con ARANGÜENA FANEGO, C., "Participación de la víctima...", *op. cit.*, p. 8.

tación de que no se permite una personación independiente sino adhiriéndose al escrito de acusación formulado por el Ministerio Fiscal o del resto de las acusaciones personadas, por lo que aunque siga operando la importancia de la información inicial que se ha de ofrecer a las víctimas, la cuestión ha quedado zanjada.

Una mirada a la jurisprudencia tras la Ley del Estatuto de la víctima del delito y la Ley Orgánica 8/2021, de 4 de junio, de protección integral a la infancia y la adolescencia frente a la violencia

A continuación resulta crucial referirse al cambio de criterio interpretativo del Tribunal Supremo, que se ciñó a la literalidad de la LECrim no permitiendo personación posterior al trámite de la calificación del delito, puesto que fíjese que la reforma de la LECrim efectuada por la LEVD no acogió finalmente la moderna y pacífica jurisprudencia del Tribunal Supremo que había con anterioridad a la modificación legal y optó por permitir la personación explícitamente siempre antes del trámite de la calificación del delito, manteniendo esta personación tras la reforma del precepto operada por la LOPIVI pero añadiendo la posibilidad de personación antes del inicio del juicio oral en el siguiente sentido literal: "*Las víctimas del delito que no hubieran renunciado a su derecho podrán ejercer la acción penal en cualquier momento antes del trámite de calificación del delito, si bien ello no permitirá retrotraer ni reiterar las actuaciones ya practicadas antes de su personación. Si se personasen una vez transcurrido el término para formular escrito de acusación podrán ejercitar la acción penal hasta el inicio del juicio oral adhiriéndose al escrito de acusación formulado por el Ministerio Fiscal o del resto de las acusaciones personadas*".

Al hilo de la regulación expresa de la LEVD y puesto que el legislador tuvo la oportunidad de acoger la interpretación del Alto Tribunal y no lo hizo en 2015, el Tribunal Supremo se pronunció solventando la cuestión de interpretación a raíz del importante Auto del TS (Sala Segunda, de lo Penal) de 16 de noviembre de 2018[567], que concluye que la nueva regulación de la materia nos obliga a ceñirnos al tenor de los artículos 109 *bis* y 110 LECrim en ambos casos sosteniendo que la personación de la acusación particular y popular se debe realizar antes del trámite de calificación del delito, dando un vuelco al criterio mantenido hasta entonces.

En cualquier caso, veamos la evolución del criterio del Tribunal Supremo desde la entrada en vigor de la LEVD y la entrada en vigor de la LOPIVI, así como de la reforma de la LECrim de ambos preceptos a través de las dos leyes, que se ha pronunciado sobre esta cuestión en algunas ocasiones.

Centrándonos en sentencias que resuelven sobre asuntos de procedimientos anteriores a las modificaciones legislativas referenciadas, cabe citar la STS (Sala Segunda, de lo Penal) núm. 665/2016, de 20 de julio[568] que se pronuncia de forma tangencial sobre el *dies ad quem,* manteniendo la posibilidad de personación de la víctima en el acto del juicio oral y resuelve conforme a la Jurisprudencia de los últimos años. Señala así en su FJ 1° que "*la sentencia 271/2010, de 30 de marzo , en la que se afirma que, sin retroceder en el procedimiento, que no puede paralizarse ni interrumpirse por dejación del ejercicio de derechos por la víctima, no hay obstáculo para que si ésta comparece en el juicio oral, acompañada de su abogado, se permita su personación "apud acta" incorporándose al juicio con plenitud de derechos y con posibilidad de presentar conclusiones, si las lleva preparadas, adherirse a las del Ministerio Fiscal o a las de otras acusaciones y cumplir el trámite de conclusiones definitivas. Todo ello sin perjudicar el derecho de defensa con acusaciones sorpresivas o que se aparten del contenido estricto del proceso. En todo caso, la defensa podrá solicitar el aplazamiento de la*

567 ROJ: ATS 11988/2018.

568 ROJ: STS 3700/2016.

sesión previsto en el artículo 788.4 de la Ley de Enjuiciamiento Criminal, cuya aplicación se hará por analogía cuando las conclusiones se presenten al principio de las sesiones y no sean homogéneas con las del resto de las acusaciones".

En esta línea, la STS (Sala Segunda, de lo Penal) núm. 18/2018, de 17 de enero[569], mantiene el mismo criterio de los últimos años y no alude a la reforma de la LEVD, reiterando la previsión del artículo 785.3 LECrim que, como anteriormente había sostenido, deja sin efecto el momento preclusivo de la personación establecido en el artículo 110 LECrim. De esta manera considera en su FJ 2° que la víctima puede comparecer en el acto del juicio y mostrar su interés en personarse, "*sin retroceder en el procedimiento, que no puede paralizarse ni interrumpirse por dejación del ejercicio de derechos por la víctima*", pero considerando, como en la sentencia anterior, la no existencia de obstáculo para comparecer en el juicio oral, acompañado de su abogado, permitiéndose la personación *apud acta.*

También las Sentencias de las Audiencias Provinciales han tenido ocasión de pronunciarse sobre la cuestión tras la LEVD y antes del significativo Auto del TS.

A título ejemplificativo, otro argumento proporciona la SAP Barcelona (Sección 20) núm. 638/2018, de 5 de septiembre[570], para permitir la personación más allá de lo establecido en la nueva regulación, y es considerar que "*el reciente Real Decreto-ley 9/2018, de 3 de agosto, de medidas urgentes para el desarrollo del Pacto de Estado contra la violencia de género ha modificado el art. 20 de la Ley Orgánica 1/2004, de 28 de diciembre, de Medidas de Protección Integral contra la Violencia de Género , para recoger que las víctimas de violencia de género podrán personarse como acusación particular en cualquier momento del procedimiento si bien ello no permitirá retrotraer*

569 ROJ: STS 61/2018.

570 ROJ: AAP B 7245/2018.

ni reiterar las actuaciones ya practicadas antes de su personación, ni podrá suponer una merma del derecho de defensa del acusado . La admisión legislativa de la personación tardía para las víctimas de violencia de género avala la posibilidad de que cualquier víctima se acoja a la personación 'en cualquier momento del procedimiento', porque si esta personación puede llegar a realizarse 'sin merma del derecho de defensa', según contempla el legislador, decaerían los argumentos habitualmente opuestos a la posibilidad de personación en fase posterior a la intermedia, siempre que la intervención de la acusación particular se articule como adhesiva a la del Ministerio Fiscal".

En consecuencia esta Sentencia alude a la anteriormente referenciada de 17 de enero de 2018 del Tribunal Supremo, concluyendo que la clave para permitir la posibilidad de personación, como se venía haciendo hasta ahora es el respeto del derecho de defensa del acusado "*que debe garantizarse para evitar que la adición de una parte nueva en el procedimiento conlleve merma del mismo*", y no acoge la fundamentación del Auto del Juzgado de lo Penal que sí lo hace en la línea de lo que posteriormente el propio Tribunal Supremo en su Auto de 16 de noviembre de 2018 sostendrá, denegando la posibilidad de personación por considerar que el plazo de personación previsto en el artículo 109 *bis* es preclusivo, porque hay buenas razones para pensar que si el legislador de 2015, cuando reguló la LEVD y modificó la LECrim, no acogió la tesis sostenida por el Tribunal Supremo y mantuvo por el contrario el momento de personación es porque no avaló tal doctrina; y porque la inclusión tardía de una nueva parte en el procedimiento resulta susceptible de afectar el derecho de defensa del encausado.

Aclarando por todas ya esta cuestión, el Tribunal Supremo ha tenido ocasión de pronunciarse en el Auto de 16 de noviembre de 2018[571], en el que se ha planteado una modulación de los criterios expuestos en su tradicional doctrina jurisprudencial.

Señala respecto al término de la personación que la cuestión alcanza otro sentido si tenemos en cuenta que la LEVD ha introducido el artículo 109 *bis* LECrim para indicar que las víctimas del delito que no hubieran renunciado a su derecho podrán ejercer la acción penal en cualquier momento "*antes del trámite de calificación del delito*", argumentando asimismo que la propia LEVD señala en su artículo 11 apdo. a), que toda víctima tiene derecho a ejercer la acción penal y la acción civil conforme a lo dispuesto en la LECrim, sin perjuicio de las excepciones que puedan existir.

Justifica el decaimiento del argumento de que el artículo 24 CE ha influido en el artículo 110 LECrim para flexibilizarlo, en el siguiente sentido: "(...) *ya contamos con una norma postconstitucional que ha reiterado el criterio del tradicional artículo 110 LECRIM: que la personación de la acusación particular se ha de realizar antes del inicio del trámite de calificación. Por otra parte, carece de sentido diseñar dos regímenes dispares según la acusación de que se trate: uno, basado en la interpretación flexible del artículo 110 LECRIM para la acusación popular; y otro, ajustado al tenor literal del nuevo artículo 109 bis LECRIM , que es el mismo que el del artículo 110 LECRIM (la personación se ha de realizar "antes del trámite de calificación del delito") para la acusación particular (cuando por definición es la persona ofendida o perjudicada por el delito -víctima-)*" (FJ 2º).

Así las cosas, la solución más adecuada para el Tribunal Supremo ante la nueva regulación de la materia es ceñirse al tenor de los artículos 109 *bis* y 110 LECrim en ambos casos y concluir que la personación de la acusación particular y popular se debe realizar antes del trámite de calificación del delito.

---

571 ATS (Sala Segunda, de lo Penal) de 16 de noviembre de 2018 (ROJ: ATS 11988/2018).

Algunas sentencias de las Audiencias Provinciales acogieron el criterio interpretativo del Tribunal Supremo que clarifica radicalmente la materia en cuanto a la personación de la acusación particular retornando a una interpretación literal del precepto, que conlleva la no admisión de la personación de la acusación de forma extemporánea.

Así la SAP Tarragona (Sección 2ª) núm. 31/2019, de 18 de enero[572], con modificación del criterio mantenido en esta materia hasta este momento, viene a seguir el último criterio establecido por el Tribunal Supremo que acoge y predica a partir de esta resolución, incluso acoge dicho criterio pese a que "(…) *tal cambio jurisprudencial no se había producido en el momento de que la juez a quo dictase la sentencia recurrida, pero entendemos que en favor del reo ha de procederse a su aplicación, más aún cuando la norma legal que taxativa y literalmente se interpreta sí que se encontraba en vigor*" (FD 3º).

Conviene citar entre la jurisprudencia menor distintas resoluciones de Audiencias Provinciales y Tribunales Superiores de Justicia que se han pronunciado sobre el momento preclusivo de la personación, todas ellas de fecha anterior al Auto del Tribunal Supremo mencionado anteriormente de 16 de noviembre de 2018.

El Auto de la AP Barcelona núm. 113/2018, de 13 de febrero de 2018[573], alude a la existencia de una diferencia sustancial que pudiera superar la anterior doctrina del Tribunal Supremo, y es que la propia LEVD al reformar el artículo 109 y los artículos 109 *bis* y 110 LECrim, no ha acogido esta tesis jurisprudencial y sigue manteniendo, en concreto y en relación con el artículo 109 *bis* LECrim, que es hasta el momento de calificación del delito cuando se puede personar la víctima y

---

572 Id. vLex: VLEX-770051973.

573 ROJ: AAP B 2197/2018.

ejercer la acción penal cuando no hubiera renunciado a su derecho. El Auto hace referencia a que, pese a la interpretación jurisprudencial y el *Informe del Consejo General del Poder Judicial al Anteproyecto* de la LEVD, el legislador sigue manteniendo como límite para la personación el del momento de la calificación del delito.

Por su parte, el Auto del Tribunal Superior de Justicia de Cataluña núm. 84/2018, de 21 de septiembre de 2018[574], considera que la remisión en bloque que hace el artículo 11 LEVD a la legislación procesal para conocer las circunstancias y el alcance de este derecho de las víctimas a la personación en el proceso penal, deja abierto el debate sobre el momento final que posibilite su realización. Sigue acogiendo el criterio interpretativo del Tribunal Supremo y si el fundamento de la personación hasta el momento del juicio oral se encontraba en la previsión del artículo 785.3 LECrim que deja sin efecto las limitaciones temporales a la personación establecidas en el artículo 110 LECrim, tras el artículo 109 *bis* considera que el artículo 785.3 sigue dejando sin efecto este artículo[575].

574 ROJ: ATSJ CAT 445/2018.

575 Así lo establece en el FJ 2º igualando el art. 110 al art. 109 *bis* en cuanto a los efectos que sobre la personación tiene la interpretación del art. 785.3, en ese sentido: "*Sin embargo, la preferencia del criterio judicial enunciado en el auto recurrido (de reconocer virtualidad a toda personación de víctimas anterior al juicio oral) sobre la tesis defensiva (que niega esa posibilidad con posterioridad a la calificación del Fiscal) parte, como se ha dicho, de la necesidad de realizar una interpretación integrada de las previsiones de los artículos 109 bis .1, 110 y 785.3 de la LECrim, en la medida en que los dos primeros permitirían la personación de las víctimas y perjudicados por el delito como acusación particular, siempre que se efectúe con antelación al trámite de calificación del delito (tal y como había sido interpretado en la jurisprudencia clásica, en términos que autorizaban una personación en todo caso anterior a la fase de calificación provisional defensiva, de tal forma que no origine indefensión alguna al acusado); mientras que el tercero de los preceptos – el art. 785.3 LECrim.-, después de la reforma*

Pero también distintas resoluciones de las Audiencias Provinciales se han hecho eco posteriormente del cambio de criterio jurisprudencial del Tribunal Supremo efectuado por el Auto de 16 de noviembre de 2018, anteriormente aludido.

Así, por destacar algunas, el AAP Tarragona núm. 112/2020, 20 de febrero[576], tras exponer que el Tribunal Supremo, en Sentencias de 18 de febrero de 2005 y 12 de abril de 2005 o 30 de marzo de 2010 había consolidado -a pesar de las críticas doctrinales recibidas- la tesis favorable a la admisión de la personación extemporánea de la acusación particular, manifiesta que tal criterio ha cambiado radicalmente, puesto que "(...) *el auto del Tribunal Supremo de 16 de noviembre de 2018 (Recurso nº 20907/2017, ponente Manuel Marchena Gómez), supone un cambio en el criterio jurisprudencial sobre la personación de la acusación particular examinada en el caso en relación con el doble régimen de*

---

operada por Ley 38/2002, de 24 de octubre, dispone que, aun cuando no sea parte en el proceso ni deba intervenir, la víctima habrá de ser informada del lugar y fecha de celebración del juicio. Y es desde esta exigencia informativa (en aras a darle un contenido material) desde la que ha sido elaborada la jurisprudencia seguida en el auto aquí recurrido (de la que son exponentes más recientes las SSTS 665/2016, de 20 de julio y la 18/2018, de 17 de enero -FJ5-) en la que se viene a reiterar que la previsión del art. 785.3 LECrim. deja sin efecto las limitaciones temporales a la personación establecidas en el artículo 110 LECrim. (y ahora también en el 109 bis), de tal forma que, superando esas limitaciones a la personación, no se aprecia obstáculo alguno para que la víctima que comparezca en el acto del juicio y muestre su interés en personarse, siempre que lo haga asistida de Letrado y en disposición de mantener la acusación, le sea permitida, con el único condicionante que tal personación no suponga retroceder en el procedimiento, ni su paralización o interrupción, permitiéndose la presentación de conclusiones, si las lleva preparadas, adherirse a las del Ministerio Fiscal o a las de otras acusaciones y cumplir el trámite de conclusiones definitivas (siempre que no haya de perjudicar el derecho de defensa con acusaciones sorpresivas o que se aparten del contenido estricto del proceso)".

576 ROJ: AAP T 209/2020.

personación de dicha acusación y la popular señalando que frente al criterio sostenido hasta ahora por el Tribunal Supremo(...)" (RJ 2º).

Por su parte, el AAP Valencia (Sección 2ª) núm. 593/2020, de 22 de junio[577], es muy clarificador y, aunque no alude al Auto del Tribunal Supremo de 16 de noviembre de 2018, expone sus argumentaciones en orden a considerar que el legislador ha tenido la oportunidad de fijar un nuevo momento procesal para admitir la personación de las acusaciones (por ejemplo, en los términos configurados por la jurisprudencia del Tribunal Supremo a partir del año 2005), pero no lo ha hecho. Considera, por tanto, que "(...) *el derecho de la víctima a intervenir como acusación particular lo es en los términos recogidos en el art. 11.1 de la Ley 4/2015 y, por tanto, del modo y manera determinado en la L.e.crim. Y la vigente redacción de la L.e.crim., de reciente cuño en los preceptos que regulaban y regulan el momento en el que cabe la personación de una acusación, es la transcrita. Diferencia, como diferenciaba antes -aun a pesar de lo recogido en la jurisprudencia del Tribunal Supremo- el momento temporal límite para la personación de la víctima, de los derechos de ésta a acceder a información del procedimiento, de derechos a recibir información, comunicaciones, conocer fecha, hora y lugar del juicio, contenido de la acusación - arts. 785.3 y 791.2 L.e.crim-(...)*" (RJ 2º).

Sin embargo, este panorama jurisprudencial está cambiando. Como hemos dicho, la LOPIVI modifica el artículo 110 LECrim que confirma que las personas perjudicadas pueden personarse tardíamente, antes del juicio oral, pero que, si lo hacen después del trámite de calificación, "(...) *podrán ejercitar la acción penal hasta el inicio del juicio oral adhiriéndose al escrito de acusación formulado por el Ministerio Fiscal o del resto de las acusaciones personadas*". Y, por su parte el artículo 109 *bis* LECrim hace lo propio con las víctimas: "*Las víctimas del delito que no hubieran*

---

577 Id. vLex VLEX-846930201.

renunciado a su derecho podrán ejercer la acción penal en cualquier momento antes del trámite de calificación del delito, si bien ello no permitirá retrotraer ni reiterar las actuaciones ya practicadas antes de su personación. Si se personasen una vez transcurrido el término para formular escrito de acusación podrán ejercitar la acción penal hasta el inicio del juicio oral adhiriéndose al escrito de acusación formulado por el Ministerio Fiscal o del resto de las acusaciones personadas".

Así pues, debemos destacar la Sentencia del Tribunal Supremo de 17 de marzo de 2021, núm. 1228/2021[578] que, aunque sea anterior a la reforma procesal, entendemos que es perfectamente aplicable tras la reforma y que establece un límite para la personación de los perjudicados o víctimas de delito, esto es el acto del juicio oral, salvo una excepción, las víctimas de los delitos derivados de la violencia de género, conforme al artículo 20 de la LOMPIVG. Así lo expresa en su FD 3º: "(...) *La doctrina de esta Sala viene distinguiendo entre el trámite de formular acusación, que tiene un momento preclusivo (artículo 110 de la LECrim), y el trámite de personación de la víctima, que puede hacerse posteriormente, incluso iniciado el juicio. En la STS 665/2016, de 20 de julio, declaramos que "sin retroceder en el procedimiento, que no puede paralizarse ni interrumpirse por dejación del ejercicio de derechos por la víctima, no hay obstáculo para que si ésta comparece en el juicio oral, acompañada de su abogado, se permita su personación "apud acta" incorporándose al juicio con plenitud de derechos y con posibilidad de presentar conclusiones, si las lleva preparadas, adherirse a las del Ministerio Fiscal o a las de otras acusaciones y cumplir el trámite de conclusiones definitivas. Todo ello sin perjudicar el derecho de defensa con acusaciones sorpresivas o que se aparten del contenido estricto del proceso. En todo caso, la defensa podrá solicitar el aplazamiento de la sesión previsto en el artículo 788.4 de la Ley de Enjuiciamiento Criminal, cuya aplicación se hará por analogía cuando las conclusiones se presenten al principio de las sesiones y no sean homogéneas con las*

[578] Id. vLex VLEX-864244975.

del resto de las acusaciones". Este derecho que venía reconocido por la jurisprudencia ha sido sancionado y ampliado legalmente por el artículo 20 de la Ley Orgánica 1/2004, de 28 de diciembre, de Medidas de Protección Integral contra la Violencia de Género en el que se dispone que "las víctimas de violencia de género podrán personarse como acusación particular en cualquier momento del procedimiento si bien ello no permitirá retrotraer ni reiterar las actuaciones ya practicadas antes de su personación, ni podrá suponer una merma del derecho de defensa del acusado". Ningún obstáculo existe, y ese parece ser el designio del Legislador, para que una víctima de violencia de género, disconforme con el resultado de una sentencia en la que no ha estado personada, pueda recurrirla, todo ello sin perjuicio de los límites que puedan de derivarse de su personación tardía en orden a la práctica de nuevas pruebas, planteamiento de cuestiones nuevas, etc., ya que lo que no puede admitirse es que una intervención procesal tardía pueda tener como efecto la retroacción de actuaciones o el planteamiento de peticiones o excepciones que puedan menoscabar los legítimos derechos de la defensa. Por lo tanto, procede la estimación del recurso".

Sin embargo, recientemente el Tribunal Supremo se ha pronunciado sobre la cuestión en su Sentencia núm. 364/2023, de 17 de mayo[579] en relación con el momento preclusivo del ejercicio de la acción civil por el perjudicado manteniendo en esencia su interpretación dada en el Auto de 2018 argumentando que la reforma de los artículos 109 *bis* y 110 LECrim no hace referencia a la acción civil para el ejercicio de la cual sigue siendo el trámite preclusivo el trámite de calificación provisional, así lo establece en su FD 4º: "*El momento procesal en que se formuló la reclamación civil resulta determinante para la resolución de esta queja. Los artículos 109 bis y 110 de la LECrim, vigentes al tiempo de celebración del juicio, disponían como momento preclusivo para el ejercicio de acciones civiles por parte de víctimas y de perjudicados el inmediatamente anterior al trámite de calificación del delito, y*

579 Id. vLex VLEX-934166035.

esta Sala ha tenido ocasión de pronunciarse sobre estos preceptos. Así, en el ATS 16/11/2018 (recurso 20907/2017), como consecuencia de la entrada en vigor de la ley 4/2015, de 27 de abril, del Estatuto de la víctima, en cuyo artículo 11.a se dispuso que " toda víctima tiene derecho a ejercer la acción penal y la acción civil conforme a lo dispuesto en la Ley de Enjuiciamiento Criminal" se argumentó que el artículo 110 citado debía ser objeto de una interpretación estricta frente a criterios anteriores que habían flexibilizado su aplicación para favorecer la efectividad del derecho consagrado en el artículo 24.1 CE. En el citado auto se dijo que el ejercicio de las acciones penales y civiles debe formalizarse hasta el trámite de calificación provisional. Tanto el artículo 109 bis como el 110 de la LECrim han sido modificados con posterioridad a la celebración del juicio por la Ley Orgánica 8/2021, de 1 de junio, de protección de la infancia y la adolescencia frente a la violencia, dando cabida a la posibilidad de que, transcurrido el trámite de calificación del delito, tanto víctimas como perjudicados puedan personarse y ejercitar únicamente la acción penal hasta el momento del inicio del juicio pero adhiriéndose al escrito de acusación formulado por el Ministerio Fiscal o por el resto de acusaciones personadas. Los citados preceptos en su nueva redacción no hacen alusión alguna al ejercicio de acciones civiles por lo que en este particular no hay novedad alguna y se mantiene el momento preclusivo que establecía la norma derogada. En definitiva, el ejercicio de acciones civiles tiene que formalizarse antes del trámite de calificación provisional".

No obstante, la modificación de ambos preceptos es clara y como dice el Tribunal Supremo en su Sentencia núm. 806/2022, de 7 de octubre de 2022[580], la víctima puede ejercitar la acción penal hasta el inicio del juicio, adhiriéndose al escrito de acusación presentado por el Ministerio Fiscal. Así lo dice: "*Según recordamos en la STS 251/2021, de 17 de marzo, " (...) La doctrina de esta Sala viene distinguiendo entre el trámite de formular acusación, que tiene un momento preclusivo (artículo 110 de la*

---

[580] Id. vLex VLEX-913597961.

LECrim), y el trámite de personación de la víctima, que puede hacerse posteriormente, incluso iniciado el juicio. En la STS 665/2016, de 20 de julio , declaramos que "sin retroceder en el procedimiento, que no puede paralizarse ni interrumpirse por dejación del ejercicio de derechos por la víctima, no hay obstáculo para que si ésta comparece en el juicio oral, acompañada de su abogado, se permita su personación "apud acta" incorporándose al juicio con plenitud de derechos y con posibilidad de presentar conclusiones, si las lleva preparadas, adherirse a las del Ministerio Fiscal o a las de otras acusaciones y cumplir el trámite de conclusiones definitivas. Todo ello sin perjudicar el derecho de defensa con acusaciones sorpresivas o que se aparten del contenido estricto del proceso. En todo caso, la defensa podrá solicitar el aplazamiento de la sesión previsto en el artículo 788.4 de la Ley de Enjuiciamiento Criminal, cuya aplicación se hará por analogía cuando las conclusiones se presenten al principio de las sesiones y no sean homogéneas con las del resto de las acusaciones (...)".En esta misma dirección el vigente artículo 109 bis de la LECrim permite a las víctimas del delito el ejercicio de la acción penal hasta el trámite de calificación y permite la personación posterior hasta el inicio del juicio, adhiriéndose al escrito de acusación presentado por el Ministerio Fiscal o demás partes acusadoras y permite que, en caso de fallecimiento de la víctima, esa acción sea ejercida por los parientes que menciona el precepto, entre los que se encuentran los hijos de la víctima fallecida. Así las cosas, *no cabe duda que aun cuando en un momento procesal anterior se haya tenido a la parte por no personada, bien por no estar interesada o bien por falta de los requisitos formales exigibles, si con posterioridad cumple con las exigencias formales y materiales para intervenir procesalmente, ningún obstáculo hay para que esa personación tenga lugar*".

En consecuencia, la cuestión controvertida de hasta cuándo puede la víctima personarse y ser parte se ha resuelto con la última reforma de los artículos 109 *bis* y 110 efectuada por la LO-PIVI, y siguiendo el último criterio interpretativo del Tribunal Supremo la posibilidad de la personación en el juicio oral es posible para ejercitar la acción penal. Así, para el ejercicio de la acción civil el momento preclusivo es el trámite de calificación del delito, pero en el caso del ejercicio de acción penal la víctima tiene que adherirse al escrito de acusación formulado por el Ministerio Fiscal o del resto de las acusaciones personadas reduciéndose a la mera adhesión a las partes activas del proceso si se persona después de haber precluido el trámite para calificar. No obstante, su entrada en el proceso no puede suponer entorpecimiento de este (se proscribe la retroacción o la reiteración de actuaciones). Por tanto, el Tribunal Supremo se ciñe a lo establecido en el tenor literal de la Ley rituaria y la doctrina jurisprudencial citada.

La postulación en el artículo 109 *bis* de la Ley de Enjuiciamiento Criminal: ejercicio de la acción penal en el supuesto de pluralidad de víctimas

El artículo 109 *bis* apdo. 2 regula el supuesto de pluralidad de víctimas[581], estableciendo la posibilidad de que todas ellas puedan personarse de manera independiente con su propia representación, de manera simultánea o incluso sucesiva, sin perjuicio de que puedan hacerlo de forma asociada por su propia iniciativa, además de que el órgano judicial pueda acordar en resolución motivada la agrupación de las víctimas en una o varias representaciones o que se agrupen en una o varias defensas, para lo que entendemos el juez habrá de atender al caso concreto. Esta limitación se regula en aras a la eficacia

---

581 Así dispone: "(...) *El ejercicio de la acción penal por alguna de las personas legitimadas conforme a este artículo no impide su ejercicio posterior por cualquier otro de los legitimados. Cuando exista una pluralidad de víctimas, todas ellas podrán personarse independientemente con su propia representación. Sin embargo, en estos casos, cuando pueda verse afectado el buen orden del proceso o el derecho a un proceso sin dilaciones indebidas, el Juez o Tribunal, en resolución motivada y tras oír a todas las partes, podrá imponer que se agrupen en una o varias representaciones y que sean dirigidos por la misma o varias defensas, en razón de sus respectivos intereses*".

del procedimiento, ya prevista en las Reglas de Procedimiento y Prueba de la Corte penal internacional, en su artículo 90[582].

Este último supuesto exige ponderar debidamente en el caso concreto la conveniencia de imponer tal agrupación, pues se aparta de la regla general de la posible personación de todas ellas independientemente con su propia representación, al estar en juego dos derechos dignos de tutela[583], a saber: el buen orden del proceso o el derecho a un proceso sin dilaciones indebidas, además del derecho a la libre elección de abogado y procurador por parte de las víctimas que ejercitan la acción penal[584].

Como se ha avanzado, la regla principal según el artículo 109 *bis* apdo. 2° será la de personación independiente, con su propia representación, aunque cuando pueda verse afectado el buen orden del proceso o el derecho a un proceso sin dilaciones indebidas, se podrá imponer que se agrupen en una o varias representaciones y que sean dirigidos por la misma o varias defensas. Para ello el legislador ha introducido una limitación consistente en que "*el Juez o Tribunal, en resolución motivada y tras oír a todas las partes, podrá imponer que se agrupen en una o varias representaciones y que sean dirigidos por la misma o varias defensas, en razón de sus respectivos intereses*".

Así las cosas, y circunscribiéndose nuestro estudio a la novedad introducida por la reforma de la LEVD sobre la personación de una pluralidad de víctimas, es de obligada referencia el artículo 113 LECrim de vigencia anterior[585] al artículo 109 *bis*

---

582 TAMARIT SUMALLA, J. M., "Los derechos de las...", *op. cit.*, p. 55.

583 ARANGÜENA FANEGO, C., "Participación de la...", *op. cit.*, p. 9.

584 Así lo advierte DE HOYOS SANCHO, M., "Novedades en el...", *op. cit.*, p. 4.

585 El artículo 109 *bis* sustituye a la previsión anterior, que se halla en el artículo 113 LECrim que dispone: "*Podrán ejercitarse expresamente las dos acciones por una misma persona o por varias; pero siempre que sean dos*

que explicita que, si fuese posible a juicio del Tribunal, cuando existan varias personas para ejercitar la acción penal, lo harán bajo la misma dirección y representación, precepto que supone una materialización de legalidad ordinaria que viene a potenciar la efectividad del derecho constitucional a un proceso sin dilaciones indebidas, evitando toda inútil reiteración de práctica de pruebas en la encuesta procesal (ATS de 6 de marzo de 2020, FD 2º)[586].

Esta cuestión ha sido tratada por el TC, que ha interpretado el artículo 113 en varias ocasiones, y en ninguna de ellas ha entendido que tal posibilidad fuese contraria a la Constitución. Así, en las STC (Sala primera) núm. 30/1981, de 24 de julio[587] y STC (Sala primera) núm. 193/1991, de 14 de octubre[588].

Esta última señaló que "(...) *el art. 113 LECr. viene a reforzar un derecho constitucionalmente reconocido el derecho a un proceso sin dilaciones indebidas evitando una dilación injustificada del procedimiento por la reiteración de actuaciones con idéntica finalidad y significado, en los casos en que dos o más personas utilicen las acciones de un delito en el mismo proceso*(...)" (FJ 4º). Añadiendo que "(...) *al mismo tiempo, al configurar (tal precepto) un litisconsorcio necesario impropio cuando sea posible, puede afectar negativamente al derecho a la defensa y asistencia de Letrado, también constitucionalizado en el art. 24.2 CE. Por ello, la facultad de apreciación contenida en el art. 113 LECr. no puede entenderse como enteramente discrecional, pues habrá de tener presente los dos principios constitucionales que han de ser conciliados: el derecho a la defensa y asistencia de Letrado y el derecho a un proceso sin dilaciones indebidas. De aquí que el presu-*

---

o más las personas por quienes se utilicen las acciones derivadas de un delito o falta lo verificarán en un solo proceso y, si fuere posible, bajo una misma dirección y representación, a juicio del Tribunal".

586 Id. vLex VLEX-845119470.

587 Id. vLex VLEX-15034920.

588 Id. vLex VLEX-15356619.

puesto jurídico indeterminado "si fuere posible" haya de traducirse en algo más que una necesaria ausencia de incompatibilidad entre las distintas partes que ejercen la acción penal o civil derivada del delito -requisito mínimo-; es preciso una suficiente convergencia de intereses, e incluso de puntos de vista, en la orientación de la actuación procesal que haga absolutamente inútil la reiteración de diligencias instadas o actos realizados por sus respectivas representaciones y asistencias letradas" (FJ 4°).

Pues bien, a la luz de estos preceptos el Tribunal debe de tomar la decisión de aunar representación y defensa cuando no exista entre los distintos acusadores una incompatibilidad de posiciones. El TC ha definido dicha incompatibilidad como la no existencia de una convergencia de intereses y puntos de vista. Cuando exista incompatibilidad, no un mero parecer, opinión o ideología, sino razones objetivas, los distintos acusadores podrán comparecer bajo sus propias direcciones letradas y representaciones[589].

Sin embargo, para otros autores la no convergencia de intereses no puede ser una causa que posibilite la separación, pues en el caso de acusaciones populares el interés es la persecución de conductas delictivas, tal y como ya afirmó la STC núm. 154/1997, de 29 de septiembre[590].

El Consejo General del Poder Judicial se ha pronunciado sobre esta doctrina en el sentido de que merece un juicio po-

---

589 Sobre esta cuestión véase extensamente toda la jurisprudencia que cita SERRANO MASIP, M., concluyendo que "la imposición de litigar bajo una misma dirección y representación sólo está justificada si las acusaciones comparten la misma naturaleza- popular o particular-, si ejercitan la misma acción penal -acusan a los mismos responsables, por los mismos hechos y con idéntica calificación- y mantienen estrategias procesales similares, cuando no idénticas" (*vid.* "Los derechos de participación...", *op. cit.*, p. 121).

590 FERREIRO BAAMONDE, X., *La víctima en el proceso...*, *op. cit.*, p. 235.

sitivo pues, sin duda, redundará en la mayor celeridad del procedimiento, sin merma de los derechos de las víctimas personadas[591].

Por lo que ahora interesa, el artículo 109 *bis*, en relación con el artículo 113 LECrim acoge, por tanto, en parte la doctrina del TC ya que permite la personación de una pluralidad de víctimas por la representación y defensa de su confianza, a saber, un ejercicio simultáneo de la acción penal, a modo de litisconsorcio necesario impropio[592].

Sin embargo, tras la regla general, introduce la excepción, ya que permite que se agrupen en contra de su voluntad en una o varias representaciones y bajo una o varias direcciones letradas, eso sí, mediante resolución motivada del juez tras oír a todos los implicados, y como señala el precepto "(...) *cuando pueda verse afectado el buen orden del proceso o el derecho a un proceso sin dilaciones indebidas*".

En este sentido, la SAP Barcelona (Sección 3ª) núm. 363/2018, de 7 de mayo[593], redunda en dicha excepcionalidad al reconocer que "*ante todo, resulta pertinente recordar que el principio general sentado por la Ley de Enjuiciamiento Criminal es que cada acusación particular puede personarse en la causa con su propia defensa y representación, siendo la agrupación de las acusaciones particulares una situación excepcional que debe justificarse bien en la necesidad de preservar el buen orden del proceso, bien en garantizar el derecho a un proceso sin dilaciones indebidas y lo cierto es que los recurrentes, más allá de dar por supuesto que la proliferación de acusaciones parti-*

---

591 Véase el *Informe del Consejo General del Poder Judicial* en su punto 2 sobre la modificación de la LECrim a efectos de la trasposición de algunas de las disposiciones contenidas en la Directiva 2012/29/UE, *op. cit.*

592 Véase STC núm. 193/1991, de 14 de octubre (ROJ: STC 193/1991) en su FJ 2º.

593 ROJ: AAP B 4619/2018.

culares complica la tramitación de la causa, no han justificado (en este caso concreto) la necesidad de agrupar a las acusaciones particulares" (RJ 1º).

Especialidades del derecho a la participación de las víctimas de delitos cometidos en otros Estados miembros de la Unión Europea

En los epígrafes precedentes hemos tratado de exponer y analizar aquellas cuestiones de interés introducidas por la LEVD sobre la posibilidad de participación de la víctima en el sistema procesal penal. Esta participación requiere una especial mención cuando su artículo 17 reconoce la posibilidad de que las víctimas residentes en España puedan presentar ante las autoridades españolas denuncias correspondientes a hechos delictivos que hubieran sido cometidos en el territorio de otros países de la Unión Europea.

El artículo 17 LEVD dispone, por tanto, tras conceder dicha posibilidad que "(...) *En el caso de que las autoridades españolas resuelvan no dar curso a la investigación por falta de jurisdicción, remitirán inmediatamente la denuncia presentada a las autoridades competentes del Estado en cuyo territorio se hubieran cometido los hechos y se lo comunicarán al denunciante por el procedimiento que hubiera designado conforme a lo previsto en la letra m) del artículo 5.1 de la presente Ley*".

Se trata, pues, de la trasposición de idéntica previsión contenida en el artículo 17.2 Directiva 2012/29/UE[594], aunque cabe

---

594 Art. 17.2 Directiva 2012/29/UE: "*Los Estados miembros velarán por que las víctimas de una infracción penal cometida en cualquier Estado miembro distinto de aquel en el que residan dispongan de la posibilidad de presentar la denuncia ante las autoridades competentes del Estado miembro de residencia si no pudieran hacerlo en el Estado miembro en el que se haya cometido la infracción penal, o, en el caso de una infracción penal grave así tipificada en el Derecho de dicho Estado, si no desearan hacerlo*".

reseñar que dicho precepto europeo regula la participación de las víctimas que han padecido un delito en el territorio de un Estado miembro diferente del Estado en el que residen, con un doble objetivo: por una parte, facilitar la participación de la víctima, no residente, en el proceso penal que se incoa en el Estado en el que se ha cometido el delito y, por otro, la necesidad de prestar a estas víctimas apoyo y protección del Estado miembro en el que residen. Sin embargo, la LEVD no ha incorporado estas normas de la Directiva en el mismo Título, ya que las que tienen por objetivo facilitar la participación de la víctima en el proceso penal y que han de ser cumplidas por el Estado miembro del lugar de la comisión del delito se han incorporado en el Título III que versa sobre la protección de las víctimas, mientras que las que tienen como misión velar por que reciban un apoyo y protección suficiente se han introducido en el artículo 17 LEVD[595].

Por otra parte, no se ha recogido en la LEVD la previsión de la Directiva[596] de que se tome declaración a la víctima inmediatamente después de que se presente la denuncia de la infrac-

595 SERRANO MASIP, M., "Los derechos de participación…", *op. cit.*, pp. 156-158.

596 El art. 17 de la Directiva europea en su apdo. 1 dispone que: "*Los Estados miembros velarán por que sus autoridades competentes puedan tomar las medidas necesarias para paliar las dificultades derivadas del hecho de que la víctima resida en un Estado miembro distinto de aquel en que se haya cometido la infracción penal, en especial en lo que se refiere al desarrollo de las actuaciones. A tal efecto, las autoridades del Estado miembro en el que se haya cometido la infracción penal deberán poder llevar a cabo las siguientes actuaciones, entre otras: a) tomar declaración a la víctima inmediatamente después de que se presente la denuncia de la infracción penal ante la autoridad competente; b) recurrir en la medida de lo posible, cuando se deba oír a las víctimas residentes en el extranjero, a las disposiciones sobre videoconferencia y conferencia telefónica previstas en el Convenio relativo a la asistencia judicial en materia penal entre los Estados miembros de la Unión Europea, de 29 de mayo de 2000*".

ción penal ante la autoridad competente ni la de recurrir en la medida de lo posible, cuando se deba oír a las víctimas residentes en el extranjero, a las disposiciones sobre videoconferencia y conferencia telefónica previstas en el Convenio relativo a la asistencia judicial en materia penal entre los Estados miembros de la Unión Europea, de 29 de mayo de 2000[597].

Podríamos argumentar que no se ha recogido en la LEVD porque el artículo 777.2 LECrim ya lo contempla para el procedimiento abreviado[598], y dado que el legislador ha traspuesto la Directiva en el resto de cuestiones que están siendo analizadas en la presente obra, no entendemos el motivo de su no trasposición en este supuesto, dado que otras cuestiones ya reguladas como las del artículo 11 LEVD relativas a la acción civil y penal ya estaban reconocidas en nuestro Derecho procesal y en ese caso el legislador sí que ha llevado a cabo la trasposición completa. No está de más tampoco que el legislador hubiera remitido a la LECrim en este supuesto.

Si las autoridades españolas resuelven no dar curso a la investigación por falta de jurisdicción, el precepto señala que de-

---

597 El Convenio de asistencia judicial en materia penal de 29 de mayo de 2000, ratificado por España, Acto del Consejo de 29 de mayo de 2000 por el que se celebra, de conformidad con el artículo 34 del Tratado de la Unión Europea, el Convenio relativo a la asistencia judicial en materia penal entre los Estados miembros de la Unión Europea (DOCE C 197/1, de 12 de julio de 2000, pp. 1-23), establece dos mecanismos de cooperación, por un lado, la declaración por videoconferencia de testigos (art. 10) y por otro la declaración por conferencia telefónica (art. 11).

598 Art. 772. 2 LECrim: "*Cuando, por razón del lugar de residencia de un testigo o víctima, o por otro motivo, fuere de temer razonablemente que una prueba no podrá practicarse en el juicio oral, o pudiera motivar su suspensión, el Juez de Instrucción practicará inmediatamente la misma, asegurando en todo caso la posibilidad de contradicción de las partes*".

berán remitirla inmediatamente a las autoridades del Estado donde se hubiera cometido el hecho delictivo.

A continuación, y como consecuencia de la información a la que tiene derecho la víctima incluso aunque no esté personada, se dispone el deber de comunicación al denunciante de conformidad con lo previsto en la letra m) del artículo 5.1 LEVD, por lo que la resolución de no dar curso a la investigación por falta de jurisdicción será comunicada a la víctima[599].

Derecho a comparecer ante las autoridades encargadas de la investigación para aportar fuentes de prueba e información relevante

El artículo 11 LEVD en su apdo. b)[600] reconoce a las víctimas el derecho a ser oída[601] y facilitar elementos de prueba y

---

599 Por exceder del ámbito del presente trabajo, sobre la competencia judicial internacional de los tribunales españoles, véase SERRANO MASIP, M., "Los derechos de participación…", *op. cit.*, pp. 159-163.

600 Traspone el artículo 10 Directiva 2012/29/UE, que en su Capítulo III relativo a la participación en el proceso penal, sobre el derecho a ser oído establece: "*Artículo 10 Derecho a ser oído 1. Los Estados miembros garantizarán a la víctima la posibilidad de ser oída durante las actuaciones y de facilitar elementos de prueba. Cuando una víctima menor haya de ser oída, se tendrán debidamente en cuenta la edad y la madurez del menor*".
[2]. *Las normas de procedimiento en virtud de las cuales las víctimas pueden ser oídas y pueden presentar pruebas durante el proceso penal se determinarán en el Derecho nacional*". Véase el art. 10 de la Recomendación CM/Rec (2023)2, de 15 de marzo de 2023 del Comité de Ministros a los Estados miembros sobre derechos, servicios y apoyo a las víctimas de delitos.

601 El Anteproyecto 2011 en su art. 71 consagraba este derecho a ser oída que tiene la víctima, aunque no haya sido citada, compareciendo ante la policía judicial o ante la Oficina de Atención a las Víctimas. Por su parte, el Borrador su art. 60.5 reconocía el derecho de

la información que estime relevante para el esclarecimiento de los hechos durante las actuaciones judiciales[602], lo que permite a la víctima participar desde el inicio de las investigaciones como se venía haciendo en la práctica con la Policía, el Ministerio Fiscal y los órganos de instrucción, elevándose a rango de Ley lo que sucede en la realidad[603].

En este sencillo precepto se están reconociendo las exigencias básicas del principio general del Derecho procesal denominado principio de audiencia[604], y que la LEVD conceptúa como un derecho subjetivo, y no como un deber jurídico sujeto a compulsión judicial[605].

---

la víctima a ser oída por el MF. El Anteproyecto de 2020 reconoce el derecho a ser oída en su art. 106: "*1. La víctima del delito tiene derecho a ser oída por el Ministerio Fiscal durante el curso de la investigación. A estos efectos, podrá prestar declaración, aunque no haya sido citada, compareciendo ante la Policía Judicial. Asimismo, podrá solicitar la asistencia legalmente prevista ante la oficina de atención a las víctimas. 2. Abierto el juicio oral, solo se admitirá la declaración de la víctima cuando, habiendo sido solicitada por alguna de las partes, sea útil o pertinente como medio de prueba*".

602 También el Anteproyecto 2011 en su art. 72 establecía el derecho de la víctima a aportar al fiscal elementos que considere útiles para ejercer la acción civil o penal aun cuando no se haya personado como acusador particular. En el mismo sentido el Anteproyecto 2020 reconoce en su art. 109 el derecho a aportar elementos relevantes: "*Aun cuando no se haya constituido como parte acusadora, la víctima tiene derecho a proporcionar al fiscal los elementos que considere pertinentes y útiles para el adecuado ejercicio de la acción penal o de la acción civil acumulada*".

603 GÓMEZ COLOMER, J. L., "Sobre los derechos de la víctima...", *op. cit.*, p. 78.

604 CHOZAS ALONSO, J. M., "El nuevo estatuto...", *op. cit.*, p. 234.

605 *Vid.* FD 3° de la SAP León (Sección 3ª) núm. 523/2017, de 27 de noviembre (Id. vLex: VLEX-728540769).

Se trata de un derecho obvio si la víctima es parte[606]: los sujetos personados sí que pueden proponer medios de prueba y solicitar su práctica tras la declaración del perjudicado. No obstante, una cuestión es participar con la aportación de pruebas y otra distinta que hayan de admitirse todas las pruebas que presente la víctima o que para intentar proponer cualesquiera pruebas se alegue el artículo 11, b LEVD.

Véase por ejemplo el AAP Santa Cruz de Tenerife (Sección 5ª) núm. 422/2016, 31 de mayo[607], que al respecto aduce en su FD 1º: "(...) *Tampoco es exigible para decretar el sobreseimiento ahora cuestionado la práctica de todas las diligencias de investigación que las partes personadas puedan tener a bien solicitar, pues, como se deriva del artículo 779.1 de la Ley de Enjuiciamiento Criminal, el Juez de instrucción, para dictar alguna de las resoluciones allí enumeradas, debe practicar "las diligencias pertinentes", pudiendo por ello no acordar o no practicar las que no colmen esa exigencia o resulten superfluas a los efectos del dictado de alguna de las citadas resoluciones, entre las que se encuentra el sobreseimiento acordado*".

---

606 En relación con el derecho a la prueba de ambas partes recuerda el AAP León (Sección 3ª) núm. 208/2019, de 21 de febrero (Id. vLex: VLEX-775471645), en su FD 2º que "(...) *la Sala Segunda del Tribunal Supremo ha recordado reiteradamente la relevancia que adquiere el derecho a la prueba contemplado desde la perspectiva del derecho a un juicio sin indefensión, que garantiza nuestra Constitución (Sentencias de 14 de julio y 16 de Octubre de 1.995), y también ha señalado, siguiendo la doctrina del Tribunal Constitucional, que el derecho a la prueba no es absoluto, ni se configura como un derecho ilimitado a que se admitan y practiquen todas las pruebas propuestas por las partes con independencia de su pertinencia, necesidad y posibilidad*". Este Auto reconoce igualmente a la parte adversa, como supuesta víctima del delito por el que se sigue el procedimiento, igual derecho a intervenir en la prueba posible y futura, tal como se dispone en los arts. 3 y 11 LEVD.

607 Id. vLex: VLEX-665420953.

Así, la importancia de esta nueva regulación radica en el reconocimiento a la víctima que haya decidido no ser parte en el proceso penal, o que todavía no lo tenga claro, de un derecho a participar al permitirle la Ley colaborar con la investigación[608], si bien podemos considerar que más que un derecho es una obligación de cualquier ciudadano la de aportar toda la información relevante de la que se disponga para el esclarecimiento de unos hechos delictivos[609].

Con respecto al citado precepto conviene realizar algunas precisiones. En primer lugar, no podemos perder de vista que el momento preclusivo para aportar pruebas e informar de cuestiones relevantes sin ser parte procesal, no se ha determinado en el Estatuto, ya que el precepto prevé únicamente ante quién tiene derecho la víctima a comparecer, esto es, ante las autoridades encargadas de la investigación. Por tanto, nada impide que se aporte durante toda la investigación en fase policial o en fase judicial, lo que permite a la víctima aportar información y fuentes de prueba hasta incluso antes de que se dicte la apertura del juicio oral[610]. Así lo reconoce el Consejo General del Poder Judicial en su *Informe al Anteproyecto* de la LEVD[611], puesto que, finalizada la instrucción de la causa, quedan fijadas las acusaciones, admitiendo incluso la declaración de la víctima después de ese momento por la vía del artículo 729.2º LECrim[612].

---

608 GÓMEZ COLOMER, J. L., "*¿Es necesaria una reforma...?*", *op. cit.*, p. 31.

609 ALBA FIGUERO M. C., "Derechos, facultades y...", *op. cit.*, p. 28.

610 GÓMEZ COLOMER J. L., "*¿Es necesaria una reforma...?*", *op. cit.*, p. 30.

611 *Op. cit.*, p. 31.

612 El art. 728 LECrim dispone que no podrán practicarse otras diligencias de prueba que las propuestas por las partes, exceptuando el art. 729.2 las diligencias de prueba no propuestas por ninguna de las partes, que el Tribunal considere necesarias para la comprobación

Por su parte y, en segundo lugar, aconseja la posibilidad de que, tras la apertura de juicio oral y antes de la celebración de éste, la víctima no personada, de conformidad con el artículo 3 del Estatuto Orgánico del Ministerio Fiscal y el artículo 105 LECrim, acuda al Ministerio Fiscal para proporcionarle los elementos de prueba que considere pertinentes o útiles para el ejercicio de la acción penal y la civil acumulada, para que por éste se presenten en juicio, aunque hubiera sido aconsejable su determinación[613].

A nuestro juicio nada impide que en el seno del procedimiento abreviado se puedan aportar pruebas por la víctima en el trámite de cuestiones previas como momento último de aportación de prueba a través del MF[614], sujetas a las reglas generales de admisión de pruebas, que se podría calificar como una facultad de intervención directa.

Podemos concluir diciendo que con el reconocimiento a la víctima del derecho a aportar fuentes de prueba se produce un cambio sustancial en el enfoque que la LECrim otorga a las víctimas ya que pasa a considerarlas de mero sujeto pasivo con

---

de cualquiera de los hechos que hayan sido objeto de los escritos de calificación.

613 FERNÁNDEZ-GALLARDO, J. A., "Análisis crítico del Estatuto de la víctima del delito", en *Revista de derecho y proceso penal*, núm. 40, 2015, p. 14.

614 Haciendo gala de la actitud proactiva que atribuye al MF, la Instrucción de la Fiscalía General del Estado 8/2005, de 26 de julio de 2005, sobre el deber de información en la tutela y protección de las víctimas en el proceso penal.

deber de declarar[615], a sujeto con iniciativa[616] que puede comparecer ante los órganos policiales y/o judiciales responsables de la investigación penal aun cuando no haya sido citada ni se haya personado en las actuaciones[617].

Derecho a la comunicación del Auto de sobreseimiento y a su impugnación

A continuación, es de obligada referencia otra novedad significativa de la LEVD y que merece una valoración positiva, consistente en la posibilidad de la víctima de recurrir los Autos de archivo/sobreseimiento que se reconoce en su artículo 12 rubricado "*comunicación y revisión del sobreseimiento de la investigación a instancia de la víctima*", y que se articula como un derecho procesal penal específico de las víctimas que no son parte en el proceso.

---

615 La víctima tiene obligación de comparecer y declarar ante el llamamiento judicial. Conforme al Acuerdo no jurisdiccional del TS de 24 de abril de 2013, "*la exención de la obligación de declarar prevista en el artículo 416.1 LECr alcanza a las personas que están o han estado unidas por alguno de los vínculos a que se refiere el precepto. Se exceptúan: la declaración por hechos acaecidos con posterioridad a la disolución del matrimonio o cese definitivo de la situación análoga de afecto; supuestos en que el testigo esté personado como acusación en el proceso.*

616 Cabe calificarla como una facultad de intervención directa desligada de la facultad de personación para el propio ejercicio de la acción penal (*vid.* COSCOLLOLA FEIXA, M. A., FERNÁNDEZ PALMA, M. R, GUIL ROMÁN, C., HERNÁNDEZ GARCÍA, J. y RIVA ANIES, M. V., "El impacto del estatuto...", *op. cit.*, p. 10).

617 SERRANO MASIP, M., "Víctimas de violencia de género y derechos de participación en el proceso penal", en *La protección de la víctima de violencia de género un estudio multidisciplinar tras diez años de la aprobación de la ley orgánica 1/2004*, RODRÍGUEZ ORGAZ, C., y ROMERO BURILLO, A. M. (Coords.), Aranzadi Thomson Reuters, 2016, p. 343.

Con esta previsión la Ley refuerza la efectividad material del derecho de la víctima a participar en el proceso[618], como parte esencial del derecho de acción y a la tutela judicial efectiva.

618 Así lo expresa la LEVD en su Preámbulo: "*Se reconoce a la víctima el derecho a participar en el proceso, de acuerdo con lo dispuesto en la Ley de Enjuiciamiento Criminal, y se refuerza la efectividad material del mismo a través de diversas medidas: por un lado, la notificación de las resoluciones de sobreseimiento y archivo y el reconocimiento del derecho a impugnarlas dentro de un plazo de tiempo suficiente a partir de la comunicación, con independencia de que se haya constituido anteriormente o no como parte en el proceso; por otro lado, el reconocimiento del derecho a obtener el pago de las costas que se le hubieran causado, con preferencia al derecho del Estado a ser indemnizado por los gastos hechos en la causa, cuando el delito hubiera sido finalmente perseguido únicamente a su instancia o el sobreseimiento de la misma hubiera sido revocado por la estimación del recurso interpuesto por ella*".

Alcance: análisis del artículo 12 de la Ley del Estatuto de la víctima del delito

El artículo 12 LEVD[619] es el resultado de la trasposición del artículo 11 Directiva 2012/29/UE[620], que ordena a los Estados miembros que garanticen la revisión de aquellas resoluciones

---

619 El art. 12 LEVD establece que "*1. La resolución de sobreseimiento será comunicada, de conformidad con lo dispuesto en la Ley de Enjuiciamiento Criminal, a las víctimas directas del delito que hubieran denunciado los hechos, así como al resto de víctimas directas de cuya identidad y domicilio se tuviera conocimiento.*
En los casos de muerte o desaparición de una persona que haya sido causada directamente por un delito, se comunicará, conforme a lo dispuesto en la Ley de Enjuiciamiento Criminal, a las personas a que se refiere el apartado b) del artículo 2. En estos supuestos, el Juez o Tribunal podrá acordar, motivadamente, prescindir de la comunicación a todos los familiares cuando ya se haya dirigido con éxito a varios de ellos o cuando hayan resultado infructuosas cuantas gestiones se hubieren practicado para su localización.
2. La víctima podrá recurrir la resolución de sobreseimiento conforme a lo dispuesto en la Ley de Enjuiciamiento Criminal, sin que sea necesario para ello que se haya personado anteriormente en el proceso".

620 El art. 11 de la Directiva europea dispone: "*Derechos en caso de que se adopte una decisión de no continuar el procesamiento.*
1. Los Estados miembros garantizarán a las víctimas, de acuerdo con su estatuto en el sistema judicial penal pertinente, el derecho a una revisión de una decisión de no continuar con el procesamiento. Las normas procesales de dicha revisión se determinarán en el Derecho nacional.
2. Cuando, de conformidad con la legislación nacional, el estatuto de la víctima en el sistema de justicia penal pertinente no se establezca hasta después de que se haya tomado la decisión de continuar con el procesamiento del infractor, los Estados miembros garantizarán que al menos las víctimas de delitos graves tengan derecho a una revisión de una decisión de no continuar con el procesamiento. Las normas procesales de dicha revisión se determinarán en el Derecho nacional.
3. Los Estados miembros garantizarán que se notifique a las víctimas sin retrasos innecesarios su derecho a recibir información suficiente y que reciban dicha información para decidir si solicitan una revisión de cualquier decisión de no continuar con el procesamiento si así lo solicitan.

que archiven el procedimiento penal. De ahí la importancia de notificar a la víctima el Auto de sobreseimiento para que pueda fundamentar su recurso.

En cuanto a la naturaleza de este derecho, una parte de la doctrina sostiene que no es un derecho específico de participación de la víctima en el proceso penal porque la víctima no es parte y si tiene este derecho la víctima es precisamente por no ser parte, aunque al respecto hemos de realizar las siguientes consideraciones.

Se trata de un derecho que podría formar parte tanto del derecho a la información de la víctima como del derecho a su participación activa en el proceso penal. Sin embargo y, aunque incida en el derecho a la información puesto que el derecho a la comunicación y revisión del sobreseimiento de la investigación puede considerarse una manifestación del derecho a la información, a nuestro juicio aquel derecho define claramente cuál ha de ser la participación de la víctima ante la decisión del juez de sobreseimiento de la investigación, esto es, la posibilidad de recurrir dicha decisión.

Y precisamente por la posibilidad que otorga a la víctima de participar en el proceso mediante la interposición de un recurso contra el Auto de sobreseimiento, y aunque no se haya personado previamente, entendemos que nos encontramos ante un derecho de naturaleza eminentemente procesal que puede ejercitar una víctima que no se hubiera personado en el

---

4. En caso de que la decisión de no continuar con el procesamiento proceda de la autoridad competente de máximo rango contra la cual no exista más recurso en la legislación nacional, esta misma autoridad podrá efectuar la revisión.

5. Los apartados 1, 3 y 4 no se aplicarán a la decisión del fiscal de no llevar a cabo el procesamiento si dicha decisión tiene como resultado un arreglo extrajudicial, en la medida en que el Derecho nacional lo prevea".

proceso[621], pero que para ejercitarlo, esto es, desde el momento en que decida impugnar la resolución deberá ser asistida por abogado y procurador personándose, por tanto, en las actuaciones, puesto que aunque el precepto permita a la víctima recurrir sin necesidad de haberse personado previamente, en el momento del recurso habrá de personarse.

A la vista de lo hasta aquí expuesto se constata que la finalidad del artículo 12 no es meramente la información a la víctima mediante la comunicación del sobreseimiento de la investigación, sino el reconocimiento de su derecho a revisarlo y posibilitar su participación en el proceso penal, siendo adecuada su ubicación en el Título II relativo a la participación de la víctima.

Insistimos en que la LEVD se refiere a los Autos de sobreseimiento si bien a nuestro juicio también estarían incluidos los Autos de archivo, pues como hemos expuesto el legislador tendría que haber especificado en el artículo 7 LEVD como

---

621 Coincidimos con GÓMEZ COLOMER, J. L., "Sobre los derechos de la víctima...", *op. cit.*, p. 86, que este derecho específico de participación en el proceso penal- junto con el derecho a recurrir resoluciones dictadas durante la ejecución de la pena y el derecho a presentar denuncias en España siendo extranjero por delito cometido en el extranjero- no son tales, según el concepto de que parte la LEVD, porque la víctima no es parte en el proceso penal, de ahí que debamos distinguirlos de los derechos de participación propiamente dichos (derecho a la participación activa, derecho de acceso a justicia restaurativa, derecho de reembolso y derecho a la justicia gratuita), aunque es cierto que una vez cumplido el derecho, la víctima tiene una opción de intervenir o participar en el proceso penal, por ejemplo interponiendo un recurso, pero si tiene este derecho es precisamente porque no es parte. Este mismo autor clasifica este derecho como un derecho que tiene la víctima sin ser parte, si bien es un derecho eminentemente de naturaleza procesal penal (*vid.* "Tres graves falencias...", *op. cit.*, p. 26).

resoluciones a notificar a las víctimas no personadas el Auto de archivo y el Auto de sobreseimiento[622].

Retomando la regulación del artículo 12, la LEVD, impone a los órganos jurisdiccionales el deber de comunicación a las víctimas (directas que hayan denunciado los hechos y para el resto de las víctimas directas de las que se conozca su identidad y domicilio) de la resolución de sobreseimiento facultándolas a presentar recurso contra la misma sin necesidad de personación previa en la causa. También se reconoce este derecho a las víctimas indirectas -las personas del apdo. b) artículo 2 LEVD- en el caso de muerte o desaparición de la víctima directa, aunque el deber de comunicación decae para el caso de que ya se haya comunicado con éxito a varios de los familiares o tras la práctica de gestiones infructuosas de su localización.

Así las cosas y continuando con el análisis de este precepto se hace imprescindible reseñar que la rúbrica del artículo 12, titulada "*comunicación y revisión del sobreseimiento de la investigación a instancia de la víctima*", introduce un matiz que genera cierta incertidumbre jurídica, pues al referirse a la investigación podría entenderse que solo cabe recurrir el sobreseimiento en la fase de diligencias previas.

Es importante mencionar que este derecho a recurrir la decisión judicial de no continuación del procedimiento ha sido garantizado con la reforma del artículo 636, del artículo 773.2[623] y del artículo 779.1, regla 1ª, LECrim, tal y como se

---

622 Tal y como se disponía en el Anteproyecto de Ley Orgánica del Estatuto de la víctima del delito (art. 7.1, b).

623 El art. 773 apdo. 2 º LECrim dispone: "*2. Cuando el Ministerio Fiscal tenga noticia de un hecho aparentemente delictivo, bien directamente o por serle presentada una denuncia o atestado, informará a la víctima de los derechos recogidos en la legislación vigente; efectuará la evaluación y resolución provisionales de las necesidades de la víctima de conformidad con lo dispuesto en la legislación vigente y practicará él mismo u ordenará a la*

verá a continuación, y su importancia radica en que se evita el desamparo de la víctima no personada pues recibe la información de que se ha decidido el sobreseimiento.

Sobre esta cuestión es dable traer a colación el artículo 779.1.1ª LECrim ya que con anterioridad a la LEVD, contemplaba la posibilidad de recurrir el Auto de sobreseimiento, pero dirigido a aquellos a los que pudiera perjudicar y en el siguiente sentido: "*1.ª Si estimare que el hecho no es constitutivo de infracción penal o que no aparece suficientemente justificada su perpetración, acordará el sobreseimiento que corresponda notificando dicha resolución a quienes pudiera causar perjuicio, aunque no se hayan mostrado parte en la causa* (...)"[624] .

Policía Judicial que practique las diligencias que estime pertinentes para la comprobación del hecho o de la responsabilidad de los partícipes en el mismo. El Fiscal decretará el archivo de las actuaciones cuando el hecho no revista los caracteres de delito, comunicándolo con expresión de esta circunstancia a quien hubiere alegado ser perjudicado u ofendido, a fin de que pueda reiterar su denuncia ante el Juez de Instrucción. En otro caso instará del Juez de Instrucción la incoación del procedimiento que corresponda con remisión de lo actuado, poniendo a su disposición al detenido, si lo hubiere, y los efectos del delito". El archivo del decreto del fiscal es irrecurrible, aunque no se genera indefensión a la víctima pues quien considere lesionados sus derechos puede reproducir sus pretensiones ante la autoridad judicial (*vid.* Circular de la Fiscalía General del Estado, 4/2013, de 30 de diciembre sobre las diligencias de investigación, p. 42. Recurso electrónico, disponible en: https://bit.ly/3kLUekh.

624 También dicha previsión se establece en los siguientes preceptos: El art. 782. 2, a que explicita: "*2. Si el Ministerio Fiscal solicitare el sobreseimiento de la causa y no se hubiere personado en la misma acusación particular dispuesto a sostener la acusación, antes de acordar el sobreseimiento el Juez de Instrucción: a) Podrá acordar que se haga saber la pretensión del Ministerio Fiscal a los directamente ofendidos o perjudicados conocidos, no personados, para que dentro del plazo máximo de quince días comparezcan a defender su acción si lo consideran oportuno. Si no lo hicieren en el plazo fijado, se acordará el sobreseimiento solicitado por el Ministerio Fiscal, sin*

Sin embargo, y tras la reforma de la LEVD se amplía la posibilidad de presentar recurso a la víctima, aunque no estuviera personada en el proceso con anterioridad[625], y para ello se exige que el Auto de sobreseimiento sea comunicado a la víctima

---

perjuicio de lo dispuesto en el párrafo siguiente (...)". En el mismo sentido, el art. 800.5 para los juicios rápidos, y el art. 642 LECrim.

625 El art. 779.1.1ª LECrim reformado por la Disposición Final Primera (apdo. 23) explicita que: "*1. Practicadas sin demora las diligencias pertinentes, el Juez adoptará mediante auto alguna de las siguientes resoluciones: 1.ª Si estimare que el hecho no es constitutivo de infracción penal o que no aparece suficientemente justificada su perpetración, acordará el sobreseimiento que corresponda. Si, aun estimando que el hecho puede ser constitutivo de delito, no hubiere autor conocido, acordará el sobreseimiento provisional y ordenará el archivo.*
El auto de sobreseimiento será comunicado a las víctimas del delito, en la dirección de correo electrónico y, en su defecto, dirección postal o domicilio que hubieran designado en la solicitud prevista en el artículo 5.1.m) de la Ley del Estatuto de la Víctima del delito.
En los casos de muerte o desaparición ocasionada por un delito, el auto de sobreseimiento será comunicado de igual forma, a las personas a las que se refiere el párrafo segundo del apartado 1 del artículo 109 bis, de cuya identidad y dirección de correo electrónico o postal se tuviera conocimiento. En estos supuestos el Juez o Tribunal, podrá acordar, motivadamente, prescindir de la comunicación a todos los familiares cuando ya se haya dirigido con éxito a varios de ellos o cuando hayan resultado infructuosas cuantas gestiones se hubieren practicado para su localización.
Excepcionalmente, en el caso de ciudadanos residentes fuera de la Unión Europea, si no se dispusiera de una dirección de correo electrónico o postal en la que realizar la comunicación, se remitirá a la oficina diplomática o consular española en el país de residencia para que la publique.
Transcurridos cinco días desde la comunicación, se entenderá que ha sido efectuada válidamente y desplegará todos sus efectos. Se exceptuarán de este régimen aquellos supuestos en los que la víctima acredite justa causa de la imposibilidad de acceso al contenido de la comunicación.
Las víctimas podrán recurrir el auto de sobreseimiento dentro del plazo de veinte días, aunque no se hubieran mostrado como parte en la causa".

quien lo puede recurrir en el plazo de veinte días[626], plazo establecido en el artículo 779.1.1ªLECrim. Tal y como expresa el AAP Madrid (Sección 26ª) núm. 1952/2019, de 18 de diciembre[627], el plazo de veinte días se otorga también a la víctima que se encuentra personada en la causa, derivado de la conjunción adversarial utilizada "*aunque no se hubieran mostrado parte en la causa*" (FD único).

No obstante, el derecho a recurrir el sobreseimiento viene precedido del deber de comunicación de la resolución al disponer que "*la resolución de sobreseimiento será comunicada, de conformidad con lo dispuesto en la Ley de Enjuiciamiento Criminal* (...)" (apdo.1).

El precepto establece, por tanto, un deber de comunicación a todas las víctimas, sean víctimas directas e indirectas (aunque puede prescindirse de la comunicación a todos los familiares -víctimas indirectas-, en el caso de muerte o desaparición de una persona que haya sido directamente motivada por un delito, "(...) *cuando ya se haya dirigido con éxito a varios de ellos o cuando hayan resultado infructuosas cuantas gestiones se hubieran practicado para su localización*"[628]), para que puedan ejercitar di-

---

[626] En el mismo sentido, aplicable al procedimiento de juicio rápido en el sobreseimiento del art. 798.4, por la cláusula de supletoriedad del art. 795.4 que se remite en lo no previsto expresamente en este título a las normas del procedimiento abreviado especialmente.

[627] ROJ: AAP M 7407/2019.

[628] Prescindir de la notificación a los familiares, decía el ALEVD, "*cuando la notificación requiera esfuerzos desproporcionados*", fue objeto de crítica por el Consejo General del Poder Judicial, en su Informe al Anteproyecto LEVD, *op. cit.*, p. 32, con buen criterio fue suprimida dicha expresión, ya que tenía un carácter marcadamente subjetivo y discrecional. No obstante, lo anterior, GÓMEZ COLOMER, J. L., "Sobre los derechos de la víctima...", *op. cit.*, p. 87, considera que esta limitación no se establece en la Directiva europea y, por tanto, al ser más restrictivo lo establecido en la LEVD se puede decir que la

cho derecho y participar en el proceso penal, estableciendo únicamente un límite para ello, a saber: y es que se disponga al menos de un correo electrónico o un domicilio en los que practicar la notificación, tal y como establece el artículo 779.1.1ª LECrim.

Sin embargo, no resulta adecuada esta previsión de que la comunicación se haya dirigido con éxito a varios de los familiares puesto que no es respetuosa con el derecho de información ni con el subsiguiente de revisión de la decisión de no continuar el procedimiento que la Directiva 2012/29/UE establece sin límite ni excepción alguna. Así lo sostiene el Consejo General del Poder Judicial en su *Informe al Anteproyecto* cuando expone la situación indeseable que puede generar al investigado el hecho de que aparezcan familiares a los que no se les había notificado y soliciten dicha notificación, sometiéndole a la revisión del sobreseimiento y archivo de la causa penal cuando ya creía que era firme[629].

Nos parece acertada la propuesta del Consejo General del Poder Judicial, -y hubiera sido deseable su acogimiento por la LEVD-, de limitar la falta de notificación solo respecto de aquellos familiares "(...) que hayan otorgado su representación al familiar notificado, sin perjuicio de la conveniencia de plan-

---

trasposición no es ajustada a la norma comunitaria, siguiendo también la opinión en este sentido tanto del Consejo General del Poder Judicial como del Consejo de Estado en sus respectivos informes al Anteproyecto.

629 El Consejo de Estado, en su *Informe al Anteproyecto*, alegó que la previsión del artículo 12 del Anteproyecto permitía prescindir de la notificación a todos los familiares cuando la notificación requiera esfuerzos desproporcionados. Afortunadamente se eliminó del texto la expresión "(...) *o cuando la notificación de la resolución requiera de esfuerzos desproporcionados*", sustituyéndola por "(...) *o cuando hayan resultado infructuosas cuantas gestiones se hubieren practicado para su localización*".

tearse la limitación de los familiares que puedan ser considerados como víctimas indirectas a los efectos de esta ley"[630].

Así las cosas, el Auto de sobreseimiento debe ser comunicado de forma preceptiva a la víctima y en su caso a los familiares imponiéndose al órgano jurisdiccional la obligación de su localización.

Sin embargo, y aunque la obligación del juez de instrucción de notificar el Auto de sobreseimiento en las diligencias previas a los ofendidos y perjudicados ya se encontraba prevista en el artículo 779.1.1ª LECrim en el procedimiento abreviado, y en el artículo 636 LECrim para el sumario, la novedad más destacable de estos preceptos es que tras la reforma efectuada por la LEVD[631] se permite a las víctimas que no sean parte recurrir la resolución de sobreseimiento o archivo de un procedimiento penal[632] previa comunicación a estas, otorgando en este supuesto una legitimación puntual o *ad hoc* a la víctima no personada para recurrir, y se amplía el plazo de recurso a veinte días.

En este sentido resoluciones de distintas AAPP recogen la obligación legal de notificar el Auto de sobreseimiento a todas las víctimas, aunque no estén personadas en el procedimiento. Véase al respecto, entre otros, el Auto de AAP Valencia (Sección 2ª) núm. 1112/2018, de 15 de noviembre[633], que en su FD 4º dispone: "(...) *El artículo 109 bis. 1 de la Lecrim, por su parte,*

---

630 *Informe del Consejo General del Poder Judicial al Anteproyecto de Ley Orgánica del Estatuto de las Víctimas del delito, op. cit.*, p. 33.

631 Por la Disposición Final Primera, apdo. 23 se reforma el 779.1.1ª en este sentido.

632 Así lo establece el apdo. 2º del art. 12 LEVD: "*La víctima podrá recurrir la resolución de sobreseimiento conforme a lo dispuesto en la Ley de Enjuiciamiento Criminal, sin que sea necesario para ello que se haya personado anteriormente en el proceso*".

633 Id. vLex VLEX-751215357.

establece en caso de muerte de una persona a consecuencia del delito el ejercicio de la acción penal por parte su cónyuge, o persona unida por análoga relación de afectividad que hasta el momento de la muerte conviviere con ella y por sus progenitores en línea recta. Resulta de las diligencias policiales la Sra. Claudia convivía con Tomás y que vivían sus padres Cosme y Raimunda (folio 30), cuyos datos de identidad obran al folio 7. Esta exigencia es consecuencia de lo dispuesto en el artículo 2 y siguientes de la Ley del Estatuto de la Víctima del Delito, por tanto, no se ha cumplido con el mismo, en este momento la falta de notificación a estos, aun no estando personados, con la consecuencia de que pudieran recurrir la misma y en consecuencia la resolución dictada por el Juzgado de Instrucción nº 3 de Massamagrell aludida en la resolución recurrida, no es firme, en este momento. Por ello la falta en este momento de la firmeza de la resolución de archivo a las personas perjudicadas o afectadas, como posibles víctimas indirectas del hecho investigado -con independencia de que el mismo resultara eventualmente archivado por no ser delito-, impide que la misma pueda desplegar efecto alguno de cosa juzgada. Tampoco en este procedimiento en el que se ha presentado una querella por la muerte de la Sra. Claudia, se ha dado, al dictar el auto de inadmisión de querella que supone además en este caso un sobreseimiento libre por cosa juzgada, posibilidad de ejercicio de la acción penal a las posibles víctimas indirectas de los hechos, y ello pese a que los hechos pudiera considerarse, en su caso, por la Magistrada Instructora como atípicos ya que la decisión afecta a la tutela judicial efectiva, que se satisface igualmente mediante una resolución motivada que acuerde la imposibilidad de ejercicio de la acción penal, pero la misma debe concederse en cualquier caso por imperativo de las normas citadas a quienes pudieran resultar víctimas o perjudicados por los hechos objeto de investigación".

En el mismo sentido, el AAP Barcelona (Sección 9ª) núm. 105/2020, de 25 de febrero[634], ante la falta de ofrecimiento a la víctima de la opción de designar una dirección de correo

---

[634] Id. vLex VLEX-847162210.

electrónico donde recibir la comunicación de las resoluciones contempladas en el artículo 7 LEVD, así como la falta de comunicación de la resolución de sobreseimiento libre a la víctima, falla estimar el recurso de queja formulado, en el sentido de proceder a la notificación personal a la víctima del Auto de sobreseimiento[635].

La remisión que la LEVD hace a la LECrim y el hecho de que dichos preceptos lo permitan no plantea demasiados problemas al margen de las cuestiones que de forma más exhaustiva trataremos en los siguientes apartados. Pero surge la pregunta de si la víctima puede recurrir ese sobreseimiento/archivo en el procedimiento por delitos leves y en el procedimiento de enjuiciamiento rápido de determinados delitos puesto que la LECrim nada contempla en estos dos tipos de procesos.

El olvido de esta cuestión evidencia una deficiente técnica legislativa: el Estatuto se ha remitido a la LECrim sólo para referirse a los artículos 636 y 779 LECrim, sin pronunciarse con respecto a los delitos leves y en los juicios rápidos.

Puede argumentarse que no era necesaria una mención expresa, en la medida en que dichos preceptos podrían aplicarse

---

635 Véase también el AAP Barcelona (Sección 21ª) núm. 2021/2022, de 15 de diciembre de 2022 (Id. vLex VLEX-932491464) en su RJ 2º: "*El mandato del legislador español, transponiendo algunas de las disposiciones contenidas en la Directiva 2012/29/UE del Parlamento Europeo y del Consejo, de 25 de octubre de 2012, por la que se establecen normas mínimas sobre los derechos, el apoyo y la protección de las víctimas de delitos, resulta claro: debe notificarse el auto de sobreseimiento a los perjudicados por el delito para que los mismos tengan acceso al oportuno régimen de recursos. Y ello por más que no estuvieran personados en las actuaciones o se les hubiera hecho anteriormente el ofrecimiento de acciones. En el caso sometido a la consideración de esta alzada, no habiéndose notificado el auto de sobreseimiento a los familiares que constaban en el atestado y que se hicieron cargo del cadáver, procede acordar la nulidad de actuaciones hasta el momento inmediatamente posterior al dictado del auto de procedimiento abreviado*".

supletoriamente en el resto de procedimientos [636]. Pero también puede entenderse que, si el legislador sí ha mencionado única y expresamente los artículos 639 y 779, ello refleja una voluntad legislativa de eliminar tal posibilidad en dichos procedimientos, aunque pese al silencio legal, entendemos que sí debería concederse a la víctima tal posibilidad[637].

La comunicación del Auto de sobreseimiento se realizará preferentemente por dirección de correo electrónico y, en su defecto, en la dirección postal o domicilio que hubieran designado habiéndose eliminado como hemos visto anteriormente, la solicitud de la víctima contenida inicialmente en el artículo 5.1,m LEVD, entendiéndose por efectuada válidamente transcurridos cinco días desde la comunicación, desplegando todos sus efectos, si bien se excepcionan los supuestos en los que la víctima acredite justa causa de imposibilidad de acceso al contenido de la comunicación[638].

---

636 ETXBERRÍA GURIDI, F., "La víctima y el derecho a los recursos", en *La víctima del delito y las Últimas reformas..., op. cit.*, p. 186.

637 Compartimos en este extremo los argumentos esgrimidos por ETXEBERRÍA GURIDI, F., que considera que no tiene sentido la exclusión del recurso de la resolución de sobreseimiento en estos procedimientos por el fundamento de la gravedad de los delitos, ya que en el caso de los juicios rápidos tienen un ámbito de aplicación coincidente con el procedimiento abreviado (los de competencia del juez de lo Penal) e incluso menos aún en el procedimiento de enjuiciamiento de delitos leves, pues, en este caso, el sobreseimiento responde a criterios de oportunidad y no de ausencia del proceso o de dudas acerca de su existencia (*vid.* "La víctima y el derecho...", *op. cit.*, p. 187).

638 Se notificarán tanto a las víctimas directas como indirectas, que podrá realizarse a través de correo electrónico o dirección postal si es conocida, y si no agotar todas las vías del artículo 156 LEC de averiguación de domicilio e incluso acudir al Registro de Rebeldes Civiles.

Efectivamente el Auto de archivo en la práctica se notifica siempre a la víctima tanto personada como no personada, cuestión distinta es que la víctima no personada cuando tiene conocimiento de dicho Auto tiene que pedir la reapertura del procedimiento para poderlo recurrir y que se les dé traslado formalmente del Auto de sobreseimiento para personarse como acusación particular, aunque no sea causa de reapertura. En este sentido se pronuncia la AAP Sevilla (Sección 1ª) núm. 695/2018, de 14 de septiembre[639]: "(...) *la jurisprudencia ha declarado que el sobreseimiento provisional permite la reapertura del procedimiento «cuando nuevos datos con posterioridad adquiridos lo aconsejen o hagan precisos». Esto quiere decir que la reapertura del procedimiento una vez firme el auto de sobreseimiento provisional depende de que se aporten nuevos elementos de prueba no obrantes en la causa y si no ocurre eso, no se puede reabrir* (...)" (RJ 1º).

Especial referencia a algunas cuestiones controvertidas

Consideramos que se plantean los siguientes problemas de interpretación debido a las particularidades introducidas por la LEVD y que se analizarán a continuación.

Auto de sobreseimiento: ¿libre o provisional?

Una de las cuestiones que nos planteamos a la luz del precepto analizado es si el sobreseimiento de la investigación al que alude el artículo 12 se refiere tanto al sobreseimiento libre como al provisional y, en consecuencia, si la víctima puede recurrir ambos.

El precepto habla del sobreseimiento de la investigación en su rúbrica, sin embargo, en el texto la LEVD no distingue, ya

---

639 ROJ: AAP SE 1767/2018.

que dispone en su artículo 12.1 que "*la resolución de sobreseimiento será comunicada* (...)".

Podría pensarse, si se atiende a la rúbrica que sólo existe obligación de comunicar a la víctima el Auto de sobreseimiento provisional, es decir, el Auto que estima que no hay suficientes indicios para la apertura de juicio oral pero que sobresee provisionalmente puesto que el proceso puede ser reanudado si aparecen nuevos indicios incriminatorios[640], y no del sobreseimiento libre, Auto en el que se archiva el procedimiento por no existir autor de los hechos conocido. El sobreseimiento libre archiva el proceso como si de una sentencia absolutoria se tratara, por lo que este argumento sería congruente con el artículo 7 LEVD que establece el derecho a notificar a la víctima del procedimiento la sentencia que le pone fin, aunque no estuviera personada, pero no le concede legitimación para recurrirlo, por lo que parece que no tendría sentido otorgar un régimen procesal distinto frente a resoluciones que producen efectos equivalentes.

En contra de esta tesis se manifestó el Consejo Fiscal en su *Informe al Anteproyecto* de la LEVD[641], pergeñando que informó al respecto que el artículo 12 obliga a notificar ambos Autos, provisional o libre, ya que la Ley no distingue, destacando que la víctima lo puede recurrir sin que sea necesario haberse personado previamente. Este es el argumento más acorde con los preceptos que la LEVD ha elegido para su reforma, esto es, el artículo 779.1.1ª LECrim que prevé que el Auto de conclusión de las diligencias previas en el que se acuerde bien el sobresei-

---

640 *Vid.* art. 641.1 LECrim, sobreseimiento provisional cuando no resulte debidamente justificada la perpetración del delito que haya dado motivo a la formación de la causa.

641 *Informe al Anteproyecto de Ley Orgánica del Estatuto de la víctima del delito, elaborado por el Consejo Fiscal de la Fiscalía General del Estado, op. cit.*, p. 13.

miento libre o bien el sobreseimiento provisional -el precepto alude "(...) *al sobreseimiento que corresponda* (...)"- será comunicado a las víctimas del delito que podrán recurrir ambos, aunque no estén personadas[642].

Al hilo precisamente de lo anterior, a nuestro juicio tanto la víctima personada como la no personada podrá recurrir tanto el Auto de sobreseimiento provisional como el Auto de sobreseimiento libre[643], ya que la Ley no distingue.

Al respecto el AAP Madrid (Sección 27ª) núm. 1495/2019, de 23 de septiembre[644], acoge el argumento del Consejo Fiscal de que el artículo 12 obliga a la notificación a las víctimas, personadas o no, la resolución de sobreseimiento provisional o libre, ya que el Estatuto no distingue[645].

---

642 SERRANO MASIP, M., "Los derechos de participación...", *op. cit.*, p. 128.

643 En contra, GÓMEZ COLOMER, J. L., *Estatuto jurídico de la víctima del delito...*, *op. cit.*, p. 402, entiende que la víctima personada puede recurrir ambos tipos de sobreseimiento mientras que la víctima no personada únicamente debe poder recurrir el Auto de sobreseimiento libre. Fundamenta esta interpretación en el hecho de que sólo el sobreseimiento libre es recurrible en casación según dispone el art. 636 LECrim.

644 ROJ: AAP M 3592/2019.

645 Así lo indica en su RJ 3º: "*Ha de incidirse, en línea con lo anterior mantenido, y sobre el concreto extremo que también nos ocupa, como se indicó en la Queja* núm. *2329/2018 tramitada por la Sección 26 de esta Ilma. Audiencia Provincial (Ponente, el Ilmo. Sr. Fernández de Marcos) que debe señalarse que «el Informe del Consejo Fiscal sobre el Anteproyecto de la Ley Orgánica del Estatuto de la Víctima del Delito, de 14/11/2013, suscrito por su Presidente, el Excmo. Sr. Fiscal General del Estado, informa que el art. 12 obliga a notificar a las víctimas «la resolución de sobreseimiento»(provisional o libre, ya que no distingue). Y la víctima la podrá recurrir sin que sea necesario para ello que se haya personado anteriormente en el proceso. De este modo, se permitirá que el denunciante no personado en el procedimiento pueda tener una intervención activa respecto de los autos que conllevan una termina-*

Parece que sea esta la doctrina de la jurisprudencia menor. También por ejemplo, en el Auto visto anteriormente AAP Santa Cruz de Tenerife (Sección 5ª) núm. 257/2019, de 20 de marzo[646], que expresa en su FD 2º: "*Dicho esto, el sobreseimiento del procedimiento acordado en virtud de auto de fecha 20 de noviembre de 2018 no constituye ningún obstáculo para la personación del recurrente en el procedimiento, toda vez que el texto legal citado en su Preámbulo y concretamente en su artículo 12 y 13 reconoce el derecho de las víctimas a que se refiere el apartado b) del artículo 2 en los casos de muerte y desaparición de una persona que haya sido causada directamente por un delito a que se les comunique la resolución de sobreseimiento conforme a lo dispuesto en la L E.CRIM ., así como a recurrir dicha resolución sin que sea necesario para ello que se haya personado anteriormente en el proceso (art. 12 apartado 2 de la Ley 4/2015). Incluso se reconoce en dicho texto legal (Preámbulo y art. 13), el derecho a las víctimas a participación en la ejecución, aunque no se hubieran mostrado parte en la causa*".

El propio Tribunal Constitucional ha dejado clara la cuestión en su Sentencia núm. 102/2022, de 12 de septiembre[647], en la que a la recurrente no le había sido notificado ni el auto de sobreseimiento provisional ni el auto de archivo por prescripción por no haberse personado, que plantea un problema de acceso a las actuaciones judiciales de quien invoca su condición de víctima o de persona perjudicada por el delito, en un proceso penal ya archivado. Y así establece que "(…) *el legislador ha venido a reconocer el derecho de acceso a la información judicial de víctimas y perjudicados —al margen de otras personas con interés*

---

ción anticipada del proceso penal». Y continúa diciendo…El propio art. 12 establece que la víctima podrá recurrir la resolución de sobreseimiento… Y es que en el sobreseimiento se prevé un plazo de 20 días para recurrir -teniendo en cuenta sin duda que la víctima habrá de buscar asesoramiento legal y defensa técnica- (sic)".

646 Id. vLex VLEX-798948609.

647 Id. vLex VLEX-912265012.

legítimo— como un derecho autónomo e independiente de su condición de parte procesal. De modo que, en el estado actual del ordenamiento, toda persona ofendida o perjudicada por el delito, y, obviamente, toda persona susceptible de acogerse al estatuto legal de víctima del delito, ostenta ope legis un derecho, que queda incorporado al ámbito de protección del art. 24.1 CE, a ser informado en cualquier momento del estado del proceso penal, y a acceder a las actuaciones judiciales del mismo, que resulta consustancial a su condición de perjudicada o víctima y que determina que la interpretación de las normas orgánicas y procesales que regulen las distintas formas de acceso a esa información, deba verificarse siempre de la manera más favorable a su efectividad de ese derecho. Pues ha de recordarse que la doctrina constitucional viene auspiciando una interpretación de la legalidad ordinaria favorable a la efectividad del derecho, especialmente en los casos dudosos o susceptibles de interpretación (SSTC 194/2009 , de 28 de septiembre, FJ 3, y 12/2005 , de 31 de enero, FJ 6), y que resulta tanto más necesaria en el proceso penal, en el que el interés del perjudicado por el delito "adquiere una extremada relevancia cuando se trata de la protección de los derechos o libertades fundamentales, respecto de los cuales nada es trivial o inimportante (STC 1/1985 , de 9 de enero, FJ 4)" (…) *"La decisión adoptada en las resoluciones impugnadas resulta aún más rechazable, si cabe, si se considera que tampoco se tuvo en cuenta el manifiesto déficit de tutela judicial en que estaba sumida la recurrente, a la que no le fueron notificados personalmente los autos de archivo (provisional y definitivo) de la causa, que se oponen en esas resoluciones como obstáculo a su acceso a las actuaciones judiciales. Es preciso recordar que, como tiene reiteradamente declarado la doctrina constitucional (STC 125/2004 , de 19 de julio, FJ 5, con cita de las SSTC 220/1993 , de 30 de junio; 89/1999 , de 26 de mayo; 298/2000 , de 11 de diciembre, y 93/2004 , de 24 de mayo), la omisión de notificación a los perjudicados de la resolución judicial que declare la conclusión del proceso penal no puede impedir el ejercicio por estos de la acción de responsabilidad civil ex delicto en un proceso civil ulterior, pues de otro modo resultaría vulnerado el derecho a la tutela judicial efectiva que garantiza el art. 24.1 CE."* (FJ 6° y 7°).

Auto de sobreseimiento en fase intermedia: ¿recurrible por víctima no personada?

En segundo lugar, cabe plantearse si las víctimas pueden recurrir el Auto de sobreseimiento en fase intermedia aunque no se hubieran mostrado parte en la causa[648], esto es, si es aplicable a la decisión de sobreseimiento del artículo 782 LECrim que dispone en su apdo. 2 que "*si el Ministerio Fiscal solicitare el sobreseimiento de la causa y no se hubiere personado en la misma acusador particular dispuesto a sostener la acusación, antes de acordar el sobreseimiento el Juez de Instrucción: a)Podrá acordar que se haga saber la pretensión del Ministerio Fiscal a los directamente ofendidos o perjudicados conocidos, no personados, para que dentro del plazo máximo de quince días comparezcan a defender su acción si lo consideran oportuno. Si no lo hicieren en el plazo fijado, se acordará el sobreseimiento solicitado por el Ministerio Fiscal, sin perjuicio de lo dispuesto en el párrafo siguiente. b) Podrá remitir la causa al superior jerárquico del Fiscal para que resuelva si procede o no sostener la acusación, quien comunicará su decisión al Juez de Instrucción en el plazo de diez días*".

Dicho precepto establece que en este supuesto aquellos ofendidos o perjudicados, conocidos que no se hayan personado pueden personarse para defender su acción, esto es, interesar la apertura del juicio oral o la práctica de diligencias complementarias, puesto que el artículo 109 *bis* permite que puedan personarse en cualquier momento antes del trámite

---

648 Hay autores como SERRANO MASIP, M. que sostienen, como hemos visto, que la tesis más ajustada a la interpretación de este precepto es que la víctima no personada pueda impugnar tanto el sobreseimiento libre como el sobreseimiento provisional acordado al finalizar la fase de instrucción, pero no el adoptado en la fase intermedia (*vid.* "Los derechos de participación...", *op. cit.*, p. 127). De la misma opinión es DE HOYOS SANCHO, M., *El ejercicio de...*, *op. cit.*, p. 222.

de calificación del delito, sin retrotraer las actuaciones. Pero no parece que se permita que sea recurrido dicho Auto por la víctima no personada[649], lo que en principio se aparta del espíritu de la LEVD que posibilita la participación de la víctima, no siendo lógico que no se le notifique a la víctima no personada ese Auto de sobreseimiento en fase intermedia y sí se le notifique el Auto de sobreseimiento en fase de diligencias previas.

Sin embargo, los Tribunales se han pronunciado sobre los efectos de esta previsión contenida en la LEVD tras su promulgación. Al respecto, algunas resoluciones judiciales consideran que la decisión de sobreseimiento provisional en fase intermedia expresión del principio acusatorio no puede ser recurrida por la víctima no personada, aun reconociendo que puede resultar paradójico a la vista del espíritu de la LEVD, que una resolución de tanta trascendencia para la víctima no pueda ser recurrida por esta, puesto que, como señala la AAP Las Palmas (Sección 1ª) núm. 200/2017, 14 de marzo de 2017[650], "(...) *si el interés de la víctima en la prosecución de la causa puede salvarse con la exigencia de notificación del auto de sobreseimiento, y de ahí que no se le notifique el auto de incoación de procedimiento abreviado -resolución que no solo no le perjudica sino que le favorece-, resulta llamativo para la tutela de su interés que luego no pueda reaccionar al auto de sobreseimiento en fase intermedia expresión del principio acusatorio, al menos formalizando acusación fuera del supuesto de la llamada que discrecionalmente realice el Juez Instructor en el procedimiento abreviado, pues al menos en el procedimiento para el enjuiciamiento rápido de determinado delitos cuenta con la garantía de que esa llamada es imperativa conforme al art. 800.5*" (RJ 1°).

Para ello dicho Auto se plantea la solución de la mano del artículo 5.2 LEVD que "(...) *exige actualizar la información a las*

---

649 *Vid.* nota anterior sobre la opinión de no impugnación por parte de la víctima no personada del Auto adoptado en fase intermedia.

650 Id. vLex: VLEX-687548357.

víctimas del delito en cada fase de procedimiento para garantizarle la posibilidad de ejercer sus derechos, lo que habrá de realizarse en los términos del art. 109 de la LECRIM, lo que implica que incoado procedimiento abreviado se le ha de informar a la víctima la posibilidad de mostrarse parte a efectos de ejercer la acción penal con la advertencia de que de no hacerlo si el Fiscal solicitare el sobreseimiento de la causa se decretará el mismo sin posibilidad ya de formalizar pretensión acusatoria, lo cual no obstante puede ser subsanado aplicando justamente la posibilidad del art. 782.2.a) de la LECRIM"[651] (RJ 1°).

Sobre la base de tal argumentación, la solución para que la víctima pueda recurrir este Auto en fase intermedia, es que se haya actualizado siempre la información a la víctima tal y como proclama el artículo 5.2 LEVD, para que esta pueda ejercitar sus derechos. De esta manera, incoado el procedimiento abreviado se ha de informar a la víctima de que puede mostrarse parte a efectos de ejercer la acción penal advirtiéndole de que, si no se persona en el procedimiento, y el Ministerio Fiscal solicitase en su momento el sobreseimiento, no tendrá ya posibilidad de formular acusación.

No obstante, de conformidad con el artículo 782.2, a LECrim se puede subsanar el defecto de no haber informado a la víctima, ya que permite que ante la petición de sobreseimiento del MF el juez de instrucción pueda acordar que se haga saber la pretensión a los ofendidos y perjudicados conocidos, no personados, para que dentro del plazo máximo de quince días comparezcan a defender su acción si lo consideran oportuno. En consecuencia, las víctimas tienen esta posibilidad previa ya que este precepto no ha sido modificado por la LEVD.

---

651 En el mismo sentido véase el AAP Las Palmas (Sección 1ª) núm. 304/2017, de 28 de abril (Id. vLex: VLEX-696651025).

A título ejemplificativo, el AAP Madrid (Sección 4ª) núm. 736/2018, de 20 de septiembre[652], refuerza este argumento. Dicho Auto desestima el recurso de apelación interpuesto por la víctima contra el Auto del Juzgado de instrucción por el que se sobreseen las diligencias por inexistencia de indicios de la comisión de delito (sobreseimiento del artículo 641.1 LECrim), en concreto en este supuesto, del delito de estafa, sin que se hubiera personado el apelante como acusación particular, habiendo interesado el Ministerio Fiscal el citado sobreseimiento. Argumenta la Sala que se "(...) *expone los motivos de fondo del sobreseimiento provisional acordado y no se limita a justificar tal decisión en lo previsto en el artículo 782.1 de la LECrim., es decir, en que el Ministerio Fiscal había pedido el sobreseimiento y no existían más partes legitimadas dispuestas a ejercer la acción penal. De haberse limitado a reproducir la motivación del Auto de fecha 20 de noviembre de 2017*[653]*, el Auto apelado habría vulnerado el derecho a la tutela judicial efectiva sin indefensión al vaciar de contenido lo previsto en el artículo 12.2 de la Ley 4/2015, de 27 de abril*" (RJ 2º).

El AAP Madrid (Sección 27ª) núm. 1495/2019, de 23 de septiembre[654] recuerda que no siempre se vulnera el derecho a la tutela judicial efectiva puesto que "(...) *la vulneración del derecho a la tutela judicial efectiva, y a no sufrir indefensión que consagra el art. 24.1 C.E., según reiterada doctrina (STC núm. 88/1997, de 5/05, ATS de 8/01/2007 y de 1/05/2017), determina que aunque el acceso a los recursos legalmente establecidos forma parte de la tutela ju-*

---

652 Id. vLex: VLEX-759178681.

653 Conforme RJ 2º: "*El Auto dictado con fecha 20 de noviembre de 2017 se fundamenta en lo dispuesto en el artículo 782.1 de la Ley de Enjuiciamiento Criminal (LECrim.). En el momento de dictarse dicha resolución no se había personado el ahora apelante como Acusación particular, y el Ministerio Fiscal había interesado el sobreseimiento provisional previsto en el artículo 641.1 de la LECrim., es decir, cuando no resulte debidamente justificada la perpetración del delito que haya dado motivo a la formación de la causa*".

654 Id. vLex VLEX-821598089.

dicial efectiva, este derecho no queda vulnerado cuando el recurso interpuesto es inadmitido por el Órgano Judicial competente en virtud de la concurrencia de algunas de las causas legalmente previstas al efecto, y que la interpretación de las normas que contemplan causas de inadmisión de recursos es competencia exclusiva de los Jueces y Tribunales ordinarios. Y es oportuno también recordar, como igualmente ha declarado el Tribunal Constitucional, que el derecho a la tutela judicial efectiva no significa que para todas las cuestiones esté abierto necesariamente un recurso y que, si bien el derecho al proceso, incluye el derecho al recurso, tal derecho no lo es a cualquier recurso, sino solamente a aquél que las normas vigentes en el ordenamiento hayan establecido para el caso (STC núm. 23/1992 de 14/02)" (RJ 2°).

En conclusión, aunque el legislador no lo haya hecho de forma expresa, la posibilidad de recurso de la víctima no personada ha de garantizarse en los supuestos de los artículos 782.2 y 783.1 LECrim[655].

El recurso de casación contra el Auto de sobreseimiento por víctima no personada

En tercer lugar, otra cuestión que se plantea es si el Auto de sobreseimiento puede ser recurrido por la víctima no personada en casación, en el procedimiento ordinario por delitos graves.

Al respecto, el artículo 12.2 LEVD remite a la LECrim. El recurso de casación se regula en el artículo 636, que ha sido reformado por la Disposición Final Primera apdo. 15 para adecuarlo a la posibilidad de recurrir el Auto de sobreseimiento por la víctima no personada, incluso en casación. Por ello, de ambos preceptos se deduce que se extiende el derecho a re-

---

655 ETXBERRÍA GURIDI, F., "La víctima y el derecho...", *op. cit.*, p. 189.

currir en casación el sobreseimiento a todas las víctimas, aun cuando no se hubiesen personado en el proceso penal.

Veamos algunos pronunciamientos de nuestro Tribunal Supremo.

En el ATS (Sala Segunda, de lo Penal) núm. 540/2017, de 9 de marzo[656], se analiza el artículo 636 LECrim tras la reforma operada por la LEVD, indicando que dicho precepto dispone que "*contra los autos de sobreseimiento sólo procederá, en su caso, el recurso de casación. El auto de sobreseimiento se comunicará a las víctimas del delito, en la dirección de correo electrónico y, en su defecto, por correo ordinario a la dirección postal o domicilio que hubieran designado en la solicitud prevista en el artículo 5.1.m) de la Ley del Estatuto de la Víctima del delito. En los casos de muerte o desaparición ocasionada por un delito, el auto de sobreseimiento será comunicado de igual forma a las personas a las que se refiere el párrafo segundo del apartado 1 del artículo 109 bis, de cuya identidad y dirección de correo electrónico o postal se tuviera conocimiento. En estos supuestos el Juez o Tribunal, podrá acordar, motivadamente, prescindir de la comunicación a todos los familiares cuando ya se haya dirigido con éxito a varios de ellos o cuando hayan resultado infructuosas cuantas gestiones se hubieren practicado para su localización. Excepcionalmente, en el caso de ciudadanos residentes fuera de la Unión Europea, si no se dispusiera de una dirección de correo electrónico o postal en la que realizar la comunicación, se remitirá a la oficina diplomática o consular española en el país de residencia para que la publique. Transcurridos cinco días desde la comunicación, se entenderá que ha sido efectuada válidamente y desplegará todos sus efectos, iniciándose el cómputo del plazo de interposición del recurso. Se exceptuarán de este régimen aquellos supuestos en los que la víctima acredite justa causa de la imposibilidad de acceso al contenido de la comunicación. Las víctimas podrán recurrir el auto*

[656] Id. vLex: VLEX-678358949.

de sobreseimiento dentro del plazo de veinte días, aunque no se hubieran mostrado como parte en la causa".

Recordemos que la LEVD remite sobre el acceso a los recursos de la víctima que no ha sido parte en el proceso, a lo establecido en la LECrim, consideración que se refuerza con el artículo 13 LEVD que indica que "(...) *podrán recurrirlas de acuerdo con lo establecido en la Ley de Enjuiciamiento Criminal, aunque no se hubieran mostrado parte en la causa, refiriéndose todas ellas a resoluciones relativas a la ejecución de la sentencia*". Para el TS "*la ley es clara al establecer la legitimación activa para la interposición del recurso de casación: será necesario haber sido parte en los juicios criminales*". Tal afirmación la fundamenta en la Jurisprudencia que se ha pronunciado en ese sentido puesto que "*al no estar personada en la instancia, ni asistir en tal concepto de parte perjudicada al juicio oral, no pudo realizar petición alguna, de manera que no existe para ella gravamen, en el sentido de desajuste entre lo pedido y lo concedido. Las resoluciones de este Tribunal Supremo que han tratado sobre el particular nunca han admitido la legitimación posterior a la celebración del juicio oral, para formular peticiones antes esta Sala Casacional sin haber previamente procedido a realizar tal postura procesal al finalizar el juicio oral, tomando postura al respecto, para que el Tribunal «a quo» pudiera, o no, satisfacer sus intereses procesales (STS 542/2013, de 20 de mayo)*".

Debe reseñarse, por tanto, que ni siquiera tras la entrada en vigor de la LEVD se reconoce el derecho a recurrir en casación a quien no se haya constituido en parte. Es cierto que, de conformidad con el artículo 11 LEVD, toda víctima tiene derecho al ejercicio de la acción penal y civil conforme a lo dispuesto en la LECrim que dispone en su artículo 854 la regla general de que "*podrán interponer el recurso de casación: el Ministerio Fiscal, los que hayan sido parte en los juicios criminales, y los que sin haberlo sido resulten condenados en la sentencia y los herederos de unos y otros*". Pero también lo es que, de esta regla general se exceptúa la posibilidad de que la víctima que no es todavía parte interponga recurso de casación contra determinados Autos de sobreseimiento conforme establece el artículo 12.2 LEVD que remite a la LECrim, por lo que el acceso de estas víctimas al proceso no puede darse en todo caso, sino que ha de ceñirse a las previsiones de nuestra legislación procesal[657]. Por tanto, de conformidad con los artículos 761 y 270 y siguientes de la LECrim para efectuar cualquier petición habrá de personarse en forma, y aunque nada diga la LEVD al respecto hay que deducir que se aplica la regla general de postulación, cuestión lógica en un recurso técnicamente tan complejo como es el de casación.

En consecuencia, a raíz del pronunciamiento contenido en el artículo 636.1 LECrim es indudable que procede el recurso de casación contra los Autos de procedimiento, así lo corrobora el artículo 848[658], garantizando una revisión de la decisión por el órgano superior, si bien el artículo 642 LECrim faculta a la víctima a personarse como acusadora y ejercer las acciones correspondientes en el caso de petición de sobreseimiento por el Ministerio Fiscal.

Por su parte, se cuestiona si es posible interponer previamente el recurso de apelación tras la incorporación del nada claro artículo 846 *ter* LECrim, concluyendo que la literalidad de dicho artículo es favorable a que los Autos de sobreseimien-

---

657 Véase el ATS (Sala de lo Penal) núm. 285/2017, de 12 de enero (Id. vLex: VLEX-671415197).

658 Art. 848 LECrim: "*Podrán ser recurridos en casación, únicamente por infracción de ley, los autos para los que la ley autorice dicho recurso de modo expreso y los autos definitivos dictados en primera instancia y en apelación por las Audiencias Provinciales o por la Sala de lo Penal de la Audiencia Nacional cuando supongan la finalización del proceso por falta de jurisdicción o sobreseimiento libre y la causa se haya dirigido contra el encausado mediante una resolución judicial que suponga una imputación fundada*". ETXEBARRÍA GURIDI, F., "La víctima y el derecho...", *op. cit.*, pp. 187-188.

to libre sean recurribles en apelación ante los TSJ o la Sala de Apelación de la Audiencia Nacional.

Plazo para recurrir

En tercer lugar, debemos plantearnos cuál es el plazo del que disponen las víctimas para recurrir el sobreseimiento, que coincide en ambos preceptos 636 y 779 LECrim, esto es, veinte días, aunque no se hubieran mostrado parte en la causa.

Se concede, por tanto, veinte días, un plazo bastante largo con la finalidad de que la víctima no personada pueda buscarse letrado y procurador para recurrir, lo cual no ha estado exento de críticas[659] al ser mayor que el plazo del que disponen las víctimas ya personadas, que es de tres a cinco días siguientes a la notificación del Auto recurrido.

Cuestión distinta es que las víctimas personadas con letrado y procurador, cuenten con dos plazos cumulativos: por una parte, el de los tres días que dispone la acusación particular

---

659 *Informe del Consejo General del Poder Judicial al Anteproyecto de Ley Orgánica del Estatuto de las Víctimas del delito, op. cit.*, p. 33, solicitaba la reconsideración de este plazo por no resultar equitativo para el resto de partes, argumentando que "(...) *no puede desconocerse que, aunque la víctima no esté personada, se trata de una víctima informada, que conoce las actuaciones judiciales, teniendo acceso a las mismas en cualquier momento y que la decisión de no personarse depende de su exclusiva voluntad, por lo que, en consecuencia, deberá asumir las consecuencias de su decisión. Por ello, la ampliación del plazo para recurrir, en claro perjuicio del imputado, no puede justificarse en la falta de personación -que no va acompañado necesariamente de un desconocimiento de las actuaciones-En este sentido cabe señalar que ni el Borrador del Código Procesal Penal (CPP) de 1213 (artículo 420) ni el Anteproyecto de la Ley de Enjuiciamiento Criminal (APLECrim) de 2011 (artículo 499) establecen un mayor plazo para la impugnación de la conclusión y archivo del procedimiento por parte de la víctima no personada*".

personada para recurrir un Auto de sobreseimiento, en virtud de lo dispuesto en el artículo 211 (recursos de reforma o de súplica) y cinco días en virtud de lo establecido en los artículos 766.1 y 3 LECrim; y, de otra, los veinte días del artículo 779.1[660] que la LECrim otorga a las víctimas no personadas, lo que no parece razonable puesto que la LEVD precisamente garantiza la posibilidad de recurrir a quienes no se hayan personado anteriormente y le otorga un plazo muy superior, debido a la dificultad de personarse e interponer el recurso en el plazo señalado para el caso de no hallarse personada[661].

En cualquier caso, cabe afirmar que las víctimas podrán recurrir el Auto de sobreseimiento tanto *ex* artículo 636[662] como *ex* artículo 779.1.1ª dentro del plazo de veinte días aunque no se hubieran mostrado parte en la causa y no en el plazo general del artículo 766.3[663].

La redacción de ambos preceptos da a entender que el plazo de veinte días es aplicable tanto para las víctimas personadas como para las no personadas, por lo que se produce una ampliación del plazo en el caso de las primeras si lo comparamos con el plazo ordinario para recurrir en apelación que es de cinco días (según los arts. 212 y 766.3 LECrim) o de diez días (según los arts. 790.1 y 846 *ter.* 1 LECrim) para recurrir el Auto

---

660 El art. 779. 1 *in fine* dispone: "*Las víctimas podrán recurrir el auto de sobreseimiento dentro del plazo de veinte días aunque no se hubieran mostrado como parte en la causa*".

661 Véase al respecto, el AAP Madrid (Sección 27ª) núm. 1495/2019, de 23 de septiembre (Id. vLex: VLEX-821598089).

662 Sobre el plazo de veinte días del artículo 636, en el caso de que proceda recurso de casación, dicho plazo se refiere al de preparación del recurso de casación (arts. 855 y 856 LECrim).

663 Así lo reconocen diversas resoluciones judiciales, véase por ejemplo AAP Santa Cruz de Tenerife (Sección 2ª) núm. 703/2016, de 7 de noviembre (Id. vLex VLEX-672427077) (FD único).

de sobreseimiento libre dictado por la AP o Sala de lo Penal de la AN.

A nuestro juicio, el legislador debería haber distinguido, puesto que la amplitud del plazo para las víctimas no personadas es loable ya que tiene su fundamento en que el abogado encargado de recurrir haya de tomar conocimiento de todas las actuaciones llevadas a cabo hasta el momento, además de que la víctima disponga del tiempo suficiente para encontrar una defensa[664].

Aun así, en nuestra opinión el Estatuto no ha querido distinguir por lo que tanto las víctimas personadas como las no personadas disponen del plazo de veinte días para interponer recurso[665] cuyo plazo deberá iniciarse a partir de los previos cinco días que transcurran desde la comunicación.

---

664 No estamos de acuerdo con el Consejo General del Poder Judicial que, en su *Informe al Anteproyecto, op. cit.*, p. 33, sostiene que la ampliación del plazo a las víctimas no personadas debe reconsiderarse por no ser equitativo, dado que "*la ampliación del plazo para recurrir, en claro perjuicio del imputado, no puede justificarse en la falta de personación – que no va acompañado necesariamente de un desconocimiento de las actuaciones*".

665 Nada dice la LEVD de qué recursos, pero entendemos que será el recurso de reforma y/o subsidiario de apelación previsto en los arts. 766 y 216 LECrim. En cuanto al recurso de apelación estaría claro, veinte días, pero, si se interpone previamente el recurso de reforma, potestativo en el procedimiento abreviado, y preceptivo en el ordinario, los veinte días de plazo se contarían en el de reforma, por la justificación que hemos aducido, y ya ante la desestimación de éste, entendemos que la víctima no tendría veinte días más, sino los plazos ordinarios.

III. LOS ASPECTOS PECUNIARIOS DE LA PARTICIPACIÓN DE LA VÍCTIMA TRAS LA LEY DEL ESTATUTO DE LA VÍCTIMA DEL DELITO

Otro aspecto del derecho a la participación de la víctima desde un punto de vista pecuniario, puesto que afecta al perjuicio económico que le ocasiona su paso por el proceso penal, es la previsión que al respecto contempla el Estatuto sobre los derechos que tienen por objeto de alguna manera compensar o satisfacer a la víctima por el perjuicio sufrido. De esta manera se configuran una serie de derechos como otro mecanismo más de tutela de la víctima del delito, del fomento de su participación en el proceso y de la evitación de la victimización secundaria.

Trataremos en este apartado de resumir y destacar los elementos que caracterizan a los tres derechos que ha reconocido el Estatuto y que afectan a esta esfera económica, a saber, el derecho al reembolso de los gastos que le ha causado el proceso penal (art. 14), el derecho a la justicia gratuita (art. 16), así como el derecho a la devolución de sus bienes incautados en el proceso (art. 18). Como contrapartida a estos derechos la LEVD regula una obligación para la víctima, es decir, la obligación de reembolso de los gastos (art. 35) ante una eventual condena de la víctima por denuncia falsa o simulación de delito, desarrollado por el artículo 5 RDEVD.

En la exposición que sigue hemos optado por sistematizar estos derechos en un orden distinto al que ha establecido el legislador: en primer lugar, el derecho de reembolso de gastos y costas procesales; en segundo lugar, el derecho a la devolución de bienes y, en tercer lugar, el derecho de justicia gratuita. Consideramos que la LEVD debería haber regulado estos derechos de forma consecutiva y en concreto el derecho a la devolución de bienes ubicarlo tras la regulación del derecho al reembolso, dado que hubiera sido más coherente (artículo 14), como se hace en la norma europea[666].

Así las cosas, en la Directiva 2012/29/UE el derecho a la justicia gratuita se regula en el artículo 13, mientras que en los artículos 14, 15 y 16 se regulan el derecho al reembolso de gastos, el derecho a la restitución de bienes y el derecho a obtener una decisión relativa a la indemnización por parte del infractor en el curso del proceso penal. Este último derecho a la indemnización no es traspuesto en el Estatuto dado que nuestro ordenamiento jurídico ya contempla un sistema de compensación económica y por ello como se ha indicado en la introducción de la presente obra, no se analiza en esta investigación[667].

Efectivamente, obsérvese que el sistema de compensación económica que hasta la fecha se regula en nuestro ordenamiento jurídico no ha variado con la LEVD, manteniéndose el sistema existente de reparación económica contemplado en nuestro Código Penal de la responsabilidad civil[668], o en otras

---

666 Así lo indicó, aunque no se modificó, el Consejo de Estado en su *Dictamen sobre el Anteproyecto de la Ley Orgánica del Estatuto de la víctima del delito, op. cit.*

667 El art. 16 de la norma europea establece el derecho a obtener una decisión relativa a la indemnización por parte del infractor en el curso del proceso penal, con el siguiente tenor literal:
"*1. Los Estados miembros garantizarán que, en el curso del proceso penal, las víctimas tengan derecho a obtener una decisión sobre la indemnización por parte del infractor, en un plazo razonable, excepto cuando el Derecho nacional estipule que dicha decisión se adopte en otro procedimiento judicial. 2. Los Estados miembros promoverán medidas para que el autor de la infracción indemnice a la víctima adecuadamente*".

668 La reforma del Código Penal del año 2015 introdujo otras novedades en el sistema de compensación, por un lado, la concesión del beneficio de la suspensión al cumplimiento o compromiso de pago de la responsabilidad civil (art. 80.2 CP), así como la introducción

legislaciones específicas para las víctimas de delitos sexuales, para las víctimas de terrorismo, o para las víctimas de violencia de género, en la LAAVD, la Ley 29/2001, o la LOMPIVG, respectivamente. En estas leyes se prevén sistemas de ayudas públicas a las víctimas, aunque solamente para la tipología de víctimas específicas a las que se dirigen. Entendemos que deberían contemplarse para otras víctimas de delitos ese sistema de compensación cuyos mecanismos ya están establecidos, para que puedan acceder a ayudas cuando el responsable sea declarado insolvente.

Por razones de acotación de esta obra no es objeto el análisis del sistema de reparación e indemnización de daños y perjuicios que se arbitra en el proceso penal[669] a través de la posibilidad que establece el artículo 100 LECrim del ejercicio conjunto de la acción civil y penal, o del ejercicio separado de la acción civil (art. 111 LECrim). No debemos de olvidar que nuestro sistema penal, a diferencia de otros países, y tal como hemos analizado anteriormente contempla el posible ejercicio acumulado de la acción penal y de la acción civil por parte de la acusación particular a los efectos de que la víctima pueda obtener una reparación derivada del hecho ilícito[670].

Por ese motivo nos centraremos en la previsión que introduce la LEVD sobre el derecho de las víctimas al reembolso de los gastos necesarios para el ejercicio de sus derechos y las

---

del incumplimiento del compromiso de pago de la responsabilidad civil como una de las causas de la revocación de la suspensión (art. 86.1, d).

669 Sobre la reparación de la víctima en el proceso penal, así como un interesante estudio realizado que parte de la tesis de que la indemnización recogida en la sentencia no se suele cobrar por la víctima, véase SOLETO MUÑOZ, H. y GRANÉ CHÁVEZ, A., "La ineficacia del sistema español en la compensación...", *op. cit.*, pp. 23-97.

670 Sobre la responsabilidad civil y su extensión véase MARTÍNEZ ATIENZA, G., *Código Penal. Estudio Sistematizado*, Vlex, 2017.

costas procesales, así como el derecho a la devolución de los bienes, y las particularidades introducidas sobre el derecho a la justicia gratuita.

Entendemos que con acierto el legislador ha abordado estos derechos en el Título III de la LEVD, por cuanto facilitan el cauce de participación de la víctima en el proceso penal[671], aunque ello no significa que se trate de derechos con un carácter resarcitorio e indemnizatorio, puesto que los gastos procesales que las víctimas asumen en el proceso penal pueden ser reembolsados ante la eventual condena en costas del acusado.

El derecho de la víctima al reembolso de los gastos necesarios y las costas procesales

En este punto pues, y con la finalidad de facilitar la participación de la víctima en el proceso penal y reducir su victimización secundaria, así como contribuir al resarcimiento de la víctima, el artículo 14 reconoce el derecho de esta "(...) *a obtener el reembolso de los gastos necesarios para el ejercicio de sus derechos y las costas procesales que se le hubieren causado con preferencia respecto del pago de los gastos que se hubieran causado al Estado* (...)", aunque habrá de cumplir unos requisitos bastante estrictos para su

---

671 SERRANO MASIP, M., "Los derechos de participación...", *op. cit.*, p. 144, considera el derecho al reembolso de costas y gastos así como el derecho a la asistencia jurídica gratuita como derechos que fomentan la participación de la víctima en el proceso penal. Esta autora incluye también el derecho de la víctima de delitos cometidos en otros Estados de la Unión Europea a participar en el proceso del art. 17 cuando trata los derechos que fomentan la participación. Nosotros preferimos sistematizarlo como una especialidad del derecho de participación, aunque estamos conformes con esta autora en que se fomenta la participación, aunque nuestra preferencia sea incluir en este epígrafe los aspectos pecuniarios de la misma dentro de los cuales no entraría el análisis del art. 17 LEVD , ya visto anteriormente.

concesión, a saber, la imposición en la sentencia de la condena a su pago; que se haya condenado al acusado, a instancia de la víctima, y que la condena lo sea por delitos por los que el Ministerio Fiscal no hubiera formulado acusación o tras haberse revocado la resolución de archivo por recurso interpuesto por la víctima[672].

Dicho precepto es trasposición del artículo 14 Directiva 2012/29/UE que dispone: "*Los Estados miembros brindarán a las víctimas que participen en procesos penales la posibilidad de que se les reembolsen los gastos que hayan afrontado por su participación activa en dichos procesos penales, de acuerdo con su estatuto en el sistema de justicia penal pertinente. Las condiciones o normas procesales en virtud de las cuales las víctimas podrán recibir el reembolso se determinarán en el Derecho nacional*"[673].

672 Muy acertado fue eliminar del texto del Anteproyecto la referencia a la resolución de archivo del MF, pues tal y como expuso el Consejo General del Poder Judicial en su *Informe al Anteproyecto, op. cit.*, p. 38, "(...)la resolución de archivo del Ministerio Fiscal solo podrá darse, en un procedimiento penal de adultos, en el ámbito de las diligencias de investigación, procediendo en ese caso la denuncia por parte de la víctima de los hechos ante el Juez de Instrucción (artículo 773.2 LECrim). En los demás casos, será una resolución judicial la que ponga fin al proceso, que seguirá siendo del Juez o Tribunal, aunque se hubiere dictado a instancia del Ministerio Fiscal".

673 Para SERRANO MASIP, M., "Los derechos de participación...", *op. cit.*, p. 144, "a diferencia del art. 7 de la Decisión marco de 2001 que aludía al derecho de la víctima a reembolsarse los gastos derivados de su intervención en el proceso penal solo cuando lo hubiera hecho en calidad de "parte o testigo", la Directiva amplía sustancialmente el ámbito subjetivo del derecho al atribuirlo a la víctima que "participe activamente" en el proceso penal. De lo que cabe inferir que si el concreto sistema de justicia penal regula formas de participación de la víctima distinta de las dos señaladas deba prever los supuestos, las condiciones y los trámites para que aquel derecho sea efectivo".

Vemos cómo no se plantea ninguna cuestión en la trasposición del precepto ya que la norma europea[674] remite en este punto al Derecho de cada Estado miembro y así lo reconoce nuestra LEVD sin modificar la normativa procesal existente en esencia, pero sí introduciendo algunas particularidades, como veremos posteriormente.

Concepto de costas y criterios para su imposición: mantenimiento del *statu quo*

Por lo anterior y del análisis de este precepto observamos que no altera las normas sobre el concepto de costas y los criterios de imposición de costas establecidas en el Código Penal (arts. 123 y 124) y en la LECrim (arts. 239 a 246). Excede del objeto del presente trabajo el tratamiento de las costas procesales, por lo que habrá que remitirse a la regulación de las mismas en nuestro ordenamiento jurídico en los artículos 240 y 241 LECrim[675], y los artículos 123 y 124 CP, sobre los que se ha escrito mucho en la doctrina y abundante la Jurisprudencia[676].

---

674 Véase el art. 11 sobre el derecho al reembolso de los gastos y a la devolución de los bienes, de la Recomendación CM/Rec (2023)2, de 15 de marzo de 2023 del Comité de Ministros a los Estados miembros sobre derechos, servicios y apoyo a las víctimas de delitos.

675 La regulación de las costas procesales en la LECrim comprende los arts. 239 a 246 del Título XI rubricado "*de las costas procesales*", en el Libro I.

676 Sobre el concepto de costas, las minutas de los abogados, la imposición de costas al querellante, las costas de la acusación particular, de la acusación popular y la exclusión de la imposición de costas al Ministerio Fiscal, véase ROMERO SIEIRA, C., "Comentario al Artículo 124 del Código Penal", en *Código Penal. Parte General. Tomo I*, GADEA, S. A. (Coord.), *Factum Libri* Ediciones, 2007, pp. 694-703. Sobre las costas y las víctimas véase YÁÑEZ VELASCO, R., "La injusticia de las costas en el proceso penal", en *Anuario de Derecho Penal y Ciencias Penales*, núm. LXVIII, enero 2015, pp. 277-334.

Conviene recordar someramente aquí y al hilo del artículo 14 LEVD, la previsión del artículo 123 CP que dispone como regla general la imposición de cosas al condenado, esto es, a los criminalmente responsables de todo delito, mientras que el artículo 124 CP refiere los conceptos que deben incluirse en la tasación de costas.

Además, el artículo 240 LECrim concreta que las costas consistirán, en el reintegro del papel sellado empleado en la causa; el pago de los derechos de Arancel; el de los honorarios devengados por los abogados y peritos; el de las indemnizaciones correspondientes a los testigos que las hubiesen reclamado si fueren de abono, y en los demás gastos que se hubiesen ocasionado en la instrucción de la causa[677].

En materia de costas generadas por la acusación particular, cuando se produce la condena en costas no siempre se incluye en estas las causadas por dicha acusación. Así la doctrina del Tribunal Supremo ha considerado que para que se entiendan incluidas en la condena el Tribunal correspondiente ha de pronunciarse de forma expresa. Se trata de aquellos supuestos en los que el Tribunal considera superflua o inútil la actuación de la acusación particular en un delito público, o no existe homogeneidad entre el *petitum* de la acción penal ejercitada por dicha acusación y el fallo de la sentencia, habiendo ejercitado el MF la acción penal[678].

---

677 No se trata de una relación exhaustiva sino meramente ejemplificativa, por lo que es comúnmente aceptado que entre esos gastos se incluyan los derechos de los procuradores, los derivados de la publicación de edictos y los conceptos que se reputan costas en el art. 241 LEC dado el carácter supletorio de esta última Ley (art. 4 LEC) (*vid.* SERRANO MASIP, M., "Los derechos de participación...", *op. cit.*, p. 145).

678 Al respecto, *vid.* el Acuerdo no jurisdiccional del Pleno de la Sala 2ª del TS de 3 de mayo de 1994, sobre la interpretación del art. 240 LECrim, que acuerda que la imposición de costas de la acusación

Las modificaciones del artículo 14 de la Ley del Estatuto de la víctima del delito en materia de reembolso de gastos y costas procesales

En relación con los aspectos que sobre la regulación de las costas procesales introduce la LEVD, del análisis sistemático de su artículo 14 se extraen las siguientes cuestiones.

1°.- En primer lugar, se plantea la cuestión sobre si la víctima no personada ostenta la titularidad del derecho al reembolso de los gastos necesarios para el ejercicio de sus derechos o si únicamente este derecho de reembolso es titularidad de las víctimas que se han personado en el procedimiento, puesto que supone el derecho a que se les sufrague los gastos necesarios que han tenido que acometer para ejercitar sus derechos en el procedimiento al que se ha visto abocada por su condición de víctima al sufrir un hecho delictivo. Esta cuestión es relevante puesto que el derecho de reembolso no se limita a las costas procesales -honorarios profesionales, pago de peritos etc.- sino a esos gastos necesarios generados por causa de la participación de la víctima en el proceso -como gastos de desplazamiento, por ejemplo-.

Cierta doctrina considera que según la redacción legal el derecho al reembolso debe ser aplicable tanto si la víctima ha sido parte como si no, pero dado que su importancia práctica es mayor cuando ha sido parte es mejor optar por la vía de considerarlo aplicable a la víctima cuando es parte[679].

---

particular debe regirse por el criterio del vencimiento y la apreciación de temeridad o mala fe procesal de la parte.

679 GÓMEZ COLOMER, J. L., "Sobre los derechos de la víctima...", *op. cit.*, p. 79. Para este mismo autor se trata de un derecho procesal penal del que solo son titulares las víctimas que son parte procesal (*vid. Estatuto Jurídico de la víctima del delito...*, *op. cit.*, p. 290).

Sin embargo otra parte de la doctrina defiende que puesto que la LEVD no distingue si la participación lo es en calidad de parte o como mero testigo[680], el derecho al reembolso se debe reconocer tanto a la víctima personada como a la no personada argumento que se refuerza por el propio tenor literal del precepto que también abarca a las víctimas no personadas que únicamente impugnan el Auto de sobreseimiento libre o provisional y que posteriormente no tienen por qué adquirir el estatuto de parte ejerciendo la acción penal[681].

Es evidente que las víctimas no personadas no tendrán derecho al reembolso de las costas procesales puesto que no se han devengado al no intervenir como parte procesal. Pero no hay ningún inconveniente legal en que le sea reembolsado otro tipo de gastos, pues es evidente que estos gastos son mayores que las costas procesales estrictamente tasadas, cuestión que incrementará las solicitudes.

Se echa de menos una referencia legal más concreta a cuáles son esos gastos necesarios de las víctimas. Hubiera sido deseable que al menos el RDEVD hubiera desarrollado reglamentariamente el precepto del Estatuto y explicitado qué conceptos integran dichos gastos. Al respecto, algunos autores proponen por ejemplo la inclusión de gastos de desplazamiento, manutención y alojamiento derivados de su intervención en el procedimiento[682], mientras que otros incluyen por ejem-

---

680 En este sentido se pronuncia CHOCRÓN GIRÁLDEZ, A. M., respecto a la Directiva europea (*vid.* "La Directiva 2012/29/UE...", *op. cit.*, p. 53).

681 SERRANO MASIP, M., "Los derechos de participación...", *op. cit.*, p. 149.

682 CHOCRÓN GIRÁLDEZ, A. M., "La Directiva 2012/29/UE...", *op. cit.*, p. 54.

plo las consultas previas con un abogado y la preparación de alguna prueba[683].

También es aplicable en este punto, la previsión contenida en la LECrim sobre la indemnización que puede reclamar la víctima que actúa como testigo, aunque el Estatuto no aluda a esta cuestión. Creemos que cumple con la previsión de la Directiva europea por cuanto ya está reconocido el régimen de indemnizaciones a los testigos en nuestro ordenamiento jurídico y es plenamente aplicable a las víctimas en su condición de testigo.

Así, con anterioridad a la LEVD, se reconoce en el artículo 722 LECrim el derecho a indemnización de los testigos, "(...) *si la reclamaren*", indemnización que será fijada por el LAJ teniendo en cuenta únicamente dos conceptos los gastos de viaje y el importe de los jornales perdidos por el testigo con motivo de su comparecencia para declarar[684]. Se reconoce, por tanto, el derecho al reembolso a instancia de la víctima y por delitos por los que el MF no hubiera formulado acusación o bien tras la revocación de la resolución de archivo por recurso interpuesto por la víctima[685].

---

683 GÓMEZ COLOMER, J. L., *Estatuto Jurídico de la víctima del delito...*, *op. cit.*, p. 342.

684 A los testigos y, por tanto, también aplicable a la víctima testigo, puesto que tiene la obligación de acudir a los llamamientos judiciales (art. 410 la LECrim), le corresponde la indemnización al amparo del art. 722 de la LECrim que podría incluirse en las costas del procedimiento a tenor de lo establecido en el artículo 241.4º de la Ley rituaria. Véase, entre otras, la SAP Madrid (Sección 27ª) núm. 315/2020, de 25 de junio (Id. vLex VLEX-847253262).

685 Cabe señalar que se cambió esta última parte del precepto con respecto al del Anteproyecto que disponía: "(...) *tras haberse revocado la resolución de archivo del Ministerio Fiscal por recurso interpuesto por la víctima*", pues conforme advirtió el Consejo General del Poder Judicial, *Informe al Anteproyecto de Ley Orgánica del Estatuto de las Víctimas del de-*

2º.- Por otra parte, con respecto a los requisitos para que la víctima pueda obtener el reembolso de los gastos necesarios para el ejercicio de sus derechos y de las costas procesales se introduce una novedad en el Estatuto que lleva aparejada una reforma a través de su Disposición final segunda del apdo. 2 del artículo 126 CP para que haya una coordinación lógica entre ambos preceptos[686]. En este sentido, se introduce, por tanto, con carácter *ex novo*, cuando la condena se ha dictado a instancias de la víctima, la alteración del orden de prelación de pagos del apdo. 1 del artículo 126, estableciendo una preferencia de la víctima sobre el pago de los gastos causados al Estado solamente en dos casos: cuando no se hubiera formulado acusación por el fiscal, o tras haberse revocado la resolución de archivo por el recurso interpuesto por la víctima.

Esta preferencia no está recogida en la Directiva europea, pero entra dentro de la disposición por parte de los Estados miembros a regular las condiciones o normas procesales en virtud de las cuales las víctimas reciban el reembolso.

---

lito, op. cit., p. 38, creaba cierta confusión la redacción del precepto puesto que "(...) *la resolución de archivo del Ministerio Fiscal solo podrá darse, en un procedimiento penal de adultos, en el ámbito de las diligencias de investigación, procediendo en ese caso la denuncia por parte de la víctima de los hechos ante el Juez de Instrucción (artículo 773.2 LECrim). En los demás casos, será una resolución judicial la que ponga fin al proceso, que seguirá siendo del Juez o Tribunal aunque se hubiere dictado a instancia del Ministerio*".

686 La Disposición Final Segunda de la LEVD reforma el apdo. 2º del art. 126 CP en el siguiente sentido: "*Cuando el delito hubiere sido de los que sólo pueden perseguirse a instancia de parte, se satisfarán las costas del acusador privado con preferencia a la indemnización del Estado. Tendrá la misma preferencia el pago de las costas procesales causadas a la víctima en los supuestos a que se refiere el artículo 14 de la Ley del Estatuto de la Víctima del Delito*".

Estamos de acuerdo con el Consejo de Estado[687] en que, además de la reforma del CP, la LEVD podría haber indicado que esta regla constituye una excepción a lo establecido en el artículo 126 CP. Pero también en este precepto de la norma penal debería haberse incluido la referencia a los gastos para adecuarlo completamente a la LEVD, pues al no haber sido modificado contempla únicamente al pago de las costas procesales al disponer que "(...) *tendrá la misma preferencia el pago de las costas procesales causadas a la víctima en los supuestos a que se refiere el artículo 14 de la Ley del Estatuto de la Víctima del Delito*"[688].

En definitiva, tras dicha reforma, la víctima tiene derecho a obtener el reembolso de los gastos necesarios para el ejercicio de sus derechos, así como las costas procesales con preferencia respecto de los gastos causados al Estado. Si bien hemos de tener en cuenta que, en nuestro ordenamiento jurídico, la víctima tiene este derecho al reembolso de costas si se le reconoce el derecho a la asistencia jurídica gratuita, de conformidad con la LAJG, pues de lo contrario, tendrá que abonar los gastos judiciales, salvo que se condene en costas al acusado[689].

Así, se abonará en primer lugar la indemnización, después las costas de la acusación particular y posteriormente los gastos del Estado, solamente para el supuesto de que se condene al pago de las costas de la acusación y el condenado lo hubiere sido a instancia de la víctima por delitos públicos o semipúblicos en los que el Ministerio Fiscal no hubiera formulado acusación o en los casos en los que se revocó el archivo a instancia de la víctima. En otros supuestos se mantiene el orden de

---

687 En su *Dictamen del Consejo de Estado sobre el Anteproyecto de la Ley Orgánica del Estatuto de la víctima del delito, op. cit.*

688 SERRANO MASIP, M., "Los derechos de participación...", *op. cit.*, p. 151.

689 GARCÍA PÉREZ, M. F., "Posición jurídica de la víctima...", *op. cit.*, p. 18.

prelación del apdo. 1º. A su vez, consideramos de gran interés destacar la conveniencia de que este derecho se mencione expresamente, así como la prelación de pagos, en la propia resolución judicial que condene al pago de las costas procesales[690].

El derecho a la devolución de bienes de su propiedad

Por lo que se refiere al derecho a la devolución de bienes se recoge en al artículo 18 LEVD que traspone el artículo 15 de la Directiva 2012/29/UE[691]en similar sentido. La norma europea, para garantizar las condiciones para la restitución de los bienes, remite a la regulación del Derecho nacional.

Centrándonos en la víctima de delito, partimos de la realidad de que en muchas ocasiones los objetos propiedad de la víctima que han sido robados, por ejemplo, o ropa manchada que es necesaria como evidencia para su presentación por la policía, pueden devolverse a la víctima una vez se hayan documentado dichos objetos con las oportunas fotografías, o informe pericial. Por ello se prevé su devolución a la víctima.

Sin embargo este derecho de devolución de bienes que establece el artículo 18 LEVD al disponer la posibilidad de que las víctimas obtengan la devolución sin demora de los bienes restituibles de su propiedad que hayan sido incautados en el

---

690 Así lo consideró el Consejo General del Poder Judicial en su *Informe al Anteproyecto de Ley Orgánica del Estatuto de las Víctimas del delito, op. cit.*, p. 81.

691 El art. 15 Directiva 2012/29/UE establece: "*Los Estados miembros garantizarán que, previa decisión de una autoridad competente, se devuelvan sin demora a las víctimas los bienes restituibles que les hayan sido incautados en el curso de un proceso penal, salvo en caso de necesidad impuesta por el proceso penal. Las condiciones o normas procesales en virtud de las cuales se restituirán tales bienes a las víctimas se determinarán en el Derecho nacional*".

proceso penal, no es un cuestión novedosa sino que recoge lo ya previsto en el artículo 284 LECrim que ha sido modificado por la LEVD[692] incorporando un apartado que establece el deber de la policía judicial de extender una diligencia en la que se describan las "(...) *armas, instrumentos o efectos de cualquier clase que pudieran tener relación con el delito y se hallen en el lugar en que éste se cometió o en sus inmediaciones, o en poder del reo o en otra parte conocida* (...), que deberá ser firmada por la persona en cuyo poder fueron hallados.

En nuestra Ley procesal se configura como un deber de la policía judicial y del Juzgado la información a la víctima sobre la incautación de efectos que puedan ser de su propiedad. Sin embargo, tras la LEVD se ha elevado a categoría de derecho de la víctima, por lo que en este sentido se trata de un derecho *ex novo.*

Así las cosas, la víctima tiene, por tanto, el derecho a obtener la devolución sin demora de sus bienes restituibles incautados en el proceso, y únicamente se le denegará dicha devolución cuando resulte imprescindible su presencia para el correcto desarrollo del proceso penal.

Esta norma supone la inversión de la regla general del artículo 334 LECrim puesto que se ordena la restitución inmediata, salvo que la conservación de los efectos por la autoridad resulte imprescindible para el correcto desarrollo del proceso penal, pues haya de practicarse sobre estos algún medio de prueba como la pericial o para la práctica de otras diligencias.

La víctima puede no obstante recurrir la incautación de sus bienes ante el juez de instrucción y para ello no es necesaria la asistencia de abogado ni exigencias formales, pues, de conformidad con el artículo 334, párr. 3°, LECrim, el recurso se entenderá interpuesto cuando la persona afectada por la

---

[692] Por la Disposición Final Primera (apdo.7°).

medida o un familiar suyo mayor de edad hubiera expresado su disconformidad en el momento de la misma. Se establece, por tanto, un recurso tácito[693]. Así pues, los funcionarios de la policía judicial deberán dejar constancia de la voluntad de la víctima en la diligencia sobre la incautación de los bienes que se incluya en el atestado.

También la víctima podrá recurrir la decisión del juez o Tribunal de imposición a la víctima propietaria del deber de mantener los efectos a disposición del Tribunal para garantizar su conservación (art. 334, párr. 4°)[694]. Aquí, sin embargo, será necesaria la personación de la víctima conforme las normas procesales.

El artículo 18, párr. 2°, LEVD establece el derecho de las víctimas a la entrega o restitución posesoria de sus bienes que hayan sido intervenidos en el proceso, pero hay que tener en cuenta que con el límite de que dichos objetos o efectos puedan ser considerados imprescindibles para el correcto desarrollo del proceso penal, así como piezas de convicción y no sea suficiente con la imposición al propietario de la obligación de conservación de los mismos a disposición del juez o Tribunal.

---

693 Así lo denomina en Consejo General del Poder Judicial en su *Informe al Anteproyecto, op. cit.*, p. 41. Asimismo, no se ha suprimido este recurso implícito pese a que el Consejo General del Poder Judicial consideraba la no admisión de este recurso, por dos motivos, en primer lugar, porque en modo alguno puede aceptarse que la oposición del familiar mayor de edad signifique la disconformidad del afectado y en segundo lugar, porque una cosa es la disconformidad a la incautación, manifestada en el momento de su práctica y otra, la impugnación de la resolución de incautación, que ha de ser expresa y deberá hacer constar los motivos de la impugnación, aportando los documentos o pruebas que respalden sus alegaciones.

694 Los párrafos 3 y 4 del art. 334 LECrim han sido añadidos por la Disposición Final Primera 10 LEVD.

Véase como ejemplo, el AAP Castellón (Sección 1ª) núm. 845/2016, 28 de noviembre[695], dictado en un caso en el que en el Auto de la instructora no accede a la devolución del dinero del denunciante y la Audiencia Provincial ordena restituirlo inmediatamente a la víctima en virtud del artículo 334 último párrafo LECrim y el artículo 18 LEVD. No obstante, si cuando se incoe ejecutoria todavía no se han devuelto los bienes el LAJ deberá devolverlos inmediatamente.

El derecho a la solicitud de reconocimiento del derecho a la justicia gratuita

Reviste sin duda relevancia para la participación de la víctima en el proceso penal el derecho a la justicia gratuita que se consagra en el artículo 119 CE al establecer que "*la justicia será gratuita cuando lo disponga la ley* (...)", configurándose como un derecho indisponible por el legislador ordinario respecto de quienes acrediten insuficiencia de recursos económicos para litigar[696].

---

695 Id. vLex: VLEX-661469081.

696 Según PALENQUE LUS, M. R. "la gratuidad de la asistencia jurídica, consagrada en el artículo 119, es instrumento y concreción de los derechos fundamentales a la tutela judicial efectiva (art. 24.1 de la Constitución española), a la igualdad de armas procesales y a la asistencia letrada (art. 24.2 de la Constitución española), y que no sólo consagra una garantía de los intereses de los justiciables, sino también de los intereses generales de la justicia, ya que tiende a asegurar los principios de contradicción e igualdad procesal entre las partes y a facilitar así al órgano judicial la búsqueda de una sentencia ajustada a Derecho y, por ello, indirectamente, coadyuva al ejercicio de la función jurisdiccional" (*vid.* "Compromiso activo con la persona. Los derechos a la información e instrucción, puerta de entrada para todos los demás derechos de las víctimas, ¿Es posible una justicia orientada a la persona? retos que plantea el proceso

La previsión constitucional ha sido desarrollada por los artículos 20.2 y 440.2 LOPJ y específicamente por la LAGJ que regula el sistema de justicia gratuita, desarrollada por Real Decreto 996/2003, de 25 de julio, por el que se aprueba el Reglamento de asistencia jurídica gratuita[697], que ha sido objeto de varias reformas a lo largo de los años[698]. Por tanto, todo lo relativo a la concesión o no de este beneficio de justicia gratuita se regirá por esta legislación, a la que habría que añadir la normativa reglamentaria dictada por las CCAA que han asumido competencias en la materia que sienta las bases para desarrollarlo.

Puesto que la CE ofrece cobertura sobre los criterios que fundamenten dicho beneficio, y también derivado de la trasposición del artículo 13 de la Directiva (que impone la obligación a los Estados miembros de garantizar a las víctimas el acceso a

---

penal tras la aprobación del Estatuto de la víctima del delito", en *Cuadernos Penales José María Lidón*, núm. 14, 2018, p. 106).

697 BOE de 7 de agosto de 2003, núm. 188, pp. 30505-30525.

698 En este sentido, interesa destacar las reformas habidas que han sido llevadas a cabo a través de distintas leyes que han reconocido derechos a las víctimas de determinados tipos delictivos. Es así, como la LOMPIVG en su art. 20 modificó el art. 3.5 LAJG para posibilitar la garantía de defensa jurídica gratuita de forma inmediata para las víctimas de violencia de género, derivando a un momento posterior la justificación de la insuficiencia de recursos para litigar, con el abono de los honorarios del abogado en el caso de que no se acredite dicha insuficiencia. Por su parte, la LRPIVT, en su art. 48 reconoce el derecho a la asistencia jurídica gratuita de las víctimas de terrorismo que han sufrido daños físicos y/o físicos derivados de la actividad terrorista y en el caso de su fallecimiento, se les reconoce a determinados familiares (según un orden de preferencia que se fija en el art. 17). La LOPIVI modifica el apartado g) del art. 2, si bien pasa a ser el apartado h) con la reforma por la Ley 16/2022, de 5 de septiembre, de reforma del texto refundido de la Ley Concursal, aprobado por el Real Decreto Legislativo 1/2020, de 5 de mayo.

asistencia jurídica gratuita cuando tengan el estatuto de parte en el proceso penal, en virtud de las normas procesales que se determinen en el Derecho nacional), se ha reconocido en el artículo 16 LEVD el derecho de la víctima a solicitar dicho beneficio.

Breves pinceladas introductorias sobre el derecho de asistencia jurídica gratuita de la víctima del delito

Se trata de un derecho que posibilita el acceso de la víctima al proceso penal y se constituye como un medio para poder obtener la tutela jurisdiccional, de carácter prestacional y de configuración legal, que contiene un mandato directo al legislador que es el deber de asegurar que la escasez de medios económicos no impida ese acceso a la justicia[699].

Según el artículo 2 LAJG, este derecho se concede a los ciudadanos españoles cuando acrediten insuficiencia de recursos para litigar en un asunto en el que hayan interpuesto denuncia o querella, siempre que conforme reza el artículo 3.4 litiguen en defensa de derechos o intereses propios. Esta acreditación de insuficiencia de recursos implica que, si finalmente no se reconoce posteriormente el derecho a la justicia gratuita se deben abonar los honorarios devengados.

Pero el criterio de insuficiencia de recursos no se mantiene en todos los casos. Así ya con anterioridad a la LEVD, se consideraba por la doctrina perfectamente conciliable con el ordenamiento constitucional el reconocimiento a las víctimas de este derecho de justicia gratuita para instar en el proceso penal la defensa de sus derechos por su condición de víctimas de un ilícito penal y, que fuera lo determinante esta condición

---

699 DELGADO MARTÍN, J., "El estatuto de la víctima en el proceso...", *op. cit.*, pp. 40-41.

y no su capacidad patrimonial, como expresión del principio de protección a las víctimas[700].

Reflejo de esta postura fue la reforma operada en la LAJG por el Real Decreto-ley 3/2013, de 22 de febrero, por el que se modifica el régimen de las tasas en el ámbito de la Administración de Justicia y el sistema de asistencia jurídica gratuita[701], que introdujo el criterio de concesión del beneficio de justicia gratuita por su condición de víctima del delito y sin necesidad de la acreditación de la insuficiencia de recursos para litigar en determinados supuestos y determinadas víctimas de delitos[702]. Así pues, cuando se trate de "(...) *víctimas de violencia de género, de terrorismo y de trata de seres humanos en aquellos procesos que tengan vinculación, deriven o sean consecuencia de su condición de víctimas, así como a las personas menores de edad y las personas con discapacidad necesitadas de especial protección cuando sean víctimas de delitos de homicidio, de lesiones de los artículos 149 y 150, en el delito de maltrato habitual previsto en el artículo 173.2, en los delitos contra la libertad, en los delitos contra la libertad e indemnidad sexual y en los delitos de trata de seres humanos" .víctimas de violencia de género, de terrorismo y de trata de seres humanos en aquellos procesos que tengan vinculación, deriven o sean consecuencia de su condición de víctimas, así como a los menores de edad y las personas con discapacidad intelectual o enfermedad mental cuando sean víctimas de situaciones de abuso o maltrato*" (art. 2,h)[703], se reconoce el derecho de

---

700 SUBIJANA ZUNZUNEGUI, I. J., *El principio de protección..., op. cit.*, p. 231.

701 BOE de 23 de febrero de 2013, núm. 47, pp. 15205-15218.

702 Ya decía SUBIJANA ZUNZUNEGUI, J. J., con anterioridad a la reforma que podría conferirse a las víctimas de determinados tipos de delitos el derecho a la justicia gratuita (*vid.* "Los derechos de las víctimas...", *op. cit.*, p. 10).

703 Art. 2, h de la LAJG, reformado por la LOPIVI (anterior letra g) y cambio de letra reformado por la Ley 16/2022, de 5 de septiembre,

asistencia jurídica gratuita, con independencia de la existencia de recursos para litigar.

El otro supuesto en el que no es necesario dicha acreditación de insuficiencia de recursos es para aquellos a quienes por causa de un accidente "(...) *acrediten secuelas permanentes que les impidan totalmente la realización de las tareas de su ocupación laboral o profesional habitual y requieran la ayuda de otras personas para realizar las actividades más esenciales de la vida diaria, cuando el objeto del litigio sea la reclamación de indemnización por los daños personales y morales sufridos*" (art. 2,i).

Posteriormente se reconoce autonómicamente el derecho de asistencia jurídica gratuita a las asociaciones que tengan como fin la promoción y defensa de los derechos de las víctimas del terrorismo, señaladas en la LRPIVT[704].

A pesar de lo expuesto, se ha de advertir que pese a las anteriores reformas de la LAJG en las que se reconoce *ex lege* el derecho a la justicia gratuita a una tipología de víctimas en concreto, tanto víctimas de delito como víctimas accidentales, basado en un criterio por su condición de víctima y no por su capacidad económica, consideramos que se debería haber aprovechado la LEVD para modificar el artículo 2 LAJG y reconocer este derecho a toda víctima de delito con independencia del tipo de delito sufrido[705]. Dado que no ha sido así, nos en-

---

de reforma del texto refundido de la Ley Concursal, aprobado por el Real Decreto Legislativo 1/2020, de 5 de mayo.

704 Art. 2, j.

705 Aunque para TAMARIT SUMALLA, J. M., "Una lectura victimológica...", *op. cit.*, p. 133, haber extendido la justicia gratuita a todas las víctimas que se muestren como parte en el proceso habría sido una decisión ciertamente muy ambiciosa desde el punto de vista presupuestario. A nuestro juicio desde este punto de vista económico también las reformas llevadas a cabo por la LEVD, por ejemplo, en el sistema de traducción es muy ambiciosa, y no por ello el legisla-

contramos ante una situación que discrimina en este aspecto a otras víctimas de delito, puesto que el requisito para acceder a ese derecho de justicia gratuita no es la capacidad económica sino haber sido víctima de determinado tipo de delito, como la violencia de género, o la trata de seres humanos, o bien de tipo subjetivo como la vulnerabilidad de la víctima, minoría de edad o discapacidad. Con respecto a las víctimas especialmente vulnerables- personas menores de edad y las personas con discapacidad necesitadas de especial protección- es loable que a través de la LOPIVI se haya reformado nuevamente este precepto para ampliar los delitos que permiten el acceso a la justicia gratuita a este tipo de víctimas, esto es, delitos de homicidio, de lesiones de los artículos 149 y 150 CP, en el delito de maltrato habitual previsto en el artículo 173.2 CP, en los delitos contra la libertad, en los delitos contra la libertad e indemnidad sexual y en los delitos de trata de seres humanos.

Poco a poco y tras sucesivas reformas el legislador ha ido ampliando el elenco de delitos y la tipología de víctimas con derecho a la justicia gratuita. Sin embargo, todavía es criticable que no se incluyan las víctimas adultas de otros delitos, como por ejemplo de agresiones sexuales o delitos de carácter sexual -como sí ha hecho el legislador con las víctimas menores de edad y las personas con discapacidad necesitadas de especial protección-, y que tampoco se contemple el beneficio de justicia gratuita *ex lege* a otras asociaciones de víctimas y solamente se incluya a las asociaciones de víctimas de terrorismo. Recordemos que tras la reforma operada por la LEVD del artículo

---

dor ha dejado de reformar y ampliar este derecho de las víctimas. Sin embargo, MARCOS FRANCISCO, D., cuestiona hasta qué punto es justo que la asistencia jurídica gratuita se amplíe *ex lege* a ciertos colectivos y personas con independencia de la insuficiencia de recursos para litigar (*vid.* "Algunas notas sobre las sorprendentes y cuestionables reformas de la asistencia jurídica gratuita", en *Revista Actualidad Civil*, núm. 9, septiembre 2013, edición digital, p. 3).

109 *bis* LECrim la posibilidad del ejercicio de la acción penal por asociaciones de víctimas es una realidad, y en consonancia con la introducción a todas las asociaciones de víctimas en la participación en el proceso penal, debería de reconocerse la justicia gratuita *ex lege* a todas ellas y no únicamente a las asociaciones de víctimas de terrorismo. Implica una desigualdad importante entre las víctimas de delitos la concesión de este beneficio atendiendo a la condición de víctima puesto que muchos delitos que no son contemplados por la norma son de la misma gravedad que los que el legislador ha decidido beneficiar, como los delitos contra la libertad sexual con víctimas mayores de edad. Al respecto, se debe garantizar el beneficio de la justicia gratuita a todas las víctimas de delito con independencia de la gravedad del delito sufrido, pues la víctima no ha elegido serlo, sino que se ha visto abocada a sufrir un delito sin desearlo.

Otras argumentaciones escogen criterios en función de la gravedad de la pena, la naturaleza del delito o incluso la defensa del interés de la víctima por el MF para defender que se otorgue dicho derecho a las víctimas de delitos graves o en su caso a aquellos delitos en que el MF no ejerza la acción penal.

Una postura quizás ecléctica respecto de las anteriores es considerar que la ampliación del beneficio de justicia gratuita se realice al menos respecto de las víctimas del artículo 23.2 LEVD[706], es decir, sobre la base de dos criterios: por un lado, en relación con la vulnerabilidad de la víctima o víctimas con necesidades especiales de protección menor de edad, persona con discapacidad o relación de dependencia con el autor del delito-, y por otro lado, atendiendo a la naturaleza del delito y la gravedad del mismo. En el primer supuesto se ha contemplado como hemos visto con la reforma habida por la LOPIVI

---

706 SERRANO MASIP, M., "Los derechos de participación...", *op. cit.*, p. 155 nota a pie núm. 86.

si bien no se han considerado todos los delitos de los que sean víctimas menores de edad, sino aquellos que se han considerado por el legislador.

Así, una solución sería atender al listado que establece dicho precepto, a saber, delitos de terrorismo, delitos cometidos por una organización criminal, delitos cometidos sobre el cónyuge o sobre persona que esté o haya estado ligada al autor por una análoga relación de afectividad, aun sin convivencia, o sobre los descendientes, ascendientes o hermanos por naturaleza, adopción o afinidad, propios o del cónyuge o conviviente; delitos contra la libertad o indemnidad sexual; delitos de trata de seres humanos; delitos de desaparición forzada; delitos cometidos por motivos racistas, antisemitas u otros referentes a la ideología, religión o creencias, situación familiar, la pertenencia de sus miembros a una etnia, raza o nación, su origen nacional, su sexo, orientación o identidad sexual, enfermedad o discapacidad.

No obstante, a nuestro juicio y puesto que escoger unos criterios u otros para determinar si una víctima de delito ha de ostentar o no el derecho al beneficio de justicia gratuita, implica que la casuística beneficie a algunas víctimas, pero perjudique a otras, por lo que debería concederse a todas las víctimas de delito con independencia de su vulnerabilidad o naturaleza y gravedad del delito, tipología de víctima, etc., aunque esta propuesta no tuviera acogida por el legislador, puesto que supondría un aumento considerable del presupuesto destinado a la justicia gratuita.

Las modificaciones de la Ley del Estatuto de la víctima del delito sobre la justicia gratuita

Con los antecedentes indicados y puesto que no es objeto de la presente obra profundizar en este derecho[707], nos centraremos en la novedad de la que ha querido ocuparse la LEVD, que es meramente de carácter burocrático o de carácter administrativo, puesto que no reconoce el derecho a la obtención de la justicia gratuita, ya de sobra reconocido por nuestro ordenamiento jurídico como acabamos de explicitar, sino que enuncia el derecho de las víctimas a presentar la solicitud de reconocimiento de justicia gratuita y, por tanto, se ocupa del inicio de dicho procedimiento facilitando la labor de la víctima por la supresión de determinados trámites[708]. Así el artículo 16 LEVD establece que "*las víctimas podrán presentar sus solicitudes de reconocimiento del derecho a la asistencia jurídica gratuita ante el funcionario o autoridad que les facilite la información a la que se refiere la letra c) del artículo 5.1, que la trasladará, junto con la documentación aportada, al Colegio de Abogados correspondiente. La solicitud también podrá ser presentada ante las Oficinas de Asistencia a las Víctimas de la Administración de Justicia, que la remitirán al Colegio de Abogados que corresponda*".

Nótese, por un lado, que alude a las víctimas en general, sin distinción, un argumento más a nuestro favor para reconocerse a todas las víctimas de delitos.

---

707 Al respecto véase un completo análisis de la asistencia jurídica gratuita para la víctima, CALVO BARCELÓ, A., "Asistencia jurídica y turno de oficio para la víctima", en SOLETO MUÑOZ, H., y GRANÉ CHÁVEZ, A., *La reparación económica a la víctima...*, *op. cit.*, pp. 101-138.

708 Como acertadamente señala CALVO BARCELÓ, A., "Asistencia jurídica...", *op. cit.*, p. 115, con este derecho se busca simplificar y fomentar la participación en el proceso penal de las víctimas y que estas desempeñen un papel efectivo.

Por otro lado y desde el punto de vista procedimental, hasta la LEVD, en sede de procedimiento administrativo, la asistencia jurídica gratuita, se solicita a instancia de parte cumplimentando un formulario y de conformidad con el artículo 12.2 LAJG, artículo 25 *ter* del Reglamento de Asistencia Jurídica gratuita, así como el artículo 9 del Real Decreto 996/2003, ante el Servicio de Orientación Jurídica del Colegio de Abogados del juzgado o Tribunal que deba conocer del proceso principal o ante el Juzgado del domicilio del solicitante, o bien en las circunstancias excepcionales del artículo 5 ante la Comisión de Asistencia Jurídica Gratuita.

Sin embargo, la LEVD facilita la presentación de la solicitud a las víctimas no sólo ante el Colegio de Abogados correspondiente, sino que amplía las anteriores previsiones legales y, permite la presentación ante el funcionario o autoridad que les facilite la información del procedimiento para obtener asesoramiento y defensa jurídica, y en su caso, condiciones en las que pueda obtenerse gratuitamente. Este funcionario o autoridad se encargará de trasladar la solicitud al Servicio de Orientación Jurídica correspondiente del Colegio de Abogados.

Con este simple gesto burocrático se facilita mucho la labor a la víctima al reducir su peregrinaje judicial, ya que la víctima no ha de acudir al Servicio de Orientación Jurídica. Además, se amplían las opciones de presentación a las OAVD (a las que el Estatuto de la víctima y sobre todo su Reglamento de desarrollo ha dotado de muchas funciones), que tienen la finalidad de atender a las víctimas desde múltiples perspectivas para evitar su victimización secundaria[709].

---

709 En este sentido, el art. 28.1, d LEVD, así como el art. 19.3 RDEVD reconocen como una de las funciones de las OAVD asesorar a las víctimas sobre el procedimiento para acceder a la justicia gratuita, informándoles sobre el acceso a este beneficio y proporcionándoles asistencia para la realización de su solicitud.

Proponemos la adopción de Protocolos para tramitar estas solicitudes del beneficio de justicia gratuita entre los Juzgados, OAVD y Colegios de Abogados.

Con la LEVD se ha igualado aunque parcialmente la posición de la víctima y el investigado en términos de acceso a servicios de representación legal gratuita, y ha ampliado las facultades a las víctimas para garantizar su acceso a la asistencia jurídica gratuita con respecto a la previsión de la Directiva europea que únicamente la garantiza a las víctimas que sean parte en el procedimiento[710], contribuyendo a reducir su victimización secundaria al simplificar los trámites de la solicitud mediante el otorgamiento a las OAVD de un rol protagonista en la asistencia a las víctimas.

La obligación de reembolso

No podemos finalizar este epígrafe sin hacer referencia, aunque sea de forma sucinta a la obligación de reembolso que recoge la LEVD en su artículo 35, dirigida a las víctimas que fueran condenadas por denuncia falsa o simulación del delito que se hubieran beneficiado de subvenciones o ayudas "(...)

710 El art. 12 de la Recomendación CM/Rec (2023)2, de 15 de marzo de 2023 del Comité de Ministros a los Estados miembros sobre derechos, servicios y apoyo a las víctimas de delitos, establece: "1. *Los Estados miembros deben garantizar que las víctimas tengan acceso a la asistencia jurídica gratuita, al menos cuando tengan la condición de partes en un proceso penal. Se les alienta a garantizar el acceso a asistencia jurídica gratuita para las víctimas en relación con todas las decisiones cuando los intereses de la justicia así lo requieran*". Si bien la Recomendación deja a la legislación nacional las condiciones y normas procesales en virtud de las cuales las víctimas tienen acceso a la asistencia jurídica, establece un mínimo de que al menos las víctimas que sean parte tengan dicho derecho, aunque del texto se infiere que se recomienda para todas las víctimas.

percibidas por su condición de víctima y que hubiera sido objeto de alguna de las medidas de protección reguladas en esta Ley", quienes vendrán obligadas a "(...) *reembolsar las cantidades recibidas en dicho concepto y al abono de los gastos causados a la Administración por sus actuaciones de reconocimiento, información, protección y apoyo, así como por los servicios prestados con un incremento del interés legal del dinero aumentado en un cincuenta por ciento* (...)"[711].

Es significativo que este precepto esté previsto en la Directiva 2012/29/UE y que haya sido introducido por el legislador finalmente, pese a todos los inconvenientes que se manifestaron durante la tramitación parlamentaria del Estatuto, en la que se pidió la supresión de este precepto por varios grupos parlamentarios con base en la justificación de la inexistencia objetiva y estadística de denuncias falsas generalizadas en las materias que regula esta Ley, existiendo además mecanismos jurídicos para depurar responsabilidades en estas situaciones -la violencia de género- como el delito de denuncia falsa o simulación de delito del artículo 456 CP[712]. También se solicitó su supresión con el argumento de la posibilidad de disminución de las denuncias en violencia de género, puesto que la víctima que se encuentre ante una precariedad probatoria de la

---

711 Sobre dicho interés concreta el RDEVD en su art. 35.4 que "*el interés de demora aplicable será el interés legal del dinero incrementado en un 50 por ciento, que se devengará desde que fuera concedida la subvención o ayuda, o desde que se hubiera producido el gasto*".

712 Véase la Enmienda núm. 41 al proyecto de Estatuto del del Grupo Parlamentario Entesa *pel Progrés de Catalunya* (GPEPC) y la Enmienda núm. 76 del Grupo Parlamentario Socialista (GPS) (BOCG (Boletín Oficial de las Cortes Generales, Congreso de los Diputados), Diario de Sesiones, Senado, 25 de marzo de 2015, núm. 149, pp. 14321-1347).

situación de violencia que sufre, se plantee no denunciar por el hecho de tener que reembolsar los gastos ocasionados[713].

Sin embargo, y pese a que dichos argumentos pudieran ser admitidos, creemos que ha sido un acierto el mantenimiento de dicho precepto, dado que el Estatuto de la Víctima del delito, no es un Estatuto dirigido exclusivamente a víctimas de violencia de género sino a las víctimas de cualquier tipo delictivo, no siendo, por tanto, trasladables los argumentos esgrimidos a todos los hechos delictivos.

Además, la obligación de reembolso requiere de una condena penal previa, siendo el objetivo de este precepto evitar el uso fraudulento del sistema de protección y apoyo que contiene el estatuto de la víctima[714].

Prevé la LEVD que el procedimiento de la liquidación de esta obligación se desarrollará reglamentariamente[715], y así lo

---

713 Véase la Enmienda núm. 108 al proyecto de Estatuto del Grupo Parlamentario Catalán en el Senado *Convergència i Unió* (GPCIU) (BOCG (Boletín Oficial de las Cortes Generales, Congreso de los Diputados), Diario de Sesiones, Senado, 25 de marzo de 2015, núm. 149, pp. 14321-1347).

714 Tal y como se expuso por el Grupo Parlamentario Popular, BOCG (Boletín Oficial de las Cortes Generales, Congreso de los Diputados), Diario de Sesiones, Senado, 25 de marzo de 2015, núm. 149, p. 14336.

715 El propio Consejo de Estado en su Dictamen disponía: "El apartado 2 del citado artículo 35 de la Ley establece expresamente que «el procedimiento de liquidación de la anterior obligación de reembolso y la determinación de las cuantías que puedan corresponder a cada concepto se determinarán reglamentariamente». La primera parte de esta remisión reglamentaria puede entenderse completada con las previsiones de los apartados 2 a 5 del Proyecto y la declaración de la aplicación supletoria de la Ley General de Subvenciones. Nada se dice, sin embargo, en el Proyecto en relación con las cuantías objeto de reembolso, pese a la expresa previsión legal, vacío

ha hecho el RDEVD en su artículo 5, que dispone: "1. *Si fuera condenada por denuncia falsa o simulación de delito, la persona que se hubiera beneficiado de subvenciones o ayudas percibidas por su condición de víctima y que hubiera sido objeto de alguna de las medidas de protección reguladas en el Estatuto de la víctima del delito o en el presente real decreto, vendrá obligada a reintegrar las cantidades recibidas en dicho concepto; y al abono de los gastos causados a la Administración por sus actuaciones de reconocimiento, protección y apoyo, así como por los servicios prestados, siempre que dichos gastos pudieran cuantificarse y estuvieran justificados*".

No es objeto de desarrollo esta cuestión, más que aludir a la supletoriedad de la Ley 38/2003, de 17 de noviembre, General de Subvenciones, que establece el propio precepto y destacar ciertas cuestiones a las que alude el RDEVD como son, remitirse a dicha Ley en cuanto al órgano competente para exigir el reembolso de los gastos y ayudas al órgano concedente de la subvención o ayuda y la Administración que haya soportado el gasto.

También se fija el plazo de prescripción en cuatro años, del derecho de la Administración a reconocer o liquidar el reintegro o el abono de los gastos causados.

En relación con las cuantías del reembolso el Reglamento ha completado la previsión de la LEVD indicando cuál será el interés de demora aplicable, esto es, el interés legal del dinero incrementado en un 50 por ciento, que se devengará desde que fuera concedida la subvención o ayuda, o desde que se hubiera producido el gasto (art. 35.3)[716].

---

que debe completarse en aras de una más fácil aplicación de esta obligación".

716 Dicho precepto establece: "*Cuando la persona condenada haya recibido subvenciones o ayudas en su condición de víctima y haya sido objeto de alguna de las medidas de protección reguladas en el Estatuto de la víctima del delito o en el presente real decreto, o haya generado gastos a la Adminis-*

IV. CONSIDERACIONES FINALES Y BUENAS PRÁCTICAS

Como ya expusimos en la introducción de la presente obra no ha sido objeto de análisis todo el catálogo de derechos procesales y extraprocesales regulado en la LEVD. No obstante, hemos de reseñar aunque sea brevemente que la LEVD ha reconocido derechos *ex novo* para la víctima del delito, que no estaban contemplados anteriormente en nuestra legislación procesal: a saber, el derecho a la traducción e interpretación que era reconocido únicamente a los detenidos o a aquellas personas investigadas por la presunta comisión de un delito; el derecho de acceso a los servicios de asistencia y apoyo únicamente se reconocía como tal a las víctimas de delitos dolosos violentos y contra la libertad sexual; el novedoso y controvertido derecho a la participación en la ejecución penitenciaria; el derecho a la devolución de bienes de su propiedad que se configuraba únicamente como un deber de la policía judicial y del Juzgado; el derecho de acceso a los servicios de justicia restaurativa, así como el derecho a estar acompañada por una persona de su elección. Pero repárese que, pese a dicho reconocimiento *ex novo*, en la práctica la víctima ya disfrutaba realmente de derechos como el derecho a comparecer ante las autoridades encargadas de la investigación para aportarles las fuentes de prueba y la información que estime relevante para el esclarecimiento de los hechos (como se venía haciendo en la práctica con la policía, el Ministerio Fiscal y los órganos judiciales de instrucción).

---

tración por actuaciones de reconocimiento, información, protección y apoyo, así como por servicios prestados en su condición de víctima, el Ministerio de Justicia remitirá, si no fuera competente para exigir el reembolso, el testimonio de la sentencia condenatoria al órgano concedente o a la Administración que haya soportado el gasto, a fin de que éstos puedan iniciar el procedimiento de reintegro".

La LEVD también ha reconocido derechos que se regulaban anteriormente en nuestra Ley procesal con nuevo alcance y contenido, dando en ocasiones lugar a ciertas confusiones o dudas en su interpretación, como en el caso del derecho a la información, o el derecho a la protección que ha sistematizado en una serie de medidas de protección para la víctima, teniendo en consideración su especial vulnerabilidad, durante la fase de instrucción y enjuiciamiento del proceso penal. No obstante, en sede de participación activa de la víctima en el proceso declarativo se ha mantenido en esencia la regulación contenida en la LECrim, salvo las modificaciones efectuadas en esta Ley que se han expuesto a lo largo de la presente obra en relación con el ejercicio de la acción penal por una pluralidad de víctimas, la legitimación de las asociaciones de víctimas y personas jurídicas o las especialidades sobre la participación de las víctimas de delitos cometidos en otros Estados Miembros, entre otras.

Muchos de los derechos reconocidos en el Estatuto deberían haberse regulado en la LECrim y no en la LEVD. La impertinencia de la regulación en la LEVD se manifiesta por el hecho de que -como se ha visto a lo largo de esta obra- hemos tenido que ir realizando un análisis integrador de los derechos tratados que tenían su reflejo en la LECrim. Una sistematización de los derechos de la víctima en el sistema procesal penal en la propia legislación procesal subsanaría la deficiente técnica legislativa fruto de una trasposición rápida para cumplir el plazo concedido por la Directiva 2012/29/UE.

A la luz del análisis realizado debería configurarse un estatuto jurídico procesal de la víctima del delito en el que los derechos de la víctima se reconocieran en una Ley de Enjuiciamiento Criminal, a modo de la regulación contenida en el Anteproyecto de 2011, el Borrador de 2013, o el Anteproyecto de 2020.

Creemos que estos son los derechos que deberían formar parte de nuestra legislación procesal, al margen de su reconocimiento en la LEVD, si bien en un futuro Anteproyecto habría que cuidar el alcance y contenido de los mismos para no incurrir en divergencias de interpretación con la LEVD.

Nuestra propuesta pasaría por listar los derechos de las víctimas en un único artículo para después desarrollarlos, partiendo de los derechos reconocidos en el Estatuto que ya pasaron el filtro de la trasposición de la Directiva 2012/29/UE, quedando como sigue y en este orden:

- Derecho a un trato digno y respetuoso.
- Derecho a recibir y obtener información antes, durante y tras la tramitación del proceso.
- Derecho a ser oída.
- Derecho a entender y ser entendida.
- Derecho a la traducción e interpretación.
- Derecho a la obtención de la asistencia jurídica gratuita.
- Derecho a la aportación de elementos relevantes.
- Derecho al acceso de los servicios de asistencia y apoyo.
- Derecho a la protección. Protección frente a la seguridad, intimidad y victimización secundaria.
- Derecho a la participación de la víctima en el proceso penal declarativo: derecho al ejercicio de la acción penal. Derecho a obtener la reparación civil en el proceso penal. La acción civil.
- Ofrecimiento de acciones.

A los anteriores derechos debería añadirse un derecho a una arquitectura o infraestructura accesible. No basta con expresar que la víctima tiene derecho a salas separadas -como hace la Directiva 2012/29/UE, pero omite nuestro legislador en el artículo 20 LEVD-, sino que creemos que este derecho debe ser más amplio y formularse como un derecho que garantice una infraestructura accesible para que la víctima se sienta segura y tranquila, de tal manera que contribuya a evitar su victimización secundaria, siempre considerando las necesidades de víctimas menores de edad o especialmente vulnerables.

Podría haberse añadido un derecho general a modo de las *Victim Impact Statements* –declaraciones de impacto de la víctima- en virtud de las cuales las víctimas tengan derecho a una última palabra antes de dictar sentencia, para expresar libremente su opinión con respecto al hecho enjuiciado dado que la decisión va a afectar a sus intereses, con la finalidad de que se les escuche. Evidentemente la víctima ya ha tenido ocasión de manifestar lo que a su derecho convenga si se ha personado, o de participar en determinados hitos del proceso penal si no se ha personado, pero esta declaración última ante el juez sería a modo de reparación moral, sobre todo para la víctima, que se sienta escuchada ya que el órgano sentenciador se basará en las pruebas para tomar su decisión conforme a Derecho.

En relación con los concretos derechos que se han analizado en esta obra destacamos las siguientes reflexiones generales, sin perjuicio de abordar también la pertinencia o no de su regulación y las específicas cuestiones controvertidas.

Desde el punto de vista teórico la plasmación de los derechos de las víctimas ha reforzado nuestro sistema procesal penal, que ya las tenía en consideración al permitir su presencia en el proceso a través de la figura de la acusación particular. Sin embargo, el obstáculo principal con el que nos encontramos tiene que ver con la aplicación práctica de este reconocimiento teórico implementado en nuestro ordenamiento jurídico a través de la LEVD y sus reformas en nuestra legislación procesal; por lo que en muchas ocasiones la finalidad de la Ley que es reducir los efectos de la victimización secundaria deviene imposible. El motivo esencial es el inconcebible despropósito de que una Ley nazca con una clara vocación de no ser plenamente aplicada por la previsión clara de la inexistencia, que no la mera insuficiencia, de recursos económicos, humanos y materiales. Esto convierte el catálogo de derechos y las medidas de protección de la víctima en una suerte de derechos ineficaces y de medidas de desprotección.

De hecho, la tutela de la víctima del delito se queda en papel mojado y carece de sentido si no hay una verdadera implicación de todas las instituciones y Administraciones -entre otros muchos, encontramos un claro ejemplo en el derecho a la traducción e interpretación- ya que para su efectividad es necesario el reforzamiento de los servicios de traducción e interpretación; o también en el derecho a la protección que implica la adopción de medidas como la recepción de la declaración de la víctima en dependencias especiales para ese fin, o que los profesionales que reciban la declaración hayan recibido una formación especial para reducir o limitar los perjuicios de la víctima, entre otros-, imposibles de aplicar sin dicha voluntad y recursos; implicación que echamos en falta durante los años de vigencia de la LEVD. Se concluye, pues, que la LEVD nació para cumplir las exigencias europeas, pero no ha habido una clara voluntad política más allá de la imagen de mostrar un interés del Estado por las víctimas.

Pues bien, la Victimología ha influido en la forma de concebir el sistema de justicia penal para hacerlo desde el punto de vista de la víctima, recuperando derechos que se habían dejado de lado en favor de un sistema que garantizaba exclusivamente los derechos de los acusados, no obstante, cuidando del respeto de los derechos de ambos en la búsqueda de un justo equilibrio. Postulamos, por tanto, la defensa de los derechos de las víctimas, pero sin caer en un excesivo punitivismo en el que la víctima tenga un protagonismo en la pena del autor, pero sin que se sacrifiquen los derechos del investigado. La Victimología, la Criminología, el Derecho penal y procesal proporcionan las bases para la consecución de un proceso penal más humano, que proteja los derechos de las víctimas del delito y que establezca un espacio apropiado para que las víctimas encuentren una reparación a su sufrimiento desde los más diversos ámbitos (dícese la justicia restaurativa, la reparación económica, la búsqueda de la verdad y de la justicia), o desde el respeto de los derechos de asistencia, participación en el proceso de la víctima entre otros, que no menoscaban en absoluto el derecho del Estado en la persecución y en el castigo del delito, pero que incluye también a las víctimas en un papel activo en el proceso y reparador del daño que sufren como consecuencia del propio delito, así como del propio sistema judicial penal.

En relación con el concepto de víctima, y para finalizar con la confusión terminológica fruto de las innumerables reformas habidas a lo largo de los años en la actual LECrim, proponemos el cambio de terminología en nuestra legislación procesal, y sustituir los términos de ofendido y persona perjudicada por el de víctima, pues es este el término que ha de servir de base para considerarla como sujeto de derechos en el proceso penal. Y partiendo de esa consideración y del respeto de sus derechos, podremos neutralizar o al menos reducir los perjuicios (físicos, psíquicos, económicos y sociales) derivados del propio proceso penal.

Proponemos *de lege ferenda* una definición de víctima de carácter procesal, pero de marcada influencia victimológica, en la que debemos incluir, además de a la víctima directa, a un listado de víctimas indirectas, entre las que reconoceríamos dicha condición a los familiares y allegados, a las personas que sufren consecuencias dañosas cuando auxilian a las víctimas, supuesto este último no contemplado en la LEVD.

Además, no se debe limitar a las personas físicas la definición, sino que debe abarcar a las personas jurídicas que sean afectadas por la comisión del delito, cuyo estatus procesal es el de perjudicados. No lo hace así la LEVD, porque no se contemplaba en la Directiva 2012/29/UE y quizás porque el término perjudicado se contempla en la LECrim. Pero el concepto de víctima que proponemos ha de integrarse en nuestra legislación procesal y es el momento de incluir también a las personas jurídicas. El hecho de que algunos derechos no sean predicables de las personas físicas -piénsese por ejemplo en el derecho a ser acompañada-, no significa que otros derechos no resulten evidentemente aplicables a las víctimas que sean personas jurídicas (por ejemplo, el derecho a la participación en el proceso penal que ya lo es).

A la definición se debería añadir que se considere víctima a las anteriores, con independencia de que sea identificado o no, acusado o condenado el victimario; y, por último, deben considerarse víctimas -esto sí que lo recoge la LEVD-, independientemente de su nacionalidad o de su residencia o no legal en España, siempre que el delito se haya cometido en España o que puedan ser perseguidos en España.

Hemos delimitado, por tanto, un concepto de víctima del delito que supera la concepción tradicional de víctima en el proceso penal, y que influido por la Victimología supone el inicio de una nueva perspectiva de la víctima en el proceso que implica una mayor humanización del proceso penal.

Debe llamarse también la atención sobre el hecho de que la Victimología ha ayudado y ha puesto de manifiesto la existencia de victimización secundaria en el proceso penal, pero las soluciones para evitarla o reducirla son sobre todo cuestión de voluntad: de voluntad política, voluntad de la Administración, más que de voluntad legislativa.

Por su evidente trascendencia, debería incluirse una definición de victimización secundaria, seguida de una prohibición de esta. Ubicaríamos este precepto con anterioridad a los derechos referidos -recordemos que el Anteproyecto de 2020 incluye dicha prohibición en su artículo 103 y alude a la victimización secundaria como las "(...) *situaciones que puedan causarle* -a la víctima- *un sufrimiento innecesario o desproporcionado*".

Proponemos *de lege ferenda* la redacción del siguiente precepto:

Art (núm.). Concepto de victimización secundaria en el proceso penal y su prohibición.

La victimización secundaria en el proceso penal constituye aquellas consecuencias psicológicas, sociales, jurídicas y económicas negativas que sufre la víctima de un hecho delictivo como resultado de su relación con el sistema procesal penal, derivadas de una respuesta inadecuada profesional e institucional.

Se prohíben aquellas actuaciones que causen un sufrimiento innecesario o desproporcionado a la víctima. Para ello, las autoridades y funcionarios que intervengan en el proceso penal en todas sus fases velarán porque:

1. *Se reciba declaración a las víctimas sin dilaciones indebidas, y en todo caso, atendiendo a la vulnerabilidad de la víctima, podrá practicarse una única declaración al inicio del proceso, mediante la utilización del sistema de videoconferencia, sala Gesell o cualquier otra medida de protección que evite la confrontación física y visual con el inculpado.*
2. *Se realicen los reconocimientos médicos imprescindibles para los fines de la investigación, evitando la realización de más de un reconocimiento si no fuera absolutamente necesario.*
3. *Las dependencias judiciales tengan habilitadas salas de espera para las víctimas conforme al derecho a una infraestructura adecuada.*
4. *Se garantice el derecho al trato digno en todas las diligencias policiales y cualquier actuación procesal, de conformidad con el artículo (remitiríamos al artículo en el que se reconoce el derecho a un trato digno).*

5. *En el acto del juicio oral, se podrá tomar la declaración de la víctima mediante sistema de videoconferencia o similar. Solamente en el caso de imposibilidad técnica, se adaptará un espacio libre de confrontación visual con el acusado, previo informe que acredite el riesgo de victimización secundaria.*

A nuestro juicio podemos afirmar que se ha producido un consenso, incluso a nivel internacional, sobre la necesidad de reforzar la posición de la víctima en los sistemas de justicia penal así como la atención y la protección que requieren, reconociéndose de esta manera un protagonismo de la víctima en el delito y en el proceso penal, en el marco de un modelo generalizado de Estado social y democrático de Derecho en el que se produzca una armonización entre los derechos de las víctimas y las garantías de los acusados. Los principios y derechos han sido recogidos en su mayoría por el ordenamiento jurídico español, que ha desarrollado medidas de protección, asistencia y ha configurado una serie de derechos para las víctimas, colocando así a la víctima en el centro del debate del modelo procesal penal.

En todo caso, téngase en cuenta que una medida fundamental para acabar con la deshumanización del proceso penal es que la reducción de la victimización secundaria no solo se convierta en un derecho de la víctima sino también en un deber de los poderes públicos. Por tanto, sería conveniente que algunos de los derechos reconocidos tuvieran su correlativo deber para garantizar su eficacia y actuar ante su incumplimiento.

Las víctimas tienen derecho a la dignidad y a un trato respetuoso en el proceso penal, reconociéndose y garantizándose en todo momento sus derechos. Este derecho a recibir un trato digno y respetuoso, profesional, individualizado y no discriminatorio no se contempla en el Estatuto como deber de las autoridades y funcionarios (art. 3). Nada ha previsto la LEVD sobre esta cuestión. Creemos, sin embargo, que hubiera podido concretarse, pues si se contemplara en la legislación como deber y no como mero derecho, podría exigirse su cumplimiento y actuarse contra su incumplimiento. Debería haberse incluido a los particulares o profesionales que tengan contacto en su trabajo diario con las víctimas, como es el caso de los profesionales de la abogacía. Para poder brindar este buen trato es imprescindible la formación, pero también nos planteamos la posibilidad de que debiera preverse régimen disciplinario para los supuestos en los que los funcionarios y profesionales no dispensen un trato digno a la víctima.

De manera concreta y sobre el derecho de información analizado, destacamos las siguientes conclusiones:

1ª.- Sobre el derecho a obtener información concluimos que se trata a su vez de un deber que corresponde ejercitar a la policía judicial y al LAJ, sin perjuicio de que se pueda delegar a las OAVD. El LAJ deberá informar no solo al inicio del proceso sino durante todo su desarrollo. Ese deber no está reconocido como tal para la policía judicial en la actual LECrim. Por ello se propone que en una nueva LECrim se configure también como deber, con las consecuencias que procedan por su falta de cumplimiento. Una buena práctica sería realizar la diligencia de instrucción de derechos en el despacho del LAJ, o en la sala de declaraciones ante este, con la presencia del letrado de la víctima, el acompañante a quien tiene derecho en virtud del artículo 4, c LEVD, así como el personal especializado de la OAVD con la que la víctima haya tenido contacto previo. La información debería facilitarse siempre de forma escrita con una redacción clara y con las referencias normativas mínimas, complementada con una explicación oral. Para la efectividad de la propuesta anterior sería necesario implementar un protocolo exclusivo en materia de información y asistencia que permita la explicación de sus derechos a la víctima, con la finalidad de reducir la victimización secundaria. La información deberá actualizarse a lo largo de todo el procedimiento. Para ello proponemos dos vías complementarias. La primera implica la creación al inicio del procedimiento por el órgano judicial encargado de la instrucción de una ficha personal de la víctima que posibilite que, en caso de no personarse en el procedimiento, pueda estar constantemente informada del devenir del mismo. La segunda, es un complemento de la anterior, puesto que la ficha personal se puede crear en papel en el propio expediente y en el expediente electrónico, al que tendrá acceso el personal encargado de los distintos órganos judiciales que vayan a llevar el procedimiento. Para que la víctima reciba por correo electrónico cada hito del proceso y de esta manera esté convenientemente informada, se puede implementar el diseño de una base de datos que permita, con los datos de las víctimas, su conexión con el sistema de gestión procesal de la Administración de Justicia, para que cada resolución se le notifique a la víctima.

2ª.- Sobre el derecho a recibir información sobre la causa penal, parece oportuno reflexionar sobre el contenido mínimo de las resoluciones que deberán ser notificadas (como indica la LEVD, la parte dispositiva y un breve resumen que la fundamente). Al respecto, no encontramos justificación para que la notificación no sea de la resolución en su integridad para no cercenar su derecho a la tutela judicial efectiva y además un resumen con la información indispensable que consideramos debería elaborar el LAJ por corresponderle la responsabilidad de las notificaciones de todas las resoluciones del proceso. Para el supuesto de no personación de la víctima, se dispone como medio principal la utilización del correo electrónico que previamente habrá facilitado la víctima al Juzgado. La práctica de dos notificaciones cuando la víctima está personada, a su procurador y a la propia víctima puede plantear complicaciones en el cómputo de los plazos para la interposición de recursos. Sin embargo, podría solucionarse con el establecimiento por parte del legislador del *dies a quo*.

3ª.- Sobre los derechos inherentes al derecho a la información, destacamos en primer lugar el derecho a entender y se entendida, del que concluimos la necesidad de implementar los medios para que las víctimas puedan entender la información, y no únicamente garantizando el derecho a la interpretación sino adaptando los formularios de información, por ejemplo al braille, para las personas ciegas, o mediante el empleo del lenguaje de signos escrito -además del oportuno intérprete en las ocasiones en las que sea necesario- para las personas sordas o con alguna discapacidad auditiva para intervenir en esa barrera de comunicación. Y, puesto que las víctimas más vulnerables tienen más riesgo de victimización secundaria, también es necesario implementar protocolos que diseñen procedimientos adaptados teniendo en cuenta las necesidades específicas de víctimas con discapacidad o algún tipo de limitación y en las que se incluyan una serie de pautas de atención con el fin de que profesionales y recursos estén mejor adaptados a sus necesidades, procurando una atención individualizada.

En cuanto al derecho a la asistencia lingüística, se garantiza desde el momento de presentar denuncia, lo que implica el reconocimiento en sede policial y judicial de dicho derecho. El derecho a la traducción e interpretación es el que plantea otras cuestiones, como la destacable necesidad del empleo de las tecnologías por la realidad de insuficiencia de recursos en este ámbito. Tampoco será la mayoría de las veces posible sustituir la traducción escrita por un resumen oral, garantizar la traducción escrita de documentos del proceso e incluso la traducción de un resumen de estos de forma oral (no resulta posible con los medios económicos y recursos humanos realmente disponibles en la práctica si se quiere realizar en un tiempo prudencial). El tiempo que los servicios de traducción empleen en realizar las traducciones ralentiza el procedimiento, pues es imposible traducir cada una de las citaciones que se envían a las distintas víctimas en su idioma, por ejemplo. Esto a nuestro entender colapsaría, aun si cabe más, los Juzgados, pues para expedir la citación y posterior notificación habría que enviarla en primer lugar a los servicios externos de traducción, siendo esta forma de proceder incompatible con el derecho del acusado a un proceso sin dilaciones indebidas. Antes de optar por dicha posibilidad deberían proveerse de los medios adecuados.

Sobre la figura del acompañante, un derecho de la víctima novedoso, entendemos que no solo debe considerarse como una persona elegida por la víctima que le proporcione un soporte de carácter psicológico, sino que debe permitirse que dicha figura pueda ampliarse y ostentar funciones protectoras e, incluso, que personal especializado en dicho acompañamiento (por ejemplo, de las OAVD) pudiera ejercer dichas funciones.

Si bien es cierto que se ha reforzado la participación activa de la víctima en el proceso penal con algunas normas novedosas que la LEVD ha introducido en un ámbito ya regulado por la LECrim, no lo es menos que algunas de ellas son poco claras o criticables.

En primer lugar, en relación con las previsiones más oscuras o controvertidas sobre la participación de la víctima en el proceso penal declarativo, destacamos:

1ª.- El momento procesal último o *dies ad quem* para la personación de la víctima se ha establecido claramente en la LECrim. En consecuencia, la cuestión controvertida de hasta cuándo puede la víctima personarse y ser parte se ha resuelto con la última reforma de los artículos 109 *bis* y 110 efectuada por la LOPIVI, y siguiendo el último criterio interpretativo del Tribunal Supremo la posibilidad de la personación en el juicio oral es posible para ejercitar la acción penal. Así, para el ejercicio de la acción civil el momento preclusivo es el trámite de calificación del delito, pero en el caso del ejercicio de acción penal la víctima tiene que adherirse al escrito de acusación formulado por el Ministerio Fiscal o del resto de las acusaciones personadas reduciéndose a la mera adhesión a las partes activas del proceso si se persona después de haber precluido el trámite para calificar. No obstante, su entrada en el proceso no puede suponer entorpecimiento de este (se proscribe la retroacción o la reiteración de actuaciones). Por tanto, el Tribunal Supremo se ciñe a lo establecido en el tenor literal de la Ley rituaria y la doctrina jurisprudencial citada.

2ª.- Respecto de las asociaciones de víctimas y de las personas jurídicas a las que la Ley reconoce legitimación para defender los derechos de las víctimas se ha establecido un límite: la autorización de la víctima, sin la que no podrán ejercer la acción penal y pese al silencio legal interpretamos que dicha autorización debe ser expresa.

3ª.- Por último, respecto del derecho a la comunicación del Auto de sobreseimiento y a su impugnación:

- La LEVD se refiere a los Autos de sobreseimiento, si bien a nuestro juicio también estarían incluidos los Autos de archivo. Tanto la víctima personada como la no personada podrá recurrir tanto el Auto de sobreseimiento provisional como el Auto de sobreseimiento libre, ya que la Ley no distingue.
- La novedad más destacable es que, tras la reforma efectuada por la LEVD, se permite a las víctimas que no sean parte recurrir la resolución de sobreseimiento o archivo de un procedimiento penal previa comunicación a estas, otorgando en este supuesto una legitimación puntual o *ad hoc* a la víctima no personada para recurrir personadas -esta última evidentemente deberá personarse para poder recurrir solicitando la reapertura del procedimiento- y se amplía el plazo de recurso a veinte días. Este plazo es aplicable tanto para las víctimas personadas como para las que no estaban por lo que se produce una ampliación del plazo en el caso de las primeras si lo comparamos con, por ejemplo, el plazo ordinario para recurrir en apelación que es de cinco días o de diez días para recurrir el Auto de sobreseimiento libre dictado por la AP o Sala de lo Penal de la AN.

En relación con la justicia gratuita, la Ley ha ampliado las facultades a las víctimas para garantizar su acceso a la asistencia jurídica gratuita con respecto a la previsión de la Directiva 2012/29/UE (que únicamente la garantiza a las víctimas que sean parte en el procedimiento), contribuyendo a reducir su victimización secundaria al simplificar los trámites de la solicitud mediante el otorgamiento a las OAVD de un rol protagonista en la asistencia a las víctimas.

Por último, nos gustaría indicar algunas recomendaciones victimológicas que consideramos pueden ayudar a conjugar la relación entre los derechos de la víctima del delito y su victimización secundaria.

A nuestro parecer, el sistema de justicia penal español, debe procurar que la víctima del delito deje de lado el sentimiento de desconfianza que le genera la intervención en el proceso penal y, para ello es relevante que tanto las instituciones como los concretos operadores que lo integran adopten una posición proclive a la atención a las víctimas del delito desde una perspectiva activa que tenga como base el reconocimiento de los derechos previstos por la legislación pero que vaya mucho más lejos, traduciéndose en una preocupación, una empatía por las víctimas y sobre todo una formación que permita cambiar su forma de pensar y de tratarlas, así como el diseño de unos protocolos y la colaboración entre las instituciones y Administraciones implicadas:

- Es fundamental la especialización de todos los operadores jurídicos en materia de protección a las víctimas, mediante el diseño y la implementación de cursos de formación victimológica dirigidos tanto a Fuerzas y Cuerpos de Seguridad, como en el concreto ámbito de la Administración de Justicia, a todos los funcionarios que desempeñen sus funciones en los Juzgados y Fiscalías que tengan contacto directo con las víctimas de delitos, y a todos los profesionales implicados. Debería irse incluso más allá con la introducción en los planes de estudio de los Grados en Derecho, así como de los Grados en Psicología, Trabajo Social y aquellos relacionados con un futuro profesional en la atención a las víctimas del delito, asignaturas sobre Victimología y los derechos de las víctimas en el proceso penal. También debería fomentarse el estudio de esta materia victimológica y de justicia penal, la normativa sobre víctimas, en las oposiciones de acceso a los distintos operadores policiales y jurídicos que en su profesión tomen contacto con la víctima del delito: a saber, jueces, fiscales, Fuerzas y Cuerpos de Seguridad del Estado, funcionariado de la Administración de Justicia, así como funcionariado de Administración General, autonómica y local, entre otras. Para evitar la victimización secundaria se requiere una capacitación especial de estas personas, para aplicar sus conocimientos al caso concreto.

- Debería darse una respuesta coordinada entre todos los organismos, instituciones y Administraciones que intervienen para ofrecer a las víctimas atención, ayuda y apoyo, por lo que es necesario que tanto el Gobierno como las CCAA cada uno dentro de sus competencias, elaboren los protocolos que sean necesarios -particularmente con respecto a las víctimas especialmente vulnerables- para que estos derechos de las víctimas y medidas de protección reconocidos en nuestro ordenamiento jurídico se trasladen en propuestas de buenas prácticas procesales que pueden redundar en una mayor eficacia práctica de los derechos recogidos en la LEVD, y que esté presente en los mismos una finalidad de resocialización de las víctimas para que se produzca su desvictimización. Para ello es fundamental la coordinación con las OAVD y la elaboración de protocolos provinciales, aunque teniendo en consideración los distintos medios de los que disponen los distintos partidos judiciales en función de su número de juzgados.

- Consideramos que la aprobación de la LEVD ha generado una reflexión en España sobre la forma de actuación en nuestro proceso penal con las víctimas. Ha supuesto un primer paso para implementar un sistema de justicia más humano con la víctima de delito; el segundo paso sería introducir el estatuto de la víctima en una nueva Ley de Enjuiciamiento Criminal que tras tres intentos de Anteproyectos, 2011, 2013 y 2020 sigue sin incorporarse; el tercer paso, y por último la implicación de las Administraciones para conseguir su aplicación en la práctica forense porque –coloquialmente hablando- "el papel lo aguanta todo", pero no la realidad cotidiana.

Bibliografía

AEBI, M. F., y LINDE A., "Las encuestas de victimización en Europa: evolución histórica y situación actual", en *Revista de Derecho Penal y Criminología*, 3ª Época, núm. 3, 2010, pp. 211-298.

AGUDO FERNÁNDEZ, E.; JAÉN VALLEJO, M., PERRINO PÉREZ, Á., *La víctima en la Justicia Penal (El Estatuto jurídico de la víctima del delito)*, Madrid, Dykinson, 2016.

ALASTUEY DOBON, M. C., *La reparación a la víctima en el marco de las sanciones penales*, Valencia, Tirant lo Blanch, 2000.

ALBA FIGUERO, M. C., "Derechos, facultades y posibilidades jurídicas de la víctima del terrorismo en el actual marco del proceso penal", en *Boletín del Ministerio de Justicia*, Año LXXII, núm. 2208, mayo de 2018. Recurso electrónico, disponible en: https://bit.ly/3nexrhE

ALLER, G., *El derecho penal y la víctima*, Buenos Aires, B de F, 2015.

ALONSO RIMO, A., *Víctima y sistema penal: Las infracciones no perseguibles de oficio y el perdón del ofendido*, Valencia, Tirant lo Blanch, 2002.

"Medidas de protección de los intereses de las víctimas", en *Estudios de Victimología, Actas del I Congreso Español de Victimología*, TAMARIT SUMALLA, J. M. (Coord.), Valencia, Tirant lo Blanch, 2005, pp. 345-379.

ÁLVAREZ DE NEYRA KAPPLER, S., "El derecho a la traducción y a la interpretación en la detención", en *Traducción, interpretación e información para la tutela judicial efectiva en el proceso penal*, ARIZA COLMENAREJO, M. J. (Coord.), Valencia, Tirant lo Blanch, 2018, pp. 63-89.

ALVIRA MARTÍN, F. y RUBIO RODRÍGUEZ, M. A., "Victimización e inseguridad: la perspectiva de las encuestas de victimización en España", en *Reis*, núm. 18, 1982, pp. 29-50.

ANICHIARICO GONZÁLEZ, A. M. y CISNEROS TRUJILLO, C., "Las garantías procesales de las víctimas en la normatividad de la Unión Europea", en *Anuario Colombiano de Derecho Internacional (ACDI)*, núm. 13, 2020, pp. 251-286.

ANTÓN GARCÍA, L., "Barrera idiomática y derecho a la información de las víctimas de violencia de género: el servicio de interpretación en el sistema penal de Cataluña", en *Indret*, núm. 2, Barcelona, Universitat Pompeu Fabra, 2014, pp. 33-54.

ARAGONESES MARTÍNEZ, S., "Introducción al régimen procesal de la víctima del delito (II): Derechos; Acción penal, ayudas públicas y asistencia", en *Revista de Derecho Procesal,* núm. 1, 1998, pp. 409-439.

ARANGÜENA FANEGO, C., "El Derecho a la interpretación y a la traducción en los procesos penales. Comentario a la Directiva 2010/64/UE del Parlamento Europeo y del Consejo, de 20 de octubre de 2010", en *Revista General de Derecho Europeo,* núm. 24, 2011.

"Participación de la víctima en el proceso", en *Cuadernos Digitales de Formación,* núm. 47, Consejo General del Poder Judicial, 2016, pp. 201-232.

ARIAS MARÍN, A., "Teoría Crítica y Derechos Humanos: Hacia un concepto crítico de víctima", en *Nómadas. Critical Journal of Social and Juridical Sciences,* Norteamérica, Vol. 36, núm. 4, mayo 2013, pp. 31-60.

ARMENGOT VILAPLANA, A., El derecho a la información en los procesos penales (Directiva 2012/13/UE) y su incorporación a la LECrim", en FUENTES SORIANO, O. (Coord.), *El proceso penal. Cuestiones fundamentales,* Valencia, 2017, pp. 177-190.

ARMENTA DEU, T., "La víctima como excusa: su posición en los sistemas procesales en relación con el ejercicio exclusivo de la acción penal y el procedimiento de menores", en *El Derecho procesal español del siglo XX a golpe de tango,* Juan Montero Aroca, Liber Amicorum, en homenaje y para celebrar su LXX cumpleaños, GÓMEZ COLOMER, J. L., BARONA VILAR, S., y CALDERÓN CUADRADO, P. (Coords.), Valencia, Tirant lo Blanch, 2012.

ARUMÍ RIBAS, M., "Interpretar para la justicia en España hoy", en *Traducción, interpretación e información para la tutela judicial efectiva en el proceso penal,* ARIZA COLMENAREJO M. J. (Coord.) Valencia, Tirant lo Blanch, 2018, pp. 43-62.

BACA BALDOMERO, E., "Los procesos de desvictimización y sus condicionantes y obstáculos", en BACA BALDOMERO, E.; ECHEBURÚA ODRIOZOLA, E. y TAMARIT SUMALLA, J. M. (Coords.), en *Manual de Victimología,* Valencia, Tirant lo Blanch, 2006, pp. 253-283.

BARONA VILAR, S., "*Mediación penal. Fundamento, fines y régimen jurídico,* Valencia, Tirant lo Blanch, 2011.

"Influencia de la Unión Europea e instancias supranacionales en la tutela penal de la víctima, en la Justicia Restaurativa y la Mediación Penal", en MARTÍN OSTOS, J. (Coord.), *El Derecho Procesal en el Espacio Judicial Europeo,* Barcelona, Atelier, 2013, pp. 83-106.

BERISTAIN IPIÑA, A., "¿La sociedad/judicatura atiende a «sus» víctimas/testigos?", en *Nueva Criminología desde el Derecho Penal y la Victimología,* Valencia, Tirant lo Blanch, 1994, pp. 233-290.

"El nuevo Código Penal de 1995 desde la Victimología" en *Eguzkilore, Cuaderno del Instituto Vasco de Criminología,* núm. 10 extraordinario dedicado a: "Estudios sobre el nuevo Código penal español, 1995", 1997, pp. 57-94.

"Evolución desde el crimen al delincuente y a la víctima (Aproximaciones diacrónicas y sincrónicas a la Política Criminal)", en *Anuario de derecho penal y ciencias penales,* 1999, Vol. 52, núm.1, pp. 73-88.

Victimología: nueve palabras clave, Valencia, Tirant lo Blanch, 2000.

Protagonismo de las víctimas de hoy y mañana (Evolución en el campo jurídico penal, prisional y ético), Valencia, Tirant lo Blanch, 2004.

"Hoy creamos una nueva ciencia cosmopolita e integradora: la Victimología de máximos, después de Auschwitz", en TAMARIT SUMALLA, J. M. (Coord.), *Estudios de Victimología. Actas del I Congreso español de Victimología,* Valencia, Tirant lo Blanch, 2005, pp. 261-282.

BONET ESTEVA, M., *La víctima del delito (La autopuesta en peligro como causa de exclusión del tipo de injusto),* Madrid, McGraw-Hill Interamericana de España, 1999.

BUSTOS RAMÍREZ, J., y LARRAURI PIJOAN, E., *Victimología: presente y futuro. Hacia un sistema penal de alternativas,* Barcelona, Promociones y Publicaciones Universitarias-PPU, 1993.

CALVO BARCELÓ, A., "Asistencia jurídica y turno de oficio para la víctima", en SOLETO MUÑOZ, H., y GRANÉ CHÁVEZ, A., *La reparación económica a la víctima en el sistema de justicia,* Midac, 2019, pp. 101-138.

CÁRDENAS VIRRAURI, J. H, "Las víctimas en el siglo XXI: perspectivas filosóficas", en *Revista de Victimología,* núm. 5, 2017, pp. 129-150.

CARRIZO GONZÁLEZ-CASTELL, A., "Luces y sombras en torno al ejercicio de la acción penal derivado de los artículos 109 y 109 *bis* de la Ley de Enjuiciamiento Criminal", en *Diario La Ley,* núm. 8796, 2016, pp. 1-9.

CEREZO DOMÍNGUEZ, A. I, *El protagonismo de las víctimas en la elaboración de las leyes penales,* Valencia, Tirant lo Blanch, 2010.

CHAMORRO BERNAL, F., *La tutela judicial efectiva. Derechos y garantías procesales derivadas del art. 24.1 de la Constitución,* Barcelona, Bosch, 1994.

CHOCRÓN GIRÁLDEZ, A. M., "Fundamento constitucional de la protección a las víctimas en el proceso penal español ", en *Boletín Mexicano de Derecho Comparado*, nueva serie, año XLVI, Vol. 41, núm. 122, mayo-agosto, 2008, pp. 691-715.

"La Directiva 2012/29/UE del Parlamento Europeo y del Consejo, de 25 de octubre, sobre los derechos, el apoyo y la protección a las víctimas de delitos", en *Revista Aranzadi Unión Europea*, núm. 12, diciembre, 2013, pp. 37-58.

CHOZAS ALONSO, J. M., "El empleo de la videoconferencia en la declaración de los testigos-víctimas en el proceso penal español", en *La víctima menor de edad. Un estudio comparado Europa/América*, ARMENTA DEU, T., y OROMÍ I VALL-LLOVERA, S. (Coord.), Madrid, Colex, 2010, pp. 166-175.

"El nuevo estatuto de la víctima de los delitos en el proceso penal. Los sujetos protagonistas del proceso penal", en *Los sujetos protagonistas del proceso penal. Conforme a las recientes reformas legislativas: Ley Orgánica 1/2015, de 30 de marzo, por la que se modifica la Ley Orgánica 10/1195, de 23 de noviembre, del Código Penal Ley 4/2015, de 27 de abril, del Estatuto de la víctima del delito LO 5/2015, de 27 de abril, por la que se modifican la LECRIM y LOPJ*, CHOZAS ALONSO, J. M. (Coord.), Madrid, Dykinson, 2015, pp. 193-261.

COBO DEL ROSAL, M., y VIVES ANTÓN, T. S., *Derecho penal español: parte especial*, Dykinson, 2005.

COROMINAS, J., *Breve diccionario etimológico de la lengua castellana*, Madrid, Gredos Editorial, 1994.

COSCOLLOLA FEIXA, M. A.; FERNÁNDEZ PALMA, M. R; GUIL ROMÁN, C.; HERNÁNDEZ GARCÍA, J. y RIVA ANIES, M. V., "El impacto del estatuto de la víctima del delito en el proceso penal", en *Centre d'Estudis Jurídics i Formació Especialitzada, Generalitat de Catalalunya*. Recurso electrónico, disponible en: https://bit.ly/2EgkylM

CUBELLS, J.; CALSAMIGLIA, A. y ALBERTÍN, P., "El ejercicio profesional en el abordaje de la violencia de género en el ámbito jurídico-penal: un análisis psicosocial", en *Anales de psicología*, Vol. 26, núm. 1 (enero), 2010, pp. 369-377.

DE HOYOS SANCHO, M., "Reflexiones sobre la Directiva 2012/29/UE, por la que se establecen normas mínimas sobre los derechos, el apoyo y la protección de las víctimas de delitos, y su trasposición al ordenamiento español", en *Revista General de Derecho Procesal*, núm. 34, 2014, pp. 1-53.

"Novedades en el tratamiento procesal de las víctimas de hechos delictivos tras las reformas normativas de 2015", *Diario La Ley*, núm. 8689, Sección Doctrina, Wolters Kluwer, 26 de enero de 2016.

El ejercicio de la acción penal por las víctimas. Un estudio comparado, Cizur Menor (Navarra), Aranzadi Thomson Reuters, 2016.

DE LA CUESTA ARZAMENDI, J. L., "El principio de humanidad en Derecho Penal", en *Cuaderno del Instituto Vasco de Criminología*, Eguzkilore, núm. 23, 2009, pp. 209-225.

DE LA CUESTA ARZAMENDI, J. L.; MAYORDOMO RODRIGO, V.; PÉREZ MACHÍO A. I. y VARONA MARTÍNEZ, G., *Victimología: Un acercamiento a través de sus conceptos fundamentales como herramientas de comprensión e intervención*, Universidad del País Vasco, OCW, 2015.

DELGADO MARTÍN, J., "El estatuto de la víctima en el proceso penal español", en *Estudios de Derecho Judicial 58/2004. Las reformas procesales*, Consejo General del Poder Judicial, 2004, pp. 1-61.

DÍAZ COLORADO, F., "Una mirada desde las víctimas: el surgimiento de la Victimología. Ensayo", en *Umbral Científico*, núm. 9, 2006, pp. 141-159.

DÍEZ PICAZO, L. M., *El poder de acusar*, México, INACIPE, Instituto Nacional de Ciencias Penales, 2018.

DÍEZ RIPOLLÉS, J. L., "La víctima del delito en la política criminal y el Derecho Penal" en *Jueces para la Democracia*, núm. 57, 2006, pp. 33-35.

DRAPKIN, I., "El Derecho de las víctimas", en *Anuario de Derecho Penal y Ciencias Penales*, Tomo 33, mayo-agosto 1980, pp. 367-386.

ECHARRI CASI, F. J.; CASTAÑÓN ÁLVAREZ y M. J., ETXEBARRIA ZARRABEITIA X., *Práctica procesal penal*, Madrid, Dykison, 2020.

ECHEBURÚA, E., "Criterios de actuación en el tratamiento psicológico de las víctimas de terrorismo", en *Revista de Psicología-Infocoponline*. Recurso electrónico, disponible en: https://bit.ly/2Zh5YTJ

ECHEBURÚA, E., y CRUZ-SÁEZ, M.S, "De ser víctimas a dejar de serlo: un largo proceso", en *Revista de Victimología/Journal of Victimology*, pp. 83-96.

ECHEBURÚA, E., y DEL CORRAL, P., "Intervención en crisis en víctimas de sucesos traumáticos: ¿cuándo, ¿cómo y para qué?, en *Psicología Conductual*, Vol. 15, núm. 3, 2007, pp. 373-387.

ECHEBURÚA ODRIOZOLA, E. y GUERRICA ECHEVARRÍA, C., "Especial consideración de algunos ámbitos de victimación" en *Manual de Victimología*, Valencia, Tirant lo Blanch, 2006, pp. 129-206.

ESBEC RODRÍGUEZ, E., "Víctimas de delitos violentos. Victimología general y forense", *Psiquiatría Legal y Forense*, Vol. II, GONZÁLEZ DE RIVERA y REVUELTA, J. L.; RODRÍGUEZ PULIDO, F.; ESBEC RODRÍGUEZ, E. y DELGADO BUENO, S. (Dir.), Madrid, Colex, 1994, pp. 1303-1354.

ESER, A., *Sobre la exaltación del bien jurídico a costa de la víctima* (traducción de Manuel Cancio Meliá), Bogotá, Universidad Externado de Colombia, 1998.

ETXBERRÍA GURIDI, F., "La víctima y el derecho a los recursos", en *La víctima del delito y las Últimas reformas procesales penales,* DE HOYOS SANCHO, M. (Dir.), Cizur Menor (Navarra), Aranzadi Thomson Reuters, 2017, pp. 171-200.

FAGGIANI, V., "El derecho a la información en los procesos penales en la UE: la Directiva 2012/13/UE, de 22 de mayo de 2012", en *Revista General de Derecho Procesal,* núm. 30, 2013, pp. 1-18.

FATTAH, E. A., "Victimología: pasado, presente y futuro" (traducción y notas de María del Mar Daza Bonachela), en *Revista Electrónica de Ciencia Penal y Criminología,* 2014, núm. 16,. Publicación original: "*Victimology: Past, Present and Future*", *Criminologie,* Vol. 33, núm. 1, 2000, pp. 17-46.

FERNÁNDEZ ARÉVALO, L., "Posición jurídica de la víctima en el sistema español de ejecución", en *Curso de formación continua de fiscales,* Centro de Estudios Jurídicos, 2015, pp. 1-30.

FERNÁNDEZ CARRON, C., *El derecho a interpretación y a traducción en los procesos penales,* Valencia, Tirant lo Blanch, 2017, pp. 39-71.

FERNÁNDEZ, M. I., "Protección y tutela de las víctimas en el proceso penal", en *Cuadernos penales José María Lidón,* núm. 13, Bilbao, 2017, pp. 177-200.

FERNÁNDEZ-GALLARDO, J. A., "Cuestiones derivadas del auto de apertura del juicio oral en el procedimiento abreviado", en *Anales de derecho,* núm. 32, 2014, pp. 1-42.

"Análisis crítico del Estatuto de la víctima del delito", en *Revista de derecho y proceso penal,* núm. 40, 2015, pp. 49-86.

FERREIRO BAAMONDE, X., *La víctima en el proceso penal,* Madrid, La Ley, 2005.

GALLO, C., y ELIAS, R., "Más allá del castigo. El surgimiento del movimiento de víctimas en los Estados Unidos y Suecia", en *Revista de Victimología,* núm. 8, 2018, pp. 9-34.

GARCÍA COSTA, F. M., *La víctima en las constituciones*, Valencia, Tirant lo Blanch, 2014.

GARCÍA ESPAÑA, E.; DÍEZ RIPOLLÉS, J. L.; PÉREZ JIMÉNEZ, F.; BENÍTEZ JIMÉNEZ, M. J., y CEREZO DOMÍNGUEZ, A., "Evolución de la delincuencia en España: Análisis longitudinal con encuestas de victimización", en *Revista Española de Investigación Criminológica* núm. 8, 2010, pp. 1-27.

GARCÍA ESPAÑA, E.; PÉREZ JIMÉNEZ, F., BENÍTEZ JIMÉNEZ, M. J., y CEREZO DOMÍNGUEZ, A., *La delincuencia según las víctimas. Un enfoque integrado a partir de una encuesta de victimización*, Málaga, Pinello, 2006.

GARCÍA-PABLOS DE MOLINA, A., "Hacia una «redefinición» del «rol» de la víctima y en el sistema legal", en *Estudios penales en memoria del profesor Agustín Fernández-Albor*, Santiago de Compostela, Servicio de Publicaciones, 1989, pp. 307-328.

"La aportación de la Criminología", en *Cuaderno del Instituto Vasco de Criminología*, núm. 3, diciembre 1989, pp. 79-94.

GARCÍA PÉREZ, M. F., "Posición jurídica de la víctima en el proceso penal a la luz de la Directiva 2012/29/UE" (Dirs. GARCÍA PÉREZ, M. F., y CAMARENA GRAU, S. en *Cuadernos Digitales de Formación (CDF)* (monográfico sobre Reformas procesales y sustantivas en el ámbito penal), núm. 2, Consejo General del Poder Judicial, 2014, pp. 1-48.

GARRIDO GENOVÉS, V., "La ayuda educativa a las víctimas del delito: (no sólo los delincuentes necesitan asistencia)", en *Bordón*, núm. 42 (4), 1990, pp. 387-395.

GARRIDO GENOVÉS, V., y REDONDO ILLESCAS, S., *Principios de Criminología*, Valencia, Tirant lo Blanch, 4ª Ed., 2013.

GASCÓN CUENCA, A.; AÑÓN ROIG, M. J.; GARCÍA CÍVICO, J.; MERINO SANCHO, V. M.; ALBERT MORA CASTRO, A. y DE LUCAS MARTÍN, F. J., "La lucha contra los delitos de odio en la Comunitat Valenciana: realidad y estratégicas de implementación protección desde el ámbito autonómico", en *Igualdad de trato, prevención de la discriminación y delitos de odio en la Comunitat Valenciana*, Valencia, Tirant lo Blanch, 2019.

GIMENO SENDRA, V., *Derecho Procesal Penal*, Civitas, Aranzadi Thomson Reuters, 2ª Ed., 2015.

Manual de Derecho Procesal Penal, Ediciones Jurídicas Castillo de Luna, 2ª Ed., 2018.

GINER ALEGRÍA, C. A., "Aproximación psicológica de la Victimología", en *Revista De Derecho y Criminología,* Valencia, Tirant lo Blanch, 2011, pp. 27-54.

GÓMEZ COLOMER, J. L., *Estatuto Jurídico de la víctima del delito (La posición jurídica de la víctima ante la Justicia Penal. Un análisis basado en el Derecho comparado y en la Ley 4/2015, de 27 de abril, del Estatuto de la Víctima del delito en España),* Cizur Menor (Navarra), Aranzadi Thomson Reuters, 2ª Ed., 2015.

"¿Es necesaria una reforma de los derechos de la víctima del crimen en el proceso penal español?", en *Cuadernos de derecho penal,* núm. 14, 2015, pp. 13-58.

"Los aspectos esenciales del proyectado Estatuto Jurídico de la Víctima", en *Revista Aranzadi de Derecho y Proceso Penal,* núm. 37, pp. 181-220.

"Tres graves falencias del estatuto de la víctima del delito cuando la mujer es víctima de violencia doméstica, de género, de tratos vejatorios y humillantes, o de delitos contra la libertad e indemnidad sexuales", en *La Víctima del Delito y las Últimas reformas procesales Penales,* Cizur Menor (Navarra), DE HOYOS SANCHO, M. (Dir.), Aranzadi Thomson Reuters, 2017, pp. 23-46.

GONZÁLEZ CANO, M. I., Algunas reflexiones sobre los nuevos paradigmas de la tutela procesal de la víctima del delito de trata", en *La tutela de la víctima de trata: una perspectiva penal, procesal e internacional,* MARTÍN RÍOS, P. (Coord.), MARTÍN OSTOS J. (Dir.), 2019, pp. 207-241.

GÖPPINGER, H., *Criminología,* Madrid, Reus, 1975.

GUTIÉRREZ, C.; CORONEL, E. y ANDRÉS, C., "Revisión teórica del concepto de victimización secundaria", *Liberabit,* 15, Vol. 1, 2009, pp. 49-58.

HASSEMER, W., "Consideraciones sobre la víctima del delito", en *Anuario de derecho penal y ciencias penales,* núm. 1, Vol. 43, 1990, pp. 241-260.

HASSEMER, W. y MUÑOZ CONDE, F., *Introducción a la Criminología y a la Política criminal,* Valencia, Tirant lo Blanch, 2012.

HERRERO, C., *Hacia un derecho penal equilibrado. Plataforma razonable de política criminal,* Dykinson, Madrid, 2015.

HERRERA MORENO, M., "Sobre los orígenes científicos de la Victimología", en *Cuadernos de Política Criminal,* núm. 56, 1995, pp. 481-517.

La hora de la víctima. Compendio de Victimología, POLAINO NAVARRETE, M. (Prol.), Madrid, Edersa, 1996.

"Historia de la Victimología", en *Manual de Victimología,* BACA BALDOMERO E.; ECHEBURÚA ODRIOZOLA, E., TAMARIT SUMALLA, J. M. (Coords.), Valencia, Tirant lo Blanch, 2006, pp. 51-78.

Recensión "Reflexiones a propósito de «Las víctimas en el sistema penal y su derecho a los derechos», de José Luis Eloy Morales Brand", en *Revista Electrónica de Estudios Penales y de la Seguridad,* REEPS, núm. 3, 2018.

JAEN VALLEJO, M., y PERRINO PÉREZ, A. L., *La Reforma procesal penal de 2015,* Madrid, Dykinson, 2015.

JIMÉNEZ DE ASÚA, L., "La llamada victimiología" [sic] en *Estudios de Derecho Penal y Criminología,* JIMÉNEZ DE ASÚA, L. (Dir.), Tomo I, Buenos Aires, Bibliográfica Omeba, 1961.

LANDROVE DÍAZ, G., "La desprotección de las víctimas en el Derecho español", en *Victimología: VIII Cursos de Verano en San Sebastián,* Universidad del País Vasco, 1990, pp. 11-26.

"La víctima y el Juez", en *Victimología: VIII Cursos de Verano en San Sebastián,* Universidad del País Vasco, 1990, pp. 183-194.

Victimología, Valencia, Tirant lo Blanch, 1990.

"Las víctimas ante el derecho español", en *Estudios penales y criminológicos,* núm. 21, 1998, pp. 167-208.

La moderna victimología, Valencia, Tirant lo Blanch, 1998.

LARRAURI PIJOAN, E., *Victimología, De los delitos y de las víctimas,* Buenos Aires, Ad-Hoc SRL, 1ª Ed., 1992.

LLORENTE SÁNCHEZ-ARJONA, M., "La protección de las víctimas de delitos en el marco de la Unión Europea", en *Cuadernos de Política Criminal,* núm. 112, Madrid, mayo 2014, pp. 307-336.

"Las víctimas en el espacio judicial europeo: estudio de la directiva 2012/29/UE, de 25 de octubre de 2012", en *REJ-Revista de Estudios de la Justicia,* núm. 22, 2015, pp. 119-141.

LÓPEZ JARA,M., " La modificación de la Ley de Enjuiciamiento Criminal en materia de derechos y garantías procesales:los derechos a la traducción e interpretación y a la información en el proceso penal", en *Diario La Ley,* núm. 8540, Sección Doctrina, 2015, Ref. D-192.

LUQUE REINA, M. E., "Las encuestas de victimación", en BACA BALDOMERO, E; ECHEBURÚA ODRIOZOLA, E. y TAMARIT SUMALLA, J. M. (Coords.), en *Manual de Victimología,* Valencia, Tirant lo Blanch, 2006.

MAIER, J. B., "La víctima y el sistema penal", en *Jueces para la democracia*, núm. 12, 1991.

MAGRO SERVET, V., "El nuevo estatuto de la víctima en el proceso penal", en *Diario La Ley*, núm. 7495, La Ley, 2010.

MANZANARES SAMANIEGO, J. L., "Estatuto de la víctima. Comentario a su regulación procesal penal", en *Diario La Ley*, núm. 8351, Madrid, 2014, pp. 1-12.

MARCOS FRANCISCO, D., "Algunas notas sobre las sorprendentes y cuestionables reformas de la asistencia jurídica gratuita", en *Revista Actualidad Civil*, núm. 9, septiembre 2013, pp. 1-6.

MÁRQUEZ CÁRDENAS, A. E., "La Victimología como estudio. Redescubrimiento de la víctima para el proceso penal", en *Revista Prolegómenos. Derechos y Valores*, Vol. 14, núm. 27, 2011, pp. 27-42.

MARTÍN RÍOS, M. P., *Víctima y justicia penal: Reparación, intervención y protección de la víctima en el proceso penal*, Barcelona, Atelier Libros Jurídicos, 2012.

MARTÍNEZ ARRIETA, A., "La víctima en el proceso penal", en *Actualidad Penal*, núm. 4, semana 22, enero 1990.

"La entrada en el proceso de la víctima", en *Cuadernos de Derecho Judicial XV* (especial dedicado La Victimología), Consejo General del Poder Judicial, 1994.

MARTÍNEZ ATIENZA, G., *Código Penal. Estudio Sistematizado*, Vlex, 2017.

MENDELSOHN, B., "La Victimología y las tendencias de la sociedad contemporánea", en *Revista Ilanud al día*, San José, Costa Rica, Vol. 4, núm. 10, 1981.

MOJICA LÓPEZ, E., "Análisis de la situación de la traducción y la interpretación en el ámbito judicial en España en casos específicos de violencia de género", en *FITISPos International Journal: Public Service Interpreting and Translation*, Vol. 1, 2014, pp. 169-180.

MONTERO AROCA, J., "Las partes acusadoras", en MONTERO AROCA, J.; GÓMEZ COLOMER J. L.; BARONA VILAR, S.; ESPARZA LEIBAR, I y ETXEBERRÍA GURIDI, J. F., *Derecho Jurisdiccional III. Proceso Penal*, Valencia, Tirant lo Blanch, 26ª Ed., 2018.

MONTERO AROCA, J.; GÓMEZ COLOMER, J. L.; MONTÓN REDONDO, A.; BARONA VILAR, S.; ESPAZA LEIBAR, I., y ETXEBERRÍA GURIDI J. F., *Derecho Jurisdiccional III, Proceso Penal*, Valencia, Tirant lo Blanch, 26ª Ed., 2018.

MORILLAS FERNÁNDEZ, D. L.; PATRÓ HERNÁNDEZ, R. M. y AGUILAR CÁRCELES, M. M., *Victimología: un estudio sobre la víctima y los procesos de victimización*, Madrid, Dykinson, 2ª Ed., 2014.

NICOLÁS GUARDIOLA, J. J., "Factores de vulnerabilidad y de protección ante la victimización", en *Ciencias Jurídicas y Victimológicas, Derechos Humanos en el contexto de la Victimología y la marginación*, NICOLÁS GUARDIOLA, J. J. (Dir.); GARCIA MERCADER, E. J. (Coord.) y GINER ALEGRÍA, C. A., Pamplona, Aranzadi, 2013.

NIETO MARTÍN, A., "Empresas, víctimas y sanciones restaurativas: ¿Cómo configurar un sistema de sanciones para personas jurídicas pensando en sus víctimas?", en *La Víctima del Delito y las Últimas reformas procesales Penales*, Cizur Menor (Navarra), DE HOYOS SANCHO, M. (Dir.), Aranzadi Thomson Reuters, 2017, pp. 315-330.

OROMÍ I VALL-LLOVERA, S. y LUPÀRIA, L., "Concepto de víctima y de víctima especialmente vulnerable", en ARMENTA DEU, T. (Coord.), *Código de Buenas Prácticas para la protección de víctimas especialmente vulnerables. Menores y víctimas de violencia de género*, Madrid, Colex, 2011, pp. 19-26.

OTERO GONZÁLEZ, M. P., *La libertad vigilada aplicada a ¿imputables?: presente y futuro*, Madrid, Dykinson, 2015.

PALENQUE LUS, M. R. "Compromiso activo con la persona. Los derechos a la información e instrucción, puerta de entrada para todos los demás derechos de las víctimas, ¿Es posible una justicia orientada a la persona? retos que plantea el proceso penal tras la aprobación del Estatuto de la víctima del delito", en *Cuadernos Penales José María Lidón*, núm. 14, 2018, pp. 83-118.

PEREDA BELTRÁN, N., "La Victimología en el contexto de las Ciencias Sociales", en PEREDA BELTRÁN, N. y TAMARIT SUMALLA J. M, *Victimología teórica y aplicada*, Barcelona, Huygens, 2013, pp. 296-313.

PEREIRA PUIGVERT, S., "Normas mínimas para las víctimas de delitos: análisis de la Directiva 2012/29/UE. Especial referencia al derecho de información y apoyo", en *Revista General de Derecho Europeo*, núm. 30, 2013, pp. 1-21.

PÉREZ RIVAS, N., "El derecho de la víctima a olvidar", en *Estudios monográficos sobre víctimas y victimarios, La ley penal: revista de derecho penal, procesal y penitenciario*, núm. 122, 2016, pp. 1-19.

PERIS RIERA, J. M., "Aproximación a la Victimología. Su justificación frente a la Criminología", en *Cuadernos de política criminal*, núm. 34, 1998, pp. 93-128.

PILLADO GONZÁLEZ, E., y RECIO JUÁREZ, M., "Los derechos del investigado a ser asistido de intérprete y a la traducción de documentos tras la LO 5/2015, de 27 de abril", en *Nuevos horizontes del derecho procesal: libro-homenaje al Prof. Ernesto Pedraz Penalva*, JIMENO BULNES, M. y PÉREZ GIL, J. (Coords.), PEDRAZ PENALVA, E. (Hom.), Bosch, 2016, pp. 871-898.

QUINTERO OLIVARES, G., "La víctima y el Derecho Penal", en TAMARIT SUMALLA, J. M. (Coord.), *Estudios de Victimología. Actas del I Congreso español de Victimología*, Valencia, Tirant lo Blanch, 2005, pp. 15-26.

QUINTERO OLIVARES, G.; MORALES PRATS, F., y PRATS CANUT, J. M., *Manual de derecho penal. Parte general*, Navarra, Aranzadi, 1999.

RAMÍREZ ACÍN, P. J., "Protocolos de intervención policial en la atención a víctimas", en *Manual de atención y valoración pericial en violencia sexual, Guía de buenas prácticas*, FERNÁNDEZ GONZÁLEZ, J., Barcelona, Bosch, 2018, pp. 325-337.

RAMÍREZ, J. D.; PÉREZ, J. y LANNE-LENNE, L., "Lectura fácil y lenguaje claro del acceso a la información al derecho a comprender", en *Cuadernos de la Guardia Civil: Revista de seguridad pública*, núm. 58, 2019, pp. 91-107.

RECHEA ALBEROLA, C., *La Criminología Aplicada II*, Madrid, Consejo General del Poder judicial, 1999.

RODRÍGUEZ CAMPOS, C., "El Derecho victimal: Una nueva rama del Derecho en el sistema jurídico mexicano", en *Anales de Derecho*, núm. 29, 2011.

"El Derecho victimal en México como instrumento para lograr la justicia frente al fenómeno de la victimización", en *Archivos de Criminología, Criminalística y Seguridad Privada*, 2013, Vol. 11, pp. 1-34.

RODRÍGUEZ MANZANERA, L., *Criminología*, México, Porrúa, 21ª Ed., 2006.

Victimología. Estudio de la víctima, México, Porrúa, 12ª ed., 2010.

"Derecho victimal y victimodogmática", en *Eguzkilore*, núm. 26, San Sebastián, 2012, pp. 131-141.

ROMERO SIEIRA, C., "Comentario al Artículo 124 del Código Penal", en *Código Penal. Parte General. Tomo I*, GADEA, S. A. (Coord.), *Factum Libri* Ediciones, 2007, pp. 694-703.

ROPERO CARRASCO, J., "¿Hay que "merecer" la protección del Derecho penal?: Derechos y deberes de las víctimas", en *La respuesta del Derecho penal ante los nuevos retos,* Madrid, Dykinson, 2006, pp. 115-138.

SAMAMÉ, L., "Justicia y Empatía: Dificultades y Propuestas", en *Estudios de Filosofía Práctica e Historia de las Ideas,* Vol. 18, Mendoza, 2016, pp. 1-16.

SAMPEDRO-ARRUBLA, J. A., "Apuntes para una rehumanización de la justicia penal: en busca de un modelo re-creativo del sistema penal desde las víctimas", en *Universitas,* 2008, núm. 116.

SANGRADOR, J. L., "La Victimología y el sistema jurídico penal", en *Psicología social y sistema penal,* CLEMENTE DÍAZ, M., y JIMÉNEZ BURILLO, F. (Comp.), Madrid, Alianza Universidad, 1986, pp. 61-90.

SANZ-DÍEZ DE ULZURRÚN LLUCH, M., "La víctima ante el Derecho. La regulación de la posición jurídica de la víctima en el Derecho internacional, en el Derecho europeo y en el Derecho positivo español", en *Anuario de Derecho Penal y Ciencias Penales,* Tomo LVII, Madrid, 2004, pp. 219-310.

"La posición de la víctima en el Derecho comparado y en la normativa de la Unión Europea", en *Estudios de Derecho Judicial,* GONZÁLEZ, J. P. (Dir.), núm. 121 (dedicado a: "Panorama actual y perspectivas de la Victimología: la Victimología y el sistema penal"), Consejo General del Poder Judicial, 2007, pp. 139-201.

SANZ HERMIDA, A. M., *Víctimas de delitos: Derechos, protección y asistencia,* Madrid, Iustel, 2009.

SCHNEIDER, H. J., "Temas principales y deficiencias en al actual pensamiento victimológico", en *Revista de Derecho penal y Criminología,* Vol. 16, núm. 4, 1994, pp. 845-868.

SEMPERE FAUS, S., "La protección de la víctima menor de edad y la victimización secundaria", en *Actualidad jurídica iberoamericana (ejemplar dedicado a: "El interés superior del menor en la experiencia jurídica latina")* n. 13, 2020, pp. 874-897.

"El derecho de acceso a los servicios de justicia restaurativa: unos apuntes sobre el tratamiento de la mediación penal a la luz del Estatuto de la Víctima del Delito y el Anteproyecto de Ley de Enjuiciamiento Criminal 2020", en *Meditaciones sobre mediación (MED+),* BARONA VILAR, S. (dir.), Valencia, Tirant lo Blanch, 2022, pp. 465-502.

"El procedimiento de justicia restaurativa en el Anteproyecto de Ley de Enjuiciamiento Criminal 2020", en La práctica de la mediación intrajudicial en el ordenamiento jurídico, ARANDA JURADO M.M. (dir.), Valencia, Tirant Lo Blanch, 2023, pp. 243-274.

SERRA CRISTOBAL, R., "Los derechos de la víctima en el proceso vs. medios de comunicación. Un ejemplo en la información sobre delitos de violencia contra la mujer", en *Revista Española de Derecho Constitucional*, núm. 103, enero-abril, 2015, pp. 199-230.

SERRANO MASIP, M., "Los derechos de información", en *El Estatuto de las víctimas de delitos. Comentarios a la Ley 4/2015*, TAMARIT SUMALLA, J. M. (Coord.), Valencia, Tirant lo Blanch, 2015, pp. 69-99.

"Los derechos de participación en el proceso penal", en *El Estatuto de las víctimas de delitos. Comentarios a la Ley 4/2015*, TAMARIT SUMALLA, J. M. (Coord.), Valencia, Tirant lo Blanch, 2015, pp. 101-165.

"Víctimas de violencia de género y derechos de participación en el proceso penal", en *La protección de la víctima de violencia de género un estudio multidisciplinar tras diez años de la aprobación de la ley orgánica 1/2004*, RODRÍGUEZ ORGAZ, C., y ROMERO BURILLO, A. M. (Coords.), Aranzadi Thomson Reuters, 2016, pp. 329-362.

SILVA SÁNCHEZ, J. M., "Innovaciones teórico-prácticas de la Victimología en el Derecho penal", en BERISTAIN IPIÑA, A. y DE LA CUESTA ARZAMENDI, J. L. (Eds.), *Victimología: VIII Cursos de Verano en San Sebastián*, 1990, pp. 75-82.

SOLÉ RIERA, J., *La tutela de la víctima en el proceso penal*, Barcelona, Bosch, 1997.

SOLETO MUÑOZ, H. y GRANÉ CHÁVEZ, A., "La ineficacia del sistema español en la compensación a través del proceso", en SOLETO MUÑOZ, H. y GRANÉ CHÁVEZ, A., *La reparación económica a la víctima en el sistema de justicia*, Madrid, Dykinson, 2019, pp. 23-97.

La reparación económica a la víctima en el sistema de justicia, Madrid, Dykinson, 2019.

SORIA VERDE, M. A. (Comp.), "Delincuencia y victimización", en *La víctima: entre la justicia y la delincuencia. Aspectos psicológicos, sociales y jurídicos de la victimización*, Barcelona, Promociones y Publicaciones Universitarias S.A. (PPU), 1993.

SUBIJANA ZUNZUNEGUI, I. J., "Los derechos de las víctimas: su plasmación en el proceso penal ", en *Revista del Poder Judicial*, núm. 54, 1999, pp. 165-210.

El principio de protección de las víctimas, del olvido al reconocimiento, Granada, Comares, 2006.

TAMARIT SUMALLA, J. M., "¿Hasta qué punto cabe pensar victimológicamente al sistema penal?, en *Estudios de Victimología. Actas del I Congreso español de Victimología,* TAMARIT SUMALLA, J. M. (Coord.), Valencia, Tirant lo Blanch, 2005, pp. 27-45.

"La Victimología: cuestiones conceptuales y metodológicas", en BACA BALDOMERO, E.; ECHEBURÚA ODRIOZOLA, E y TAMARIT SUMALLA, J. M. (Coords.), *Manual de Victimología,* Valencia, Tirant lo Blanch, 2006, pp. 17-50.

"Una lectura victimológica del Estatuto jurídico de las víctimas", en *Cuadernos penales José María Lidón,* núm. 13, Bilbao, 2017, pp. 115-138.

TAMARIT SUMALLA, J. M.; LUQUE REINA, E.; GUARDIOLA LAGO, M. J. y SALINERO ECHEVARRÍA, S., "La victimizació de migrants a Catalunya", en *Revista Catalana de Seguretat Pública,* núm. 25, 2012, pp. 117-140.

TENA ARAGÓN, M. F., "Información a las víctimas de delitos. Ley del Estatuto de las Víctimas y reformas de la LECrim", en *Cuadernos Digitales de Formación,* núm. 47, Consejo General del Poder Judicial, 2016.

TINOCO PASTRANA, A., "La participación de las asociaciones de víctimas como parte acusadora en el proceso penal y el nuevo Estatuto de la víctima del delito, por el que se transpone la directiva 2012/29/UE", en *Cuadernos de política criminal*, núm. 115, 2015, pp. 271-308.

TOMÉ GARCÍA, J. A., "La acción popular en el proceso penal: situación actual y propuestas para una futura reforma", en CHOZAS ALONSO, J. M. (Coord.) *Los sujetos protagonistas del proceso penal. Conforme a las recientes reformas legislativas: Ley Orgánica 1/2015, de 30 de marzo, por la que se modifica la Ley Orgánica 10/1195, de 23 de noviembre, del Código Penal Ley 4/2015, de 27 de abril, del Estatuto de la víctima del delito LO 5/2015, de 27 de abril, por la que se modifican la LECRIM y LOPJ,* Madrid, Dykinson, 2015, pp. 263-314.

VARONA MARTÍNEZ, G., "*Guía general de buenas prácticas en el trato con víctimas del terrorismo que evite la victimización secundaria,* DE LA CUESTA ARZAMENDI, J. L., (Dir.), Vitoria-Gastéiz, Servicio Central de publicaciones del Gobierno Vasco, 2015. Recurso electrónico. Disponible en: https://bit.ly/2zoKSEG

"El papel de las víctimas respecto de los mecanismos utilizados en la justicia transicional", en MACULAN, E., y GIL, A. (Dir.), *La influencia de las víctimas en el tratamiento jurídico de la violencia colectiva,* Madrid, Dykinson, 2017, pp. 145-183.

Policía y víctimas: pautas para evitar la victimización secundaria, Thomson Reuters Aranzadi, 2020.

VIADA BARDAJÍ, S., "Los fines del proceso penal", en *Revista de derecho penal, procesal y penitenciario*, La Ley Penal, núm. 75, 2010, pp. 1-19.

VILLACAMPA ESTIARTE, C., "Evolución legislativa en relación con la reducción de la victimización secundaria: especial consideración a la prueba testifical con menores de edad", en *Estudios de Victimología, Actas del I Congreso Español de Victimología*, TAMARIT SUMALLA, J. M. (Coord.), Valencia, Tirant lo Blanch, 2005, pp. 55-70.

YÁÑEZ VELASCO, R., "La injusticia de las costas en el proceso penal", en *Anuario de Derecho Penal y Ciencias Penales*, núm. LXVIII, enero 2015, pp. 277-334.

YOLDI MUÑOZ, M. T., "Un nuevo impulso hacia la protección a la víctima. Análisis crítico de la Directiva 2012/29/UE y del Anteproyecto de Ley Orgánica del Estatuto de la víctima". Recurso electrónico, disponible en: https://bit.ly/31c9PBL

PÁGINAS WEB CONSULTADAS

Acta de información de derechos a persona víctima de un delito, de lectura fácil, implementado por la Guardia Civil. Recurso electrónico disponible en: https://bit.ly/2LXTSY7

Carta de Derechos de los Ciudadanos ante la Justicia, de 2002. Recurso electrónico, disponible en: https://bit.ly/3aDc5nb

Criterios y Acuerdo sobre la especialización del Juez de Vigilancia penitenciaria, aprobados en el encuentro de jueces de Vigilancia Penitenciaria celebrado en Málaga los días 29-31 de mayo de 2017. Recurso electrónico, disponible en: https://bit.ly/31jPqLk

Defensor del Pueblo europeo. Página web. Recurso electrónico, disponible en: https://bit.ly/2qhuzZ7

Dictamen del Consejo de Estado sobre el Anteproyecto de la Ley Orgánica del Estatuto de la víctima del delito, de 29 de mayo de 2014, número de expediente 360/2014. Recurso electrónico, disponible en: https://bit.ly/33cy9Bf

European Society of Criminology. Recurso electrónico, disponible en: https://bit.ly/2HjdtlE

Guía de buenas prácticas para la toma de declaración de víctimas de violencia de género. Recurso electrónico, disponible en: https://bit.ly/2G4Bo7s

Guía informativa de Canadá y de Australia. Recurso electrónico, disponible en: https://bit.ly/2r9boku y https://bit.ly/2C4Giwu

Guía para la evaluación individual de las víctimas. Recurso electrónico, disponible en: https://bit.ly/2ILzTgO

Guía de criterios de actuación judicial frente a la violencia de género, 2013. Recurso electrónico, disponible en: https://bit.ly/3mnuGKo

Informe Final elaborado por el Grupo de Interés Especial en Traducción e Interpretación en los Servicios Públicos, 2011. Recurso electrónico, disponible en: https://bit.ly/33J88xy

Informe al Anteproyecto de Ley Orgánica del Estatuto de la víctima del delito, elaborado por el Consejo Fiscal de la Fiscalía General del Estado, de 14 de noviembre de 2013. Recurso electrónico, disponible en: https://bit.ly/2IX75S4

Informe del Consejo General del Poder Judicial al Anteproyecto de Ley Orgánica del Estatuto de las Víctimas del delito, de 31 de enero de 2014, cuyo ponente fue Juan Manuel Fernández Martínez. Recurso electrónico, disponible en: https://bit.ly/2PNEeBo

Informe Derecho a la intimidad de las víctimas de delitos de violencia de género. Derecho al anonimato de las víctimas, Emakunde, Instituto Vasco de la Mujer, Vitoria-Gasteiz, 2018. Recurso electrónico, disponible en: https://bit.ly/3f8CCwA

Journal of the Australasian Society of Victimology. Recurso electrónico, disponible en: https://bit.ly/2ZlbMI0

Journal of Victimology and Victim Justice. Recurso electrónico, disponible en: https://bit.ly/2U3zojt

Junta de Andalucía de Márgenes y Vínculos "Espiral", que puede ser consultado en *Youtube,* sobre la victimización secundaria en víctimas de delitos sexuales. Recurso electrónico, disponible en: https://bit.ly/2TyRf23

Libro Blanco de la traducción y la interpretación institucional, Ministerio de Asuntos Exteriores y de Cooperación, 2011. Recurso electrónico, disponible en: https://bit.ly/2RayIYa

National Institute of Victimology, Estados Unidos. Página web. Recurso electrónico, disponible en: https://bit.ly/2Fd7HhP

Naciones Unidas, *Manual de Justicia para las Víctimas: sobre el uso y aplicación de la Declaración de las Naciones Unidas de Principios Básicos de Justicia para las Víctimas de Delitos y de Abuso del Poder,* 1999. Recurso electrónico, disponible en: https://bit.ly/317R7v0

Oficina de Asistencia a las Víctimas del delito de la Generalitat Valenciana. Recurso electrónico, disponible en: https://bit.ly/2XcVIdR

Oficina de las Naciones Unidas contra la droga y el delito, Naciones Unidas, Portal de Apoyo a las Víctimas del Terrorismo, *Buenas prácticas de apoyo a las víctimas del terrorismo en el marco de la justicia penal*, Nueva York, 2015. Recurso electrónico, disponible en: https://bit.ly/2yvWNDQ

Organización Nacional para la asistencia a víctimas. Recurso electrónico, disponible en: https://bit.ly/2UykYHm

Real Academia Española (DRAE), Recurso electrónico, disponible en: https://bit.ly/2PlOWLa

Reglas de Procedimiento y Prueba. Recurso electrónico, disponible en: https://bit.ly/2VHQzXK

Sociedad Mundial de Victimología (*World Society of Victimology*). Página web. Recurso electrónico, disponible en: https://bit.ly/2U4iTni

Jurisprudencia Citada

TRIBUNAL DE JUSTICIA DE LA UNIÓN EUROPEA

Fecha
STJUE (Sala 3ª), de 28 de junio de 2007 (asunto C-467 *Giovanni Dell´Orto*)

TRIBUNAL CONSTITUCIONAL

Número y Fecha	Referencia Base de datos
STC (Sala primera) núm. 30/1981, de 24 de julio	Id. vLex VLEX-15034920
STC núm. 193/1991, de 14 de octubre	ROJ: STC 193/1991
STC (Sala primera) núm. 193/1991, de 14 de octubre	Id. vLex VLEX-15356619
STC núm. 66/1992, 29 de abril	ROJ: STC 66/1992
STC núm. 241/1992, de 21 de diciembre	Id. vLex VLEX-15356324
STC núm. 37/93, de 8 de febrero	ROJ: STC 37/1993
STC núm. 217/94, de 8 de julio de 1994	ROJ: STC 217/1994
STC núm. 94/2001, de 2 de abril	Id. vLex VLEX-131782
STC núm. 179/2004, de 21 de octubre	ROJ: STC 179/2004
STC núm. 21/05, de 1 de febrero	ROJ: STC 21/2005
STC núm. 9/2008, de 21 de enero	ROJ: STC 9/2008
STC núm. 190/2011, de 12 de diciembre	ROJ: STC 190/2011
STC núm. 102/2022, de 12 de septiembre	Id. vLex VLEX-912265012

TRIBUNAL SUPREMO

Número y Fecha	Referencia Base de datos[717]
STS (Sala Segunda, de lo Penal) núm. 832/1999, de 28 de febrero de 2000	ROJ: STS 1551/2000
STS (Sala Segunda, de lo Penal) núm. 1281/2004 de 10 de noviembre	ROJ: STS 7244/2004
STS (Sala Segunda, de lo Penal) núm. 170/2005, de 18 de febrero	ROJ: STS 1016/2005
STS (Sala Segunda, de lo Penal) núm. 459/2005 de 12 de abril	ROJ: STS 2217/2005
STS (Sala Segunda, de lo Penal) núm. 900/2006, de 22 de septiembre	ROJ: STS 7939/2006
STS (Sala Segunda, de lo Penal) núm. 177/2008, de 24 de abril	ROJ: STS 1589/2008
STS (Sala Segunda, de lo Penal) núm. 883/2009, de 10 de septiembre	ROJ: STS 5709/2009
STS (Sala Segunda, de lo Penal) núm. 316/2013, de 17 de abril de 2013	ROJ: STS 2262/2013
STS (Sala Segunda, de lo Penal) núm. 181/2015, de 1 de abril	Id. vLex VLEX-565825862
STS (Sala Segunda, de lo Penal) núm. 413/2015, de 30 de junio	ROJ: STS 3177/2015
STS (Sala Segunda, de lo Penal) núm. 18/2016, de 26 de enero	Id. vLex: VLEX-593589466
STS (Sala Segunda, de lo Penal) núm. 665/2016, de 20 de julio	ROJ: STS 3700/2016

717 La referencia ROJ pertenece a la base de datos de jurisprudencia CENDOJ, del Consejo General del Poder Judicial. La referencia Id. Vlex, pertenece a la base de datos de jurisprudencia VLEX.

STS (Sala Segunda, de lo Penal) núm. 550/2017, de 12 de julio	ROJ: STS 2825/2017
STS (Sala Segunda, de lo Penal) núm. 18/2018, de 17 de enero	ROJ: STS 61/2018
STS (Sala Segunda, de lo Penal) núm. 64/2019, de 6 de febrero	Id. vLex: VLEX-765971121
STS (Sala Segunda, de lo Penal) núm. 344/2019, de 4 de Julio	Id. vLex VLEX-798365717
STS (Sala Segunda, de lo Penal) núm. 109/2020, de 11 de marzo	ROJ: STS 1934/2020
STS (Sala Segunda, de lo Penal) núm. 389/2020, de 10 de julio	Id. vLex VLEX-846978607
STS (Sala Segunda, de lo Penal) núm. 1228/2021, de 17 de marzo	Id. vLex VLEX-864244975
STS (Sala Segunda, de lo Penal) núm. 806/2022, 7 de octubre	Id. vLex VLEX-913597961
STS (Sala Segunda, de lo Penal) núm.364/2023, de 17 de mayo	Id. vLex VLEX-934166035
STS (Sala Segunda, de lo Penal) núm. 508/2023, de 28 de Junio	Id. vLex: VLEX-937314888

AUDIENCIA NACIONAL

Número y Fecha	Referencia Base de datos
AAN (Sala de lo Penal) núm. 35/2017, de 27 de julio	ROJ: AAN 799/2017

TRIBUNALES SUPERIORES DE JUSTICIA Y AUDIENCIAS PROVINCIALES

Número y Fecha	Referencia Base de datos
SAP Valencia (Tribunal Jurado) núm. 748/2015, de 28 de octubre	Id. vLex VLEX-642271377
SAP Madrid (Sección 27ª) núm. 414/2017, de 29 de junio	Id. vLex: VLEX-696699913
SAP Madrid (Sección 1ª) núm. 252/2017, de 27 de septiembre	Id. vLex: VLEX-725954497
SAP León (Sección 3ª) núm. 523/2017, de 27 de noviembre	Id. vLex: VLEX-728540769
SAP Toledo (Sección 2ª) núm. 103/2018, de 26 de abril	Id. vLex: VLEX-735600909
SAP Salamanca (Sección 1ª) núm. 45/2018, de 31 de julio	Id. vLex: VLEX-759099397
SAP Tarragona (Sección 2ª) núm. 31/2019, de 18 de enero	Id. vLex: VLEX-770051973
SAP Murcia (Sección 3ª) núm. 76/2019, de 25 de febrero	Id. vLex: VLEX-773752653
SAP Barcelona (Sección 6ª) núm. 158/2019, de 8 de marzo	Id. vLex VLEX-846747740
SAP Barcelona (Sección 7ª) núm. 172/2019, de 18 de marzo	Id. vLex VLEX-846749432
SAP Madrid (Sección 26ª) núm. 229/2019, de 8 de abril	Id. vLex: VLEX-794078369
SAP Alicante (Sección 1ª) núm. 248/2019, de 15 de abril	Id. vLex: VLEX-780126549
SAP Baleares (Sección 1ª) núm. 72/2019, de 12 de julio	Id. vLex VLEX-817282037
SAP Barcelona (Sección 20) núm. 638/2018, de 5 de septiembre	ROJ: AAP B 7245/2018

SAP Madrid (Sección 27ª) núm. 315/2020, de 25 de junio	Id. vLex VLEX-847253262
ATSJ Cataluña (Sala de lo Penal) núm. 167/2016, de 9 mayo	ROJ: ATSJ CAT 251/2016
ATSJ Cataluña núm. 84/2018, de 21 de septiembre de 2018	ROJ: ATSJ CAT 445/2018
ATSJ Cantabria (Penal, Sección 1ª) núm. 4/2018, de 27 de febrero de 2018	ROJ: STSJ CANT 625/2018
AAP Santa Cruz de Tenerife (Sección 5ª) núm. 422/2016, 31 de mayo	Id. vLex: VLEX-665420953
AAP Castellón (Sección 1ª) núm. 845/2016, 28 de noviembre	Id. vLex: VLEX-661469081
AAP Las Palmas (Sección 1ª) núm. 200/2017, 14 de marzo de 2017	Id. vLex: VLEX-687548357
AAP Las Palmas (Sección 1ª) núm. 304/2017, de 28 de abril	Id. vLex: VLEX-696651025
AAP Barcelona (Sección 9ª) núm. 537/2017, de 29 de julio	Id. vLex: VLEX-696771193
AAP Madrid (Sección 29ª) núm. 882/2017, de 23 de noviembre	Id. vLex: VLEX-726666105
AAP Santa Cruz de Tenerife (Sección 5ª) núm. 43/2018, de 18 de enero	Id. vLex VLEX-727781745
AAP Barcelona núm. 113/2018, de 13 de febrero de 2018	ROJ: AAP B 2197/2018
SAP Barcelona (Sección 3ª) núm. 363/2018, de 7 de mayo	ROJ: AAP B 4619/2018
AAP Madrid (Sección 4ª) núm. 736/2018, de 20 de septiembre	Id. vLex: VLEX-759178681
AAP Barcelona (Sección 7ª) núm. 642/2018, de 2 de octubre	Id. vLex: VLEX-759194285
AAP Valencia (Sección 2ª) núm. 965/2018, de 15 de octubre	Id. vLex: VLEX-750997825

AAP Valencia (Sección 2ª) núm. 1112/2018, de 15 de noviembre	Id. vLex VLEX-751215357
AAP Barcelona (Sección 21ª) núm. 255/2019, de 11 de febrero	Id. vLex: VLEX-779271965
AAP Almería núm. 7/2019 (Sección 3ª), de 10 de enero	Id. vLex VLEX-846457202
AAP León (Sección 3ª) núm. 208/2019, de 21 de febrero	Id. vLex: VLEX-775471645
AAP Santa Cruz de Tenerife (Sección 5ª), núm. 257/2019, de 20 de marzo	Id. vLex VLEX-798948609
AAP Santa Cruz de Tenerife (Sección 5ª) núm. 692/2019, de 17 de septiembre	Id. vLex VLEX-846923727
AAP Pontevedra (Sección 2ª) núm. 494/2019, de 19 de junio	Id. vLex: VLEX-817136085
AAP Madrid (Sección 27ª) núm. 1495/2019, de 23 de septiembre	Id. vLex VLEX-821598089
AAP Badajoz núm. 27/2020, (Sección 3ª), de 23 de enero	Id. vLex VLEX-846524416).
AAP Tarragona núm. 112/2020, 20 de febrero	ROJ: AAP T 209/2020
AAP Barcelona (Sección 9ª) núm. 105/2020, de 25 de febrero	Id. vLex VLEX-847162210
AAP Valencia (Sección 2ª), núm. 510/2020, de 27 de mayo	Id. vLex VLEX-845616489
AAP Valencia (Sección 2ª) núm. 593/2020, de 22 de junio	Id. vLex VLEX-846930201
AAP Barcelona (Sección 21ª) núm. 2021/2022, de 15 de diciembre	Id. vLex VLEX-932491464
STSJ Navarra núm. 27/2023, de 13 de Septiembre	Id. vLex: VLEX-951289103